〔증보판〕
자치통감10

이 도서의 국립중앙도서관 출판시도서목록(CIP)은 서지정보유통지원시스템 홈페이지
(http://seoji.nl.go.kr)와 국가자료공동목록시스템(http://www.nl.go.kr/kolisnet)에서
이용하실 수 있습니다.(CIP제어번호: CIP2018024566)

〔증보판〕
자치통감10(권055~권060)

2019년 8월 8일 개정증보판 1쇄 찍음
2019년 8월 16일 개정증보판 1쇄 펴냄

지은이   사마광
옮긴이   권중달
펴낸이   정철재

펴낸곳   도서출판 삼화
등 록   제320-2006-50호
주 소   서울 관악구 남현1길 10, 2층
전 화   02)874-8830
팩 스   02)888-8899
홈페이지 www.samhwabook.com
          www.tonggam.com

ⓒ 도서출판 삼화, 2019, Printed in Seoul Korea

ISBN 979-11-5826-360-7 (94910)
      979-11-5826-498-7 (세트)

* 책값은 표지 뒤쪽에 있습니다.
* 잘못 만들어진 책은 구입하신 서점에서 바꿔 드립니다.

〔증보판〕

자치통감10

권055~권060

도서 출판 삼화

증보판《자치통감》출판에 붙여

《자치통감》을 완역해서 세상에 내놓은 다음부터 많은 독자로부터 원문도 함께 읽고 싶다는 요구가 있었다. 그러나 원문 작업이 그리 만만한 일은 아니었을 뿐만 아니라 그보다도《자치통감》에 대한 이해를 돕기 위한 책들을 정리하는 것이 먼저라고 생각하였다.

그래서 탄생한 책이《자치통감》에 실린 사론을 정리하여 해설한《자치통감사론강의》이고, 중국 역사의 전체적인 흐름을 보려는 새로운 시도가《중국분열》이며, 복잡하여 이해하기 힘들다는 위진시대를 쉽게 이해하도록 사상사적 측면에서 접근해 본 것이《위진남북조 시대를 위한 변명》이고, 황제제도의 구조적인 모습을 보기 위한 작업이《황제뽑기》였다. 그 외에도《자치통감》을 좀 더 깊이 이해하고자 하는 독자를 위하여《평설자치통감》을 집필해야 했고, 대중들을 위하여 명언을 모아 설명한《촌철활인》, 입문서《자치통감 3번 태어나다》,《생존》,《3권으로 읽는 자치통감 294》 같은 일반인들의 교양물도 출간하였다.

물론 이러한 작업을 하면서도 눈에 띄는 대로 이미 출간한 원고의 보정 작업을 계속하면서 번역문에도 조금씩 수정을 가한 부분이 있게 되었다. 이러는 동안에도 많은 독자가 원문을 볼 수 없는 아쉬움을 표하는 경우를 접하면서 이왕 이 작업을 하는 바에야 독자들에게 원문을 제공하는 것이 옳을 것 같다는 생각을 하였다.

그러나 원문을 교정 보는 작업은 그리 간단하지가 않았고 많은 시간이 필요하였다. 그러나 '자치통감 행간읽기'를 마친 독자라면 좀 더 깊이 알고자 할 것이고, 따라서 번역문과 원문이 동시에 필요할 것이라는 데까지 생각이 미쳤다. 그리하여 작업이 끝나는 대로 번역과 원문을 붙여 증보판이라는 이름으로 출간하기로 하였다.

증보판을 내는 또 다른 이유는 우리가 그동안 익숙하게 아시아의 역사를 '중국사 프레임'으로 보는 것을 깨 보고자 하는 생각도 있다. 즉 중국 문화는 아시아 문화의 중심이며 중국 문화의 동심원적 확산이 바로 아시아 문화인 것처럼 이해하였다. 그뿐만 아니라 중원 대륙의 주인은 한족(漢族)이고, 언필칭 정사라고 하는 25사가 마치 한족 왕조의 면면히 이어졌다는 오해를 풀어야 하기 때문이다.

《자치통감》은 사마광이 역사 사실을 객관적으로 정리한 역사책이다. 이 책의 집필 의도가 황제나 집정자에게 교육시키려는 것이었으므로 '있는 사실 그대로'를 전하려고 하였던 것이었다. 편견 없는 역사 사실만이 진정으로 자신을 돌아보고, 새로운 방향을 설정할 수 있기 때문이었다. 역사적 진실만이 가치가 있는 것으로 생각한 사마광은 한족(漢族)임에도 한족의 단점과 실패의 사실도 집어낼 수 있었고, 이른바 이적의 장점도 은연중에 드러나게 하였다. 그러한 점에서《자치통감》은 '중국사'가 아니라 '아시아사'이다.

그런데 숙황(叔皇) 금(金) 왕조에 쫓기어 남쪽으로 내려온 남송의 질황(侄皇) 치하에 살았던 주희는 몰락해 가는 한족을 목도하면서 한족에게 애국심을 고취하여야 했던 당시 시대적 상황에 맞추어 역사를 혈통 중심의 정통론이라는 허구적 이념을 세워《자치통감》을《자치통감강목》으로 만들어 중국 중심으로 역사를 보려고 하였다. 물론 이것은 시대적 상황에서 필요하였던 것이고 이념을 주장하기 위하여 역사를 이용한 것일 뿐이다.

그런데 우리나라에서는 주자학을 정치이데올로기로 받아들이고 이념서인《자치통감강목》을 역사라고 오도함으로써 부지불식간에 아시아 역사를 중국 중심으로 보는 왜곡된 시각이 형성되었다. 그리하여 우리도 모르는 사이에 '혈통'이라는 편견을 가지고 역사를 본《자치통감강목》의 영향으로 500여 년간 '중국사 프레임'에 갇히게 되었고, 그 영향은 오늘에까지도 미치고 있다.

'중국사 프레임'으로 보는 아시아 역사는 중원에 있는 나라는 한족(漢族)이 중심이고, 중원의 우수한 문화가 동심원적으로 사방으로 퍼져

나가 교화시킨 것이 아시아 문화이고, 화이(華夷)는 당연히 구별되고 이적은 배척되어야 하며, 중원에 세워진 왕조가 면면히 이어져 왔다는 것을 실재하였던 현실로 받아들였던 것이다.

《자치통감》은 주희가 이념으로 가공하기 전의 원본으로 '역사를 사실 그대로 이해할 수 있는' 것이 가능하지만 아직도 《자치통감》을 '중국사'로 생각하고 있는 사람이 대부분이다. 이제부터라도 《자치통감》을 1,362년간의 '아시아 역사'로 인식하기를 바란다.

대방재(待訪齋)에서

권중달 적음

목차

권058
한기50 : 환관의 폐해와 한 왕조의 쇠망

권059
한기51 : 동탁의 등장과 장안 천도

권060
한기52 : 조조의 등장

❖ 황제계보도

부록

《자치통감》구성 : 총 294권 1,362년간

권차	기년 왕조	기록 기간	중 요 사 건
001~005	전국 주	기원전 403 ~256년 (148년간)	■ 주나라의 권위가 무너지고 제후국들이 통일을 위해 각축전을 벌인 전국시대.
006~008	진(秦)	기원전 255 ~207년 (49년간)	■ 전국시대에 진나라가 통일을 준비하고, 통일을 완성하였다가 망하는 과정.
009~068	한	기원전 206 ~서기 219년 (425년간)	■ 진의 해체와 유방의 한 왕조가 중국을 재 통일한 과정. ■ 황제체제의 성립과 왕망의 찬탈과정. ■ 왕망의 몰락하는 전한시대와 왕망의 멸 망과 유수의 후한이 재통일한 과정. ■ 호족들의 등장과 후한의 몰락과정.
069~078	위	220~264년 (45년간)	■ 후한의 멸망과 위·오·촉한의 삼국시대 와 위의 촉한 정벌과정.
079~118	진(晉)	265~419년 (155년간)	■ 위의 몰락과 진의 등장과 삼국 통일과정. ■ 북방 오호의 남하 북방의 분열과 진의 남 천과 남북 대결과정.
119~134	남북조 송	420~478년 (59년간)	■ 남조의 송 왕조와 북방민족이 중국 유입 하여 이룩한 남북조시대.
135~144	남북조 제	479~501년 (23년간)	■ 남조 송의 멸망과 제의 건국, 북조와의 대결과정.

권차	기년 왕조	기록 기간	중 요 사 건
145~166	남북조 양	502~556년 (55년간)	■ 남조 제의 멸망과 양의 건국, 북조와의 대결과정.
167~176	남북조 진(陳)	557~588년 (32년간)	■ 남조 양의 멸망과 진의 건국, 북조와의 대결과정.
177~184	수	589~617년 (29년간)	■ 수 왕조의 중국 재통일과 멸망과정.
185~265	당	618~907년 (290년간)	■ 당 왕조의 성립과 중국 고대문화의 완성 과정과 당말 절도사의 발호와 당의 멸망 과정.
266~271	오대 후량	908~922년 (15년간)	■ 당의 멸망과 후량의 건설 및 오대십국의 진행과정.
272~279	오대 후당	923~935년 (13년간)	■ 후량의 멸망과 후당의 건설 및 오대십국 의 진행과정.
280~285	오대 후진	936~946년 (11년간)	■ 후당의 멸망과 후진의 건설 및 오대십국 의 진행과정.
286~289	오대 후한	947~950년 (4년간)	■ 후진의 멸망과 후한의 건설 및 오대십국 의 진행과정.
290~294	오대 후주	951~959년 (9년간)	■ 후한의 멸망과 송 태조 조광윤의 등장 및 오대십국의 진행과정.

《자치통감》왕조 계통도

❖ 　　　 는 기년 왕조이다.

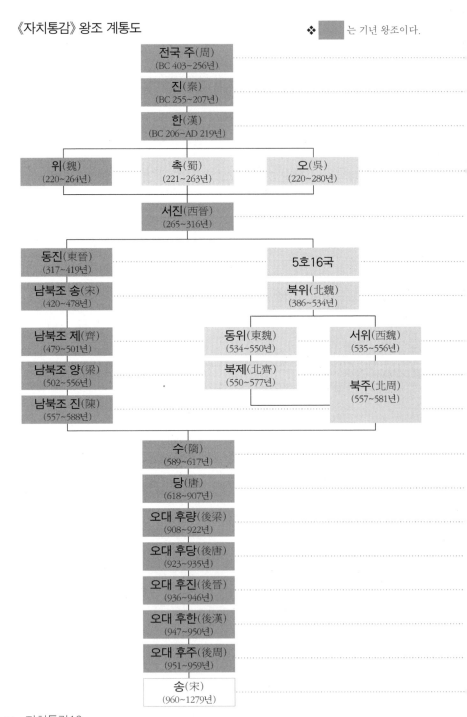

전국 주(周)
(BC 403~256년)

진(秦)
(BC 255~207년)

한(漢)
(BC 206~AD 219년)

위(魏)
(220~264년)

촉(蜀)
(221~263년)

오(吳)
(220~280년)

서진(西晉)
(265~316년)

동진(東晉)
(317~419년)

5호16국

남북조 송(宋)
(420~478년)

북위(北魏)
(386~534년)

남북조 제(齊)
(479~501년)

동위(東魏)
(534~550년)

서위(西魏)
(535~556년)

남북조 양(梁)
(502~556년)

북제(北齊)
(550~577년)

북주(北周)
(557~581년)

남북조 진(陳)
(557~588년)

수(隋)
(589~617년)

당(唐)
(618~907년)

오대 후량(後梁)
(908~922년)

오대 후당(後唐)
(923~935년)

오대 후진(後晉)
(936~946년)

오대 후한(後漢)
(947~950년)

오대 후주(後周)
(951~959년)

송(宋)
(960~1279년)

❖ 전국·진시대(★은 기년 왕조임)

★주(周, ~BC 256년) 노(魯, ~BC 249년) ★진(秦, ~BC 207년)
정(鄭, ~BC 375년) 송(宋, ~BC 287년) 초(楚, ~BC 223년)
제(齊, ~BC 221년) 진(晉, ~BC 376년) 위(魏, ~BC 225년)
한(韓, ~BC 230년) 조(趙, ~BC 222년) 연(燕, ~BC 223년)
위(衛, ~BC 209년)

❖ 5호16국시대(★은 16국에 포함하지 않음)

■ 흉노(匈奴)
전조(前趙·漢, 304~329년) 북량(北涼, 397~439년) 하(夏, 407~431년)

■ 갈(羯)
후조(後趙, 319~350년)

■ 선비(鮮卑)
전연(前燕, 384~409년) 후연(後燕, 337~370년) 남연(南燕, 398~410년)
서진(西秦, 385~431년) 남량(南涼, 397~414년) ★서연(西燕, 384~394년)
★요서(遼西, 303~338년) ★대(代·魏, 315~376년)

■ 저(氐)
성한(成漢, 302~347년) 전진(前秦, 351~394년) 후량(後涼, 386~403년)
★구지(仇池, 296~371년)

■ 강(羌)
후진(後秦, 384~417년)

■ 한(漢)
전량(前涼, 301~376년) 서량(西涼, 400~420년) 북연(北燕, 409~436년)
★위(魏, 350~352년) ★후촉(後蜀, 405~413년)

❖ 오대의 십국

■ 십국
전촉(前蜀, 891~925년) 후촉(後蜀, 925~965년) 오(吳, 892~937년)
남당(南唐, 937~975년) 오월(吳越, 893~978년) 민(閩, 893~945년)
초(楚, 896~951년) 남한(南漢, 905~971년) 형남(荊南, 907~963년)
북한(北漢, 951~979년)

[일러두기]

· 이 책은 사마광의 《자치통감》의 고힐강(顧頡剛) 외의 표점본을 저본으로 하여 전국 시대부터 오대후주시대까지의 전권(294권)을 완역한 것이다.

· 번역의 기본 원칙은 원전이 갖고 있는 통감필법의 정신을 최대한 살린다는 의미에 서 직역하되 의미가 불분명한 경우는 역자의 역주로 설명했다.

· 역자가 내용과 분량을 감안하여 문단을 나누고 각 문단마다 제목을 달았다.

· 필요한 한자어는 괄호 속에 병기했다.

· 인명, 지명, 관직명 등 고유명사는 외래어 표기법을 따르지 않고 한글 발음대로 표 기했다. 인명 가운데 원문에 성이 기록돼 있지 않은 것도 이해를 돕기 위해 성을 추가 하였다. 지명은 괄호 속에 현재의 지명을 넣었고, 주(州)·군(郡)·현(縣) 등 행정 단 위가 생략되었지만 필요한 경우 이를 추가하였다. 관직명은 길고 그 업무가 생소하고 길게 느껴질 경우 관직명 자체를 우리말로 풀어주고 원 관직명은 각주로 설명을 보충 했다.

· 간지로 된 날짜는 괄호 속에 숫자로 표시했다.

· 본문의 '帝'는 '황제'로, '上'은 '황상'으로 번역했다.

· 책이름이나 출전은 《 》, 편명은 〈 〉로 했다.

· 본문에서 전후관계를 알아야 할 사건이나 내용, 용어, 고사 등 설명이 필요한 경우 각주로 설명을 보충했다.

· 독자들의 이해를 돕기 위해 각주의 설명이 다소 중복 되게 하였다.

· 주어가 생략된 경우는 해당 연도의 기준을 삼은 황제가 주어이다.

· 음은 호삼성의 음주를 따랐다.

· 사마광의 평론은 사마광이 황제에게 아뢰는 것이므로 경어체로, 사마광 이외의 평 론은 사마광이 인용한 것이므로 원전의 표현의 살려 평상체로 번역했다.

· 한글로 번역하여 말뜻이 분명하지 않을 경우 〔 〕안에 한자를 넣었다.

곽태와 그와 관계된 명사들

효환황제 연희 7년(甲辰, 164년)

1   봄, 2월 병술일[1]에 항향충후(邟鄕忠侯) 황경(黃瓊)[2]이 죽었다. 장사를 지내게 되자 사방의 멀고 가까운 곳에서 모인 명사가 6천~7천 명이었다.

애초 황경은 집에서 학생들을 가르쳤는데, 서치(徐穉)가 그를 좇아 찾아와서 대의(大義)를 묻기도 하였지만 황경이 귀하게 되자 서치는 관계를 끊고 다시는 교제하지 않았다. 이때에 이르러[3] 서치가 그의 집에 가서 조문하였는데, 진뢰(進酹)[4]하면서 애통해하며 통곡하고 갔지

---

1   이 해 2월 초하루는 임인일이기 때문에 2월에는 병술일이 없다. 만약 병술(丙戌)이 병진(丙辰)의 오기라면 16일이다.

2   항향은 지금의 하남성 임여현(臨汝縣)의 동쪽에 해당하는데 황경이 죽은 후에 시호를 충후라 하며 작위와 시호를 연이어 표기하였다. 황경은 황향(黃香)의 아들로 관직은 태위까지 이르렀으며 79세에 죽었다.

3   황경이 죽은 것을 말한다.

4   술을 땅에 붓는 행위로 제사지낸다는 의미이다.

만 알아보는 사람이 없었다.

여러 명사들이 장사를 주관하는 사람에게 그가 누구인지를 묻자 주관하는 사람이 대답하였다.

"조금 전에 한 서생이 문상을 온 일이 있는데 의복이 누추하고 보잘 것 없었으나 우는 모습은 애달팠는데, 그 성과 자를 기록하지 아니 하였습니다."

여러 사람이 말하였다.

"반드시 서유자(徐孺子)[5]일 것입니다."

이에 언변이 능한 자인 진류군(陳留郡, 하남성 진류현) 사람 모용(茅容)을 뽑아 가벼운 복장으로 말을 타고 그를 추격하게 하여 도중에 따라잡았다. 모용이 술과 고기를 사니 서치는 마시고 먹었다. 모용이 국가에 관한 일을 묻자 서치는 대답하지 않았다. 다시 농사에 관한 일을 묻자 서치는 마침내 대답하였다.

모용이 돌아와서 여러 사람들에게 이야기하자 어떤 사람이 말하였다.

"공자께서 '함께 담론할 수 있음에도 불구하고 함께 담론하려고 하지 않으면 사람을 잃을 것이다'[6]라고 말씀하셨습니다. 그렇다면 서유자는 사람을 잃은 것입니까?"

태원(太原, 산서성 태원시) 사람 곽태(郭泰)가 말하였다.

"그렇지 않습니다. 서유자의 사람됨은 깨끗하고 고상하며 염치가 있어서 배가 고파도 밥을 얻어먹지 않고, 추워도 옷을 얻어 입지 않습니

---

5 서치의 자가 유자이다.

6 《논어》〈위영공(衛靈公)편〉에 나온다.

다마는 계위(季偉)[7]를 위해서는 술을 마시고 고기를 먹었으니 이는 이미 계위가 현명한 사람임을 알고 있었기 때문입니다. 국가의 일에 대하여 대답하지 않은 까닭은 그의 지혜는 따라잡을 수 있지만, 그의 우매함은 따라잡을 수 없음입니다."[8]

곽태는 박학하여 담론을 잘하였다. 처음에는 낙양에 유학하였는데, 당시 사람들이 알아보지 못하였지만 진류 사람 부융(符融)이 한 번 보고는 그 범상함에 감탄하였고, 이로 인해 하남윤(河南尹) 이응(李膺)에게 소개하였다.

이응은 그와 더불어 만나보고서 말하였다.

"내가 선비를 본 적이 많으나 아직 곽림종(郭林宗)[9]과 같은 사람은 없었느니라. 그 총명한 식견, 통달한 이해력, 고아한 품성, 치밀함, 박학함에서 지금 화하(華夏)[10]에서는 그와 같은 사람을 찾아보기 어렵다네."

마침내 그와 더불어 친구가 되었으며, 이에 그 이름이 경사에 떨치게 되었다.

후에 향리로 돌아가는데, 의관을 갖춘 여러 유생들이 황하 강변까지 와서 그를 전송하였고, 수레가 수천 량이나 되었다. 이응만이 곽태와

---

7 모용의 자가 계위이다.

8 모용이 서치를 비평하면서 공자의 말을 인용한데 대하여 곽태도 공자의 말을 인용한 것이다. 여기서 지혜는 일반적인 지혜를 말하며, 우매함은 보통의 우매함이 아니라 고의로 우매한 모습을 보이는 '대지(大智)'에 해당하는 우매함이다.

9 곽태의 자가 임종이다.

10 중국을 말하는 것으로 문명적이라는 의미를 갖는다.

함께 배를 타고 강을 건넜는데, 많은 빈객들이 그 모습을 보고 신선이라고 생각하였다.

곽태는 천성적으로 사람을 잘 알아보았고, 선비들을 칭찬하고 가르치는 것을 좋아하여 군과 봉국을 두루 돌아다녔다. 모용이 나이가 마흔이 넘어서 들에 나가 밭을 갈다가 같은 무리의 사람들과 함께 나무 밑에서 비를 피하고 있었는데, 다른 사람들은 모두 땅 위에다 한쪽 다리를 세우고 마주하고 있었으나, 모용 혼자만이 무릎을 꿇고 앉아 있었고, 그 모습이 대단히 공손하였다.

곽태[11]가 그것이 특이하다고 여겨서 그의 집에 머물기를 요청하였다. 다음날 모용이 닭을 잡아서 음식을 만들었는데, 곽태는 자기를 위하여 만든 것으로 생각하였다. 그러나 모용은 닭고기를 반으로 나누어 어머니께서 드시게 하고, 나머지 반은 주방의 시렁에 올려놓고서 스스로는 나물 반찬을 가지고 손님과 함께 밥을 먹었다.

곽태가 말하였다.

"경의 현명함은 보통과 다르군요. 나 곽림종은 아직도 부모님께 드릴 삼생(三牲)[12]을 줄여서 손님을 접대하고 있는데, 경이 이와 같이 하시니 바로 나의 벗이요."

일어나서 그를 마주하고 두 손을 모아 공손하게 읍(揖)[13]하고서 그에게 학문할 것을 권하였는데 결국 모용은 덕행이 뛰어난 사람이 되었다.

---

11 곽태가 때마침 그 지역을 지나고 있었을 것이다.

12 세 가지의 희생물(犧牲物)이라는 말로 닭, 소, 돼지를 말한다. 효경에 의하면 이것으로 부모를 공양한다고 하였다.

13 상대를 존경하는 뜻으로 두 손을 모으고 허리를 굽히는 것을 말한다.

거록(鉅鹿, 하북성 平鄕縣) 사람 맹민(孟敏)이 빈객으로 태원에 거주하고 있었는데, 시루를 들다가 땅에 떨어뜨리자 뒤도 돌아보지 않고 가버렸다. 곽태가 그 모습을 보고 그렇게 한 의도를 묻자 맹민이 대답하였다.

"시루가 이미 깨어졌는데 그것을 본들 무슨 이익이 되겠습니까?"

곽태는 분별력과 결단력이 있다고 생각하여 그와 대화를 나누어 그의 덕성을 알게 되었고, 그 기회에 유학을 권고하여, 마침내 당대에 그 이름을 알렸다.

진류(陳留郡, 하남성 진류현) 사람 신도반(申屠蟠)은 집안이 가난하여 칠공(漆工)으로 있었고, 언릉(鄢陵, 하남성 許昌 이동) 사람 유승(庾乘)은 어려서부터 현청에서 급사를 하다가 문사(門士)가 되었다. 곽태가 그 모습을 보고 기이하게 생각하였는데, 후에 이들은 모두 이름 있는 선비가 되었다. 그밖에 원래 백정이나 술장사군 또는 병졸 출신으로 곽태가 장려하여 나아가서 그 이름을 떨친 사람들이 대단히 많았다.

진국(陳國, 하남성 淮陽縣 일대) 출신의 소년인 위소(魏昭)가 곽태를 만나보기를 요청하며 말하였다.

"경전을 가르치는 스승은 만나기 쉬우나 사람을 가르치는 스승은 만나기 어려우니, 바라건대 옆에 머물며 청소하는 일을 하겠습니다."

곽태가 이를 허락하였다.

곽태가 일찍이 몸이 좋지 않아서 위소에게 죽을 쑤어오라고 명하였는데, 죽이 다 쑤어져서 곽태에게 올렸으나 곽태는 위소를 꾸짖어 말하였다.

"윗사람을 위하여 죽을 쑤었으나 존경의 마음이 더해지지 않으면 먹을 수 없도록 하는 것이다."

그리고서 죽 사발을 땅에다 내던져버렸다.

위소가 다시 죽을 쑤어서 올렸으나, 곽태는 다시 그를 꾸짖었다. 이와 같이 한 것이 세 번이었으나 위소의 자세와 안색은 변하지 않았다. 곽태가 이에 말하였다.

"나는 처음에는 그대의 얼굴모습만 보았으나 이제부터는 경의 마음을 이해할 수 있을 뿐이다."

마침내 친구로 생각하고 그를 잘 대우해주었다.

진류 사람 좌원(左原)이 군학(郡學)의 학생이었다가 법을 어겨 쫓겨났는데, 곽태가 길에서 그를 만나 술과 안주를 차려놓고 위로하여 말하였다.

"옛날에 안탁취(顔涿聚)는 양보산(梁甫山, 산동성 泰安縣 남방 50km)의 큰 도둑이었고, 단간목(段干木)은 진국(晉國)의 큰 말 거간꾼이었으나, 결국 제(齊)나라의 충신이 되었고, 위나라의 명현이 되었소.[14] 거원(蘧瑗)과 안회(顔回)[15]도 오히려 잘못을 저지르지 않을 수 없었는데 하물며 나머지 사람들이야 어떠하겠소! 삼가면서 남에게 성내거나 한을 품지 말며 자신에게 책임이 있다고 생각하시오!"

좌원이 그 말을 받아들이고 갔다.

어떤 사람이 곽태가 악인과 관계를 끊지 않은 것을 비방하였는데 곽태가 말하였다.

---

14 《여씨춘추(呂氏春秋)》에 나온다. 안탁취는 원래 큰 도둑이었으나 공자의 제자가 되었고, 이후 제나라의 대부(大夫)로 활약하다가 진(晉)나라와의 전쟁 중 순국하였다고 한다.

15 거원과 안회의 고사는 《논어》에 나온다. 두 사람 모두 허물을 줄이거나 저지르지 않으려고 매우 신중하게 처신한 인물들로 묘사되어 있다.

"다른 사람이 어질지 않다고 해서 그를 미워하는 것이 너무 심하다면 난동이다."[16]

좌원이 후에 갑자기 회한을 품고 빈객과 결탁하여 제생[17]들에게 보복하려 하였다.

그날 곽태가 학교에 있었는데, 좌원은 이전에 했던 말을 어긴 것을 부끄러워하면서 그만두고 떠났다. 후에 이 일이 드러났는데, 많은 사람들이 모두 감사하고 탄복하게 되었다.

어떤 사람이 범방(范滂)에게 물었다.

"곽림종은 어떤 사람입니까?"

범방이 말하였다.

"그는 은거하였으나 부모님 말씀을 어기지 않았고, 올곧았으나 세상 사람들과의 관계는 끊지 않았습니다.[18] 천자가 그를 신하로 얻지 못하였고, 제후가 그를 친구로 얻지 못하였는데, 나는 그 외의 다른 것은 알지 못합니다."

곽태는 일찍이 '유도(有道)'[19]로 천거를 받았으나 나아가지 않았으며, 같은 군에 사는 송충(宋沖)이 평소 그 덕성에 감복하고 있었는데, 한 왕조 초기부터 그에 필적할 만한 인물을 본 적이 없다고 생각하여 일찍이 그에게 벼슬길에 나가도록 권유하였다.

---

16 《논어》〈태백(泰伯)〉편에 기재된 공자의 말씀이다.

17 학생을 말한다.

18 호삼성은 개추(介推)와 유하혜(柳下惠)와 같은 사람이라고 하였다.

19 '도리를 아는 사람'이라는 뜻으로 도가(道家)의 인물이다. 유도(有道)를 천거하기 시작한 것은 안제 건광 원년(121년)부터이고 이 일은 《자치통감》권50에 실려 있다.

곽태가 말하였다.

"나는 밤에는 천문 현상을 보고 낮에는 인간의 일을 살펴보는데, 하늘이 폐기하려고 하면 지탱시킬 수 없으니, 나는 앞으로도 넉넉하게 천하를 돌아다니다 죽을 뿐입니다."

그러나 오히려 경사를 두루 돌아다니며 가르치고 지도하는 것을 멈추지 않았다.

서치가 편지를 보내 그에게 경계하며 말하였다.

"큰 나무가 장차 쓰러지려고 하면 한 가닥의 끈으로는 유지시킬 수 없는데,[20] 어찌하여 허둥지둥하면서 편안히 계시지 아니하십니까?"

곽태가 그 말에 깨달은 바가 있어 말하였다.

"삼가 그 말씀에 경의를 표하며, 사표로 생각하겠습니다."

제음(濟陰, 산동성 定陶縣) 사람 황윤(黃允)이 뛰어난 인재로서 그 이름이 널리 알려져 있었는데, 곽태가 만나보고서 말하였다.

"경의 높은 재주는 보통사람을 뛰어넘으니 충분히 위대한 그릇이 될 것이므로 나이가 40세를 넘으면 명성이 널리 드러납니다. 그러므로 이때에 이르러서는 스스로 마음을 단속해야 하며, 그렇지 않으면 장차 그것을 잃게 됩니다."

후에 사도 원외(袁隗)가 조카딸을 위하여 혼인 관계를 맺자고 요구하고 있었는데, 황윤을 보자 감탄하며 말하였다.

"이런 사람을 조카사위로 얻는다면 만족할 것이다."

황윤이 그 말을 듣고 아내를 쫓아냈다.[21]

---

20 후한 왕조의 멸망을 예언한 말이다.

21 황윤의 처는 하후씨(夏候氏)였는데, 황윤은 원외의 사위가 되기 위해 그의 처

그의 처는 종친들을 많이 청하여 놓고 이별을 하였는데, 이를 이용하여 종친 한 사람이 소매를 뿌리치면서 황윤이 은폐하거나 사악하게 처리했던 15개의 사건을 헤아리고서 떠나자 황윤은 이 일로 인하여 당시 사람들에게 몹쓸 사람으로 여겨지게 되었다.

애초에 황윤은 한중(漢中, 섬서성 南鄭縣) 사람 진문경(晉文經)과 나란히 재주와 지혜로 이름을 먼 곳과 가까운 곳에서 빛나고 있다고 믿고 징소하거나 벽소하여도 나아가지 않았다. 경사에서 병을 치료한다는 핑계로 빈객들과도 교통하지 않자, 공경들과 대부들이 그 문생들을 보내어 아침저녁으로 문병하였고, 낭리들은 그 문 앞에서 어지럽게 자리 잡고 있었으나 오히려 만나 볼 수 없었다. 삼공부(三公府)에서 벽소할 사람들이 있으면 번번이 그를 방문하여 묻고, 그가 좋아하느냐 아니냐에 따라 된다 혹은 안 된다고 말해 주었다.

부융(符融)이 이응(李膺)에게 말하였다.

"두 사람[22]의 덕행과 업적에 대해 들은 바가 없는데, 호걸로 자처하여 마침내 공경들이 문병을 하게 하고, 왕의 신하들도 그 문 앞에서 자리를 잡게 되었지만, 저 부융은 그들의 하찮은 도학이 대의를 깨뜨리고 명예를 텅 비게 하여 실질을 어그러뜨릴까봐 두려우니, 특별히 주의 깊게 살펴보아야 할 것입니다."

이응도 그러할 것이라고 생각하였다.

두 사람은 이후 명망과 평판이 점차 시들해졌고, 빈객들도 점차 줄어들자, 열흘 만에 부끄러움을 느끼고 한탄하며 도망쳤고, 후에 나란히

를 내쫓은 것이다.

22 황윤과 진문경을 말한다.

죄를 짓고 버림받게 되었다.

진류(陳留, 하남성 진류현) 사람 구향(仇香)은 행동이 순수하고 조용하여 고향에서도 알아주는 사람이 없었다. 나이 마흔이 되어 포정(蒲亭, 하남성 考城縣)의 정장(亭長)[23]이 되었다. 백성 가운데 진원(陳元)이란 사람이 홀로 어머니를 모시고 살고 있었는데 그의 어머니가 구향에게 와서 진원이 불효를 한다고 말하자 구향이 놀라면서 말하였다.

"내가 요사이 진원의 집을 지나왔는데, 여락(廬落)[24]은 정돈되어 있었고, 때에 맞추어서 논밭을 갈고 김을 매고 있었으니, 이런 사람은 나쁜 사람이 아닐 것이지만 다만 아직 교화에 이르지 못했을 뿐이오.

모친께서는 과부로 지내면서 애비 없는 아들을 양육하며 일생동안 고생하면서 늙게 되었는데, 어찌 하루아침의 분노 때문에 몇 년에 걸쳐서 노력했던 것을 포기하려 하십니까? 또 어머니가 다른 사람[25]이 남긴 애비 없는 아들을 양육하여 반듯한 인간으로 성장시킬 수 없다고 하는데, 만약 죽은 사람[26]이 안다면 백 세 후[27]에 어떻게 그 죽은 사람을 보겠다는 것입니까?"

그 어머니가 눈물을 흘리면서 일어났다.

구향이 이에 친히 진원의 집으로 가자 인륜과 효행에 관해서 설명하고 화가 되는 것인지 복이 되는 것인지를 비유하며 말하니, 진원이 깨

---

23 현의 하급 관리로서 도적을 잡거나 정부(亭部)의 민사나 소송을 담당하였다.

24 거주하는 집을 말한다.

25 죽은 남편을 말한다.

26 죽은 남편을 말한다.

27 죽은 다음을 말한다.

달아 마침내 효자가 되었다.

고성현(考城縣)의 현령인 하내(河內, 하남성 民權縣)[28] 사람 왕환(王奐)이 구향을 주부(主簿)[29]로 임명하고 그에게 말하였다.

"듣자하니 그대가 포정(蒲亭)에 있으면서 진원을 처벌하지 않고 교화시켰다고 하는데, 이는 매나 새매처럼 처리할 생각이 없었던 것이 아니요?"[30]

구향이 말하였다.

"매와 새매는 난새와 봉황만 못하다고 생각했기 때문에 그렇게 하지 않은 것입니다."[31]

왕환이 말하였다.

"탱자나무와 가시나무 숲은 난새와 봉황이 모일 곳이 아니니, 백 리 밖에 안 되는 이곳[32]은 크게 현명한 사람이 나아갈 길이 아니오."

이에 한 달 치 봉급을 구향에게 노자로 주어 태학에 입학하도록 하

---

28 진류군에 속하고 있으며 옛날의 치현(甾縣)이다. 장제가 치현이란 이름을 싫어하여 고성현으로 바꾸었다.

29 한대부터 중앙 및 지방의 관서 대부분에 설치된 하급사무관이다.

30 《춘추좌씨전》에 의하면, '무례한 자를 죽이는 것은 매와 새매가 참새를 쫓아내는 것과 같은 것이다.'라고 기재되어 있다. 진원을 매처럼 무섭게 하여 고치려 하지 않고 교화시키려 한 것은 엄격한 처리를 할 수 없었기 때문이라고 말한 것이다.

31 난새와 봉황은 매와 새매보다 훨씬 힘이 있고 큰 새이지만 조화로운 울음으로 모든 새들에게 위엄을 보인다. 따라서 공격적이기만 한 매보다는 훌륭하다.

32 당시 왕환이 현령이었기 때문에 그 통치 지역이 작으므로 '백 리'라고 말한 것이다.

였다. 곽태(郭泰)와 부융(符融)이 자(刺)[33]를 보내어 그를 배알하고 그 기회를 통하여 유숙하게 되었다. 다음 날 아침 곽태가 일어나 침상에서 내려와 그에게 절하며 말하였다.

"그대는 나 곽태의 스승이지 저 곽태의 친구가 아닙니다."

구향이 학업을 마치고 비록 고향으로 돌아갔는데, 비록 연거(宴居)[34]하는 중에도, 반드시 의복을 반듯하게 하였고, 처와 자식들이 그를 섬기는 것이 엄격한 군주 같았는데, 처와 자식들에게 잘못이 있으면 관(冠)을 벗고 스스로를 질책하였고, 처와 자식들이 뜰에서 잘못 생각했다고 사죄하면 구향은 관을 썼으며, 그러면 처와 자식들이 감히 마루에 올라갈 수 있었고, 끝내 그의 기쁨과 노여움, 목소리와 안색에 변화를 보이지 않았다. 징소하거나 벽소하는 것에 응하지 않고 집에서 죽었다.

---

33 자(刺)는 오늘날 명함과 같은 것이어서 성명을 써서 사람을 시켜 찾아보기를 구하는 것을 말한다. 진·한(秦·漢)대에는 이를 알(謁)이라고 하였다.

34 한가하여 아무런 일이 없을 때를 말한다.

시기를 받고 쫓기다 죽은 구영

2   3월 계해일[35]에 운석이 호(鄠, 섬서성 戶縣)에 떨어졌다.

3   여름, 5월 기축일(19일)에 경사에 우박이 내렸다.

4   형주(荊州, 호남성 및 호북성) 자사 도상(度尙)이 여러 부족의 만이들을 모집하여 애현(艾縣, 강서성 修水縣) 지역의 도적들을 공격하여 대파하니 항복한 자가 수만 명이었다. 계양(桂陽, 호남성 郴縣)의 오래된 도적인 복양(卜陽)과 반홍(潘鴻) 등이 도망쳐서 깊은 산 속으로 들어가니, 도상이 끝까지 뒤쫓아 수백 리를 가서 그들의 세 주둔지를 파괴하고 귀한 보배를 많이 노획하였다.

복양과 반홍의 무리가 오히려 왕성하자 도상이 그들을 공격하려고 하였지만, 사졸들이 교만해지고 재물이 풍부하게 되자 싸울 생각이 없어졌다. 도상은 그들을 느슨하게 해주면 싸우려하지 않을 것이고, 압박하면 반드시 도망할 것이라고 헤아리고서 선언하였다.

---

35 이 해의 3월 초하루는 임신일이므로 3월에는 계해일이 없다.

"복양과 반홍이 도적 노릇을 한 지 10년이어서 공격과 수비에 익숙하며, 현재 우리의 군사는 너무 적기 때문에 쉽게 진격할 수 없으니, 마땅히 여러 군에서 징발한 병사들이 모두 도착하면 그때 힘을 합하여 그들을 공격할 것이다."

군사들에게 거듭 명령을 내려 멋대로 사냥해도 좋다고 허락하자 병사들은 기뻐하였고, 높은 사람이건 낮은 사람이건 모두 나갔다.

도상은 마침내 비밀리에 친한 빈객들을 잠입시켜 그들의 군영을 불살라 버리니, 쌓아둔 진귀한 것도 모두 타버렸다. 사냥하러 나갔던 자들이 돌아와 그 모습을 보고 눈물을 흘리지 않은 자가 없었다. 도상은 한 사람씩 위로하며 불이 난 것이 자기의 허물이라고 깊이 자책하면서 이 기회를 이용하여 말하였다.

"복양 등이 가진 재보(財寶)로는 여러 세대 동안 부유하게 살기에 족한데, 다만 여러 경들은 힘을 합치지 않을 뿐인데, 잃어버린 것은 적고도 적으니 어찌 마음에 걸릴만한 것이 되겠는가!"

무리들은 모두 발분하여 뛰었다.

도상은 말에 먹이를 먹이고 욕식(蓐食)[36]하도록 명령하고, 다음날 아침에 지름길로 도적의 주둔지로 갔는데, 복양과 반홍 등이 스스로 그들의 거점이 깊고 견고하다고 생각하여 다른 방어시설은 설치하지 않고 있었던 터라 관리와 병사들이 날카로운 기세를 타고 마침내 그들을 격파하여 평정하였다. 도상은 출병한 지 3년 만에 수많은 도적들이 모두 평정되자 우향후(右鄕侯)에 책봉되었다.

---

36 전투에 나가기 위해 아주 이른 아침에 식사하게 하는 것이다. 즉, 잠자리를 치우지 않고 식사를 하게 하는 것을 말한다.

5   겨울, 10월 임인일(5일)에 황제가 남방 지역을 순행하였는데, 경신일(23일)에는 장릉(章陵)[37]에 행차하였다. 무진일[38]에는 운몽(雲夢, 호북성 安陸縣)으로 행차하여 한수(漢水)에까지 갔다가 돌아와서 신야(新野, 하남성 신야현)에 행차하였다.

당시 공경과 귀한 친척들의 수레와 말이 1만을 헤아렸으며, 비용과 노역을 징발하고 요구하는 것이 극에 달해 견딜 수 없었다. 호가종사(護駕從事)[39]인 계양(桂陽, 호남성 침주시) 사람 호등(胡騰)이 말씀을 올렸다.

"천자에게는 밖이라는 것은 없으니[40] 승여가 행차하는 곳이 바로 경사입니다. 신은 청컨대 형주 자사(荊州刺史)를 사예교위[41]와 비견시킨다면 신은 자연히 도관종사(都官從事)[42]와 같게 됩니다."

황제가 그의 의견을 따랐다. 이때부터 기율이 숙연해졌으며, 감히 군

---

37 호북성 조양현(棗陽縣)에 있는 후한 광무제 유수의 아버지와 할아버지 등의 묘소이다.

38 무진일은 통감필법으로 보아 10월로 읽어야 한다. 그러나 10월 5일이 임인일이고 경신일이 23일이므로 10월 중에는 무진일은 없다. 다만 무진 앞에 11월이 빠진 것으로 본다면 11월 1일이다.

39 호가란 거가를 호위하는 일을 맡은 직책인데, 여기서는 형주 자사가 파견한 거가를 호위하는 자이다.

40 《춘추공양전》에 왕자무외(王者無外)라고 나오는데, 여기서는 천자무외라고 바꾸어 말하였다. 제왕이 있는 곳이 곧 안[內]라는 뜻이다.

41 후한시대에 경기 지역의 백관과 그 지역의 사무를 조사하고 감독하는 관직이다.

42 한대 경기 지역의 백관의 범법 행위를 조사하는 일을 담당하는 사예교위의 속관이다.

현을 어지럽히는 일이 없게 되었다.[43]

황제가 남양(南陽, 하남성 남양시)에 머무르고 있는데, 좌우 사람들이 나란히 간사한 이익을 얻으려 하니 조서를 내려 많은 사람들을 낭관[44]으로 임명하였다.

태위 양병(楊秉)이 상소하였다.

"태미(太微) 성좌에 많은 별들이 모여 있는데, 그 이름을 낭위(郎位)라 하였으니[45] 들어와서는 받들어 숙위하고, 나가서는 백성을 양육하는 것이므로 의당 차마 어찌 할 수 없는 은총을 입은 사람들을 잘라내서 욕심을 채우는 길을 끊어야 할 것입니다."

이에 황제는 조서를 내려서 관직 제수하는 일을 중지하였다.

6 호강교위 단경(段熲)이 당전(當煎, 위수 상류 지역)의 강족을 공격하여 격파하였다.

7 12월 신축일(4일)에 거가가 환궁하였다.[46]

───────

43 형주 자사는 자기 관할의 군현만을 감독하고 조사할 수 있을 뿐이며, 황제를 호종하는 신하들을 감독하거나 조사할 수 없었다. 그가 만약 사예교위와 동등한 권한를 얻는다면 황제를 호종하는 신하들이 간사한 일을 저지르면 이들을 감독하고 조사할 수 있게 된다. 그 때문에 황제를 호종하는 신하들이 숙연하게 되었다.

44 제왕시종낭관(帝王侍從郎官)의 약칭으로서, 궁전을 숙위하고, 황제를 시종하는 것이 주요 임무이다.

45 태미원(太微垣)으로 별의 관직 이름이다.《사기》〈천관서(天官書)〉에 '태미궁(太微宮)은 오제(五帝)의 뒤쪽에 자리 잡고 있으며 25개의 별이 모여 무성한 모습을 보이고 있는데, 이것을 낭위(郎位)라고 칭한다.'라고 기재되어 있다.

8   중상시인 여양후(汝陽侯) 당형(唐衡)과 무원후(武原侯) 서황(徐
璜)이 모두 죽었다.[47]

9   애초에 시중 구영(寇榮)은 구순(寇恂)의 증손자로, 성격이 엄숙하
고 고결하여 사람들과 어울리는 것이 적었는데, 이 때문에 황제에게 총
애를 받자 권력을 잡은 사람들에게서 질시를 받았다. 구영의 조카는 황
제의 누이동생인 익양(益陽) 장공주(長公主)[48]를 모시고 살았고, 황제
는 또 구영의 종손녀를 후궁으로 받아들였다.

  좌우 사람들이 더욱 그를 시기하였고, 드디어 함께 죄를 지었다고
모함하니, 그 종족과 함께 면직되어 고향[49]으로 돌아갔는데, 관리들이
넌지시 지시하는 뜻을 이어받아 그를 잡아 급하게 침해하였다.

  구영은 죽음을 면하지 못할까 두려워하여 궁궐에 가서 스스로 자신
을 변호하려고 하였다. 아직 도착하지도 않았는데, 자사[50] 장경(張敬)
이 구영은 멋대로 변경 지역[51]을 떠났다고 추가로 탄핵하니 그를 체포

---

46 환제가 음력 10월 5일부터 12월 4일까지 약 두 달 동안 수도 낙양에서 남쪽
   으로 내려와 각 지역을 순시하였음을 알 수 있다.

47 후한시기에 여양현(汝陽縣)은 여남군(汝南郡)에 속해 있었고, 무원현(武原縣)
   은 팽성국(彭城國)에 속해 있었다.

48 황제의 딸을 '공주(公主)'라 부르고, 황제의 누이는 '장공주(長公主)'라 부르며,
   황제의 고모는 '대장공주(大長公主)'라 부른다.

49 구씨(寇氏)의 본향(本鄕)은 상곡군(上谷郡, 지금의 하북성 懷來縣) 창평(昌平)
   이다.

50 자사는 구영의 고향인 상곡군을 관할하는 유주(幽州) 자사일 것이다.

51 구영의 고향인 상곡군(上谷郡) 창평(昌平)을 가리킨다. 귀양을 가면 그 군의

하라는 조서가 내려왔다. 구영은 도망쳐 숨었고 몇 년이 되어서 사면을 만났으나 해제를 받지 못하여 곤궁한 처지가 쌓이게 되자 이에 도망하는 도중에 스스로 글을 올려 말하였다.

"폐하께서는 하늘을 통괄하고 만물을 다스려서 백성의 부모가 되셨으니, 이가 난 사람 그 이상은 모두 폐하의 덕택을 입게 되었습니다. 그러나 신의 형제들만이 잘못이 없음에도 권력을 오로지 하는 신하들에게서 배척받게 되었는데, 쉬파리와 같은 무리가 함께 얽어매어서[52] 폐하께서 자애로운 어머니가 베푸는 인자함을 실행하는 것을 소홀하게 하도록 하고, 베틀의 북을 내던지며 성내게 하고 있습니다.[53]

잔학하면서도 아첨 잘하는 관리는 기구와 그물을 펼쳐 설치하고 나란히 말을 달려서 앞을 다투는데, 마치 원수를 향해 내닫는 것과 같아서 벌주는 것이 죽음에까지 이르고 곤형(髡刑)은 분묘까지 깎아버려서[54] 엄정한 조정이 형벌을 남발하도록 하였습니다. 이리하여서 감히 하

경계 밖으로 나갈 수 없고, 나가려면 허락을 받아야 하는데 대궐에 가기 위하여 그 군을 떠났으므로 법을 어긴 것이다.

52 《시경》〈소아(小雅)편〉 '청승(靑蠅)'이란 시의 '윙윙 소리 내 나는 쉬파리떼들, 날아가 울타리에 모두 앉았네, 님이여 어여쁘신 우리 님이여, 참언을 곧이듣지 마시옵소서……'를 인용하였으며, 쉬파리는 흑백을 뒤섞을 수 있다고 한다.

53 《자치통감》 권3 주난왕(周赧王) 7년조에 기재되어 있는 '노(魯)나라 사람으로 증삼과 같은 이름을 가진 사람이 살인한 일이 있었는데, 어떤 사람이 증삼의 어머니에게 살인을 알렸지만, 그 어머니는 태연자약하게 옷감을 짜고 있었으나, 세 사람이 살인을 알리자 그때 가서야 그 어머니가 베틀의 북을 던지고 기계를 내려놓고 담장을 넘어 달아났다'는 기사를 이용한 것이다.

54 곤형은 죄지은 사람의 머리를 깎는 벌이다. 여기서는 분묘에 곤형을 시행한다는 말인데, 이는 분묘가 있는 곳의 송백(松柏)을 다 잘라서 마치 곤형을 시행한 것 같다는 의미이다.

늘의 위엄을 뚫고 갈 수 없었기 때문에 스스로 산림으로 들어가 숨어서 이에 폐하께서 성스러운 귀를 여시기를 기다리니, 홀로 밝음을 보시어 구제할 수 있는 사람은 구하시고, 죽음에 빠진 목숨을 구원해주십시오.

생각지도 못하게 쌓인 분노는 봄여름이 가도 식지 않았고, 쌓인 한은 세월이 흘러도 줄어들지 않아서 드디어 우역(郵驛)을 내달리게 하여 원근에 널리 알리니, 엄격한 법조문은 각박하여 서리와 눈보다 더 아팠으며, 신을 뒤쫓는 사람들이 인도에 가득 찼고, 신을 뒤쫓는 사람들은 수레가 갈 수 있는 데까지 갔으니, 비록 초(楚)나라가 현상을 걸어 오원(伍員)을 붙잡으려 하였고,[55] 한나라 때 계포(季布)를 찾아내려 하였지만,[56] 이보다는 지나치지 않았습니다.

신이 벌을 받은 이래 세 차례의 사면이 있었고, 두 차례의 속죄 기회가 있었으므로 증명할 수 없는 죄이니 사면해도 충분할 것이지만 그러나 폐하께서 신을 미워하는 것이 더욱 심해지시고, 유사가 신을 미워하는 것이 처음보다 심하게 되었으니, 도망치는 것을 그치면 싹 쓸려 없어지게 될 것이고, 도망치면 도망범의 신세가 되니, 진실로 산다고 하여도 궁박한 인간이 될 뿐이고, 끝내 자살한다 해도 원혼이 될 뿐이어

---

55 오원(?~기원전 484년)의 자는 자서(子胥)이다. 춘추시대 오나라 대부로서 초(楚)나라 평왕(平王) 7년(기원전 522년)에 아버지가 살해되자, 송(宋)·정(鄭) 등의 나라를 거쳐 오나라로 들어갔다. 후에 오왕 합려(闔閭)를 보좌하여 초나라를 공격하여 격파하였다. 이 기사는 오원이 초나라를 탈출하여 오나라로 가는 과정에서의 사건을 인용한 것이다.

56 초나라의 임협(任俠)으로 유명하며 항적(項籍)의 휘하에서 장수로 활약하며 수차례 한왕을 막았다. 항적이 멸망하자 한 고조 유방이 그를 붙잡으려고 애썼다.

서 하늘이 넓다 하나 이 몸 하나 덮어 줄 곳이 없고, 땅이 두텁다 하나 이 몸 하나 실어줄 곳 없으니, 흙을 밟아도 빠진다는 걱정을 갖게 되며, 먼 곳에서 바위 담장을 쌓아도 눌려 버릴 것이라는 걱정을 갖고 있습니다.

만약 신이 으뜸가는 죄인이고 커다란 악행을 범하였다면 들판에 늘어놓고 칼이나 톱[57]을 마련해도 충분하니, 폐하께서는 마땅히 신이 걸려 든 죄목을 널리 알려서 많은 사람들이 의심스럽다고 하는 의문을 풀어주어야 할 것입니다.

신은 국문(國門)을 들어가서 폐석(肺石)[58] 위에 앉아 삼괴구극(三槐九棘)[59]에게 신의 죄를 평의하게 하도록 할까 생각하였으나, 궁궐은 겹겹이 둘러싸여져 있고, 걸음마다 함정이 설치되어 있으며 발가락을 들 때마다 그물에 걸리고 움직일 때마다 그물에 걸렸기에, 만승[60]의 앞에 다다를 인연이 없었고, 영원히 신임을 내보일 기대도 못하였습니다.

슬픕니다! 오랫동안 살았는데 또 다시 무엇을 하겠습니까? 대개 충신은 그 몸을 죽여 임금의 분노를 풀어주고, 효자는 목숨을 바쳐서라도 부모의 원한을 편안케 하는 것이니, 그러므로 위대한 순(舜)임금은 창

---

57 톱은 월형(刖刑)을 처할 때 사용하는 것인데《국어(國語)》에 보면, 형벌에는 다섯 가지가 있는데, 큰 죄를 지은 사람은 들판에 벌려놓았다.

58 고대에는 궁정 밖에 한 덩이의 거석이 있었는데, 억울한 일을 당한 사람이 돌을 세워 억울함을 호소하면, 사법관이 기록한 후에, 상급 기관에 보고하여 처리하도록 하였다. 이때의 거석을 가리킨다.

59 삼공을 가리킨다.

60 황제를 말한다.

고를 칠하는 일과 샘을 파는 일과 같은 어려움을 피하지 않았으며,[61] 신생(申生)은 희씨(姬氏)가 중상하고 비방하는 것을 사양하지 않았는데,[62] 신은 감히 이러한 뜻을 잊어버리고, 스스로 죽어서 조정의 분노를 해명하고자 하지 아니하겠습니까!

빌건대 이 몸으로써 책임을 지겠으니, 바라건대 폐하께서는 형제들의 죽을 목숨을 살려주시어 신의 일문이 자못 후사를 잇게 하심으로써 폐하께서 베푼 너그러운 혜택을 숭배하도록 해주십시오. 죽음에 앞서 사정을 아뢰면서 이 글을 앞에 두고 피를 토하며 우나이다."

황제는 글을 살펴보고는 더욱 분노하여 마침내 구영을 주살하니, 구씨 가문은 이 때문에 쇠퇴하여 문을 닫게 되었다.

---

61 《사기》에 의하면, 순의 아버지가 항상 순을 죽이려고 하여 순에게 창고를 칠하도록 시키고, 아래에서 창고에 불을 놓자, 이에 순이 2개의 삿갓으로 불을 막고 내려왔다. 또 순에게 우물을 파도록 하자 순이 우물 옆에 공간을 만들어 두었다. 순이 깊이 들어가자 아버지가 흙을 내려서 덮자 순이 옆의 공간을 통해서 탈출하였다고 한다.

62 《춘추좌씨전》에 의하면, 진(晉) 헌공(獻公) 때 헌공의 총애를 받는 여희(驪姬)가 태자 신생을 해치려하자, 신생이 스스로 목을 매어 죽었다고 한다.

환관의 부패와 이를 공격하는 사람들

효환제 연희 8년(乙巳, 165년)

1 봄, 정월에 황제가 중상시 좌관(左悺)을 파견하여 고현(苦縣, 하남성 鹿邑縣)에 가서 노자(老子)[63]에게 제사지내도록 하였다.

2 발해왕(渤海王)[64] 유괴(劉悝)가 평소 행실이 험악하고 괴팍하며 어그러지고 거만하며 불법을 많이 저질렀다. 북군중후(北軍中候)[65]인 진류(陳留, 하남성 개봉시 진류현) 사람 사필(史弼)이 봉사(封事)[66]를 올

---

63 사마천은《사기》에서 노자를 다음과 같이 서술하고 있다. '노자는 초나라 고현(苦縣) 여향(厲鄉) 곡인리(曲仁里) 사람이다. 이름은 이(耳)이고, 자는 담(聃)이며, 성은 이(李)로서, 주의 수장리(守藏史)였다.' 고현에 있는 노자의 신묘(神廟)에 가서 제사지냈을 것이다.

64 발해국은 지금의 하북성 남피현(南皮縣) 일대에 있었다.

65 금위군(禁衛軍) 중 북군의 감찰관이다. 후한 초에 광무제가 중루교위(中壘校尉)를 없애고 북군중후를 설치하였다. 질은 6백석이며 오영(五營)을 장악하여 감독한다.

렸다.

"신이 듣기에 제왕은 친척을 대함에 있어서 아끼는 것이 비록 융숭하다 하여도 반드시 그들에게 위엄을 보여야 하며, 몸은 비록 귀하게 해주어도 반드시 법도로써 그들을 금지해야 하니, 이렇게 하면 화목의 기풍이 일어나고, 골육에 대한 은정도 이루어집니다.

가만히 듣건대, 발해왕 유괴는 밖으로는 사납고 경박한 불량배를 모으고, 안으로는 거칠게 술을 마시고 음악을 즐기면서 출입하는 것이 일정치 않으며, 함께 지내는 자들은 모두 집에서 버린 자식들과 조정에서 물리친 신하들이니, 반드시 양승(羊勝)[67]과 오피(伍被)[68]가 일으킨 것 같은 변란이 있을 것입니다.

주의 관사(官司, 자사)는 감히 규탄하지 못하고, 사부와 재상도 보좌하여 바로잡지 못하고, 폐하께서는 형제간의 우애가 융성하여 차마 막고 단절하지 못하니, 아마도 끝내 만연하여 번성하게 되어 해악이 넓고 크게 될까 두렵습니다.

빌건대 신의 주소(奏疏)를 공개하여 모든 관료들에게 보이시고 법에 따라서 공평하게 처리하십시오. 법으로 판결하여 죄가 정해지면 차마

---

66 남에게 누설되지 않도록 밀봉하여 황제에게 바치는 서장(書狀)을 말한다.

67 양승은 사건은 《자치통감》 권16 경제 중2년에 기재되어 있다. 양승은 산동성 사람으로, 공손궤(公孫詭)와 추양(鄒陽) 등과 함께 양(梁)의 효왕(孝王)의 부름을 받는다. 효왕이 원앙(袁盎)에 대하여 원한을 가지자 양승과 공손궤가 모의하여 원앙을 칼로 찔러 죽였지만, 형세가 험악하게 되자 효왕은 양승을 자살시켰다.

68 오피의 사건은 《자치통감》 권19 무제 원수(元狩) 2년조에 보인다. 오피는 전한의 초(楚)의 사람인데, 재능으로써 회남중랑(淮南中郞)이 되었다. 회남왕이 뛰어난 사람들을 불러들였을 때, 그는 그 중에서도 가장 뛰어난 인물이었다.

하기 힘든 조서를 내리십시오. 신하들이 고집하면, 그런 다음에 조금 시간을 두어 허락하시는데, 이와 같이 하면 성스러운 조정에서는 친척들에게 상처를 입혔다는 비난이 없어질 것이며, 발해왕도 봉국을 가지고 향유할 수 있는 기쁨을 얻을 것입니다. 그렇지 않으면 장차 큰 옥사가 일어날까 두렵습니다."

황상은 듣지 않았다.

유괴는 끝내 대역부도한 일을 꾸미다가[69] 유사가 그 나라를 폐지하도록 요청하니, 황제는 깎아내려서 영도왕(癭陶王)으로 삼고 현 한 개를 식읍으로 주었다.

3 그믐날인 병신일에 일식이 있었다. 공·경·교위에게 현량과 방정한 인재를 천거하라고 조서를 내렸다.

4 천추만세전(千秋萬歲殿)에서 불이 났다.

5 중상시 후람(侯覽)의 형[70] 후삼(侯參)은 익주(益州, 사천성 및 운남성)자사였는데, 잔인하고 포악하며 탐욕스러워서 쌓아둔 재산이 1억을 헤아렸다.

태위 양병(楊秉)이 주문을 올려 함거(檻車)[71]를 보내 후삼을 불러들이자, 후삼은 호송되는 도중에 자살하였고, 그의 수레를 열람하니 무게

---

69 《후한서》환제기에 유괴가 모반하였다는 기록이 있다.

70 다른 판본에는 동생으로 기록된 것도 있다.

71 죄수가 타는 수레를 말한다.

가 3백여 량(兩)이었는데, 모두 금·은·비단이었다. 양병이 이 때문에 주문을 올렸다.

"신이 옛날 법전을 살펴보니, 환관은 본래 궁궐의 급사로 있으면서 어두워지면 궁궐의 밤을 지키는 일을 담당하였습니다. 지금에 와서는 외람되이 과분한 은총을 받아 정권을 잡아 권력을 휘두르며, 붙어서 아부하는 자들에 대해서는 공무를 핑계 삼아 상을 주거나 천거하고, 어기고 거스르는 자들에 대해서는 사건을 찾아서 중상하는데, 사는 곳은 왕공(王公)을 본받았고, 부유함은 국가를 본뜨고, 음식은 지극한 진수성찬이며, 복첩(僕妾)들도 흰색 비단옷으로 휘감고 있습니다.

중상시 후람의 아우[72] 후삼은 탐욕스럽고 잔인하여 으뜸가는 악행을 저질러서 화를 자초하여 죽게 되었습니다. 후람은 후삼의 죄악이 깊고 무겁다는 것을 알고 있었고, 반드시 스스로도 의심할 만한 뜻이 있었을 것이니, 신은 어리석으나 마땅히 다시는 황제를 가까이하는 모습을 보여서는 안 된다고 생각합니다.

옛날에 의공(懿公)은 병촉(邴歜)의 아비를 벌주었고, 염직(閻職)의 아내를 빼앗았는데, 그들 두 사람에게 참승[73]하게 하다가 끝내 대나무 숲 속에서의 재난이 있었습니다.[74] 마땅히 후람을 빨리 물리쳐서 호랑

---

72 앞에서는 형으로 되어 있다.

73 높은 사람의 수레에 같이 타고 가는 것을 말한다.

74 《춘추좌씨전》에 의하면, 제나라 의공이 국군(國君)에 등극하지 않았을 때, 병촉의 아버지와 땅을 놓고 싸웠으나 이기지 못하였다. 후에 의공이 국군이 되었는데 병촉의 아버지는 이미 죽었다. 이에 묘소를 파서 시체의 머리를 끄집어내는 혹독한 형벌을 주었다. 또 의공은 염직의 처를 강제로 빼앗았다. 후에 병촉과 염직이 연합하여 제나라 의공을 죽였다고 한다.

이에게 던져주어야 하며, 이 같은 사람은 은혜를 베풀어 용서해서는 안
되니, 청컨대 면직하여 본래의 군으로 보내야 합니다."

글이 올라가자, 상서가 양병의 연속을 불러서 그들에게 따지며 말하
였다.

"관직을 설치하고 직책을 나누었는데, 각각에는 유사가 존재한다.
삼공은 외조(外朝)를 통솔하며 어사는 궁내(宮內)를 감찰하는데, 현재
직분을 넘어 환관에 대하여 주문(奏文)을 올리는 것은 경전과 한나라
의 제도 가운데 무엇에 의거한 것인가? 그것을 공개적으로 자세히 대
답하시오."

양병이 대답하게 하였다.

"《춘추전(春秋傳)》에 '군주의 악함을 제거하려는 것은 오직 온 힘을
다하여 살펴보는 것이다.'라고 말하고 있다.[75] 등통(鄧通)이 나태하고
오만해지자 신도가(申屠嘉)가 등통을 소환하여 힐책하니, 문제(文帝)
가 쫓아가서 봐달라고 요청하였다.[76] 한대의 고사에 의하면 삼공이란
직책은 통솔하지 않는 것이 없다."

상서는 따질 수 없었고, 황제도 부득이하여서 결국 후람의 관직을
면직시켰다.

사예교위 한연(韓縯)이 이 사건으로 인하여 좌관(左悺)의 죄악을 주
문으로 올렸는데, 그의 형이며 태복인 남향후(南鄕侯) 좌칭(左稱)이 주
와 군에 청탁하여 재물을 긁어모으는 간악함을 저지르고, 그의 빈객들
은 방종하여 관리와 백성을 침범했다는 사실에 까지 언급하였다. 좌관

---

75 《춘추》에는 공양전·곡량전·좌전이 있는데, 여기서는 좌전을 가리킨다.
76 《자치통감》 권15 문제(文帝) 후원 2년(기원전 162년)조에 기재되어 있다.

과 좌칭이 모두 자살하였다.

한연은 또 중상시 구원(具瑗)의 형이며 패국(沛國)의 재상인 구공(具恭)이 재물을 거두는 죄를 지었다고 주문을 올려서, 소환하여 정위에게 가게 하였다. 구원이 감옥에 들어가서 사죄하였으나, 황상이 동무후(東武侯)의 인수를 회수하고, 조서를 내려 깎아내려서 도향후(都鄕侯)로 삼았다.

선초(單超), 서황(徐璜), 당형(唐衡)과 같은 봉지를 이어받은 자들도 나란히 향후(鄕侯)로 강등되었고, 그 자제로서 봉지를 나누어 받은 자들도 모두 작위와 봉토를 빼앗겼다. 유보(劉普) 등을 깎아내려서 관내후(關內侯)로 삼고, 윤훈(尹勳) 등도 역시 모두 작위를 빼앗겼다.

6   황제가 마음으로 총애하는 자들이 많아서, 궁녀는 5천~6천 명에 이르고, 일을 부리고 심부름시키는 자들은 이들보다 두 배 이상 많았다. 등후(鄧后)는 그 존귀함을 믿고 교만하고 질투심이 많아서, 황제가 총애하는 곽귀인(郭貴人)과는 서로 중상하고 헐뜯었다.

계해일(27일)에 황후 등씨를 폐하고 폭실(暴室)[77]에 보냈더니 걱정하다가 죽었다. 하남윤 등만세(鄧萬世)와 호분중랑장 등회(鄧會)가 모두 감옥에 갇혔다가 주살되었다.

7   호강교위 단경(段熲)이 한저(罕姐, 위수의 상류) 지역의 강족을 공격하여 격파하였다.

---

77 《한관의(漢官儀)》에 의하면, 폭실은 액정궁(掖庭宮) 안에 있으며, 관리는 승(丞) 1명이 배치되는데, 그는 궁중에서 질병에 걸린 여자들을 관리했다고 한다. 아울러 황후 혹은 귀인이 죄를 지으면 역시 이곳으로 보내졌다.

8   3월 신사일(16일)에 천하를 사면하였다.

9   완릉(宛陵, 안휘성 宣城縣) 지방의 대성(大姓)[78]인 양원군(羊元羣)
이 북해군(北海郡, 산동성 昌樂縣)에서 파직되었는데,[79] 재물을 거두어
들인 추잡한 행위가 어지러울 지경이었고, 군청의 변소가 기기묘묘하
게 장식되어 있었으며, 또한 그것을 수레에 싣고서 돌아갔다. 하남윤
이응(李膺)이 그 죄를 조사해야 한다고 표문을 올렸더니, 양원군이 환
관에게 뇌물을 주어서 이응이 도리어 죄에 연루되게 하였다.

선초(單超)의 아우 선천(單遷)이 산양(山陽, 산동성 金鄕縣) 태수로
있었는데 죄를 지어 투옥되어서 정위 풍곤(馮緄)이 조사하다가 그를
죽음에 이르게 하였다. 환관이 서로 무리를 지어 함께 비장(飛章)[80]을
만들어서 풍곤을 죄로 다스려야 한다고 무고하였다.

중상시 소강(蘇康)과 관패(管覇)가 천하의 좋은 농토를 굳게 지켰지
만 주와 군에서는 감히 따지지 못하자 대사농 유우(劉祐)가 땅 소재지
에 글을 보내고 과품(科品)[81]에 의거하여 그것들을 몰수하였더니, 황제
는 크게 노하여 이응과 풍곤을 함께 좌천시켜 좌교(左校)로 보냈다.[82]

---

78 같은 성(姓)을 가진 집단이 큰 것을 말하는데, 이는 호족(豪族)과 같은 뜻으
　　로 사용되며, 그 집단의 우두머리를 보통 대성이라고 한다.

79 완릉현은 하남윤에 속하였으므로 양원릉의 관직은 현령으로 보인다.

80 익명(匿名)으로 쓴 글을 말한다. 대체로 투서(投書)적 성격을 갖는 문서이다.

81 법령을 가리킨다.

82 원문은 수작좌교(輸作左校)이다. 이는 가벼운 형벌로써 관리 중 죄가 있는 자
　　를 좌교의 관으로 보내는 것을 말한다. 좌교는 장작감(匠作監)에 속하여 노동
　　을 하는 형벌이다.

10 여름, 4월 갑인일(19일)에 안릉(安陵)[83]의 원침(園寢)에서 불이 났다.

11 정사일(22일)에 조서를 내려서 군과 봉국에 있는 여러 사악한 신을 모시는 사당을 부수고, 다만 낙양 사람 왕환(王渙)과 밀현(密縣) 사람 탁무(卓茂)[84]를 기리는 두 사당은 남겨놓도록 하였다.

12 5월 병술일(22일)에 태위 양병(楊秉)이 죽었다. 양병의 사람됨은 깨끗하고 욕심이 적었는데 일찍이 말하였다.

"나에게는 세 가지의 미혹되지 않는 것이 있는데, 술·여자·재물이다."

양병이 죽자, 그가 천거한 현량인 광릉(廣陵, 강소성 江都縣) 사람 유유(劉瑜)가 마침내 경사에 와서 편지를 올려 말하였다.

"환관이 부당하게 어깨를 나란히 하여 봉토를 찢어서 받고, 다투어 후사를 세우며, 대를 이어 작위를 전합니다.[85] 또 궁녀는 보충되어 쌓여서 일하지 않고 밥을 먹음으로써 궁궐의 재물을 비도록 하며, 백성에게 상처를 입히고 국가의 재물을 소비하고 있습니다.

또 집들을 많이 늘리고, 기묘한 장식이 화려하기 이를 데 없으며, 산을 파고 돌을 깨는 일에 엄한 형벌로써 재촉합니다. 주와 군의 관부에

---

83 전한 혜제의 능이다.

84 왕환에 관하여서는 후한 화제 원흥 원년(105년)조, 《자치통감》권48에 실려 있고, 탁무에 관하여서는 후한 광무제 건무 원년(25년) 9월조, 《자치통감》권40에 실려 있다.

85 순제 양가 4년(135년)에 환관이 양자를 두어 작위를 이어받도록 허락하는 명령을 내렸다.

서는 각자 일을 심사하니, 간사한 자들은 뇌물을 주어 일을 처리하려고
하여 모두 관리의 먹이가 되었습니다.

백성들은 시름에 겨워 울적한 마음이 맺혀서 일어나 도적의 무리에
들어가니, 관부는 번번이 군대를 일으켜서 그들의 죄를 토벌지만 빈곤
한 백성은 때로는 그 수급을 팔아 보수와 현상금을 받으려는 자도 있
어, 아버지와 형이 서로 대신하여 몸을 손상시키게 되고,[86] 처와 자식
은 서로 분열되는 것을 보게 되었습니다.

또 폐하께서 가까이 있는 낯익은 사람의 집에 미행(微行)[87] 하시거
나 사사로이 환관의 집으로 행차하는 것을 좋아하시니, 빈객들은 그것
을 팔아먹으며[88] 도로에서 활보하며 다니고 이로 인하여 난폭하고 멋
대로 행동해도 용납하지 않을 수 없습니다.

오직 폐하께서는 간언하는 언로를 넓게 열고, 옛날의 고사를 널리
살펴서, 아첨하는 사악한 인간들을 멀리하시고, 정(鄭)나라와 위(衛)나
라의 소리[89]를 추방한다면, 정치는 화평에 이르고, 은덕은 상서로운
바람을 감동시킬 것입니다."

조서를 내려 특별히 유유를 불러서 재앙이 일어날 징조에 관해서 물
어보게 하였다.

---

86 상금을 받으려고 도둑이 아닌데도 아버지와 형을 도둑으로 몰아서 죽이고
　　그 수급을 관가에 바치는 것을 말한다.

87 제왕이 미천한 신분의 옷차림으로 궁궐 밖을 나가는 것을 말한다.

88 근습이나 환관의 빈객들은 황제가 그 집을 방문하였다는 사실을 가지고 여
　　러 가지 불법적인 일을 한다는 말이다.

89 《시경》의 정풍(鄭風)과 위풍(衛風)의 내용을 말하는 것으로, 유학자들은 음
　　탕한 소리로 인식하고 있다.

정권을 잡은 사람들은 유유에게 그의 말이 틀리다고 말하게 하고 다른 사건을 가지고 다시 책문(策文)을 바치게 하려고 하였으나, 유유는 다시 온 마음을 다하여 8천여 마디로 대답하였는데, 이것은 이전의 글보다 더 절절하였다. 이에 유유를 의랑(議郎)[90]으로 삼았다.

---

90 낭중령(郎中令)의 속관으로 조정의 득실을 의론하는 것을 담당하였다. 한대에는 특별히 현량(賢良)하고 방정(方正)한 선비들을 징소하여 그 임무를 맡겼다.

형주에서의 반란과 돌아온 진번

13　형주(荊州, 호북성 및 호남성)의 병사인 주개(朱蓋) 등이 반란을 일으키고, 계양(桂陽, 호남성 郴縣)의 도적인 호란(胡蘭) 등과 함께 다시 계양을 공격하자, 태수 임윤(任胤)이 성을 버리고 달아났고, 도적의 무리는 마침내 수만 명에 이르게 되었다. 이리저리 다니다가 영릉(零陵, 호남성 영릉현)을 공격했으나, 태수인 하비(下邳, 강소성 睢寧縣) 사람 진구(陳球)가 굳게 수비하며 이들을 막았다.

영릉은 땅이 낮고 습기가 많아서 나무를 엮어서 성을 만들었기에 군성(郡城) 안에 있는 사람들이 두려워하였다. 연사(掾史)가 진구에게 가족들을 안전한 곳으로 보내어 피난시키라고 말하자, 진구가 화를 내며 말하였다.

"태수는 국가의 호부(虎符)[91]를 나누어 가지며 한 지역을 위임받아 담당하는데, 어찌 처자식을 생각하여 국가의 위신을 손상시킨단 말인가? 다시 그런 말을 하는 자는 목을 벨 것이다."

91　구리를 사용하여 호랑이 형상으로 만든 부절(符節)로써 군사를 징발하는데 이용된다.

이에 큰 나무를 구부려서 활을 만들고, 깃털 달린 창으로 화살로 삼고, 기계를 끌어다가 이것을 발사하여[92] 많은 도적들을 죽이거나 부상시켰다. 도적은 물살이 빠른 물을 성으로 흘러 보냈으나, 진구는 번번이 성 안에서 지세를 이용하여 반대로 제방을 터뜨려 물이 도적들이 있는 곳을 잠기게 하였는데, 서로 대치한 지 열흘이 되어도 성을 떨어뜨릴 수 없었다.

바로 이때 도상(度尙)이 징소되어 경사에 돌아왔었는데, 조서를 내려 도상을 중랑장으로 삼아, 보병과 기병 2만여 명을 거느리고 진구를 구원하도록 하고, 여러 군의 병사들을 발동하여 함께 힘을 합쳐 토벌하며 쳐서, 그들을 대파하고 호란 등의 머리 3천여 급을 베었다. 다시 도상을 형주 자사로 삼았다.

창오(蒼梧, 광서장족자치구 梧州市) 태수 장서(張敍)가 도적에게 붙잡히고, 임윤 등은 모두 소환되어 기시(棄市)[93]되었다. 호란의 잔당은 남쪽으로 가서 창오로 달아났으나 교지(交阯, 광동성, 광서장족자치구 및 베트남 북부) 자사 장반(張磐)이 이들을 격파하니, 도적들은 다시 형주의 경계 지역으로 되돌아 들어갔다.

도상이 자기에게 허물이 돌아올까 두려워서[94] 마침내 거짓으로 창오의 도적들이 형주의 경계 지역으로 들어갔다고 글을 올리니, 이에 장반을 불러들여 정위에게 내려 보냈다. 사건의 진상에 관한 서류가 올바르게 잡히기 전에 마침 사면령이 내려 용서받을 수 있었으나 장반이

---

92 특수한 무기 같다. 호삼성은 이것이 화거노(划車弩)와 같은 것이라고 하였다.

93 죄인의 목을 베어 죽이고 그 시체를 저자에 버려두는 것을 말한다.

94 도적을 다 토벌하지 못하였다는 죄목을 말한다.

출옥하려 하지 않자 바야흐로 다시 감옥에 넣고 형구를 채웠다.

옥리가 장반에게 말하였다.

"천자의 은혜가 넓음에도 불구하고 그대는 나가지 않으니, 그렇게 할 수 있는 것입니까?"

장반이 말하였다.

"나 장반의 지위는 방백(方伯)[95]이었으나 도상이 진실을 왜곡하여 죄를 받고 감옥에 들어왔소. 무릇 일에는 허실이 있고 법에는 시비가 있는 것이니 나 장반은 실제로 허물이 없어서 사면을 해도 없앨 죄가 없소. 만약 참고 억지로 사면된다면 영원히 침해와 모욕의 수치를 받게 되니, 살아서 악한 관리가 될 것이고 죽어서는 다 해어진 귀신이 될 것이오.

빌건대, 도상이 정위에게 가서 조사 받아야 한다고 전해주고, 얼굴을 맞대고 곡직을 가리면 진실인지 거짓인지를 충분히 밝혀질 수 있을 것이오. 도상이 소환되지 않는다면, 나 장반은 감옥에 뼈를 묻고 끝내 헛되이 나가지 않을 것이며 먼지를 바라보면서 왜곡된 죄의 대가를 받을 것이오."

정위가 그 진상을 황상에게 올리자, 조서를 내려 도상을 불러들여 정위에게 가게 하였고, 말이 궁해지게 되어 죄를 받았지만, 이전에 공이 있어서 용서받을 수 있었다.

---

95 고대에는 8주에 여덟 명의 백(伯)이 있었는데 이는 원래 한 지방을 담당하는 백작(伯爵)이라는 말이지만 지방행정책임자를 말한다. 여기서는 장반이 자사였고 한대에는 자사를 방백이라고 하였으므로 스스로를 방백이라고 하였다.

14　윤월(윤7월) 갑오일(1일)에 남궁의 삭평서(朔平署)[96]에서 불이 났다.

15　단경이 서강(西羌) 종족을 격파하고 군대를 진격시켜 끝까지 추격하여 산과 계곡 사이를 돌아다니며 뒤졌는데, 봄에서 가을까지 싸우지 않은 날이 없자 야만인들은 마침내 패하여 흩어졌고, 무릇 목을 벤 것이 2만3천 급이었고 산 채로 잡은 포로가 수만 명이었으며, 항복한 자는 1만여 부락이 되었다. 단경을 도향후(都鄕侯)에 책봉하였다.

16　가을, 7월에 태중대부(太中大夫)[97] 진번(陳蕃)을 태위로 삼았다. 진번이 태상[98] 호광(胡廣)과 의랑 왕창(王暢), 이형도(弛刑徒)[99] 이응(李膺)에게 양보하려 했으나 황제가 허락하지 않았다.

　왕창은 왕공(王龔)의 아들로 일찍이 남양(南陽, 하남성 남양시) 태수가 되었는데, 그 지역에 거주하는 많은 귀척(貴戚)과 호족(豪族)들을 싫어하여서, 도착하여 수레에서 내리자마자 분발하여 힘써서 맹렬하게 위엄을 보이고 대성(大姓)이 범죄를 저지르면 때로는 관리를 시켜

96　궁정의 북문을 경비하는 관청이다.

97　진대에 설치되어 의론(議論)을 담당하였다. 한대에도 진의 제도를 그대로 답습하였다.

98　종묘제사·예악·문화교육을 담당한 관원이다. 진대에는 봉상(奉常)이라고 하였으나, 전한 경제(景帝) 중원(中元) 6년(기원전 144년)에 태상으로 고쳤다. 한대 9경 중수장으로 녹질은 중이천석(中二千石)이다.

99　형도(刑徒)란 죄를 짓고 형벌을 받고 있는 사람을 말하며, 이형도는 형의 집행이 정지된 형도를 말한다.

집을 허물고 나무를 베고 우물과 아궁이를 막아버렸다.

공조(功曹)[100] 장창(張敞)이 주기(奏記)하여 간하였다.

"문옹(文翁)[101]과 소부(召父),[102] 탁무(卓茂)[103]와 같은 사람들은 모두 온후하게 정치하여 소문이 흘러 후세에 전해졌습니다. 집을 허물고 나무를 베는 것은 엄격하고 매워서 비록 악을 징계하는 것이라고 해도 오래도록 알려지기는 어려울 것입니다.

이 군[104]은 옛 도읍이며 후전(侯甸)[105]의 나라이니, 원묘(園廟)는 장릉(章陵, 하남성 棗陽縣)에서 나왔으며, 3명의 황후[106]는 신야(新野)에서 출생했습니다. 중흥(中興)한 이후에는 공신과 장군, 재상들이 세대를 이어서 융성하였습니다.

어리석은 저는 간절하고 간절하게 형벌을 사용한다 하여도 은혜를

---

100 군청에서 인사를 담당하는 하급 관리를 가리킨다.

101 문옹은 전한시대의 인물로서, 어려서부터 학문을 좋아하고 《춘추》에 정통하였다. 경제 말년에 촉군(蜀郡) 태수를 역임하면서 학관을 세우고 백성들의 교화에 힘썼다. 무제시기에 각 군과 봉국에 모두 학교가 세워진 것은 문옹에게서 비롯되었다고 할 수 있다.

102 서주시대의 소공(召公) 희석(姬奭)을 가리킨다.

103 전한 문제 치세에 장안에서 공부하였으며, 법례(法禮)와 역산(曆算)에 능통하여 통유(通儒)라 칭해졌으며 백성들의 교화에 힘썼다. 후한 광무제에게 발탁되어 태부(太傅)를 역임하였다.

104 왕창이 남양 태수였으므로 남양을 말하는데 '남도(南都)'로 불리기도 했다.

105 옛 제도에 의하면, 수도에서 사방 1천 리 이내의 지역을 '전복(甸服)'이라 하였고, 거기에서 밖으로 5백 리까지 떨어진 지역은 '후복(侯服)'이라 하였다.

106 남돈군 이상 네 개의 사당은 장릉에 있으며 광무제의 처 음려화(陰麗華)와 화제의 처 음황후(陰皇后)·등수(鄧綏)는 신야 사람이다.

베푸는 것만 못하다고 생각합니다. 허둥지둥 간사한 자들을 잡는 것은 현명한 사람을 예의로써 대우하는 것만 못합니다. 순임금이 고요(皐陶)[107]를 천거하니 어질지 않은 사람은 멀리 가버렸으므로 사람을 교화하는 것은 덕에 있지 형벌에 있지 아니합니다."

왕창은 그의 말을 깊이 받아들이고 새로이 관대한 정치를 존중했으며, 교화하는 일이 크게 시행되었다.

17 8월 무진일(6일)에 처음 군과 봉국으로 하여금 농지를 가진 자들에게서 그 넓이에 따라 세금을 징수하도록 하였다.[108]

18 9월 정미일(15일)에 경사에서 지진이 일어났다.

19 겨울, 10월에 사공 주경(周景)이 면직되었고, 태상 유무(劉茂)를 사공으로 삼았다. 유무는 유개(劉愷)의 아들이다.

20 낭중 두무(竇武)는 두융(竇融)의 현손인데, 그의 딸이 귀인이 되었다. 채녀(采女)[109] 전성(田聖)이 황제에게서 총애를 받았는데, 황제는 장차 그녀를 황후로 세우려고 하였다. 사예교위 응봉(應奉)이 편지를 올려서 말하였다.

---

107 순임금의 신하로서 사구(司寇), 즉 옥관(獄官)의 우두머리를 지냈다고 전해진다.
108 1묘(畝)에 10전씩을 징수하였는데 대개 한대는 30분의 1세를 적용했다.
109 비빈(妃嬪)의 제2급이다.

"모후의 신분이 중요함은 흥하고 망하는 원인이 됩니다. 한나라 때에는 조비연(趙飛燕)을 황후로 세워 후사가 끊어졌습니다.[110] 마땅히 《관저(關雎)》에서 추구한 것[111]을 생각하여 다섯 가지의 금기해야 할 여자[112]는 멀리 하여야 합니다."

태위 진번(陳蕃)도 역시 전씨는 미천한 출신이고 두씨는 훌륭한 집안 출신이라는 것을 가지고 완고하게 다투었다. 황제는 부득이하여 신사일(20일)에 두귀인(竇貴人)을 황후로 세우고, 두무(竇武)를 특진 겸 성문(城門)교위에 임명하고 괴리후(槐里侯)에 책봉하였다.

---

110 조비연은 성제(成帝)의 황후로 이에 관한 일은 애제 건평 원년(기원전 6년)에 일어났고, 그 내용은《자치통감》권33에 실려 있다.

111 《시경》〈관저(關雎)편〉은 주의 문왕(文王)과 그 후비(后妃)의 성덕(盛德)을 읊은 시인데, 임금의 금실이 좋으면 그 덕이 자연히 아랫사람에게 미치는 것을 일컫는다.

112 부인이 다섯 가지의 문제를 갖고 있으면 취(娶)하지 않는데,《한시외전(韓詩外傳)》에 의하면 이 다섯 가지란, 부인의 상을 당한 사람의 장녀인데 명을 못 받았기 때문이고, 대대로 나쁜 질병이 있는 집안의 여자인데 하늘의 버림을 받았기 때문이고, 대대로 형벌을 받은 집안의 여자인데 사람에게서 버림을 받았기 때문이고, 부정한 집안의 여자인데 종족이 바르지 아니하기 때문이고, 역적 집안의 여자인데 인륜을 저버렸기 때문이라고 하였다.

다시 복직한 무장들

21   11월 임자일(21일)에 황문북시(黃門北寺)[113]에서 불이 났다.

22   진번이 이응(李膺)과 풍곤(馮緄), 유우(劉祐)의 억울함을 자주 말하고, 그들을 용서하고 관작을 올리도록 요청했는데, 언급한 것이 반복하기에 이르고 진실로 간절하게 아뢰며 눈물까지 흘리기에 이르렀으나 황제가 들어주지 않았다.

응봉(應奉)[114]이 상소하였다.

"무릇 충성스럽고 현명한 무장(武將)은 국가의 심장이며 등뼈입니다. 가만히 보건대 좌교의 형을 받고 가석방된 풍곤과 유우, 이응 등은 사악한 신하들을 가려내어 주살하였으나 법에 의거하여 그들을 처리하였습니다. 폐하께서는 이미 들어서 살피지 아니하고, 도리어 중상과 변명을 굽혀 받아들이고 마침내 충신들이 큰 악을 저지른 자들과 함께 벌을 받았을 뿐만 아니라, 봄에서 겨울까지 용서받지 못하니, 멀리 있

---

113 황궁을 시종하는 관서에서 분할된 북시(北寺)의 감옥이다.

114 응봉은 이때 사예교위였다.

는 자이나 가까이 있는 자 모두 이러한 내용을 보고 들으며 이 때문에 탄식하고 있습니다.

무릇 정치를 바로 세우는 요점은 공적을 기억하고 잘못을 잊는 것인데, 이는 무제(武帝)가 수감 중인 형도들 속에서 한안국(韓安國)을 발탁하였고,[115] 선제(宣帝)는 망명 중인 사람들 중에서 장창(張敞)을 징소하였습니다.[116] 풍곤이 이전에 만형(蠻荊)을 토벌[117]한 것은 윤길보(尹吉甫)의 공적[118]과 같습니다. 유우는 자주 독사(督司)[119]를 담당했으며, 달면 삼키고 쓰면 뱉지 않는 절개[120]를 지니고 있습니다. 이응은 유주(幽州, 北京 지역)와 병주(幷州, 산서성 太原 지역)에서 위엄을 떨쳤으며, 도요(度遼)장군이 다스리는 곳에 애정을 남겨 두었습니다.[121]

---

115 이 사건은 무제 때 일어난 사건이 아니라 경제 때 일어난 사건이다. 한안국(?~기원전 127년)은 전한 양국(梁國) 성안(成安), 즉 현재의 하남성 임여(臨汝) 사람이다. 당초에 양 효왕(孝王)의 중대부(中大夫)로 있었으나, 오초칠국(吳楚七國)의 난 때 오국의 군대를 격퇴하여 유명하게 되고, 경제(景帝)의 신임을 얻게 되었다.

116 전한의 선제 감로(甘露) 원년, 즉 53년의 일이다.

117 풍곤은 순제 치세에 무릉만(武陵蠻)과 장사만(長沙蠻)을 토벌한 공을 세웠다.

118 주나라의 대신으로 야만인 험윤(玁狁)을 정벌했다고 전해지고 있다.

119 사예교위를 가리킨다.

120 원문은 不吐茹之節이다. 토란 먹은 음식을 뱉어 내는 것이고, 여는 먹는다는 의미이다. 음식을 먹으면서 먹기 힘든 것은 뱉고 먹기 좋은 것만을 먹는 것이 여토이다. 그러므로 골라서 먹거나 뱉지 않는 절개를 말하는 바, 강직한 절개를 의미하는 것이다.

121 이응은 이미 어양태수·오환교위를 거쳤는데, 그가 근무한 곳은 모두 유주지역이며, 도요장군은 병주에 주둔하고 있기 때문에 이곳에서 위엄을 떨쳤었음으로 그곳에 애정을 남겨 두고 있다는 말이다.

지금 세 방면의 변경에서 야만인이 준동하고 있으나 왕의 군대는 아직 떨치지 못하오니, 빌건대 이응 등을 용서하시어 예측하지 못할 사건을 대비해야 할 것입니다."

편지가 올라가자 모두 형벌을 면하게 되었다. 오랜 후에 이응은 다시 사예교위에 임명되었다.

당시 소황문(小黃門)[122] 장양(張讓)의 아우 장삭(張朔)은 야왕(野王, 하남성 沁陽縣) 현령으로 있었는데, 탐욕스럽고 잔학무도했으나, 이응의 위엄을 두려워하여 도망쳐서 경사로 돌아온 후에 형의 집 합주(合柱)[123] 중에 숨었다. 이응이 그 정황을 알고 관리와 병졸들을 거느리고 가서 기둥을 부수고 장삭을 붙잡아 낙양의 감옥에 보내고 심문이 끝난 후에 곧바로 그를 죽였다.

장양이 황제에게 억울함을 호소하자 황제가 이응을 불러 장삭을 죽이려는 뜻을 먼저 청하지 않은 것에 대하여 힐책하였다. 대답하였다.

"옛날에 중니[124]가 노(魯)나라의 사구(司寇)[125]에 취임한 후 7일 만에 소정묘(少正卯)를 주살하였습니다. 현재 신이 취임한 지 이미 10일이 되었지만, 개인적으로는 사건을 깊이 헤아린 나머지 처리하지 못하고 있는 것이 허물이 되지 않을까 두려워했으나, 생각지도 않게 빨리 처리해야 하는 사건을 얻게 되었습니다.

---

122 황궁에서 시종하는 환관을 황문이라 하며, 앞에 '소(小)'자가 붙은 것은 멸시를 나타내는 형용사이다.

123 기둥과 기둥 사이의 공간을 말한다.

124 중니는 공자의 자이다.

125 주나라 치세에서 형벌 등의 일을 담당한 관리이다.

진실로 스스로 큰 죄를 지었음을 알고 있으나, 죽어도 발길을 돌리지 않을 것이니 특별히 바라건대 5일 동안만 직책에 머물러 있게 한다면 원흉을 처단하겠으며, 물러나서는 정확(鼎鑊)의 형벌[126]을 받겠습니다. 이것이 저의 평생소원입니다."

황제는 다시 말하지 않고 장양을 돌아보면서 말하였다.

"이것은 네 아우의 죄이다. 사예교위에게 무슨 허물이 있는가?"

황제는 이응에게 나가도록 하였다. 이후 각 황문[127]과 상시[128]는 모두 몸을 낮추며 숨을 죽이고 휴목일[129]에도 감히 궁궐을 나가려 하지 않았다.

황제가 이를 괴이하게 여겨 그 까닭을 물으니 모두 머리를 땅에 박으며 울면서 말하였다.

"이 교위를 두려워하기 때문입니다."

당시 조정은 나날이 어지러워져서 기강이 무너졌으나, 이응이 홀로 질서를 유지하고 있었기에 그 명성은 자연 높아졌고, 선비들 가운데 그가 받아주고 만나게 된 사람이 있으면 이름 하여 등용문(登龍門)이라 불렀다.

23   동해국(東海國, 산동성 郯城縣)의 재상 유관(劉寬)을 징소하여 상서령으로 삼았다. 유관은 유기(劉崎)의 아들인데, 이전에 세 군을 다스

---

126 사람을 큰 솥에 넣어 삶아서 죽이는 형벌, 즉 팽형(烹刑)을 가리킨다.

127 황궁에서 시종하는 환관을 가리킨다.

128 황제의 침전에서 시종하는 환관을 가리킨다.

129 목욕을 위해서 쉬는 날이라는 뜻으로 비번을 말한다.

리면서 온화하고 인자하며 용서하는 마음이 많았으며 비록 일이 갑자기 발생하여도 말이 빨라지거나 얼굴색이 바뀐 적이 없었다.

관리와 백성이 허물이 있어도 단지 왕골로 만든 채찍을 사용하여 그를 벌주어 욕보였을 뿐 끝내 고통을 주지는 않았다. 매번 부로(父老)들을 볼 때마다 농사와 마을에 관한 말로 위로하였고, 소년들에게는 효도하고 우애하라는 교훈을 가지고 권면하니, 사람들은 모두 기뻐하며 그의 말에 교화되었다.

효환제 연희 9년(丙午, 166년)

1   봄, 정월 초하루 신묘일에 일식이 있었다. 공경 및 각 군과 봉국에 조서를 내려 효성이 지극한 사람들을 천거하도록 하였다. 태상 조전(趙典)이 천거한 순상(荀爽)이 대책(對策)[130]에서 말하였다.

"예전에 성인이 하늘과 땅 사이에서 법칙을 세웠는데 그것을 예라고 일컬었으며, 많은 예 가운데에서 혼례가 으뜸입니다. 양성(陽性)이 순수하면 베풀 수 있고, 음성(陰性)의 몸은 유순하면 소화할 수 있어서 예절로써 즐거움을 억제하고 절도를 가지고 그 기운을 퍼뜨리니 그러므로 자손들의 상서로움을 풍부하게 할 수 있고, 늙어서 장수하는 복에 도달케 할 것입니다.

삼대[131]의 말년에 이르러서 음란하며 절제가 되지 않아서 위에서는

---

130 과거에서 정치 또는 경전의 해석에 관한 문제를 내어 답안을 쓰게 하는 일이다.

양기가 다 없어지고 아래에서는 음기가 막혔으니, 그러므로 주공(周公)은 경계하며 말하였습니다. '때로는 역시 수명을 유지하지 못하거나 오래 살지 못하였다.'[132]

〈전(傳)〉에서 말하였습니다. '발을 잘라 신발에 맞춘다면 누구라도 그의 어리석음을 말할 것인데, 어떤 사람이 이런 사람과 같은 무리냐 하면 욕망을 추구하여 신체를 훼손하는 사람이다.' 진실로 애통할 일입니다.[133]

신이 가만히 듣기로는 후궁에는 채녀(采女)[134]의 숫자가 5천~6천 명이라는데, 종관(從官)과 시사(侍使)[135]는 다시 그 외의 숫자에 들어간다고 하니 죄 없는 백성에게서 헛되이 부세를 거두어들여서 쓸모없는 여자에게 제공하니, 백성은 밖에서 곤궁하고 음양은 안에서 막히니 그러므로 화목한 기운이 움직여 재앙이 수차례 나타났습니다.

신은 어리석으나 아직 황제가 다가가지 않았던 여러 사람을 하나같이 내보내고 배필을 만나서 합치게 한다면 이는 진실로 국가의 큰 복이라고 생각합니다."

조서를 내려 순상을 낭중에 임명하였다.

2   사예(司隸, 수도)와 예주(豫州, 하남성)에서 기근이 발생하여 죽은

---

131 하·은·주 왕조를 가리킨다.

132 《상서》〈무일(無逸)편〉에 기재되어 있다.

133 《후한서(後漢書)》〈순상전(荀爽傳)〉에 나와 있는 말이다.

134 제4급 후궁을 가리킨다.

135 후궁들을 시종하는 사람들을 말한다.

자가 10명 중에 4~5명이었으며, 심지어 멸호(滅戶)[136]되기도 하였다.

3 조서를 내려 장환(張奐)을 징소하여 대사농으로 삼고, 다시 황보
규(皇甫規)를 도요장군으로 삼았다. 황보규는 스스로 계속해서 높은
자리에 있다고 생각하여 물러나서 관직을 회피하려고 자주 병이 났다
고 글을 올렸으나 받아들여지지 않았다.

때마침 친구가 죽어서 그 영구가 도착하자 황보규는 관할 지역의 경
계를 넘어가서 그것을 맞이하고, 이어서 빈객을 시켜 병주(幷州) 자사
호방(胡芳)에게 밀고하여 '황보규가 멋대로 군영을 떠났으므로 마땅히
즉각 검거해야 한다고 주문을 올리라.'고 말하게 하였다.[137]

호방이 말하였다.

"위명(威明)[138]이 벼슬길에 나가는 것을 피하려고 하여서 나를 자극
시켰을 뿐이다. 나는 마땅히 조정을 위하여 인재를 아껴야 하는데 어찌
이러한 사람의 계략에 떨어질 수 있겠는가?"

마침내 책임을 묻지 않았다.

4 여름, 4월에 제음(濟陰, 산동성 定陶縣)과 동군(東郡, 하남성 濮陽
縣), 제북(濟北, 산동성 長淸縣), 평원(平原, 산동성 平原縣) 지역에서 황
하의 물이 맑아졌다.

---

136 관(官)에 한 집안으로 호적을 올린 호구(戶口) 가운데 노인이건, 어린이건 다
없어져서 그 씨가 마른 것을 말한다.

137 도요장군 황보규가 병주 자사의 관할 아래에 있기 때문에, 병주 자사가 도요
장군을 단속하지 못한 책임을 묻도록 하려는 것이다.

138 위명은 황보규의 자이다.

5   사도 허허(許栩)가 면직되고, 5월에 태상 호광(胡廣)을 사도로 삼았다.

6   경오일[139]에 황상이 친히 탁용궁(濯龍宮)에서 노자에게 제사지냈는데, 문양이 있는 융단으로 제단을 꾸미고, 순금으로 제기의 입구에 띠를 둘렀으며, 화개(華蓋)[140]가 있는 자리를 설치하고, 교천악(郊天樂)[141]을 사용하였다.

7   선비(鮮卑) 부족은 장환(張奐)이 갔다[142]는 소식을 듣고, 남흉노와 오환 부족을 불러 연합하여 함께 배반하였다. 6월에 남흉노와 오환, 선비 부족이 여러 길로 요새를 넘어 들어와서 주변에 있는 9개의 군을 침구하고 약탈하였다. 가을, 7월에 선비 부족이 다시 요새를 넘어 들어와서 동강(東羌) 부족을 유인하여 그들과 동맹을 맺고 맹세하였다.

이에 상군(上郡, 섬서성 綏德縣)의 심저(沈氐) 부족과 안정(安定, 감숙성 鎭原縣)에 사는 선령(先零)의 여러 종족이 함께 무위(武威, 감숙성 무위현)와 장액(張掖, 감숙성 장액현)에 침구하니, 변경 지역이 크게 해독을 입었다.

조서를 내려서 다시 장환을 호흉노(護匈奴)중랑장으로 삼고 구경과

---

139 5월은 기축일이 초하루이기 때문에 5월에는 경오일이 없다. 경오가 만약 경자(庚子)의 잘못이라면 12일이다.

140 화려하게 수를 놓은 것으로 만든 햇빛을 가리는 양산을 말한다.

141 교사(郊祀)를 지낼 때에 사용하는 음악을 말한다.

142 3월에 장환이 징소를 받아 도요장군에서 대사농으로 승진하여 수도 낙양으로 갔다.

같은 질록(秩祿)을 가지고서 유주(幽州, 하북성 북부)와 병주(幷州, 산서성), 양주(涼州, 감숙성)의 세 주와 도요장군과 오환교위가 관할하는 두 지역의 군영들을 감독하고,[143] 겸하여 이 지역의 자사와 이천석의 관리가 잘 다스리는지 아닌지를 살피도록 하였다.

---

143 관직명은 독유병양삼주급도요오환이영(督幽幷涼三州及度遼烏桓二營)이다.

상주문을 묵혀둔 환관과 유학자의 청류운동

8 애초 황제가 여오후(蠡吾侯)[144]이었는데, 감릉(甘陵, 산동성 淸平縣) 사람 주복(周福)으로부터 학문을 배웠는데, 황제의 자리에 오르자 주복을 발탁하여 상서로 삼았다. 당시 같은 군 출신인 하남윤 방식(房植)은 명망이 있었고 조정에 있었는데, 고향 사람들이 이 때문에 노래하여 말하였다.

"천하의 규구(規矩)[145]는 방백무(房伯武)이나, 황제의 스승이었기 때문에 인수를 얻은 사람은 주중진(周仲進)[146]일세."

두 집의 빈객들은 서로 나무라고 비교하더니 마침내 각각 붕당을 수립하였고 점차 틈이 생기게 되었다. 이로 말미암아 감릉에는 남부와 북부가 있었으며, 당인(黨人)들의 의론은 여기서부터 시작되었다.

여남(汝南, 하남성 여남현) 태수 종자(宗資)는 범방(范滂)을 공조(功

---

144 환제는 지금의 하북성 여현(蠡縣)인 여오(蠡吾)의 후(侯)였다가 불려 와서 순제를 이어 황제가 되었다.

145 직선을 그리거나 원을 그리는데 필요한 곧은 자와 굽은 자이다. 이것은 도형의 기준이 되는 것이므로 법도라는 뜻을 갖는다.

146 백무는 방식의 자이고, 중진은 주복의 자이다.

曹)로 삼고, 남양(하남성 남양시) 태수 성진(成瑨)은 잠질(岑晊)을 공조로 삼았는데, 모두 마음을 맡기고 하는 일을 들어주면서 그들에게 잘한 것을 상주고 잘못된 것은 규탄하도록 하여 조부(朝府)[147]를 맑게 하였다.

범방은 더욱 강경해져서 악한 것을 싫어하는 것이 마치 원수처럼 하였다. 범방의 생질 이송(李頌)이 평소 좋은 행실을 한 적이 없는데, 중상시 당형(唐衡)이 종자에게 부탁하니, 종자가 그를 등용하여 관리로 삼았지만, 범방이 묵혀두고 부르지 아니하였다.[148] 종자가 성을 내고 서좌(書佐)[149] 주령(朱零)을 채찍질하자 주령이 우러러보며 말하였다.

"범방이 깨끗하게 처리하였으니, 오늘 차라리 태형을 받아 죽는다 하여도 범방의 뜻을 어길 수는 없습니다."

종자가 이에 중지하였다.

군 안에 있는 중급 관리 이하의 사람들은 그를 원망하지 않는 사람이 없었다. 이에 두 군의 사람들이 노래를 만들어 불렀다.

"여남 태수는 범맹박(范孟博)이고, 남양 사람인 종자는 허락한다고 서명할 뿐이네. 남양 태수는 잠공효(岑公孝)[150]이고, 홍농(弘農) 사람인 성진은 단지 앉아서 휘파람만 부네."[151]

---

147 공경과 주목, 군수가 거처하는 곳을 부(府)라고 하는데, 여기서는 군조(郡朝)를 말한다.

148 범방이 인사를 담당하는 공조인데, 발령을 내는 문서를 보내지 않았다.

149 문서를 관장하는 하급 관리이다.

150 맹박은 범방의 자이고, 공효는 잠질의 자이다.

151 실제로 여남 태수는 종자이고, 홍농 태수는 성진인데, 그 밑에서 인사권을 가진 공조(功曹)인 범방과 잠질의 태도와 태수와의 관계를 노래한 것이다.

태학의 제생(諸生)은 3만여 명인데, 곽태(郭泰)와 영천(潁川, 하남성 禹縣) 사람 가표(賈彪)¹⁵²가 그들의 우두머리이며, 이응(李膺)과 진번(陳蕃), 왕창(王暢)은 서로 돌아가며 칭찬 받고 중요하게 여겨졌다.

태학 안에 전해지는 말이 있었다.

"천하의 본보기는 이원례(李元禮)이고 강한 사람을 두려워하지 않는 사람은 진중거(陳仲擧)이며, 천하의 빼어나게 우수한 인재는 왕숙무(王叔茂)¹⁵³이다."

이에 안팎에서 이러한 기풍을 이어받아서 다투어 인물이 깨끗한지 아닌지를 가지고 서로 숭상하니, 공경 이하 모두 그들이 깎아내려 평가 받는 것을 두려워하지 않는 사람이 없었으며, 신발도 못 신고 그들의 문으로 달려왔다.

완(宛, 하남성 남양시)에는 부유한 상인인 장범(張汎)이란 자가 있었는데, 그는 후궁과 친척 관계에 있었고, 또한 조각하여 아로새긴 노리개를 잘 만들어 자못 환관에게 뇌물로 주니, 이로써 드러난 직위를 얻었고 권세를 이용하여 멋대로 굴었다.

잠질(岑晊)과 적조사(賊曹史) 장목(張牧)¹⁵⁴이 성진(成瑨)¹⁵⁵에게

---

152 자는 위절(偉節)이다. 형제 3인이 모두 명망이 높아서 당시 사람들이 가씨(賈氏)의 삼호(三虎)라 불렀다. 환제 치세에 벼슬은 신식(新息) 현장이었는데, 당고(黨錮)의 화가 일어나자 낙양에 들어가 부당함을 상소하여 환제가 마침내 당인을 사면하였다.

153 원례는 이응의 자이고, 중거는 진번의 자이며, 숙무는 왕창의 자이다.

154 당시 남양 태수 성진의 밑에서 잠질은 공조(功曹), 즉 인사를 담당하였고, 장목은 적조(賊曹), 즉 도적에 관한 일을 담당하는 부서의 책임자였다.

155 성진은 이때 남양 태수였으므로 완현을 관할했다.

장범 등을 체포하도록 권하였는데, 이미 그리하고서 사면을 만났지만 성진은 끝내 그를 주살하였고, 아울러 그의 종족과 빈객을 붙잡아 들여서 200여 명을 죽이었다. 그 후에 마침내 상주문을 올려 보고하였다.

소황문(小黃門)인 진양(晉陽, 산서성 태원시) 사람 조진(趙津)은 탐욕스럽고 포학하며 방자하여 현 전체의 큰 걱정거리였다. 태원(太原) 태수인 평원(平原, 산동성 平原縣) 사람 유질(劉瓆)은 군의 관리인 왕윤(王允)에게 쳐서 체포하게 하고, 역시 사면령이 내린 후에 그를 죽였다.

이에 중상시 후람(侯覽)이 장범의 처에게 편지를 올려서 억울함을 호소하게 하였고, 환관들은 이것을 인연으로 하여 성진과 유질을 참소하였다. 황제가 대노하여 성진과 유질을 불러들여서 모두 하옥시켰다. 유사가 뜻을 이어받아 성진과 유질의 죄는 기시(棄市)에 해당한다고 주문을 올렸다.

산양(山陽, 산동성 金鄕縣) 태수 적초(翟超)가 그 군에 사는 장검(張儉)을 동부 지역의 독우(督郵)[156]로 삼았다. 후람의 집이 방동(防東, 산동성 魚合縣)[157]에 있었는데, 백성들에게 잔인하고 포학하였다. 후람이 어머니의 상을 당하자 고향으로 돌아가서 묘를 크게 만들었다.

장검이 후람의 죄상을 열거하여 주문을 올렸으나 후람이 기회를 엿보다가 주문이 올라가는 것을 차단하여 이 장주문은 끝내 올라가지 못하였다. 장검이 마침내 후람의 집안의 분묘와 가택을 파괴하고 물자와 재산을 몰수하고, 그 진상을 구체적으로 갖추어 다시 주문을 올렸으나

---

156 후한시대에는 군마다 군수를 보좌하는 동서남북과 중앙인 5부의 독우가 있어서 소속한 현을 감독하였다.

157 후한시대에 방동현은 산양군에 소속되어 있었다.

올라갈 수 없었다.

서황(徐璜)[158]의 조카 서선(徐宣)이 하비(下邳, 강소성 宿遷縣 서북) 현령으로 있었는데, 포학하기가 아주 심하였다. 일찍이 전 여남(汝南, 하남성 여남현) 태수 이고(李暠)의 딸을 달라고 요구하였으나 얻을 수가 없자 끝내는 관리와 병졸을 거느리고 이고의 집에 가서 그녀를 수레에 싣고 돌아간 후, 그녀를 희롱하면서 활을 쏴서 죽였다.

동해국(東海國, 산동성 郯城縣)의 재상인 여남 사람 황부(黃浮)가 그 소식을 듣고 서선의 가속을 붙잡아서 노소를 불문하고 모두 고문하였다. 연사(掾史)[159] 이하의 사람들이 그렇게 하지 말도록 강력하게 말리자 황부가 말하였다.

"서선은 국가의 역적이니 오늘 그를 죽이고 내일 이 일로 죽게 된다 해도 족히 눈을 감을 만하다."

즉시 서선의 죄를 조사하여 기시에 처하고 그 시체를 들판에 내던져 버렸다.

이에 환관들이 황제에게 억울함을 호소하자, 황제가 대노하여 적초와 황부는 나란히 걸려들어서 곤겸(髡鉗)[160]의 형에 처하여 좌교(左校)로 보내어 일하게 했다.

태위 진번(陳蕃)과 사공 유무(劉茂)가 함께 간하여 성진(成瑨), 유질(劉瓆), 적초(翟超), 황부(黃浮)의 죄를 용서해주도록 요청하였으나, 황제는 달가워하지 않았다. 유사가 그들을 탄핵하는 주문을 올리자, 유무

---

158 서황은 중상시, 즉 황제의 침전을 시봉한 환관이었다.

159 부서를 나누어 업무를 담당하는 속리(屬吏)를 가리킨다.

160 머리카락을 잘라버리는 형벌의 일종이다.

는 다시는 감히 말하지 않았다.

진번이 이에 홀로 상소하였다.

"현재 밖에서 노략질하는 도적은 사지(四肢)에 있는 질병이고, 안에서 정치가 다스려지지 않은 것은 심장이나 뱃속에 들어있는 걱정거리입니다. 신은 누워 있어도 잠잘 수 없고, 음식을 먹어도 배부르지 않으니, 실로 좌우[161] 사람들을 나날이 가깝게 하시고, 충언은 나날이 소원해지며, 안에 있는 걱정거리는 점차 쌓이고, 밖에 있는 어려움들은 바야흐로 깊어지는 것을 걱정합니다.

폐하께서는 열후에서 뛰어올라 천자의 자리를 계승하셨거니와 작은 가정에서 백만이나 되는 재산을 쌓았다면 그 자손들은 조상들이 쌓은 업적을 잃어버리는 것을 오히려 부끄럽게 여기는데, 하물며 산업은 천하를 아우르고, 먼저 돌아가신 황제들에게서 받은 것에서야 게을리하고 스스로를 가볍고 소홀히 하려고 하십니까? 진실로 자기를 아끼지 않는다 하여도 먼저 돌아가신 황제들이 힘써 노력하고 고생하며 획득한 것을 마땅히 생각하여야 하지 않겠습니까?

이전에 양씨(梁氏) 가문의 5후작[162]들의 해독이 전국에 걸쳐 두루 미치자, 하늘이 성인의 뜻을 일깨워 그들을 체포하여 죽였습니다. 천하 사람들의 의론은 조금 안정되어야 할 것이라고 기대하였습니다. 밝은 거울이 될 만한 일은 먼 곳에 있지 않으며, 뒤집힌 수레는 어제 일어난 것 같으나 폐하 가까이에 있는 낯익은 이들의 권력이 다시 서로서로 부채질하고 있습니다.

---

161 내시를 가리킨다.

162 양윤(梁胤), 양양(梁讓), 양문(梁淑), 양충(梁忠), 양극(梁戟)을 가리킨다.

소황문 조진(趙津)과 매우 교활한 장범(張范) 등은 멋대로 행동하고 탐욕스럽고 잔학한데 폐하의 좌우 사람들에게 간사하게 아첨하고 있습니다. 전 태원 태수 유질(劉瓆)과 남양 태수 성진(成瑨)은 그들의 잘 못됨을 밝혀내어 죽였으니 비록 사면령을 내린 후에 부당하게 주살했다고 하지만, 원래 그들의 진실한 마음은 악행을 제거하는데 있으니, 어찌 폐하에게까지 분함을 가졌겠습니까?

그러나 소인배[163]는 방법이 뛰어나서 성스러운 분의 귀를 미혹시켜 마침내 천자의 위엄이 이 때문에 성내게 하여 반드시 형벌을 주고 견책하니, 이미 역시 너무 심하게 처리한 것인데, 하물며 마침내 중벌을 내려서 칼에 엎어지게 하려고 하십니까?

또 전 산양 태수 적초(翟超)와 동해국의 재상 황부(黃浮)는 공적인 일을 받들어 굽히지 않았으며, 악행을 저지른 자를 싫어하는 것이 원수 대하듯 하였기에 적초는 후람의 재물을 몰수하였고, 황부는 서선에게 죄를 물어 주살하였는데, 나란히 형벌을 받는데 걸려들어서 사면 받거나 용서함을 만나지 못하였습니다. 후람이 방종하고 횡포하였으나, 겨우 재산을 몰수한 것은 다행스러운 일이며, 서선은 결점과 허물을 저질렀기에 죽는다 해도 죄가 남습니다.

옛 승상 신도가(申屠嘉)는 등통(鄧通)을 소환하여 책망하였고, 낙양 현령 동선(董宣)이 공주에게 모욕을 준 적이 있으나 문제(文帝)가 따라 나와서 용서해 주도록 요청하였고,[164] 광무제는 후한 상을 주었으

---

163 환관을 가리킨다.

164 이 사건은 문제(文帝) 후2년(기원전 162년)에 일어났으며 이 내용은 《자치통 감》 권15에 기재되어 있다.

니,[165] 두 신하가 명령을 멋대로 내렸다가 죽었다는 사실은 들어본 적이 없습니다.

그런데 지금 폐하 좌우 여러 내시들은 당류(黨類)[166]를 미워하여 손상을 입히려고 망령스럽게 서로 이리저리 얽어매어 이들에게 형벌이 내리도록 하고 있으니, 신이 이렇게 말한 것을 그들이 듣는다면 다시 폐하께서는 울며 하소연하는 일을 당할 것입니다.

폐하께서는 마땅히 가까이 있으면서 익히 아는 사람들이 정치에 관여하는 근원을 잘라 막으시고, 상서와 조정의 신하들의 말을 받아들여서 청렴하고 기개가 높은 사람들을 등용하여 기르시고, 망령되고 사악한 사람들은 내치십시오. 이와 같이 하면 하늘은 위에서 화합하고 땅은 아래에서 흡족하게 되어서 아름답고 상서로운 일이 나타남이 어찌 멀리 있다 하겠습니까?"

황제는 받아들이지 않았다.

환관들은 이 일로 진번을 미워하는 것이 더욱 심해졌고, 뽑아서 천거하여 주문을 올려 논의하면 번번이 중간에서 내린 조칙이라면서 나무라며 물리쳤는데, 장사(長史) 이하 많은 관리들이 죄를 받게 되었지만, 오히려 진번은 이름 있는 신하이기 때문에 감히 해를 입히지 못하였다.

---

165 이 사건은 광무제(光武帝) 건무(建武) 19년(43년)에 일어난 일로, 《자치통감》 권43에 기재되어 있다.

166 태학생들이 당을 만들었다고 하여 당고(黨錮)를 시켰는데, 여기서는 이들을 말한다.

신랄하게 간언하다 죄를 받은 사람들

평원(平原, 산동성, 평원현) 사람 양해(襄楷)가 궁궐에 가서 상소하였다.

"신이 듣기에 위대한 하늘은 말을 하지 않고, 천문 현상의 변화를 가지고 가르친다고 합니다. 신이 가만히 태미(太微) 성좌를 보니, 천장(天廷)에 있는 오제(五帝)의 자리에 금벌성(金罰星)과 화벌성(火罰星)이 그 가운데서 빛을 내고 있고,[167] 점에서는 천자가 흉할 징조로 나타나고 또 함께 방(房)성좌와 심(心)성좌[168]로 들어갔으니 법적으로 후사가 없게 됩니다.

지난해 겨울에 큰 추위가 있어서 새와 짐승이 죽었고, 물고기와 자

---

167 《천문지》에 의하면 태미는 천자가 있는 뜰이며 오제의 자리이다. 태백성은 금성, 형혹성은 화성인데, 하령(夏令)을 어기면 화기(火氣)를 손상시키고, 징벌로 형혹성이 보이며, 추령(秋令)을 어기면 금기(金氣)를 상하게 하며 벌로 태백성이 나타나는데, 그러므로 금성과 화성은 나란히 벌을 상징하는 별이다.

168 방(房)과 심(心)은 별 이름이다. 옛 사람들은 방(房)에 있는 네 별이 명당(明堂)이고 천자(天子)가 정치하는 궁전이며, 심(心)에 있는 세 별이 천자(天子)의 올바른 위치인데, 중간에 있는 별은 명당(明堂)이고, 앞에 있는 별은 태자(太子), 뒤에 있는 별은 서자(庶子)를 상징한다고 했다.

라가 피해를 입었으며, 성벽 옆에 있는 대나무와 잣나무의 잎이 상하고 말랐습니다. 신이 스승으로부터 들은 것을 말하겠습니다. '잣나무 잎이 상하고 대나무 잎이 마르면 2년을 넘지 않아서 천자가 반드시 이런 일을 당하리라.' 지금은 봄과 여름부터 잇달아 서리·우박·홍수·번개가 발생하니, 신하가 위엄도 만들고 복도 만들기 때문에 형벌이 대단히 가까운 시간에 올 것 같은 느낌이 듭니다.

태원 태수 유질과 남양 태수 성진은 속으로 간사한 자들을 제거하려 하여서 그가 잘라버린 일들은 모두 사람들의 소망에 부합합니다. 그러나 폐하께서는 환관들의 참소를 받아들여 그들을 멀리 보내거나 고문하고 체포하였습니다. 삼공이 글을 올려 유질 등을 용서하도록 애걸하였으나, 내용을 캐묻거나 살펴보지도 않고 엄하게 책임만 물으시니 국가를 걱정하는 신하들은 장차 드디어 입을 다물 것입니다.

신이 듣기에 죄가 없는 자를 죽이거나 현명한 자를 죽이면 그 화가 3대까지 미친다고 합니다.[169] 폐하께서 즉위한 이래로 주살하는 형벌을 빈번히 시행하여 양씨(梁氏)·구씨(寇氏)·손씨(孫氏)·등씨(鄧氏)가 모두 족멸되었고,[170] 그 일에 연좌된 자들 또한 그 수를 헤아릴 수 없습니다.

이운(李雲)[171]이 편지를 올렸는데, 밝으신 군주라면 마땅히 꺼리지

---

169 황석공의 《삼략(三略)》에 나오는 말이다. '현명한 사람을 상하게 하는 자는 재앙이 3세(世)에 미치고, 현명한 사람을 가리는 사람은 그 몸이 그 해를 당할 것이다. 현명한 사람을 현달하게 하면 복이 자손에게 흘러가고 현명한 사람을 질투하는 사람은 이름이 온전하지 못할 것이다.'

170 양기(梁冀), 구영(寇榮), 손수(孫壽), 등만세(鄧萬世)의 가족이 모두 주살됐다.

171 환제시기에 환관의 전횡을 탄핵하다가 옥사하였다.

않았을 것이며, 두중(杜衆)[172]이 죽기를 빌었는데, 진실로 성스러운 조정을 깨우치는 것으로 양해되어야 했지만 일찍이 사면이나 용서함도 받지 못하고 모두 잔인하게 살해당하니 천하의 사람들은 모두 그들의 억울함을 알고 있으니[173] 한나라가 창건된 이후 간언을 막고 현명한 사람을 주살한 일이나 형벌을 사용하는 것이 오늘날처럼 심한 적이 없었습니다.

옛 문왕(文王)은 단지 한 명의 처만 있었으나, 열 명의 아들을 낳았습니다.[174] 현재 궁녀가 수천 명이나 되는데, 아직도 경사스럽게 양육한다는 소식을 들어본 적이 없으니, 마땅히 덕을 닦고 형벌을 감소하여 종사(螽斯)의 복[175]을 넓혀야 합니다.

살펴보면 춘추시대 이후 옛날 제왕에 이르기까지 황하가 맑아진 적이 없었습니다. 신이 생각하기로는 황하는 제후의 자리입니다. 맑음은 양에 속하고 탁함은 음에 속합니다. 황하는 마땅히 탁해야 하지만 반대

---

72 홍농(弘農) 사람으로 연희(延熹) 연간(158년~167년)에 오관연(五官掾)에 임명되었다. 백마(白馬) 현령 이운(李雲)이 황문북시(黃門北寺)의 감옥에 보내지자 그 부당함을 간언하다 형벌을 받았다. 이에 이운과 함께 정위에게 불려가 옥중에서 죽었다.

173 환제 연희 2년(159년)의 일로,《자치통감》권54에 실려 있다.

174 주 문왕의 정처는 태사(太姒)로서 모두 10명의 아들을 낳았다. 장자는 백읍(伯邑)의 희고(姬考), 차자는 무왕(武王) 희발(姬發), 3자는 관국(管國)의 군주 희선(姬鮮), 4자는 주공(周公) 희단(姬旦), 5자는 채국(蔡國)의 군주 희도(姬度), 6자는 조국(曹國)의 군주 희진탁(姬振鐸), 7자는 성국(成國)의 군주 희무(姬武), 8자는 곽국(霍國)의 군주 희처(姬處), 9자는 강국(康國)의 군주 희봉(姬封), 10자는 희재(姬載)이다.

175《시경》에서 나오는 구절로 후비(后妃)가 서로 질투하지 않고 자손이 번성한 모습을 말한다.

로 맑아진 것은 음이 양이 되려는 것이니 제후가 황제가 되려는 것입니다.

경방(京房)[176]의《역전(易傳)》에서 말하고 있습니다. '황하의 물이 맑으면 천하가 태평하리라.' 현재 하늘은 이상을 드리우고, 땅은 요상한 기운을 토해내며, 사람들은 돌림병에 걸려 있어서 세 가지 현상이 동시에 일어나고 있는데, 황하가 맑아졌으니, 마치《춘추》에서 기린이 보이지 않아야 마땅함에도 불구하고 보이자 공자가 그 내용을 써놓은 것은 이상한 현상이라고 생각한 것과 같습니다.[177] 바라건대 맑고 한가한 시간을 내려주시면 모든 사실을 상세히 설명해드리겠습니다."

편지가 상주되었으나 황제는 살펴보지 않았다.

10여일 후에 다시 편지를 올려 말하였다.

"신이 듣기에 은나라 주왕(紂王)이 여자를 좋아하여 달기(妲己)[178]가 출현했으며, 섭공(葉公)이 용을 좋아하여 진짜 용이 정원에서 노닐었다[179]고 합니다. 현재 황문과 상시는 하늘로부터 형벌을 받은 사람[180]들이지만 폐하께서는 이들을 아껴 대우하시는데, 보통 사람을 총애

---

176 한대 사람으로 본성은 이(李)이나 율(律)을 추정하면서 스스로 성을 경(京)으로 바꾸었다. 역(易)에 정통했으며, 특히 천재지변의 예측을 잘했다고 전해진다.

177《춘추공양전》에 "서쪽에서 사냥하다 기린을 잡았다. 이 사실을 알리자 공자가 말하였다. 누가 올 것인가? 누가 올 것인가?"라고 쓰어있다. 이는 공자가 장차 이상한 일이 일어날 것을 암시한 것이다.

178 은나라의 마지막 왕인 주왕이 총애한 비(妃)로서 유소씨(有蘇氏)의 딸이다. 주나라의 무왕(武王)이 은나라를 멸망시킬 때 피살되었다.

179《신서(新書)》에 의하면 섭자고(葉子高)가 용을 그리는 것을 좋아하여 하늘에 있는 진짜 용이 그 소식을 듣고 내려와서 섭자고를 방문했다고 한다.

하는 것의 갑절이나 되고, 후사의 조짐이 나타나지 않는 것이 어찌 이 때문이 아니겠습니까?

또 듣기에 궁중에 황제(黃帝)[181]와 노자(老子), 부도(浮屠)[182]의 사당을 건립하였는데, 이러한 도는 깨끗하고 텅 빈 것이어서, 무위(無爲)를 귀하게 여기고 숭상하며, 살리는 것을 좋아하고 죽이는 것을 싫어하며, 욕심과 사치를 없애도록 하고 있습니다. 현재 폐하께서는 즐기거나 하고 싶은 일이 있으면 버리려하지 않고, 죽이는 형벌은 이치를 넘었기에 이미 그러한 도(道)를 거슬렀으니 어찌 복을 얻을 수 있겠습니까?

부처는 뽕나무 밑에서도 3일 동안을 묵지 않았는데, 오래 있어서 은혜와 사랑이 생기는 것을 바라지 않은 것이니 그 정성스런 마음이 지극합니다.[183] 그가 이 한 가지를 지키는 것이 이와 같아서 마침내 도를 이룰 수 있었습니다.

현재 폐하의 음탕하고 고운 부녀자들은 천하의 아름다운 것을 극진히 하고 살찐 고기를 달게 여기고 맛있는 것을 마시며 천하의 미각을 다 맛보니 어찌 황제(黃帝)나 노자와 같을 수 있겠습니까?"

편지가 올라가자 즉각 소환되었으며, 상서에게 조서를 내려 그 진상을 묻도록 하였다.

양해가 대답하였다.

---

180 환관은 신체적으로 보아 이미 형벌을 받은 사람이다.

181 전설상의 인물로 현재 한족(漢族)의 시조로 추앙받고 있다.

182 불타(佛陀) 즉, 부처에서 전성(轉聲)되어 부도가 된 단어로 부처를 가리킨다.

183 부처가 뽕나무 밑에서 기숙(寄宿)하였지만 세 밤을 묵지 아니하고 바로 옮겨 갔는데, 이는 애련(愛戀)하는 마음이 없음을 보인 것이다.

"옛날에는 본래 환관이 없었으나 무제(武帝)가 말년에 자주 후궁과 놀면서 처음으로 그들을 두었습니다."

상서가 뜻을 이어받아서[184] 상주하였다.

"양해는 말씨와 이치를 올바르게 하지 아니하고, 경전과 육예(六藝)를 위배하며, 별자리를 빌리고 개인적인 뜻을 합치시켜서 황상을 속이고 일을 그르치고 있으니, 청컨대 사예교위에게 내려 보내어 양해의 죄와 법을 바르게 집행하여 체포하여서 낙양의 감옥에 보내십시오."

황제는 양해의 말이 비록 격렬하고 절실하지만 그러나 모두 천문 현상의 술수여서 그를 죽이지 않고 오히려 사구(司寇)의 형벌[185]을 내렸다.

영평(永平) 연간[186] 이래로 신하나 백성들 사이에서 비록 부처의 술법을 믿는 사람들이 있었으나, 천자는 아직 좋아하지 않았는데, 이 황제[187]의 치세에 이르러 비로소 그것을 독실하게 믿게 되었고, 항상 몸소 사당에 가서 기도하였는데, 이로써 그 법술은 점차 번성하게 되었고, 이로 말미암아서 양해가 이것을 언급하였던 것이다.

부절령(符節令)[188]인 여남(汝南, 하남성 平與縣) 사람 채연(蔡衍)과

---

184 원문은 승지(承旨)로 되어 있다. 원래는 황제의 뜻을 이어받는다는 뜻이지만, 호삼성은 환관이 넌지시 이르는 뜻을 이어받은 것이라고 해설하였다. 그러므로 상서가 황제의 뜻을 받은 것이 아니고 환관의 뜻을 헤아려서 말한 것이다.

185 2년 동안 변방으로 쫓아내어 복역하게 하는 형벌이다.

186 후한 명제의 치세로서 58년~75년이다.

187 환제를 말한다.

188 황제의 인장과 편지를 담당·관리하는 관리로서 소부(少府)에 소속되어 있었다.

의랑(議郎)[189] 유유(劉瑜)가 표문을 올려서 성진(成瑨)과 유질(劉瓆)을 구제해 달라고 하였는데, 말이 대단히 절실하고 매서워서 역시 걸려들어서 면직되었다. 성진과 유질은 결국 옥사했다. 성진과 유질은 평소에 강직하고, 경술(經術)을 갖고 있어서 당시 사람들에게 널리 이름이 알려져 있었으며 그래서 천하의 사람들은 애석하게 생각하였다. 잠질(岑晊)과 장목(張牧)은 도망쳐 숨었기에 죽임을 면하게 되었다.

잠질이 도망하고 있는 동안 친척과 친구들이 다투어 그를 숨겨주었는데, 가표(賈彪)만이 홀로 문을 닫고 받아들이지 않아서 당시 사람들은 그를 책망하였다. 가표가 말하였다.

"《전(傳)》[190]에 이르기를 '때에 맞추어서 움직이고 후세에 누를 끼쳐서는 안 된다.'라고 하였다. 공효(公孝)[191]는 주군에게 요구하다가 틈이 생기게 되었으니 스스로가 그 재앙을 얻은 것이다. 내가 창을 들고 상대할 수는 없지만 도리어 그를 숨겨줄 수 있겠는가?"

이에 모두 그가 바르게 결정하였다고 승복하였다.

가표는 일찍이 신식(新息, 하남성 息縣의 동쪽) 현장을 역임했는데, 힘없는 백성들이 빈곤하여 대부분 자식들을 양육하지 않자 가표는 엄격하게 그것을 통제하고 살인과 같은 죄라고 하였다. 현성(縣城)의 남쪽에서는 도둑질하고 겁탈하여 사람을 해치는 자가 있었고, 북쪽에서는 자식을 죽이는 어머니가 있었는데, 가표가 조사하러 나가자 연리가 그

---

189 광록훈(光祿勳)의 속관으로서 현량방정(賢良方正)으로 충임했고, 지위는 다른 낭보다 높았으며 조정의 정사에 참여하였다.

190 《춘추좌씨전》을 가리킨다.

191 잠질의 자이다.

를 남쪽으로 인도하려고 하였다. 가표가 성내며 말하였다.

"도적이 사람을 해치는 데 이런 일은 항상 있지만 어머니와 자식이 서로 죽이는 것은 천도를 거스르고 위배하는 것이다."

마침내 수레를 몰아 북쪽으로 가서 조사한 후 죄를 주었다.

현성의 남쪽에 있던 도적이 그 소식을 듣고 면박(面縛)[192]하고 자수하였다. 수년 동안 자식을 낳아 기르는 자가 천 명을 헤아렸다. 사람들이 말하였다.

"이 아이는 가표 아버지가 낳았다."

모두 그들에게 이름을 붙이는데 가(賈)라고 하였다.

---

192 항복을 하는 방법으로 스스로 손을 뒤로 묶고 나오는 것이다.

풍각쟁이를 주살하면서 발생한 당고

9   하남(河南, 하남성 낙양시) 사람 장성(張成)이 풍각(風角)¹⁹³을 잘하였는데, 미루어 점을 쳐서 사면령이 있을 것이라고 하고, 자식들에게 사람을 죽이라고 가르쳤다.

사예교위 이응(李膺)이 그를 잡아들이도록 독촉하였으나 이미 사면령이 내려져서 형벌을 받는 것을 면하였는데, 이응이 더욱 분노하고 미워하여 끝내 그를 조사한 후에 죽였다. 장성은 평소 방기(方伎)¹⁹⁴를 가지고 환관들과 서로 내통하고 있었기 때문에 황제도 자못 그가 친 점괘를 묻곤 하였다.

환관이 장성의 동생 아들인 뇌수(牢脩)를 시켜서 편지를 올리도록 하여 고발하였다.

"이응 등이 태학생과 유사(游士)¹⁹⁵를 양성하고, 여러 군의 학생들

---

193 사방 귀퉁이에서 부는 바람을 보고 길흉을 점치는 것이다.

194 의약(醫藥) 및 양생(養生)에 관한 기술을 말한다. 《한서》〈예문지〉에 의하면, 의경(醫經)·경방(經方)·방중(房中)·신선(神仙)의 4종을 방기(方技), 즉 방기(方伎)라 한다.

195 사방으로 다니면서 생활을 도모하는 문인(文人)을 가리킨다.

과 왕래하며 연결하고 다시 서로 몰려다니며 함께 당을 결성하여 조정을 비방하며 풍속을 의심하여 어지럽힙니다."

이에 천자가 진노하여 군과 봉국에 알려 당인(黨人)을 체포하도록 하고, 천하에 포고하여 사람들이 그들에게 분노하고 미워하도록 하였다.

이 문건은 삼부(三府)[196]를 거쳐야 하는데 태위 진번이 이것을 물리치면서 말하였다.

"이번에 조사하려는 자들은 모두 해내 사람들이 칭찬하고 나라를 걱정하고 공적인 일에 충성하는 신하들이니, 이러한 자들은 장차 10세손이라도 용서해야 하는데, 어찌 드러나지 않은 죄명으로 붙잡아서 고문할 것인가?"

진번은 서명하려고 하지 않았다.

황제가 더욱 화가 나서 마침내 이응 등을 황문북시(黃門北寺)의 감옥으로 내려 보내니,[197] 이 말에 연루된 사람은 태복인 영천(潁川, 하남성 禹縣) 사람 두밀(杜密), 어사중승 진상(陳翔)과 진식(陳寔), 범방(范滂)의 무리 200여 명이었다. 간혹 도망쳐 숨어서 붙잡히지 않은 자도 있었으나, 모두 현상금을 걸고 붙잡을 사람을 모집하였다. 사자가 사방으로 나갔는데, 서로 마주볼 정도로 많았다.

진식이 말하였다.

"내가 감옥으로 들어가지 않으면 많은 사람들이 믿을 곳이 없게 된다."

---

196 태위부·사도부·사공부를 가리킨다.

197 당시에는 환관들이 전권을 쥐고 있었으므로 환관들의 관사인 황문북시에도 감옥을 두었는데, 무제시대 이후로는 환관 중도관(中道官)이 조옥(詔獄)을 가진 일이 없었다.

이에 스스로 가서 갇히기를 요청하였다. 범방이 감옥에 도착하자 옥리가 말하였다.

"무릇 연루되어 갇힌 자들은 모두 고요(皐陶)[198]에게 제사지내시오."

범방이 말하였다.

"고요는 고대의 정직한 신하이니, 나 범방이 무죄임을 알고 있다면 앞으로 천제(天帝)에게 가서 이 문제를 처리할 것이지만 만약 죄가 있다면 그에게 제사지낸다고 한들 무슨 이익이 있겠는가?"

여러 사람들이 이 때문에 그만두었다.

진번이 다시 글을 올려 극진하게 간하였는데, 황제는 그의 절절한 말이 거슬려서 진번이 벽소한 사람들이 적당한 사람이 아니라는 이유를 들어 책서를 내려서 그를 면직시켰다.

당시 당인의 옥사(獄事)에서 물들었다고 연루된 사람들이 모두 천하의 명현들이어서 도요장군 황보규(皇甫規)가 서방 지역의 호걸로서 함께 하지 못한 것에 수치심을 느끼고서 스스로 글을 올렸다.

"신은 이전에 전 대사농 장환(張奐)을 천거하였는데, 이 사람이 당인에게 붙었습니다. 또 신이 이전에 좌교(左校)로 보내지는 판결을 받았을 때[199] 태학생 장봉(張鳳) 등이 글을 올려 신을 해명한 일이 있는데, 이는 당인을 위하여 붙은 것이니, 신은 마땅히 그것에 연루되었습니다."

조정에서는 그 사실을 알고 있었지만 묻지 않았다.

---

198 고대 황제(黃帝) 왕조의 법관으로 정직하고 청렴하며 밝은 사람으로 알려져 있다.

199 황보규가 장환을 천거한 것은 환제 연희 6년(163년)의 일로 《자치통감》 권 54에 실려 있으며, 장봉이 편지를 올린 사건은 연희 8년(165년)의 일이다.

두밀(杜密)은 평소 이응과는 명성과 행동에서 비슷하여 당시 사람들이 그들을 '이(李)·두(杜)'라 불렀고 그러므로 동시에 잡혔다. 두밀은 일찍이 북해국(北海國)의 재상을 역임했는데, 춘계 순시에 나서서 고밀(高密, 산동성 고밀현)에 도착하여 정현(鄭玄)[200]이 향색부(鄕嗇夫)[201]가 되어 있는 것을 보자, 그가 특이한 그릇임을 알아보고 바로 불러서 군의 직책을 맡기고, 마침내 그를 파견하여 학습하도록 하였으니, 결국 큰 유학자로 성장하였다.

후에 두밀이 관직을 떠나서 집으로 돌아갔는데, 태수와 현령을 배알할 때마다 부탁하는 것이 많았다. 같은 군[202] 사람인 유승(劉勝) 역시 촉군(蜀郡, 사천성 成都市)에서 관직을 그만두고 향리로 돌아간다고 알리고, 문을 닫고 사람들과의 교류를 끊고 세상일에 간섭하는 일이 없었다.

태수 왕욱(王昱)이 두밀에게 말하였다.

"유계릉(劉季陵)[203]은 청렴하고 고아한 선비여서 공경들이 대부분 그를 추천하여 천거했습니다."

두밀은 왕욱이 자기를 자극하고 있기에 대답하였다.

"유승의 지위는 대부로서 상빈의 예우를 받고 있으나, 그가 선량한 사람을 알고 있으나 추천하지 않았고, 악한 사람에 관한 내용을 듣고도

---

200 모든 경전에 두루 정통하여 한대의 경학을 통일하여 집대성한 대학자이다. 《모시전(毛詩箋)》,《주례(周禮)》,《의례(儀禮)》,《예기(禮記)》등의 주를 달았다.

201 진대부터 설치되었으며, 향의 하급 관리로서 소송(訴訟)과 부세(賦稅)를 담당하였다.

202 지금의 하남성 우현(禹縣)이 치소인 영천군(潁川郡)을 가리킨다.

203 계릉은 유승의 자이다.

말하지 않으며, 자기의 감정을 숨겨 자기를 아끼면서, 스스로 겨울 매미[寒蟬]²⁰⁴와 같이 하니 이같이 하는 것은 국가의 죄인입니다.

현재 의로움에 뜻을 두고 힘써 행동하는 현명한 사람이 있으면 저 두밀은 그를 현달하게 하겠고, 도리에 위배되고 절개를 잃어버린 인사가 있으면 저 두밀은 그를 규탄하여, 밝으신 부군(府君)²⁰⁵에게 그에 알맞게 상벌을 적용하도록 하여, 명성이 먼 지역까지 떨치도록 하였는데 아름답게 들추어낸 것을 물으신다면 또한 만분의 일 정도가 아니겠습니까?"

왕욱은 부끄러워하면서 두밀에게 승복하고 그를 대우하는 것이 매우 돈독하고 후하였다.

10   9월에 광록훈²⁰⁶ 주경(周景)을 태위로 삼았다

11   사공 유무(劉茂)가 면직되었다. 겨울, 12월에 광록훈인 여남(汝南) 사람 선풍(宣酆)을 사공으로 삼았다.

12   월기(越騎)교위²⁰⁷ 두무(竇武)를 성문교위²⁰⁸로 삼았다. 두무는

---

204 겨울 매미는 말하지 않는 사람을 비유한다.

205 태수를 높여 부르는 말인데, 여기서는 태수 왕욱을 가리킨다.

206 진대에는 낭중령(郎中令)이라 불렀으나 전한 무제 태초(太初) 원년(기원전 104년)에 광록훈으로 명칭을 고쳤다. 궁문의 숙위와 시종에 관한 일을 담당하였고, 질은 중이천석으로 구경 중의 하나이다.

207 한대의 8교위 중의 하나로서 무제 때 처음 설치되었다. 질은 이천석이고 월기 숙위(越騎宿衛)를 장악하여 통솔하고 있다.

재직 중에 명사들을 많이 벽소하였고, 몸을 깨끗이 하고 악한 것을 싫어하여 예로 바치는 뇌물이 통하지 않았으며, 처자식들이 먹고 입는데 겨우 충족할 뿐이었고 두 궁궐[209]로부터 상을 받았으나, 모두 태학의 학생 및 빈민들에게 나누어주었다. 이리하여 많은 사람들의 칭찬이 그에게 돌아갔다.

13   흉노와 오환 부족이 장환(張奐)이 도착했다는 소식을 듣고 모두 부족민을 거느리고 잇달아 돌아와서 항복하니 무릇 20만 명이었다. 장환은 단지 그 원흉들만 주살하고 나머지는 모두 위로하며 받아들였더니, 오직 선비 부족만이 변방의 요새를 나가버렸다.

조정은 단석괴(檀石槐)[210]를 통제할 수 없음을 걱정하여 사신을 파견하여 인수를 가지고 가서 왕으로 책봉하며 화친하려고 하였다. 단석괴는 이를 받아들이려 하지 않고 침입하여 약탈하는 것이 더욱 심하였고, 스스로 영토를 3부로 나누었는데, 우북평(右北平, 하북성 豊潤縣)에서 동쪽으로 가서 요동(遼東, 요녕성 遼陽市 일대)까지 이르는 곳은 부여(夫餘, 요녕성 昌圖縣)와 예맥(濊貊)의 20여 개의 읍과 이어져 있으니 동부(東部)로 삼았다. 우북평에서 서쪽으로 가서 상곡(上谷, 하북성 懷來縣)에 이르는 10여 개의 읍은 중부(中部)로 삼고, 상곡에서 서쪽으로

208 한대에 수도의 성을 지키는 임무, 즉 성문 주둔병 및 개폐를 담당하는 군관으로 질은 2천 석이다.

209 황제와 황후를 말한다.

210 2세기 중반에서 후반 경까지 지금의 산서성 북부 고유(高柳)의 북방 또는 하북성 북부의 장가구(張家口) 북방으로 추정되는 탄한산(彈汗山)을 중심으로 선비 계통의 부족을 통일한 대부족장이다.

가서 돈황(敦煌, 감숙성 돈황시)과 오손(烏孫, 신강 위구르자치구 伊寧市를 중심으로 한 일대)에 이르는 20여 개의 읍을 서부(西部)로 삼았으며 각각 대인(大人)[211]을 두고 그곳을 다스리도록 하였다.[212] *

---

211 부족장을 가리킨다.

212 이것으로 볼 때 단석괴는 대개 흉노들의 옛 땅을 다 차지하였던 것으로 보인다.

권056

한기48

제2차 당고의 화

당인을 변호한 두무와 곽서

효환황제 영강 원년(丁未, 167년)

1   봄, 정월에 동부 지역의 강(羌)족인 선령(先零)의 부족이 대우(役 祤, 섬서성 휘현 동쪽)를 포위하고 운양(雲陽, 섬서성 돈화현 서북쪽)을 공 략하니, 당전(當煎, 위수의 상류 지역)의 여러 종족들이 다시 반란을 일 으켰다. 단경(段熲)[1]이 이들을 난조(鸞鳥, 섬서성 무위현 남쪽)에서 쳐서 대파하니, 서부 지역의 강족이 마침내 평정되었다.

2   부여왕(夫餘王) 부태(夫台)가 현토(玄菟, 요녕성 심양시)를 침구하 니, 현토 태수 공손역(公孫域)이 이를 공격하여 깨뜨렸다.

3   여름, 4월에 선령(先零)의 강족이 삼보(三輔, 대장안)를 침략하여 두 개의 군영[2]을 공격하여 없애고 1천여 명을 죽였다.

---

1   이때 호강교위였다.

2   두 개의 군영은 경조호아영(京兆虎牙營)과 부풍옹영(扶風雍營)을 가리킨다.

4   5월, 그믐 임자일(30일)에 일식이 있었다.

5   진번(陳蕃)이 이미 면직되자 조정의 신하들은 두려움에 떨어 감히 다시는 당인(黨人)을 위하여 말해주는 사람이 없었다. 가표(賈彪)가 말하였다.

"내가 서행(西行)³하지 아니하면 큰 화근이 해결되지 않는다."

이에 낙양으로 들어가서 성문교위 두무(竇武)와 상서인 위군(魏郡, 하북성 임창현) 사람 곽서(霍諝) 등을 설득하여 그를 변호하게 하였다.

두무가 상소하였다.

"폐하께서 즉위하신 이래로 아직까지 정치를 잘했다는 이야기를 들어보지 못했으며, 상시와 황문이 다투어 거짓으로 속이니 망령되게도 걸맞지 않는 사람에게 작위를 주었습니다. 엎드려 서경(西京)⁴시대를 살피건대, 아첨하는 신하가 정권을 잡아서 끝내 천하를 잃었습니다.

지금도 이전의 실패한 일을 고려하지 아니하고 엎어진 수레의 궤적을 다시 반복하여 가고 있으니, 신은 진(秦) 2세⁵ 때에 일어났던 재난이 장차 반드시 다시 오고, 조고(趙高)가 일으켰던 변란(變亂)⁶이 아침이 아니면 저녁에 일어날까 두렵습니다.

---

3 조정이 있는 낙양으로 가야 한다는 말이다. 가표는 영천(潁川) 정릉(定陵) 사람이므로 낙양까지 가려면 서쪽으로 가야 된다.

4 서쪽에 있는 서울이라는 말로, 현 수도인 낙양의 서쪽에는 전한시대의 수도 장안이 있다. 그러므로 전한시대를 가리킨다.

5 진(秦)나라 2세 황제 호해(胡亥)를 말한다.

6 진(秦)나라 재상 조고가 사위 염낙(閻樂)에게 2세 황제를 망이궁(望夷宮)에서 죽이게 한 변란을 말한다.

근래 간신인 뇌수(牢脩)가 당인에 관한 의논을 조작하여서 마침내 예전에 사예교위를 지낸 이응(李膺) 등을 체포하여 고문하였으며, 연루된 자가 수백 명에 이르렀으나 오랫동안 구속하고 조사하였지만 그 사건과 관련한 증거는 없었습니다.

신은 오직 이응 등이 충성심과 절개를 세우고, 뜻은 왕실을 경륜하는데 두었으니, 이들은 진실로 폐하의 후직(后稷)[7]이나 후설(后契)[8]이고 이윤(伊尹)이나 여상(呂尙) 같은 보좌역들입니다. 그러나 헛되게도 간신적자들이 구부려서 무고하니 천하 사람들의 가슴을 썰렁하게 했으며 해내에서는 희망을 잃었습니다. 오직 폐하께서 정신을 차려서 깨끗이 살피고, 즉시 이치를 보고 내보내서 귀신조차 바라고 있는 마음을 만족시켜 주십시오.

지금 대각(臺閣)의 근신들인 상서 주우(朱寓)·순곤(荀緄)·유우(劉祐)·위랑(魏朗)·유구(劉矩)·윤훈(尹勳) 등은 모두가 국가의 곧은 선비들이며 조정의 훌륭한 보좌역들입니다. 상서랑 장릉(張陵)·규호(嬀皓)·원강(苑康)·양교(楊喬)·변소(邊韶)·대회(戴恢) 등은 문질(文質)[9]을 두루 갖추고 국가법전에 밝고 통달하니, 안팎의 관직에는 많은 인재들이 줄지어 서 있습니다.

그러나 폐하께서는 근습(近習)[10]한 자들에게 위임하여 오로지 탐

---

7 주(周)나라의 선조 희기(姬弃)을 말한다.

8 원문에는 설(卨)로 되어 있지만 이는 설(契)의 고자(古字)이며 이는 순(舜)임금 때의 재상이다.

9 문은 문화(文華)로써 문장과 재화(才華)를 의미하며, 질은 질박(質朴)으로써 꾸밈새 없이 순박함을 말한다.

10 가까이 있어서 익히 잘 아는 사람이란 뜻으로 환관을 지칭한다.

욕스런 자만을 세워 밖으로는 주와 군을 관리하고, 안으로는 심려(心膂)[11]를 주간(主幹)하도록 하였으니, 의당 차례에 따라 관직을 깎아내려 내쫓고, 죄상을 조사하고 규명하여 벌을 주어야 합니다. 충실하고 선량한 자에게 믿고 맡기고, 선한 자와 악한 자를 올바르게 판결하고, 사악한 자와 정직한 자 그리고 비방 받을 자와 칭찬 받을 자가 각기 그에 적당한 자리를 얻게 하시고, 천관(天官)[12]을 보배롭게 여기고 아껴서 오직 선한 사람에게 주어야 합니다. 이와 같이 하면 허물이 될 징조는 소멸될 것이며 하늘의 감응도 기다릴 만합니다.

요사이에 가화(嘉禾)[13]와 지초(芝草),[14] 황룡(黃龍)이 나타난 일이 있습니다. 무릇 상서로움은 반드시 훌륭한 선비에게서 생기고, 분복이 이르는 것은 실제 착한 사람으로 말미암아 오는 것이며, 덕이 있는 곳에 상서로움이 생기고, 덕이 없으면 재난이 생깁니다. 폐하께서 하신 일이 하늘의 뜻에 부합되지 않으니 당연히 칭찬하고 경축해서는 아니 됩니다."

편지를 상주하고 이어서 병이 났다 하고[15] 성문교위와 괴리후의 인수를 반환하여 올려 보냈다. 곽서 역시 표문을 올려 요청했다.[16]

---

11 곁에서 보필하는 가장 중요한 신하를 말한다.

12 천자를 섬기는 관리들로서, 천명에는 덕(德)이 있어서 임금이 된 자는 사사로이 임명해서는 안 된다.

13 벼를 말한다.

14 모균류(帽菌類)에 속하는 버섯으로 상서로운 상징으로 여긴다. 영지(靈芝)라고도 한다.

15 두무가 병을 칭하였다.

16 이응 등을 사면시켜주기를 요청하였다.

황제의 마음이 조금 누그러져 중상시 왕보에게 옥중으로 가서 당인인 범방 등을 심문하도록 했는데, 모두 세 군데를 나무에 매달고[17] 얼굴에 자루를 씌워 계단 아래에 내버려 두었다가 왕보가 그들을 차례로 나무라며 말하였다.

"경 등이 번갈아 가며 서로 뽑아 천거하고, 교대로 입술과 이처럼[18] 되었으니 그 의도가 무엇이오?"

범방이 대답했다.

"중니께서 말씀하시기를 '착한 일을 보거든 그것에 좇아가지 못한 듯이 하고 악한 일을 보거든 끓는 물을 찾은 것처럼 하라.'고 했소. 나 범방은 선한 일을 하는 사람을 선하다 하면서 그의 깨끗함과 똑같게 하려고 하였고, 악한 것을 미워하면서 그 더러운 것과 똑같게 보려고 하였던 것은 왕도정치를 한다는 소리를 듣기를 원하였던 것이지 당을 만들었다고는 깨닫지 못 하였소.

옛날에는 선한 행실을 닦으면서 스스로 많은 복을 받으려고 하였지만 오늘날에는 선한 행실을 행하면 몸이 죽임에 빠지게 되었소. 이 몸이 죽는 날에 바라건대, 나 범방을 수양산(首陽山, 산서성 영제현 남쪽) 곁에 묻어주어서 위로는 하늘의 뜻을 저버리지 않게 하고, 아래로는 백이(伯夷)와 숙제(叔齊)[19]에게 부끄럽지 않게 해주시오."

왕보는 그를 불쌍히 여겨서 얼굴빛을 고치고서 나란히 질곡(桎

---

17 머리와 손, 발 세 군데를 나무로 만든 형구에 붙들어 맸다는 뜻이다.

18 순치(脣齒) 관계가 되었다는 말로 서로 불가분의 관계라는 뜻이다.

19 백이와 숙제는 은나라 사람으로, 주 왕조가 세워진 후 주나라의 음식을 먹지 않고 수양산에서 굶어 죽었다.

梏)[20]을 풀어주었다. 이응 등이 또 환관 자제들을 많이 끌어들이니,[21] 환관들이 두려워하여 황제에게 천시(天時)로 보아 의당 사면해 주어야 한다고 요청했다. 6월 경신일(8일)에 천하에 사면하고 기원을 고쳤으며, 당인 200여 명을 모두 고향으로 돌려보내고, 이름을 삼부(三府)[22]에 기록해 두고 종신토록 금고형[23]에 처했다.

범방이 곽서에게 가서 안부는 물었으나 감사하다는 말[24]은 하지 않았다. 어떤 사람이 그를 책망하니, 범방이 말하였다.

"옛날에 숙향(叔向)은 기해(祁奚)를 만나지도 아니하였다고 하였는데,[25] 내가 왜 감사해야 하는가?"

범방이 남쪽의 여남(汝南, 하남성 평여현)으로 돌아가니, 남양(南陽)의 사대부들이 그를 영접하였는데, 수레가 수천 대에 이르렀으며, 고향 사람인 은요(殷陶)와 황목(黃穆)이 범방의 곁에서 호위하면서 빈객들에게 응대하였다.

범방이 은요 등에게 말하였다.

---

20 나무를 손에 채우는 것을 질, 발에 채우는 것을 곡이라 한다. 즉 형구를 말한다.

21 환관 자제들의 비행을 폭로하는 것을 의미한다.

22 태위부와 사도부, 사공부를 말한다.

23 관직을 가질 수 없는 형벌이다.

24 자신을 위해 상소를 올려준 데 대한 감사의 말을 의미한다.

25 진(晉)나라 범의자(范宜子)가 숙향을 감옥에 가두자, 기해가 요청하여 석방시키고는 숙향을 만나지도 않고 돌아갔으며, 숙향 역시 석방된 것을 고하지도 않고 조정에 나갔다. 이는 당연한 일을 한 것이니 따로 인사할 것이 없다는 뜻이다.

"지금 그대들이 서로 따라오는데 이는 나에게 닥칠 화를 더 무겁게 할 것일세!"

마침내 고향으로 돌아가 은둔하였다.

애초 조서를 내려 당인들을 검거하면서 군과 봉국에서 연루된 자들을 상주하였는데, 많은 곳에는 수백 명이 되었으나 오직 평원(平原, 산동성 평원현)의 재상 사필(史弼)만이 올리지 않았다. 전후로 조서를 내려 재촉하자 주와 군에서는 연사(掾史)들에게 곤형과 태형을 내렸다.

종사(從事)[26]가 객사에 앉아 사필을 불러 질책하며 말하였다.

"조서에서는 당인들을 대단히 미워하며 그 뜻이 간절하다. 청주(靑州, 산동반도)에 속한 여섯 군 가운데 다섯 곳에는 당인이 있다는데, 평원(平原, 산동성 평원현)은 어떻게 다스렸기에 유독 없단 말인가?"

사필이 말하였다.

"먼저 계셨던 왕들은 천하의 경계를 바르게 하기 위하여 경계를 긋고 나누면서 물과 땅을 달리하였기 때문에 풍속이 같지 않습니다. 다른 군에는 저절로 있었겠지만 평원군에는 저절로 없으니 어찌 서로 비교할 수 있겠습니까?

만약 상사(上司)[27]의 뜻을 받들어 우러러보고 훌륭하고 착한 사람을 무고에 빠지게 하고 부당한 형벌을 남용하여서 이치에 맞지 않는 일을 즐거이 한다면 평원 땅에 사는 사람들은 어느 집에서나 당인이 될 것입니다. 저 재상이 죽을 뿐이며, 그렇게 할 수는 없습니다."

종사가 크게 화가 나서 즉시 군에 있는 요직(僚職)[28]을 체포하여 감

---

26 사필이 평원의 재상이었으므로 평원을 지휘하는 청주부의 종사일 것이다.

27 한나라 때 삼공(三公)을 말하는데, 여기서는 조정을 의미한다.

옥에 송치하고, 마침내 사필을 거론하는 주청을 올렸다. 마침 당금(黨禁)[29]이 중간에 해제되어 사필은 봉록으로 죄를 대속(代贖)했으며, 이 곤경에서 벗어난 사람들이 매우 많았다.

두무가 천거하였는데, 주우(朱寓)는 패(沛, 안휘성 회계현 동쪽) 사람이고, 원강(苑康)은 발해(勃海, 하북성 남피현)사람이며, 양교(楊喬)는 회계(會稽, 절강성 소흥시) 사람이고, 변소(邊韶)는 진류(陳留, 하남성 진류현) 사람이었다. 양교는 용모와 예의를 차리는 것이 장대하고 수려하였으며, 자주 정사에 관하여 말씀을 올렸으므로 황제가 그의 재주와 용모를 아껴서 공주를 처로 삼게 하고자 하였으나 양교가 고사하며 듣지 아니하고, 끝내 입을 다물고 먹지 아니하다가 7일 만에 죽었다.

6   가을, 8월에 파군(巴郡, 사천성 중경시)에서 황룡(黃龍)이 보였다고 말하였다. 애초에 군에 사는 사람이 연못에서 목욕을 하려고 하였는데 연못의 물이 흐려있는 것을 보고는 장난삼아 서로 무섭게 하려고 '이 속에 황룡이 있다.'고 하였었고, 이 말이 마침내 백성들 사이에 퍼지자 태수가 좋은 일로 여겨 보고한 것이었다. 군의 관리인 부견(傅堅)이 간하였다.

"이것은 주졸(走卒)[30]들의 농담일 뿐입니다."

태수는 듣지 아니하였다.

---

28 각 군에는 조(曹)가 있고, 이 조의 책임자인 연사가 있는데, 이들을 모두 요직이라 말한다.

29 붕당을 금지시키는 것이다.

30 남의 심부름을 하러 다니는 하인을 말한다.

7   6월[31]에 큰 홍수가 나서 발해(勃海, 하북성 남피현)가 범람하였다.

8   겨울, 10월에 선령의 강족이 삼보(三輔, 대장안)를 침략하니, 장환 (張奐)이 사마 윤단(尹端)과 동탁(董卓)을 파견하여 방어하며 공격하여 이들을 대파하고, 그들의 추장을 목 베고 우두머리 급 1만여 명을 포로로 잡으니 세 주[32]가 깨끗이 평정되었다.

장환의 공적을 논하면 마땅히 열후로 책봉되어야 하나 환관들을 섬기지 않은 까닭에 결국 책봉되지 못하고, 오직 20만 전을 하사받고, 집안사람 한 명에게 벼슬을 주어 낭(郎)으로 삼았다. 장환이 사양하여 받지 아니하고 홍농(弘農, 하남성 영보현)으로 옮겨줄 것을 요청하였다. 옛

---

31 통감필법에 의하면 맞지 않다. 앞의 기사가 8월인데, 이 기사는 뒤에 오면서도 6월로 되어 있기 때문이다. 다른 판본에 월(月)이 주(州)로 되어 있는데 이것이 보다 합리적인 것으로 보인다. 따라서 6월이 아니고 '여섯 주에 큰 홍수가 있었다.'로 보는 것이 좋을 듯하다.

32 유주(幽州, 하북성 북부), 병주(并州, 산서성), 양주(涼州, 감숙성) 등 세 주를 말한다.

제도에 의하면 변방인은 내지로 옮길 수 없는데, 조서를 내려 장환이 공적을 세웠음을 인정하여 특별히 허락하였다.[33]

동탁에게는 벼슬을 주어 낭중(郎中)으로 삼았다. 동탁은 농서(隴西, 감숙성 임조현) 사람으로 성품이 거칠고 사나우며 꾀를 갖고 있어서, 강인(羌人)과 호인(胡人)들이 그를 두려워하였다.

9 12월 임신일(23일)에 다시 영도왕(瘿陶王) 유괴(劉悝)를 발해왕으로 삼았다.[34]

10 정축일(28일)에 황제가 덕양전전(德陽前殿)에서 붕어하였다.[35] 무인일(29일)에 황후를 높여 황태후라 하였다. 태후가 조회에 임석하였다.

애초 두후(竇后)가 이미 책립되었는데 황제가 찾는 일이 아주 드물었고, 오직 채녀(采女)[36]인 전성(田聖) 등만이 총애를 받았다. 황후는 평소 시기하고 잔인하여 황제의 재궁(梓宮)[37]이 여전히 덕양전전에 있는 데도 마침내 전성을 죽였다.

성문교위 두무(竇武)가 후사 세울 일을 의논하고자 하여 시어사인

---

33 장환은 원래 돈황(敦煌, 감숙성 돈황현) 출신이므로 변방 지역 사람이다.

34 발해왕이었던 유괴는 환제 연희(延熹) 8년(165년)에 반역 사건으로 인하여 영도왕으로 좌천되었는데, 지금 다시 발해왕으로 책봉된 것이다.

35 이때 황제의 나이는 36세였다.

36 궁녀를 말한다.

37 황제의 관(棺)으로, 가래나무로 만든 데에서 붙여진 이름이다.

하간(河間, 하북성 헌현) 사람 유조(劉儵)를 불러 나라 안에 있는 종실 중에서 똑똑한 사람을 물으니, 유조가 해독정후(解瀆亭侯, 하북성 안국현 동북쪽) 유굉(劉宏)을 칭찬하였다. 유굉이라는 사람은 하간효왕의 증손이며, 할아버지는 유숙(劉淑)이요, 아버지는 유장(劉萇)으로 대대로 해독정후로 봉해졌다.

두무는 이에 들어가서 태후에게 아뢰고 궁중에서 정책(定策)[38]하고, 유조를 수광록대부(守光祿大夫)[39]로 임명하여 중상시 조절(曹節)과 나란히 부절을 소지하여 중황문(中黃門)과 호분(虎賁)무사, 그리고 우림(羽林)군 1천 명을 거느리고 유굉을 받들어 영접하도록 하니, 그때 나이가 12살이었다.

효령황제 건녕 원년(戊申, 168년)

1 봄, 정월 임오일(3일)에 성문교위 두무를 대장군으로 삼았다. 옛 태위 진번을 태부로 삼아 두무와 사도 호광(胡廣)과 함께 3인이 상서의 일을 관장[40]하도록 하였다.

이때 바로 큰 상사(喪事)[41]을 만났고 나라를 계승할 후사가 확정되

---

38 황위(皇位)를 결정하는 일이다.

39 수(守)직은 임시 직책이다. 임시로 광록대부의 업무를 맡도록 한 것이다.

40 관직명은 삼록상서사(參錄尙書事)이다. 보통 상서성의 업무를 관리하는 직책을 녹상서사라고 하는데 이 경우에는 세 사람이 이 일을 공동으로 참여하여 관리하도록 하였기 때문에 앞에 삼(參)을 붙여서 관직명을 만들었다.

41 환제(桓帝) 유지(劉志)가 붕어하였다.

지 아니하여, 여러 상서들이 두려워하고서 대부분이 병을 핑계 삼아 입조하지 아니하였다.

진번이 편지를 보내어 이들을 질책하였다.

"옛 사람은 절개를 세우면서 죽은 사람 섬기기를 산 사람처럼 하였소. 지금 황제의 조명(祚命)[42]이 아직 세워지지 않아서 정사가 날로 오그라드는데 여러분들은 어찌하여 씀바귀와 여귀같이 고통스런 일을 버리고 평상 위에 드러누워 쉬니 도의상 평안하다는 말이오?"

모든 상서들이 두려움에 떨며 일어나서 사무를 보았다.

2　기해일(20일)에 해독정후(解瀆亭侯)가 하문정(夏門亭)에 도착하자, 두무에게 부절과 후왕(侯王)의 청개거(靑蓋車)를 가지고 가서 황궁으로 맞아들이게 하였다. 경자일(21일)에 황제가 즉위하고 기원을 고쳤다.[43]

3　2월 신유일(13일)에 효환(孝桓)황제를 선릉(宣陵, 낙양 동남쪽 30리)에 장사지내고 묘호를 위종(威宗)이라 하였다.

4　신미일(23일)에 천하를 사면하였다.

5　애초 호강교위 단경이 이미 서부 강족(西羌, 감숙성 난주시 서쪽)을 평정하였으나 동부 강족(東羌, 감숙성 난주시 동쪽)에 속한 선령(先零)의

---

42 하늘이 복을 내려서 도와주는 것이다.

43 환제가 죽은 지 23일 만에 황제가 등극했다.

족속들 오히려 아직 굴복하지 아니하였는데, 도요장군 황보규(皇甫規)와 중랑장 장환(張奐)이 해마다 계속하여 그들을 초무하니 이미 항복했다가 또 반란을 일으켰다.[44]

환제가 조서를 내려 단경에게 물었다.

"선령 지역의 족속과 동부 지역의 강족이 악행을 저지르며 반역하였으나 황보규와 장환이 각기 강한 무리를 보유하고도 때맞추어 평정하지 못하여 단경에게 군사들을 옮겨 동쪽으로 가서 토벌하게 하고자 하는데, 아직 그것이 적당한지 알지 못하겠으니, 전술과 전략을 참고적으로 생각해 보면 좋겠소."

단경이 말씀을 올렸다.

"신이 엎드려 살피건대, 선령의 족속과 동부 지역의 강족은 비록 자주 반역했지만 황보규에게 항복한 자들이 이미 2만 락(落)[45]정도 되었습니다. 선악이 이미 나뉘어 나머지 침구할 무리들은 거의 없습니다.

지금 장환이 주저하며 오랫동안 나아가지 않는 것은 겉으로는 떨어져 있지만 안으로는 합쳐 있어서[46] 병사들이 진군하면 반드시 놀라게 할 것을 염려한 것입니다. 또한 겨울에서부터 금년 봄에 이르는 동안 주둔하면서 방어하며 흩어지지 아니하였으므로 병사들과 군마가 피로하고 말라서 스스로 와해될 조짐을 갖게 되었으니, 다시 초무하여 항복

---

44 환제 연희(延熹) 4년에 황보규가 서강을 초무하여 항복시켰다. 6년에는 황보규가 장면을 천거하였으며, 영강(永康) 원년에서 7년 사이에 강족의 항복과 반란이 일정하지 않았다.

45 북방민족의 가족 단위이다. 농경 지역의 호(戶)와 같다.

46 한나라의 군사적 압박으로 강족들이 겉으로는 항복한 강족과 항복하지 않은 강족이 분리되어 있는 것 같으나 속으로는 한통속이라는 말이다.

하도록 하면 가만히 앉아서도 그 강한 적을 제압할 수 있습니다.

신은 이리새끼의 야심[47]으로는 은덕을 받아들이기는 어렵다고 여기며, 세력이 궁색해지면 비록 굴복했을지라도 병사가 떠나면 다시 움직일 것입니다. 오직 마땅히 긴 창으로 가슴을 겨누고 번득이는 칼로 그들의 목에 댈 뿐입니다.

헤아려보건대, 동부 지역의 여러 종족 가운데 남은 것은 3만여 락(落)으로 가까이 요새 안에 거주하여서 길이 험하거나 굴곡진 곳이 없고, 연(燕)지역과 제(齊)·진(秦)·조(趙)지역에 있던 종횡(縱橫)의 세력[48]도 없는데도 오랫동안 병주(幷州, 산서성)와 양주(涼州, 감숙성)를 혼란스럽게 하고 여러 차례 삼보(三輔, 대장안)를 침략하였고, 서하(西河)와 상군(上郡)은 이미 각각 요새 안의 지역으로 옮기니,[49] 안정(安定)과 북지(北地)가 다시 단조로워 위급에 빠지게 되었습니다. 운중(雲中, 내몽고 자치구 탁극탁)과 오원(五原, 내몽골 자치구 포두시 서북)에서 서쪽으로 한양(漢陽, 감숙성 감곡현)에 이르기까지 2천여 리인데 흉노와 여러 강족이 나란히 그 토지를 멋대로 부리니, 이는 위험한 종기와 잠복한 질병이 되어 가슴속에 머물러 쌓여있는 것 같아서 만약 죽이지 아

---

47 이리새끼가 아무리 길들여 기르려 하여도 야수의 성질을 벗어나지 못하듯 본래 성질이 비뚤어진 사람은 아무리 은혜를 베풀어도 결국에는 배반한다는 뜻이다

48 전국시대 소진(蘇秦)의 합종설(合從說)과 장의(張儀)의 연횡설(連橫說)을 주장하던 세력을 말한다.

49 《자치통감》 권52, 순제 영화(永和) 5년(137년)에 흉노족이 오환족과 강족, 호(胡)족과 함께 병주·양주·유주·기주를 공략하자 서하와 상군의 치소를 내지로 옮겼다.

니하면 도리어 크게 퍼지게 됩니다.

만약 기병 5천 명과 보병 1만 명 그리고 병거(兵車) 3천 량(輛)을 가지고 세 번의 겨울과 두 번의 여름이면 충분히 격파하여 평정할 수 있는데, 무릇 쓰일 비용은 54억 전이 드는데, 이와 같이 한다면 여러 강족을 전멸시킬 수 있으며, 흉노도 오래도록 굴복시켜 요새 안의 군과 현으로 옮겼던 것들도 본래의 땅으로 되돌릴 수 있습니다.

엎드려 헤아리건대, 영초(永初) 연간에 여러 강족이 반란을 일으키자 14년 동안 240억 전을 사용하였고,[50] 영화(永和) 연간 말엽에 다시 7년 동안 80여억 전을 사용했습니다.[51] 소모된 경비가 이와 같았지만, 오히려 모두 다 죽이지 못하여 남은 적들이 다시 일어나 여기에서 해를 끼치고 있습니다. 지금 잠시 백성들을 피곤하게 하지 않는다면 영원한 안녕을 기대할 수 없습니다. 신은 두루 우둔하고 용렬함을 다할 것이며 엎드려 절도(節度)[52]를 기다리겠습니다."

황제가 이를 허락하고, 위에서 올린대로 모두 들어주었다.

단경은 이에 군사 1만 여명을 거느리고 15일분 양식을 싸가지고서 팽양(彭陽, 감숙성 진원현 동쪽)에서 곧바로 고평(高平, 감숙성 고원현)으로 향했고, 선령의 여러 종족과 봉의산(逢義山)에서 싸웠다. 야만인의 군사가 강성하여 단경의 무리들이 모두 두려워하였다.

단경이 이에 군중(軍中)에 긴 화살촉과 예리한 칼을 지니도록 하고,

---

50 영초는 안제(安帝)의 연호(107~113년)이며, 이는 안제 원초 5년(118년)에 있었던 일로,《자치통감》권50에 보인다.

51 영화는 순제(順帝)의 연호(136~141년)이고, 이는 충제 영가 원년(145년)의 일이고 내용은《자치통감》권52에 실려 있다.

52 지휘나 차견(差遣)을 말한다.

세 겹으로 긴 창 부대를 세 겹으로 배열하고, 강한 쇠뇌를 가지게 하고, 경무장을 한 기병을 좌우측 날개로 삼고는 장졸들에게 말하였다.

"지금 고향까지는 수천 리 떨어져 있어서 진군하면 일을 성공할 수 있겠으나 도망치면 반드시 모두 다 죽을 것이니, 노력하여 함께 공적과 명예를 이룩합시다."

이어서 크게 소리를 지르자 무리들이 모두 그 소리에 감응하여 말을 타고 달렸고, 기병이 양측에서 질주하면서 갑자기 그들을 공격하니 야만인 무리들이 크게 궤멸되고 참수한 것이 8천여 급이었다. 태후가 조서를 내려 표창하며 말하였다.

"모름지기 동부 지역의 강족이 모두 평정되었으니, 마땅히 공적과 수고를 아울러 기록하고, 지금 또한 단경에게 20만 전을 하사하고 단경의 집안에서 한 사람을 낭중으로 삼으라."

중장부(中藏府)[53]에 칙령을 내려 금전(金錢)과 채물(綵物)을 조달하여서 군비를 더 늘려 돕도록 하고, 단경을 파강(破羌)장군으로 임명하였다.

---

53 중장부령(令)은 소부(少府)의 소속이며, 폐백(幣帛)이나 금은(金銀) 등의 재화(財貨)를 담당한다.

6   윤월(윤3월) 갑오일[54]에 황제의 할아버지를 추존하여 효원황(孝
元皇)으로 삼고, 부인 하씨(夏氏)를 효원후(孝元后)로 삼고, 아버지를
효인황(孝仁皇)으로 삼고, 황제의 어머니 동씨(董氏)을 높여 신원귀인
(愼園貴人)으로 삼았다.[55]

7   여름, 4월 무진일[56]에 태위 주경(周景)이 죽고, 사공 선풍(宣酆)
이 면직되었다. 장락궁(長樂宮)의 위위 왕창(王暢)을 사공으로 삼았다.

8   5월 1일 정미일에 일식이 있었다.

---

54 윤3월 1일은 무신일이므로 윤3월에는 갑오일이 없다. 만약 갑오(甲午)가 갑자
  (甲子)의 잘못이라면 윤3월 17일이다.

55 영제(靈帝) 유굉이 황제가 되었으므로 할아버지인 해독정후(解瀆亭侯) 유숙
  (劉淑)과 아버지인 유장(劉萇) 등을 높인 것이다.

56 4월 1일은 무인일이므로 4월에는 무진일이 없다. 만약 무진(戊辰)일이 무술
  (戊戌)의 잘못이라면 무술일은 21일이다.

9   태중대부 유구(劉矩)를 태위로 삼았다.

10   6월에 경사에 큰 홍수가 있었다.

11   계사일(17일)에 황제를 책립한 공훈을 기록하였는데, 두무(竇武)
를 책봉하여 문희후(聞喜侯)로 삼고, 두무의 아들 두기(竇機)를 위양후
(渭陽侯)로 삼고, 형의 아들 두소(竇紹)를 호후(鄠侯)로 삼고, 두정(竇
靖)을 서향후(西鄕侯)로 삼았으며, 중상시 조절(曹節)을 장안향후(長安
鄕侯)로 삼았는데, 후작에 책봉된 사람이 무릇 11명이었다.

탁군(涿郡, 하북성 탁현) 사람 노식(盧植)[57]이 편지를 올려 두무에게
유세하였다.

"족하(足下)[58]가 한나라 왕조에서 차지하는 위치는 마치 주공 단(周
公 旦)과 소공 석(召公 奭)이 주(周)나라 왕실에서 차지하는 것과 같아
서 성스러운 군주를 세우고 사해(四海)를 묶었는데, 의논하는 자들이
오자(吾子)[59]의 공로로 여기지만, 여기에 중요함이 있소.

지금 같은 종족에서 후사를 선택하는 것은 가계도(家系圖)를 쪼개서
보첩(譜牒)에 의거하여 순서대로 그들을 세웠으니,[60] 무슨 공훈이 있

---

57 자는 자구(子榦)이며, 영제(靈帝) 희평(熹平) 4년(175년)에 구강 태수(九江 太
   守)에 임명되었으며, 의랑(議郞)과 시중 등을 지냈다.

58 대등한 사람에 대한 경칭이다.

59 '나의 그대'라는 말로 동년배의 사람을 친숙한 뜻으로 부르는 말이며, 여기서
   는 두무를 가리키는 말이다.

60 화제(和帝)에게 후사가 없으므로 안제(安帝)는 숙종(肅宗)의 손자로 세워졌으
   며, 충제(冲帝)와 질제(質帝)가 단명하자 환제(桓帝)는 숙종의 증손으로 세워

단 말이오? 어찌 하늘이 이룩한 공로를 자신의 노력으로 여겨 가로채 차지할 수 있다는 말이오? 마땅히 큰 상을 사양하고 몸과 명성을 온전 하게 하시지요."

두무는 그 의견을 받아들일 수가 없었다.

노식은 신장이 8척2촌이며, 음성은 종소리와 같이 우렁찼으며, 성품 은 강직하고 의연하였고, 커다란 절개를 갖고 있었다. 젊었을 때부터 마융(馬融)을 섬겼는데, 마융의 성격이 호방하고 사치스러워서 여자들 을 앞에 늘어세우고 노래 부르고 춤을 추도록 하는 일이 많았지만, 노 식이 시강(侍講)하기를 여러 해 하면서 일찍이 눈 한 번 돌리지 않자 마 융이 이러한 일로 그를 존경하였다.

태후는 진번(陳蕃)에게서 옛날에 은덕을 입었으므로 특별히 고양향 후(高陽鄕侯)로 책봉했다. 진번이 상소로 사양하며 말하였다.

"신이 듣기에는 토지를 잘라내어 책봉함은 공덕으로써 한다고 합니 다. 신은 비록 평소에 순결한 품행은 없었으나 가만히 군자가 내세웠던 '바른 도로써 얻지 않았으면 거주하지 아니한다.'[61]는 말을 사모하고 있습니다.

만약 작위를 받고 사양하지 아니하여 얼굴을 가리고 그 직위에 나아 간다면 황천(皇天)으로 하여금 진노하게 하여 재화(災禍)가 백성들에

졌다. 환제에게 후사가 없자 또한 숙종의 현손으로 세워졌으니, 동종이 순서 에 따라 서로 계위한 것이다. 이것은 유씨 집안의 순서에 맞춘 것이지 특별히 황제를 세우는데 공로를 세운 것이라고 볼 수 없다는 것이다.

61 공자의 말이다. '부유하게 되는 것과 귀하게 되는 것은 사람이 바라는 바이지 만 그 도(道)를 가지고 이를 얻지 않는다면 그것에 처(處)하지 않는다.'고 한 말에서 나왔다.

게 흘러내릴 것이니, 신의 몸 역시 어느 곳에 의탁하겠습니까?"

태후가 허락하지 아니하였다.

진번이 고사하며 장주문(章奏文)을 전후 열 차례 올려 끝내 봉작을 받지 아니하였다.

12   단경이 경무장한 군사들을 거느리고 강족을 추격하였는데, 교문 (橋門)[62]을 나와 밤낮을 가리지 않고 행군하여 사연택(奢延澤)과 낙천 (落川), 영선(令鮮)의 물가에서 싸워 그들을 연파했으며 또 영무곡(靈武 谷, 영주 회원현 서북쪽)에서 싸웠는데, 강족이 마침내 대패하였다.

가을, 7월에 단경이 경양(涇陽, 감숙성 평량현 서쪽)에 도착하니, 남은 야만인 4천 락은 모두 흩어져서 한양의 산골짜기로 들어갔다.

호흉노(護匈奴)중랑장 장환(張奐)이 말씀을 올렸다.

"동부 지역의 강족이 비록 깨뜨려졌으나 나머지 종족까지 모두 진압하기는 어려우며, 단경의 성품은 경솔하면서도 과단성이 있지만 패배시키는 일이 늘 있기 어렵다는 점을 고려해 보면 마땅히 또한 은덕으로써 항복시키는 것이 후회됨이 없을 것입니다."

조서를 내려 단경에게 알리자, 단경이 다시 말씀을 올렸다.

"신이 본래 알기로는 동부 지역 강족(산서성 및 섬서성 일대의 강족)이 비록 숫자는 많으나 연약하여 제압하기가 쉽고, 그렇기 때문에 저의 어리석은 생각을 진술하여 영원히 평안하게 할 계획을 생각하였습니다. 그러나 중랑장 장환은 야만인들이 너무 강하여 깨뜨리기가 어려우니 마땅히 초무하여 항복시키는 방법을 이용하자고 말하였습니다.

---

62 섬서성 안정현에 있는 골짜기의 이름이다.

　성스러운 조정[63]에서 밝게 살피시어 어리석은 견해를 믿고 받아주셨으며 그러므로 신의 계획은 실행할 수 있었고 장환의 계책을 사용하지 아니하였습니다. 일의 형세가 서로 반대가 되니 마침내 시기와 원한을 품고 반란을 일으킨 강족의 호소하는 말을 믿고서 말과 뜻을 번지르르하게 꾸며서 말하기를, 신의 군사가 '여러 차례 꺾여서 패배했다.'고 말합니다. 또한 '강족도 한 기운을 받아 탄생했으니 모두 다 죽일 수 없고,[64] 산골짜기가 넓고 커서 텅 비어 고요하게 할 수 없으니, 피가 흘러 들판을 더럽히게 되어 화합을 해치고 재앙이 나타나게 된다.'[65]고 말하고 있습니다.

　신이 엎드려 생각하건대, 주(周)나라와 진(秦)나라시기에는 융적(戎狄)이 해로움이 되었는데, 중흥한 이후[66]부터 강족의 침략이 가장 왕성하여 이들을 죽였지만 모두 처리하지 못하였으며, 비록 항복은 하였어도 다시 반란을 일으켰습니다.

　지금 선령 지역의 여러 종족이 누차 반복하여 현과 읍을 공격하여 함몰시키고 사람과 재물을 약탈하고, 무덤을 파헤쳐 시신이 드러나게 하니, 그 화가 산 사람과 죽은 사람에게까지 미치게 되자 하늘이 진노하여, 저희들의 손을 빌어 주살을 시행한 것입니다.

63　당대 조정의 존칭으로, 여기서는 황제를 말한다.

64　강족도 역시 하늘의 기운을 받아서 탄생한 종족이므로 이들을 죽인다 하여도 다 없앨 수는 없다는 뜻이다.

65　씨를 말릴 정도로 강족을 다 죽일 수 없으며, 죽인다 하여도 광활한 토지에 사람이 한 명도 안 살게 하는 것이 불가능하다는 의미로 강족을 공격하는 것의 불가함을 설명하였다는 말이다.

66　후한의 건국을 말한다.

옛날 형(邢)나라가 무도하게 되자 위(衛)나라가 그것을 토벌하기 위해 군사를 일으키니 비가 내렸습니다.[67] 신이 군사를 움직여 여름을 지냈는데도 계속하여 단비를 얻어 해마다 때마다 풍년이 들었고, 사람들에게는 질병이나 돌림병이 없었습니다.

위로는 하늘의 마음을 점쳐보니 재난을 만들지 아니하였으며, 아래로는 인사를 잘 살피니 무리들은 화목하고 군사들은 이겼습니다. 교문의 서쪽에서부터 낙천(落川, 섬서성 북부 및 감숙성 동부)의 동쪽까지는 옛 궁궐과 현읍이 서로 연결되어서 깊고 험악하거나 단절된 지역이 아니며, 수레와 기마(騎馬)가 안전하게 다녔기 때문에 꺾여 패배를 당한 적이 없었습니다.

생각해 보면, 장환은 한나라 관리이고 자신이 무직(武職)을 맡고서 2년 동안 군사를 주둔[68]시켰으나 야만인을 평정할 수 없었고 헛되이 글월을 써서 창을 거두어들이고,[69] 음흉한 적을 초무하여 항복 받으려고 하니 허망한 말씨와 빈 말로 어긋나고 증거도 없습니다.

어찌하여 이런 말을 하겠습니까? 옛날 선령 부락이 침략하자 조충국(趙充國)이 요새 안으로 옮겨 살게 하였으며,[70] 전당(煎當) 부락이 변

---

67 하늘에서 찬성하였다는 뜻이다. 《좌전》을 보면, "위(衛)나라에 큰 가뭄이 들자 점을 쳐서 산천(山川)에서 섬겼는데, 불길하다고 하였다. 녕장자(甯莊子)가 말하였다. '옛날에 주(周)나라에 기근이 들자 은(殷)나라를 이기고 나서 해마다 풍년이 들었습니다. 지금 형(邢)나라는 바야흐로 무도(無道)하니 하늘은 위나라가 형나라를 토벌하게 하고자 한 것입니다.' 이를 좇아서 군사를 일으켰더니 비가 왔다."는 내용이다.

68 환제 연희 9년에 장환은 3개의 주와 2개의 영(營)을 감독하였다.

69 전쟁을 그만둔다는 의미이다.

방을 어지럽히자 마원(馬援)이 이들을 삼보로 옮겼는데, 처음에는 복종하다가 끝내 반란을 일으켜서 지금에 이르러서도 병이 되었으니, 그러므로 멀리 내다보는 선비들이 깊이 우려하고 있습니다.

지금 변방에 있는 군의 호구는 점점 적어져 자주 강족에게서 상처와 해독을 입었는데, 항복한 무리에게 그들과 함께 섞여 살라고 한다면 이는 마치 양전(良田)에다 탱자나무와 가시나무를 심고 방안에다 뱀과 살모사를 기르는 것과 같습니다.

그러므로 신은 위대한 한나라의 위엄을 받들어 장기적인 대책을 수립하여 그 근본적으로 잘못된 뿌리를 잘라내어 자라나지 못하게 하려고 합니다. 본래 3년간의 군비 규모를 헤아려보니 54억 전을 사용할 것이었습니다. 지금 마침 만 1년이 되었는데 소모된 비용은 아직 반도 채 되지 아니하고, 남아있는 야만인은 다 타버린 재와 같아서 곧 진멸될 것입니다.

신은 매번 조서를 받들 때마다 군사업무는 중앙에서 제어하지 아니한다고 한 말을 상기하면서,[71] 바라건대 이 말을 끝내고자 하니, 일체 신에게 맡겨 시기에 따라 임명함이 마땅함을 헤아리고 임시로 편리한 조치를 취하는 것을 잃지 않게 하십시오.″

13 8월 사공 왕창(王暢)이 면직되고, 종정(宗正) 유총(劉寵)을 사공으로 삼았다.

---

70 선제(宣帝) 때 조충국이 서부 강족을 공격하여 항복한 병사 3만여 명을 금성(金城)으로 옮겨 금성속국(金城屬國)을 설치하고, 그곳에서 살도록 하였다.

71 《회남자》에 나오는 말이다. '나라의 정치는 밖에서 다스릴 수 없고, 군사는 중앙에서 통어할 수 없는 것이다.'라는 내용에서 나온 말이다.

환관의 반란으로 죽은 두무와 진번

14 　애초 두태후가 책립되는 데는 진번(陳蕃)이 힘을 썼었다.[72] 조회에 임석하기에 이르자 정사는 대소에 관계없이 모두 진번에게 위임되었다. 진번은 두무와 더불어 한 마음으로 죽을힘을 다하여 왕실을 도왔는데, 천하의 명현인 이응(李膺)·두밀(杜密)·윤훈(尹勳)·유유(劉瑜) 등을 징소하여 모두 조정에 배열하고 함께 정사에 참여시켰다. 이에 천하의 선비들은 목을 길게 빼고 태평시대를 바라보게 되었다고 생각하지 않는 자가 없었다.

　그러나 황제의 유모인 조요(趙嬈)와 모든 여상서(女尙書)[73]들이 아침저녁으로 태후 곁에 있었고, 중상시 조절(曹節)과 왕보(王甫) 등이 함께 서로 당우(黨友)를 결성하여 아첨하며 태후를 섬기니, 태후는 그들을 믿고 자주 조명을 내어 작위와 관직을 준 바가 있었다.

　진번과 두무는 그들을 미워하였는데, 일찍이 조당(朝堂)에서 함께

---

72 두태후는 환제 연희 8년(165년)에 책립되었는데,《자치통감》권55에 실려 있다.

73 내관을 말한다.

만나자 진번이 사사롭게 두무에게 말하였다.

"조절과 왕보 등이 먼저 돌아가신 황제 때부터 나라의 권력을 잡고 농단하여 온 나라를 혼탁하게 하고 어지럽히었으니, 지금 그를 죽이지 않는다면 이후에는 반드시 그들을 도모하기가 어려울 것입니다."

두무가 심각하게 그럴 것이라고 여겼다. 진번은 크게 기뻐하며 손으로 자리를 밀치고 일어났다. 두무는 이에 동지인 상서령 윤훈(尹勳) 등을 끌어들여 함께 계책을 확정하였다.

때마침 일식의 변고가 있자, 진번이 두무에게 말하였다.

"옛날 소망지(蕭望之)는 석현(石顯) 한 사람 때문에 곤란을 느꼈는데,[74] 하물며 지금 석현 같은 무리가 수십 명임에서야 어떠하겠습니까? 저 진번은 팔십의 나이로 장군을 위하여 해로운 자를 제거하고자 하오니, 지금 일식이 일어난 것을 이유로 환관들을 물리쳐 파직시킴으로써 하늘이 내리는 변고를 막읍시다."

이에 두무가 태후에게 아뢰었다.

"예부터 내려오는 사례로 보면, 황문과 상시는 단지 성 안[75]의 드나드는 곳에서만 일을 하고, 근서(近署)[76]에 있는 재물만을 관장할 뿐입니다. 지금 마침내 정사에 간여하니 무거운 권한을 맡아서 자제들을 포진시켜 놓고, 오로지 탐욕스럽고 포악한 짓을 일삼고 있습니다. 천하가

---

74 효원 장제 초원 2년(기원전 47년)에 있었던 일로 《자치통감》 권28에 실려 있는데, 이전에 장군을 지냈던 소망지는 새로 등극한 황제를 도와 올바른 정사를 펼치고자 했지만 교활한 환관인 석현의 방해로 그 뜻을 이루지 못했으며, 죽음까지 당했다.

75 금중(禁中)이라고도 하며, 곧 궁중을 의미한다.

76 소부(少府) 소속의 장부(藏府), 상방(尙方), 내자(內者) 등을 말한다.

흉흉한 것은 바로 이러한 연고이니, 마땅히 모두 죽이거나 폐출시켜 조정을 깨끗하게 하셔야 합니다."

태후가 말하였다.

"한나라 초기 이래의 옛 이야기를 보더라도 대대로 환관이 있었는데, 단지 죄 있는 사람만 죽여야 하지 어찌 다 폐출할 수 있겠소?"

당시 중상시 관패(管覇)가 자못 재주와 지략이 있어서 궁성 안의 일을 자기 마음대로 처리하니, 두무가 우선 관패와 중상시 소강(蘇康) 등을 체포하겠다고 말하고 모두 연좌시켜 죽였다.

두무는 다시 자주 조절 등을 죽이라고 아뢰었으나 태후가 머뭇거리며 차마 결정을 하지 못하였으니, 그러므로 이 일은 오랫동안 실행하지 못하였다. 진번이 상소를 올렸다.

"지금 경사가 시끌벅적하고 도로도 떠들썩한데, 말하기는 후람(侯覽), 조절(曹節), 공승흔(公乘昕),[77] 왕보(王甫), 정삽(鄭颯) 등이 조부인(趙夫人)[78]과 여러 상서들과 함께 천하를 어지럽혀서 붙어 따르는 자는 승진되고 거슬리는 자는 중상(中傷)[79]을 받으니, 온 조정의 많은 신하들은 강하(江河)에 떠있는 나무와 같을 뿐이어서 동서로 둥둥 떠다니며 봉록을 탐닉하고 해 입는 것을 두려워한다고 합니다.

폐하께서 지금 급히 이 무리들을 죽이지 않는다면 반드시 변란이 일어나 사직을 기울여 위태롭게 될 것이니 그 화는 헤아리기 어려울 것입니다. 바라건대, 신의 장주문을 내어 주위에 널리 알리고, 아울러 천

---

77 공승은 진(秦)나라의 관작인데, 관작을 성씨로 한 것이다.

78 유모 조요(趙嬈)를 말한다.

79 사실무근의 말을 하여 남의 명예를 손상시키는 것을 말한다.

하의 여러 간사한 자들에게 신이 그들을 미워하고 있음을 알게 하소
서."

　태후는 받아들이지 아니하였다.

　이달에[80] 태백성(太白星)이 방수(房宿)의 상장성(上將星)을 침범하
고 태미성(太微星)으로 들어갔다.[81] 시중 유유(劉瑜)는 평소 천문에 능
통하였는데 이러한 일을 싫어하여 황태후에게 편지를 올려 말하였다.

　"《점서(占書)》를 살펴보면, 궁문이 마땅히 폐쇄되어야 하고 장상(將
相)은 이롭지 못하며 간인들이 주상의 곁에 있는 것이라 하였으니, 바
라건대 속히 이들을 막으십시오."

　또 두무와 진번에게 편지를 보내 성신(星辰)이 뒤섞여 형세가 불리
하므로 대신들은 의당 신속히 큰 계획에 대한 결단을 내리라고 하였다.

　이에 두무와 진번이 주우(朱寓)를 사예교위로 삼고, 유우(劉祐)를 하
남윤으로 삼으며, 우기(虞祁)를 낙양(雒陽) 현령으로 삼았다. 두무가
황문령 위표(魏彪)를 면직시키고, 친분이 있는 소황문 산빙(山冰)[82]이
그 직책을 대신하도록 주청하고, 산빙에게 주청하여 장락궁(長樂宮)의
상서 정삽(鄭颯)을 체포하여 북시옥(北寺獄)으로 압송하게 하였다.

　진번이 두무에게 말하였다.

80　8월이다.

81　태백성은 금성이다. 《진서(晉書)》 〈천문지〉에 의하면, 방수(房宿) 즉 방성(房
　　星)에는 4개의 별이 있는데, 이곳은 명당을 의미하며 천자가 정사를 돌보는
　　궁전이다. 4개의 별은 제1성이 상장(上將), 다음이 차장(次將), 그 다음이 차
　　상(次相), 그리고 상상(上相)이 있다. 태미성은 천자의 궁정을 말한다.

82　주(周)나라에는 '산사(山師)'라는 관직이 있었는데, 자손들이 성씨로 삼았다.
　　어떤 사람은 열산씨(烈山氏)의 후예라고도 한다.

"이 무리들은 의당 붙잡아 죽여야 하는데, 어찌 다시 고문만 하시오?"

두무는 따르지 아니하고, 산빙, 윤훈, 시어사 축진(祝瑨)에게 명령하여 정삽을 섞어서 고문하도록 하니, 거기서 나온 말이 조절과 왕보에게 연관되어 있었다. 윤훈과 산빙은 즉시 주문을 올려서 조절 등을 체포하겠다고 하고, 유유(劉瑜)에게 안에서 상주하도록 하였다.

9월 신해일(7일)에 두무가 머무른 곳[83]을 나와 대장군부로 돌아갔다. 중서(中書)를 맡은 자[84]가 먼저 장락궁에 있는 오관사(五官史)[85] 주우(朱瑀)에게 보고하였으며, 주우가 두무의 주문을 훔쳐서 열어 보고는 욕설을 퍼부었다.

"중관(中官)[86] 가운데 방종한 자들이야 스스로 죽일 수 있겠지만 우리들이야 무슨 죄가 있다고 모두 다 멸족까지 시키려고 한단 말인가!"

이 일로 인하여 크게 소리치며 말하였다.

"진번과 두무가 태후에게 아뢰어 황제를 폐위시키려고 하였으니, 대역죄가 된다!"

이에 밤중에 평소 친하게 지내던 건장한 자들인 장락궁의 종관사(從官史)[87] 공보(共普)와 장량(張亮) 등 17명을 불러 피를 마시며 함께 맹

---

83 두무는 그동안 대궐에서 주숙(住宿)하고 있었다.

84 주장(奏章) 업무를 관장하는 환관을 말한다.

85 장락궁, 즉 태후궁에는 여상서(女尙書)가 5명이 있는데, 오관사가 이들을 맡고 있다.

86 환관을 말한다.

87 장락궁 종관사는 태후궁에 있는 종관(從官)을 관장하는 직책이다.

약하고 두무 등을 죽일 것을 모의하였다. 조절이 황제에게 아뢰었다.

"밖의 정황이 긴박하니, 청컨대 덕양전전(德陽前殿)으로 납시소서."

황제에게 칼을 뽑아들고 뛰어가게 하고 유모 조요(趙嬈) 등에게 좌우를 호위하게 하였으며, 계신(棨信)[88]을 가져다가 여러 금문(禁門)[89]을 폐쇄하고 상서에 속한 관속들을 불러 번득이는 칼로 위협하여 조판(詔板)[90]을 만들게 하여 왕보에게 벼슬을 주어 황문령(黃門令)으로 삼고, 부절을 소지하고 북시옥으로 가서 윤훈과 산빙을 체포하게 하였다.

산빙이 의심하여 조서를 받지 아니하자 왕보가 그를 때려죽이고 아울러 윤훈도 살해하였다. 정삽을 빼내어 병사들을 이끌고 돌아와 태후를 위협하여 인새와 인수를 탈취하였다. 중알자(中謁者)[91]에게 남궁을 지키도록 하고 성문을 닫고 복도(複道)[92]를 단절시켰다.

정삽 등에게 부절을 소지하고, 시어사와 알자에게 가서 두무 등을 체포하도록 하였다. 두무는 조칙을 받지 아니하고 말을 달려 보병군영으로 들어가 그의 조카인 보병교위 두소(竇紹)와 함께 사자를 사살하였다.

---

88 궁중을 출입할 때 신표(信標)로 들고 다니는 계극(棨戟)안데, 적흑색(赤黑色)의 비단으로 싼 나무부절(符節)이며, 군주 앞에서 달리는 사람이 소지한다.

89 대궐의 문을 말한다.

90 조서를 쓰는 나무판이다.

91 알자(謁者)는 원래 대장추의 속관인데 궁중에 알자 두 명을 두어 장주문을 관장하게 하였다. 그러나 문제 때 대저(代邸)에서부터 들어와서 시립하는 알자가 10명 있었는데, 창을 들고 단문을 지켰다. 여기서부터 알자는 문호(門戶)를 지키는 관직이 되었다.

92 낙양의 남궁과 북궁은 복도(複道)로 서로 통하고 있었는데, 복도의 윗길은 천자가 다니는 길이고, 아랫길은 백성이 다니는 길이다.

북군오교(北軍五校)의 군사 수천 명을 불러 모아 도정(都亭)에 주둔시키고 군사들에게 명령을 내렸다.

"황문과 상시가 반란을 일으켰는데, 힘을 다하는 자는 열후로 책봉하고 상도 후하게 내릴 것이다."

진번이 어려운 사정을 듣고 관속과 문생 80여 명을 거느리고 함께 칼을 빼들고 승명문(承明門)으로 돌진하여 들어가 상서문(尙書門)에 이르러서 팔을 걷어 올리고 소리쳤다.

"대장군이 충심으로 나라를 호위하는데 황문이 반역하였으니, 어찌 두씨에게 대역무도하다[93]고 말하는가?"

그때 왕보가 나오다가 진번과 서로 만나 때마침 그 이야기를 듣고, 진번을 꾸짖어 말하였다.

"먼저 돌아가신 황제[94]께서 최근에 천하를 버리셔서 산릉(山陵)도 아직 완성되지 않았는데, 두무가 무슨 공적이 있다고 형제와 부자를 아울러 세 명이 열후[95]로 책봉되었다는 말이오? 또한 음악을 연주하게 하고 술자리를 마련하면서, 대부분 액정(掖庭)의 궁인을 데려다 썼고, 열흘 사이에 거만(巨萬)의 재산을 모았는데, 대신이 이와 같으니 이것도 도리라고 할 수 있단 말이오?

공은 재상이 되자 구차하게 아부하는 사람들을 가려서 당우를 결성하였으니, 다시금 어찌 도적들을 잡을 수 있겠소?"

---

93 앞서 주우가 진번과 두무가 황제를 폐위시키려고 하는 대역죄인이라고 욕설을 퍼부은 데 대한 대답이다.

94 환제(桓帝) 유지(劉志)를 말한다.

95 두무의 아들 두기(竇機)를 위양후(渭陽侯)로, 형의 아들 두소(竇紹)를 호후(鄠侯)로, 두소의 동생 두정(竇靖)을 서향후(西鄕侯)로 봉하였다.

칼을 찬 무사에게 진번을 체포하도록 하자 진번이 칼을 빼들고 왕보를 꾸짖으니, 말과 얼굴빛이 더욱 사나워졌다.

결국 진번을 잡아서 북시옥에 송치하였다. 황문종관(黃門從官)의 하인이 진번을 발로 차고 밟으면서 말하였다.

"죽을 늙은 요괴야! 다시 우리들이 인원과 수효를 줄이거나 우리들의 늠가(稟假)[96]를 탈취하겠는가?"

바로 그날로 그를 살해하였다.

그때 호흉노중랑장 장환(張奐)을 징소하여 경사로 돌아오게 하였는데, 조절 등은 장환이 새로 와서 본래 계획한 바를 알지 못하였기에 제(制)를 고쳐서 소부(少府) 주정(周靖)을 행거기장군(行車騎將軍)[97]으로 삼고, 부절을 추가하여 장환과 함께 5영의 군사들을 거느리고 두무를 토벌하도록 하였다.

밤이 다 가자 왕보가 호분무사와 우림군 등을 합하여 1천여 명을 거느리고 나가서 주작액문(朱雀掖門)[98]에 주둔하고 장환 등과 합세하였는데, 이 일을 마치니 모든 군사들이 대궐 아래에서 두무와 대치하였다.

왕보의 병력이 점점 강하고 왕성해지니, 그 군사들에게 두무의 군사들을 향해 크게 소리 지르도록 하였다.

"두무가 반란을 일으켰다. 너희는 모두 금병(禁兵)이니 마땅히 궁성(宮省)[99]을 숙위해야 하는데 무슨 까닭으로 반란자들을 따르는가? 먼

---

96 관청으로부터 녹미(祿米)를 대여하는 일이다.

97 행직. 즉 임시직이므로 거기장군대리에 해당하는 직책이다.

98 북궁의 남쪽에 있는 액문을 주작문이라고 한다.

99 궁중(宮中)을 말한다.

저 항복하는 자에게는 상이 있으리라!"

영부(營府)[100]의 병사들은 평소 중관(中官)[101]을 두려워하여 굴복하였으므로 이에 두무의 군사들이 조금씩 왕보에게 귀부하기 시작하여 이른 아침부터 식사할 시간까지 병사들이 항복하여 대부분이 없어졌다.

두무와 두소가 도망가자 모든 군사들이 그들을 추격하여 포위하였으며, 모두 자살하자 두무의 목을 베어 낙양에 있는 도정(都亭)에 효수하였고, 종친과 빈객, 인척들을 체포하여 다 죽이는데, 아울러 시종 유유(劉瑜)와 둔기교위 풍술(馮述)에 이르기까지 모든 그의 친족들을 죽였다. 환관들은 또 호분중랑장(虎賁中郞將)인 하간(河間, 하북성 헌현) 사람 유숙(劉淑)과 옛 상서인 회계(會稽, 절강성 소흥시) 사람 위랑(魏朗)을 참소하여 두무 등과 내통하여 도모했다고 말하자 모두 자살하였다.

황태후를 남궁으로 옮겼으며, 두무의 가속들을 일남(日南, 베트남 광치현)으로 귀양 보냈다. 공경 이하부터 일찍이 진번과 두무에게 천거받은 사람들과 문생, 옛 관리들은 모두 면직되고 금고에 처했다. 의랑인 발해(渤海, 하북성 남피현) 사람 파숙(巴肅)[102]은 처음에 두무 등과 함께 모의하였지만 조절 등이 알지 못하여 다만 금고에 처해졌고, 뒤에 마침내 알게 되어 그를 체포하였다.

파숙이 스스로 수레를 타고 현부(縣府)에 가니, 현령이 파숙을 보자

---

100 영부는 오영교위부(五營校尉府)를 말한다.

101 환관을 말한다.

102 '파'는 파나라의 후예이며, 후한 때도 양주(揚州) 자사 파지(巴祗)라는 자가 있었다.

현아(縣衙)에 들어가 인수를 풀어놓고[103] 함께 떠나고자 하였다. 파숙
이 말하였다.

"다른 사람의 신하된 자는 모의한 것이 있어도 감히 숨기지 못하고,
죄가 있으면 형벌을 벗어나지 못하는 것이오. 이미 그 도모한 사실을
숨기지 못하게 되었는데, 또한 감히 그 형벌을 벗어날 수 있겠습니까?"

마침내 죽임을 당했다.

조절은 장락궁의 위위로 승진되고, 육양후(育陽侯)로 책봉되었다.
왕보는 중상시로 승진되고, 황문령의 관직은 전과 같게 하였다. 주우,
공보, 장량 등 6명은 모두 열후로 삼았으며, 11명은 관내후로 삼았다.
이에 많은 무리의 소인배들은 뜻을 이루었고 사대부들은 의기를 상실
하였다.

진번의 친구인 진류(陳留, 하남성 진유현) 사람 주진(朱震)[104]이 진번
의 시신을 거두어 장사지내고, 그의 아들 진일(陳逸)을 숨겨주었는데,
일이 발각되자 감옥에 갇혔으며, 집안사람들에게도 모두 수갑과 착고
를 채웠다. 주진이 고문을 받으면서도 죽기를 맹세하며 말하지 아니하
여 진일은 이 일로 말미암아 죽음을 면하게 되었다.

두무의 대장군부 연리[105]였던 계양(桂陽) 사람 호등(胡騰)이 두무의
시신을 거두어 빈소도 마련하고 염습하여 상례를 행하니 이 일에 연루
되어 금고에 처해졌다. 두무의 손자 두보(竇輔)는 나이가 두 살이었는

---

103 사직을 말한다.

104 주진은 당시 지현(銍縣) 현장이었는데, 진번이 죽임을 당하기 전에 관직을 버
리고 경사에 왔다.

105 두무가 대장군이었으므로 대장군부에 속한 연리는 그의 관속이었다. 대장
군부에는 영사와 어속 31인이 있었다.

데, 호등이 거짓으로 자기 아들이라 하고 영사(令史)인 남양(南陽, 하남성 남양시) 사람 장창(張敞)과 함께 영릉(零陵, 호남성 영릉현)의 경계 지역에다 그들을 함께 숨겼기 때문에 역시 죽음을 면하게 되었다.

장환이 대사농으로 승진되고, 공적으로 인하여 열후에 책봉되었다. 장환은 조절 등에게 이용당한 것을 깊이 아파하면서 굳게 사양하며 받지 아니하였다.

15 사도 호광(胡廣)을 태부로 삼고, 상서의 일을 관장하도록 하고,
106 사공 유총(劉寵)을 사도로 삼고, 대홍려 허허(許栩)를 사공으로 삼았다.

16 겨울, 10월 그믐 갑진일에 일식이 있었다.

17 11월, 태위 유구(劉矩)가 면직되고, 태복인 패국(沛國, 안휘성 회계 동쪽) 사람 문인습(聞人襲)을 태위로 삼았다.

18 12월, 선비족과 예맥(濊貊)족이 유주(幽州, 하북성 북부)와 병주(幷州, 산서성) 두 주를 노략질했다.

19 이 해에 소륵(疏勒, 신강자치구 소륵현)왕의 계부(季父) 화득(和得)이 그 왕을 살해하고 자립(自立)하였다.

---

106 관직명은 녹상서사(錄尙書事)이다.

20   오환족(烏桓族)의 대인(大人)인 상곡(上谷) 사람 난루(難樓)가 무리 9천여 락(落)을 데리고 있었으며, 요서(遼西, 요녕성 금주시 서북쪽) 사람 구력거(九力居)는 무리 5천여 락을 데리고 있었는데, 스스로 왕이 되었다. 요동(遼東, 요녕성 요양시) 사람 소복연(蘇僕延)이 무리 천여 락을 데리고 있었는데 스스로 초왕(峭王)이라 칭하였다. 우북평(右北平, 하북성 풍윤현) 사람 오연(烏延)은 8백여 락을 데리고 있었는데, 스스로 한로왕(汗魯王)이라 칭하였다.

효령제 건녕 2년(己酉, 169년)

1   봄, 정월 정축일[107]에 천하를 사면하였다.

2   황제가 동귀인(董貴人)을 하간(河間, 하북성 헌현)에서 맞이하여[108] 3월 을사일(3일)에 효인황후(孝仁皇后)로 높이고 영락궁(永樂宮)[109]에 살도록 하였다. 그의 오빠 동총(董寵)을 집금오로 삼고, 조카 동중(董重)을 오관중랑장으로 삼았다.

---

107 정월 1일이 갑오일이므로 정월에는 정축일이 없다. 책부원귀(冊府元龜) 권 82에 보면 이 사건이 있은 날은 정미(丁未)라고 하였는데, 그렇다면 정월 4일 이다.

108 현 황제 유홍은 하간효왕의 증손자로 하간의 해독정후였는데, 환제의 뒤를 이어 12세 때인 환제 영강 원년(167년)에 황제에 올랐고, 이때에 이르러 자기 생모를 높인 것이다.

109 황태후궁을 말한다.

봉사를 올린 자를 때려죽인 측근들

3   여름, 4월 임진일(21일)에 푸른 뱀이 황제의 자리 위에 나타났다. 계사일(22일)에 큰 바람이 불고 하늘에서 우박이 쏟아지고 벼락이 쳐서 큰 나무 100여 그루가 뽑혔다. 공경 이하에게 조서를 내려서 각기 봉사(封事)[110]를 올리도록 했다.

대사농 장환이 상소를 올렸다.

"옛날에 주공(周公)을 장사지내면서 예의에 맞지 않게 하자 하늘이 마침내 위엄을 발동하였습니다.[111] 지금의 두무와 진번은 충성스럽고 곧았으나 아직 확실한 용서를 받지 못하였는데, 요사스런 재앙이 온 것은 모두 이 때문이니, 마땅히 급히 수습하여 장사지내고 추방당한 그 가속들을 돌아오게 하며, 따르다가 금고에 처해진 자들을 모두 사면하

---

110 남에게 누설되지 않도록 밀봉하여 천자가 직접 보도록 한 서장(書狀)을 말한다.

111 《상서대전》에 의하면, 주공이 죽자 성왕이 성주(成周, 낙양)에다 장사지내려고 하였다. 이때, 하늘에서 번개가 치고 바람이 불어 벼가 모두 쓰러지고 큰 나무들이 뽑혀서 백성들이 크게 두려워하였다. 성왕은 주공을 필(畢, 섬서성 함양현 서북쪽)에다 장사지냈는데, 숙부의 예로 장사지냈다.

십시오.

또 황태후가 비록 남궁에 거주하고 있으나 은혜와 예우를 받지 못하여도 조신(朝臣)들이 감히 말도 못하니 원근에 있는 사람들이 실망하고 있습니다. 마땅히 대의를 생각하시고 그를 돌아보며 다시 보답하소서."

황상이 장환의 말을 깊이 칭찬하며 이 문제를 여러 상시에게 물으니, 주위 사람들이 모두 그것을 싫어하자 황제가 스스로 좇을 수 없었다.

장환이 또 상서 유맹(劉猛) 등과 더불어 공동으로 왕창(王暢)과 이응(李膺)을 천거하여 삼공의 선발에 참여하도록 하였는데, 조절 등이 그들의 말을 미워하자 마침내 조서를 내려 이들을 크게 책망하였다. 장환 등 모두가 스스로 정위에게 가서 수감되어 며칠을 지내다가 마침내 출감하였으며, 아울러 3개월 봉록을 안 받는 것으로 속죄를 받았다.

낭중인 동군(東郡, 하남성 복양현) 사람 사필(謝弼)이 봉사를 올렸다.

"신이 듣기를 '오직 살모사, 오직 뱀이여. 여자의 조짐이로다.'[112]하였으니, 엎드려 생각하건대 황태후께서 궁중에서 정책(定策)[113]을 하면서 성스럽고 밝은 분[114]을 뽑아 세웠는데,《서경》에 이르기를, '부자와 형제가 지은 죄는 서로 미치지 못한다.'[115]고 하였으니, 두씨가 죽음을 당한 허물이 어찌 태후에게 의당 미쳐야 하겠습니까?

---

112 《시경》〈소아(小雅)·사간(斯干)〉편에 뱀이 딸을 낳을 징조라고 노래하고 있다.

113 황제를 영립할 계획을 결정하는 일이다.

114 현재의 황제를 말한다.

115 《서경》에는 이 말이 없다. 다만 《좌전》에서 서신(胥臣)이 말하기를, "강고에 이르기를 '아비가 자애롭지 못하면 자식이 공경하지 아니하고 형이 우애롭지 못하면 동생은 공순하지 아니하니, 서로 미치지 못한 것이다.'고 하였다."라고 하므로 여기서《서경(書經)》은《좌전》의 잘못이다.

텅 빈 궁에다가 유폐시켜 떨어뜨려놓으니, 근심하는 것이 하늘의 마음을 감동시켜서 만약 안개와 이슬 같은 질병이라도 생기게 된다면 폐하께서는 무슨 면목으로 천하 사람들을 보겠습니까?[116]

효화(孝和)황제께서 두씨의 은혜를 끊지 않은 것[117]은 앞 세대에서 아름다운 이야기로 여기고 있습니다.《예기》에 '다른 사람의 후사가 된 자는 그의 아들이다.'고 하였고, 지금 환제(桓帝)를 아버지라고 하니[118] 어찌 태후를 어머니라고 아니할 수 있겠습니까? 바라건대 폐하께서는 유우(有虞)[119]의 효도로 나아가서 교화하였던 것과 〈개풍편(凱風篇)〉에서 어머니를 위로하는 생각[120]을 우러러 사모하십시오.

신이 또 듣건대, '나라를 세우고 가계를 계승하는 데는 소인을 쓰지 마라.'[121]고 하였으니, 지금 공신이 오랫동안 외지에 있어도 작위와 봉록을 받지 못하였는데, 아모(阿母)[122]가 사사로이 총애를 받아 마침내 커다란 봉작을 누리게 되었으니, 큰 바람이 불고 우박이 쏟아지는 것은 역시 이러한 일로 말미암은 것입니다.

---

116 두태후가 죽는 경우를 말한다.

117 두태후를 말하며, 화제 영원 9년(97년)의 일로《자치통감》권48에 실려 있다.

118 지금 황제인 영제는 환제를 이어서 황제가 되었으므로 화제가 아버지가 된다.

119 순(舜)임금을 말한다.

120《시경》〈패풍(邶風)·개풍〉에 '아들이 일곱이나 있어도 어머님을 위로할 이 없구나.'라고 하였다.

121《주역》〈사괘(師卦)〉의 상육호(上六爻)를 설명한 효사를 보면, 소인을 쓰지 말라고 한 것은 반드시 나라를 어지럽히기 때문이라고 하였다. 상육이란 사괘를 이루는 여섯 효 가운데 맨 위에 있는 음효를 말한다.

122 황제의 유모 조요(趙嬈)를 말한다.

또한 옛 태부 진번은 몸을 부지런히 하여 왕실을 도왔으나 많은 사악한 무리들의 모함을 만나서 하루아침에 죽임을 당하였으니, 그것이 잔혹하고 함부로 행한 일이어서 천하 사람들을 놀라게 하였으며, 그의 문생과 옛 그의 부하였던 관리들도 모두 유배되거나 금고를 당하게 되었습니다. 진번 자신은 이미 가버렸지만 100명이나 되는 사람의 생명은 어떻게 속죄합니까? 마땅히 그의 가속들을 돌려보내고 금지하는 법망을 해제하십시오.

무릇 태재(台宰)[123]는 중요한 자리여서 국가의 운명과 연관되어 있으며, 지금의 사공(四公)[124] 중에서 오직 사공 유총만이 변함없이 선을 지켰으며, 나머지는 모두 헛되이 봉록만 축내고 도적을 끌어들이는 사람입니다. 반드시 솥발을 부러뜨려 솥 안의 음식을 엎질러지게 하는[125] 흉칙한 일이 있게 될 것이니, 천재지이를 이유로 아울러 파직하여 내쫓고 옛 사공 왕창과 장락궁의 소부 이응을 징소하여 나란히 정사에 참여하도록 하여야 재앙이 거의 소멸될 것이며 국운도 오직 영원할 것입니다."

주위 사람들이 그의 말을 싫어하여 내쳐서 광릉(廣陵, 강소성 양주시) 부승(府丞)[126]으로 삼으니, 관직을 버리고 집으로 돌아갔다. 조절의 조

---

123 재상을 말한다.

124 태위 문인습(聞人襲), 사공 허허(許栩), 사도 유총(劉寵), 황제의 사부 호광(胡廣)을 말한다.

125 솥은 음식을 끓이는 그릇이고, 이 솥에는 솥을 지지하는 세 개 또는 네 개의 발이 있는데, 이를 정(鼎)이라 하며, 이는 왕조를 상징한다. 여기서는 소인(小人)을 대신(大臣)으로 임명하면 그 중임(重任)을 다하지 못하고 나라를 뒤엎다는 말이다.

카 조소(曹紹)가 동군(東郡, 하남성 복양현) 태수가 되었는데, 다른 죄목
으로 사필을 붙잡아 옥중에서 매질하여 죽였다.

황제가 뱀의 요사스러움에 대하여 광록훈 양사(楊賜)에게 물으니,
양사가 봉사를 올렸다.

"무릇 좋은 일이란 망령스럽게 오는 것이 아니며 재난은 헛되이 발
생하는 것도 아닙니다. 제왕이 된 자의 마음에 생각한 바가 있게 되면
비록 얼굴이나 모습에서 나타나 있지 않아도 5개의 별[127]이 그것 때문
에 움직이고 음과 양도 그것 때문에 변합니다.

무릇 황극(皇極)[128]이 세워지지 아니하면 용과 뱀의 재앙이 있게 되
니 《시경》에서 말한 '오직 살모사여, 오직 뱀이여, 여자의 징조로다.'와
같이 됩니다. 오직 폐하께서는 강건한 도리를 생각하시어 내외의 마땅
함을 분별하시고 황보(皇甫)씨[129]의 권한을 억제하고 염처(豔妻)[130]
의 사랑을 끊으면 뱀으로 인한 변고는 사라지고 상서로운 징조가 나타
나 따를 것입니다."

양사는 양병(楊秉)의 아들이다.

4 5월에 태위 문인습(聞人襲)과 사공 허후(許栩)가 면직되었다. 6월

---

126 군승(郡丞)을 말한다.

127 금목수화토(金木水火土)를 말한다.

128 제왕이 국가를 다스리는 대중지정(大中至正)의 도(道)를 말한다.

129 황후의 당(黨)으로서, 황후의 총애를 이용하여 관료가 된 사람들을 말한다.

130 아름다운 아내라는 말로, 여기에서는 주(周)나라 유왕(幽王)의 왕후였던 포
    사(褒姒)를 가리킨다.

에 사도 유총(劉寵)을 태위로 삼았으며, 태상인 여남(汝南, 하남성 여남현) 사람 허훈(許訓)을 사도로 삼고, 태복인 장사(長沙, 호남성 장사시) 사람 유효(劉囂)를 사공으로 삼았다. 유효는 평소 여러 상시에게 붙어 있었는데 그러므로 공보(公輔)[131]의 지위에까지 이른 것이다.

5   조서를 내려서 알자 풍선(馮禪)을 파견하여 한양(漢陽, 감숙성 감곡현)에 흩어져 있는 강족에게 유세하여 항복시키게 하였다. 단경이 봄 농사철이라 백성들이 들에 퍼져 있어서 강족이 비록 잠시 항복을 하였다 하더라도 현관(縣官)[132]에서 공급해 줄 것이 없었으므로 반드시 다시 도적이 될 것이므로 허점을 틈타 병사를 풀어서 그 기세로 반드시 진멸시키는 것만 못하게 여겼다.

단경은 이에 스스로 병영을 전진시켜 강족이 주둔하고 있는 범정산(凡亭山, 감숙성 고원현 동남쪽)에서 40~50리 떨어진 곳에 갔으며, 기사마(騎司馬) 전안(田晏)과 가(假)사마[133] 하육(夏育)을 파견하여 5천 명을 거느리고 먼저 진격하여 이들을 쳐서 깨뜨렸다.

강족의 무리들은 궤멸되어 동쪽으로 달아나 다시 사호곡(射虎谷, 감숙성 천수현 서쪽)에 모였고, 병사를 나누어 사호곡의 상하의 문을 지켰는데, 단경이 책략으로 이들을 단번에 궤멸시켜 다시는 흩어져 달아나지 못하도록 하였다.

가을, 7월에 단경이 1천 명을 서현(西縣, 사호곡 부근)에 파견하여 나

---

131 삼공과 재상을 말한다.

132 조정 또는 관청을 말한다.

133 기사마는 기병을 지휘하는 직책이고 가사마는 부(副)기사마를 말한다.

무를 엮어서 목책을 만들었는데, 너비가 20보(步), 길이가 40리로 그들을 막았다. 전안과 하유 등을 나누어 파견하여 7천 명을 거느리고 함매(銜枚)[134]하고 밤중에 서쪽 산으로 올라가서 병영을 짓고 해자를 팠는데, 야만인들이 있는 곳까지의 거리는 1리 정도이고, 또한 사마 장개(張愷) 등을 파견하여 3천 명을 거느리고 동쪽 산에 오르게 하니, 야만인이 마침내 그것을 알아챘다.

단경은 이어서 장개 등과 함께 동쪽과 서쪽 산을 끼고 병사를 풀어 분발하여 쳐서 그들을 깨뜨리고, 추격하여 사호곡의 상하의 문에 이르러 궁벽한 산과 깊은 골짜기에서 가는 곳마다 그들을 깨뜨리며, 그들의 수거(渠帥)[135] 이하 1만 9천 급의 목을 베었다.

풍선 등이 초무하여 항복한 4천 명을 안정(安定, 감숙성 진원현)과 한양(漢陽, 감숙성 감곡현), 농서(隴西, 감숙성 임조현) 세 군에 나누어 배치하였다. 이에 동부 지역의 강족이 모두 평정되었다.

단경은 무릇 180회의 전투를 하였고, 3만 8천여 급의 목을 베었으며, 여러 종류의 가축 42만 7천여 마리를 획득했는데, 소모된 비용은 44억이었고, 군사들 중에서 죽은 자는 4백여 명이었는데, 다시 신풍현후(新豊縣侯)로 책봉하고 채읍을 1만 호로 하였다.

❊ 신 사마광이 말씀드립니다.

---

134 옛날에 진군할 때 군졸이나 말이 소리를 내지 못하게 하기 위하여 입에다 나무를 물리던 일로, 매(枚)는 젓가락 같이 생긴 나무이며 입에 물리고 양쪽 끝에 끈을 달아 목뒤로 매게 되어 있다.

135 두목을 말한다.

"《서경》에서 이르기를 '천지는 만물의 부모이다. 오직 사람만이 만물의 영장이며, 진실로 총명한 사람은 원후(元后)[136] 노릇을 하고, 원후는 백성의 부모 노릇을 하게 된다.'[137]고 하였습니다. 무릇 만이(蠻夷)와 융적(戎狄)은 기질과 종족이 비록 다를지라도 그들이 이로운 데로 나아가고 해로운 것을 피하여 살기를 즐겨하고 죽기를 싫어하는 것은 역시 우리 사람들과 같을 뿐입니다.

이들을 통치하는데 그 도를 터득하면 좇아 따르고 복종하지만 그 도를 잃으면 떨어지고 배반하며 침범하고 소요를 일으키는데, 본래 이것은 당연합니다. 이리하여 선왕(先王)[138]의 정치는 이들이 반란을 일으키면 토벌하고, 복종하면 품어주면서 사방의 변방에 머무르게 하여 예의지국(禮儀之國)을 어지럽히지 못하도록 할 뿐입니다.

만약 이들 보기를 초목이나 금수같이 하여 선한 것과 악한 것을 분별하지 아니하고, 가고 오는 사람들을 변별하지 아니하며, 이들을 모두 잘라 죽여 버린다면 어찌 백성의 부모 노릇을 하는 마음이겠습니까? 또한 무릇 강족이 반란을 일으킨 까닭은 군과 현으로부터 침해를 당해도 하소연할 곳이 없기 때문입니다. 반란을 일으켰는데도 곧바로 죽이지 않았다는 것은 장수가 그 일에 적당한 사람이 아닌 까닭입니다.

---

136 으뜸가는 후(后)를 말한다. 후는 임금을 말하는 것이므로 으뜸가는 임금은 천자인 군주를 말한다.

137 《서경》〈주서(周書)·태서(泰誓)〉에 주나라 무왕(武王)이 맹진(孟津)에서 모인 자리에서 제후, 관리, 선비들에게 한 말이다.

138 먼저 있었던 왕이라는 뜻이지만 대체로 훌륭한 성왕(聖王)을 가리킨다.

진실로 훌륭한 장수가 말을 몰아서 이들을 요새 밖으로 나가도록 하고 훌륭한 관리를 선택하여 이들을 다스리게 한다면 강역(疆域)에 있는 신하입니다. 어찌 오로지 많은 사람들을 죽인 것을 가지고 통쾌해 할 수 있겠습니까?

무릇 이들을 통치하면서 그 도를 터득하지 못하면 비록 화하(華夏)의 백성들이라고 할지라도 역시 장차 벌떼처럼 일어나 적구(賊寇)가 될 것인데 또한 모두 다 죽일 수 있겠습니까? 그러므로 단기명(段紀明)[139]이 장수가 되어 비록 이겨서 공적을 세웠다고는 하나 군자는 찬성하지 아니합니다."

6   9월에 강하(江夏, 하북성 황강현) 지역의 만족이 반란을 일으키자, 주[140]와 군에서 이들을 토벌하고 평정하였다.

7   단양(丹楊, 안휘성 선성현) 지역의 산월(山越)[141]족이 태수 진인(陳夤)을 포위하자, 진인이 이들을 쳐서 깨뜨렸다.

---

139 단경의 자(字)이다. 이 글을 쓴 사마광은 송대 사람이므로 송의 2대 황제 태종의 이름인 조경(趙炅)의 휘(諱)를 피하기 위하여 자를 쓴 것이다. 단경(段潁)의 경자가 조경의 경자와 다르지만 발음이 같다.

140 강하는 군인데, 이 군(郡)은 형주(荊州)가 관장한다.

141 《자치통감》에 처음 등장하는데, '월(越)'은 넓은 의미로 남방을 의미한다. 대부분의 사람들이 깊은 산중에 거주하는 남방의 토착민들이어서, 부세도 내지 않고 부역에도 징발되지 않아서 독립왕국과 같은 존재였다. 조정에서는 이들을 '산월'이라 불렀으며, 3세기 삼국시대 때에는 오(吳)나라를 크게 위협할 정도로 성장했다.

환관에게 척결된 붕당

8   애초 이응 등이 비록 폐출되어 금고[142]되었을지라도 천하의 사대부들은 모두 그들의 법도를 높이 숭상하였으며, 조정을 더럽다고 하며 그처럼 되기를 바라는 자들은 오직 그들에게 미치지 못할까 염려하며, 더욱이 서로를 표방(標榜)[143]하면서 그들을 위하여 이름을 붙여서 불렀다.

두무와 진번, 유숙을 3군(君)이라고 했는데, 군이란 한 시대의 으뜸임을 말한다. 이응, 순익(荀翌), 두밀(杜密), 왕창(王暢), 유우(劉祐), 위랑(魏朗), 조전(趙典), 주우(朱寓)를 8준(八俊)이라 하였는데, 준이란 사람들 가운데 영걸(英傑)을 일컫는다.

곽태(郭泰), 범방(范滂), 윤훈(尹勳), 파숙(巴肅), 남양(南陽, 하남성 남양시) 사람 종자(宗慈), 진류(陳留, 하남성 진류현) 사람 하복(夏馥), 여남

---

142 일생 동안 벼슬을 하지 못하는 처분을 받은 것을 말한다. 이 사건은 환제 연희 9년(166년)의 일로, 《자치통감》 권55에 실려 있다.

143 서로 칭찬하며 드러내는 것과 비슷한 말이다. 표시(表示)를 하여 다른 사람에게 보이는 것이 표(標)이고, 글을 게재하여 다른 사람에게 보이는 것이 방(榜)이다.

(汝南, 하남성 여남현) 사람 채연(蔡衍), 태산(泰山, 산동성 태안현) 사람 양척(羊陟)을 8고(八顧)라 하는데, 고란 덕행으로써 다른 사람을 인도할 수 있는 사람을 말한다.

장검(張儉)과 적초(翟超), 잠질(岑晊), 원강(苑康), 산양(山陽, 산동성 금향현) 사람 유표(劉表), 여남 사람 진상(陳翔), 노국(魯國, 산동성 곡부현) 사람 공욱(孔昱), 산양 사람 단부(檀敷)를 8급(八及)이라 하는데, 급이란 사람을 지도하여 으뜸가는 사람을 좇아가게 하는 사람을 말한다.

도상(度尙), 동평(東平, 산동성 동평현) 사람 장막(張邈), 왕효(王孝), 동군(東郡, 하남성 복양현) 사람 유유(劉儒), 태산 사람 호모반(胡母班),[144] 진류 사람 진주(秦周), 노국 사람 번향(蕃嚮), 동래(東萊, 산동성 황현) 사람 왕장(王章)을 8주(八廚)라 하는데, 주란 재물로써 사람을 구제할 수 있는 것을 말한다.

진번과 두무가 권세를 잡자, 다시 이응 등을 천거하여 뽑았으나 진번과 두무가 죽고 나서는 이응 등이 다시 폐출되었다.

환관들은 이응 등을 시기하고 미워하여, 매번 조서를 내릴 때마다 번번이 당인이 금기해야 할 사항을 설명하였다. 후람(侯覽)의 장검(張儉)에 대한 원망이 더욱 심해졌는데,[145] 후람의 고향 사람 주병(朱並)이 평소 아첨을 잘하고 간사하였기에 장검에게서 버림을 받자 후람의 뜻을 이어받아 편지를 써서 장검과 함께 같은 고향 사람 24명이 별도로 서로 호를 쓰면서 함께 당(黨)을 지어 사직을 위해하려고 도모하는

---

144 호모는 성(姓)이고, 이름이 반이다.

145 장검이 후람의 집안의 무덤과 집을 파괴한 일이 있는데 이 일은 환제 연희 9년(166년)에 있었고, 내용은 《자치통감》 권55에 기록되어 있다.

데, 장검이 그들의 수괴라고 고발하였다. 주장(奏章)에서 이름을 깎아
내고[146] 장검 등을 체포하라고 조서를 내렸다.

겨울, 10월 대장추(大長秋) 조절이 이 일로 인하여 유사에게 넌지시
주문을 올리도록 하였다.

"여러 구당(鉤黨)[147]인 자들은 옛날 사공을 지낸 우방(虞放)과 이응,
두밀, 주우, 순익, 적초, 유유, 범방 등이니 청컨대 각 주와 군으로 내려
보내서 조사하여 처리하게 하십시오."

이때 황상의 나이가 14살이었는데, 조절 등에게 물었다.

"어찌하여 구당(鉤黨)이라고 하는 것이오?"

조절이 대답하였다.

"구당이라는 것은 바로 당인(黨人)입니다."

황상이 말하였다.

"당인들에게는 어찌하여 악하다는 말을 사용하여 그들을 죽이려고
하는 것이오?"

조절이 대답하였다.

"그들 모두는 서로 자기의 무리들을 천거하여 불궤(不軌)[148]한 짓을
하려고 합니다."

황상이 말하였다.

---

146 상주문에 쓰인 상주한 사람의 이름을 깎아내는 것이다. 이때 장주문(章奏
文)은 나무에 썼으며, 장주문에는 올린 사람의 이름이 쓰여 있지만 이를 공개
하지 않으려고 할 때에는 간장(刊章)이라 하여 그 이름을 깎아냈다.

147 구(鉤)란 갈고리인데, 끌어들인다는 뜻이므로 서로 끌어들여서 무리를 이루
었다는 뜻으로 당인(黨人)들을 부른 것이다.

148 궤도를 벗어난 행동을 말하는 것으로 보통 반역의 경우에 이 용어를 쓴다.

"불궤하여서 무엇을 하려고 하는 것이오?"

조절이 대답하였다.

"사직을 도모하고자 합니다."[149]

황상이 마침내 그 아뢰는 것이 옳다고 하였다.

어떤 사람이 이응에게 말하였다.

"도망갈 수 있습니다."

이응이 대답하였다.

"임금을 섬기면서는 어려운 일을 사양하지 않으며, 죄를 지으면 형벌을 피하지 않는 것[150]이 신하의 절개라오. 내 나이 벌써 예순이며, 죽고 사는 것은 하늘의 명에 달려있으니, 도망간들 장차 어디로 가겠소?"

마침내 조옥으로 가서, 고문당하다 죽었는데, 문생과 옛 부하인 관리들도 아울러 금고를 당했다.

시어사인 촉군(蜀郡, 사천성 성도시) 사람 경의(景毅)의 아들 경고(景顧)가 이응의 문도였는데, 그의 이름이 아직 보첩에 기록되지 아니하여 견책이 미치지 않았다. 경의가 개탄해하며 말하였다.

"본래 이응이 현명하다고 하여 자식을 보내어 그를 스승으로 삼게 하였는데, 어찌하여 명적(名籍)에서 누락되어 구차하게 편안히 살게 되었는가!"

마침내 스스로 표문을 올려 면직되어 고향으로 돌아갔다.

---

149 사직이란 토지와 곡식신이지만 토지와 곡식에 근거를 둔 왕조를 말하며, 도모한다는 말은 이를 빼앗는다는 뜻이다.

150 《좌전》에서 양설적(羊舌赤)의 말로 '임금을 섬김에 어려운 일을 피해서는 아니 되며, 죄가 있으면 형벌을 피해서는 아니 된다.(事君不辟難, 有罪不逃刑)'고 하였다.

여남(汝南, 하남성 여남현)의 독우(督郵)[151] 오도(吳導)가 범방을 체포하라는 조서를 받고 정강(征羌, 하남성 언성현)[152]에 도착해서는 조서를 품은 채 전사(傳舍)[153]의 문을 닫고 침상에 엎드려 눈물을 흘리니, 온 현에 사는 사람들은 해야 할 바를 알지 못하였다. 범방이 이 소식을 듣고 말하였다.

"반드시 나 때문일 것이다."

즉시 스스로 감옥으로 갔다.

현령 곽읍(郭揖)이 크게 놀라면서 나와 인수를 풀어놓고는 끌어당기며 같이 함께 도망가자고 말하였다.

"천하는 큰데 그대는 어찌하여 이곳에 있습니까?"

범방이 말하였다.

"이 범방이 죽는다면 화가 끝날 일인데, 어찌 감히 그대에게까지 죄받는 누를 끼치겠으며 또한 노모를 떠돌게 할 수 있겠소?"

그의 어머니가 곧바로 그와 결별을 하니, 범방이 어머니에게 아뢰었다.

"중박(仲博)은 효성스러워서 공경을 잘하니 공양을 잘 할 것입니다. 저 범방은 용서군(龍舒君)을 좇아 황천으로 돌아가니 죽고 사는 것은 각기 그 적당한 곳을 갖습니다. 오직 대인께서 차마 할 수 없는 은혜를 잘라 내시게 되었으니 너무 슬퍼하지 마세요."

---

151 군의 감찰관에 해당하는 직책이다.

152 범방은 여남군 정강국의 사람이다. 광무제(光武帝) 유수(劉秀) 때 내흡(來歙)이 정강후로 책봉되면서 정강은 후국(侯國)이 되었다.

153 역사(驛舍)를 말한다.

중박은 범방의 동생이다.

용서군은 범방의 부친으로 용서후(龍舒侯)의 재상이었던 범현(范顯)이다. 어머니가 말하였다.

"너는 지금 이응과 두밀과 이름을 나란히 하였는데,[154] 죽는다 한들 무슨 한이 있겠느냐? 이미 아름다운 이름을 얻었는데, 다시 장수하기를 구한다 하여 두 가지 다 겸할 수 있겠느냐?"

범방이 꿇어앉아 가르침을 받고서는 두 번 절하고 하직인사를 하였다.

아들을 돌아보면서 말하였다.

"내가 네게 악을 행하게 하려 해도 악을 행하지 못할 것이며, 네게 선을 행하도록 하였으니 내가 악을 행하지 못하는 것이다."

길을 가던 사람들이 그 말을 듣고 눈물을 흘리지 않는 사람이 없었다.

무릇 당인으로 죽은 사람이 100여 명이고, 그 처자들은 모두 변방에 귀양 보내졌으며, 천하의 호걸들과 유학자들 가운데 옳은 일을 행하는 자가 있으면 환관들이 모두 '당인'이라 지적하였는데, 원망하거나 틈이 벌어진 자가 있으면, 이를 이용하여 서로 모함하고 해를 끼쳐서 작은 분노라도 있으면 마구잡이로 붕당 속으로 몰아넣었다.

주와 군에서는 황제의 뜻을 받들었는데 일찍이 교분이 없었어도 역시 화와 독을 만나서 죽고 유배가고 폐출 당하고, 금고를 당한 사람이 또한 600~700명이었다.

곽태가 당인들이 죽었다는 소식을 듣고서 사사로이 그들을 위하여

---

154 두밀은 얼마 전에 병으로 죽었는데, 범방의 어머니는 이 사실을 모르고 있었던 것으로 보인다.

통곡하며 말하였다.

"《시경》에 이르기를 '사람들이 없어졌다고 말하는 것은 바로 나라가 병들고 시들었다는 것이다.'[155]고 하였는데 한나라 왕실은 멸망하지만, 다만 '까마귀를 쳐다보며[156] 누구의 집에 머물지'를 알지 못할 뿐이다."

곽태가 비록 선한 사람인지를 악한 사람인지를 평가하기는 좋아하였으나 위험한 말을 하거나 그 사실의 핵심을 말하지 않았으므로, 혼탁한 세상에 살면서도 원망을 받거나 화가 미치지 않을 수 있었다.

장검(張儉)은 망명하여 곤궁하고 절박하게 되자 아는 집의 문을 보면 몸을 던져 머물고자 하니 그의 이름과 행실을 귀중히 여기지 않는 사람이 없어서 집을 깨뜨리면서라도 서로 받아들여 주었다. 이후에는 떠돌다가 동래(東萊, 산동성 황현)까지 와서 이독(李篤)의 집에 머물렀다.

외황(外黃)[157] 현령 모흠(毛欽)이 병사를 데리고 그 집 문에 도착하니, 이독이 모흠을 이끌고 자리에 가서 말하였다.

"장검이 죄를 짓고 망명하였는데, 저 이독이 어찌 그를 감추어 둘 수 있겠소? 만약 찾아보아서 이곳에 있다 해도 이 사람이 명망 있는 선비

---

155 《시경》〈대아·첨앙(瞻卬)〉편에서 '어진 사람이 없으면 나라가 망한다.'고 노래하였다.

156 첨오(瞻烏), 즉 까마귀를 쳐다본다는 말은 난세를 당하여 의지할 곳이 없음을 이른다. 《시경》의 소아(小雅) 정월(正月)편에 있다. 《모시(毛詩)》의 주에서는 '부잣집의 지붕은 까마귀가 모이는 곳이다.'라고 하였고, 정현(鄭玄)이 이르기를 '까마귀가 부잣집의 지붕에 모이는 것을 보는 것은 지금 백성들이 역시 밝은 임금을 찾아서 그에게 귀부하여야 한다는 것을 말하는 것이다.'라고 하였다.

157 《양한서(兩漢書)》〈지(志)〉에 의하면, 외황현은 진유군에 속하고, 황현은 동래군에 속하므로 외황현이 아니고 황현이다. 따라서 모흠은 황현 현령이다.

인데, 명정(明廷)[158]께서 어찌 그를 잡아야하겠소?"

이 때문에 모흠이 일어나서 이독을 위로하면서 말하였다.

"거백옥(蘧伯玉)이 혼자만 군자 되는 것을 부끄러워하였는데, 족하(足下)[159]는 어떻게 오로지 인의(仁義)만 갖겠다는 것이오?"

이독이 말하였다.

"지금 그것을 나누어 가지려는데, 명정께서 절반을 싣고 가시는 겁니다."

모흠이 탄식하고서 떠나갔다.

이독이 장검을 인도하여 북해(北海, 산동성 창락현) 사람 희자연(戲子然)[160]의 집을 거쳐 마침내 어양(漁陽, 북경시 밀운현)으로 들어가서 요새를 벗어났다. 그가 거친 곳에서는 중형을 받은 사람들이 십 수 명에 달했으며, 연루되어 고문을 받은 자들이 천하에 두루 퍼져 있었고 친척들은 모두 다 죽게 되었으며, 군과 현도 이 때문에 부서지게 되었다.

장검은 노(魯, 산동성 곡부현)나라의 공포(孔褒)와 오랜 친구였는데, 도망하여 공포를 찾아갔으나 만나지 못하였다. 공포의 동생 공융(孔融)이 그때 나이가 16살이었지만 그를 숨겨주었다. 뒤에 일이 누설되어 장검은 도망갈 수 있었지만 노나라의 재상은 공포와 공융을 잡아다가 감옥으로 송치했으나 아직 누가 연루되었는지를 알지 못하였다.

공융이 말하였다.

---

158 명부(明府)라고도 하며, 태수와 현령에 대한 존칭이다. 여기서는 현령 모흠을 말한다.

159 대등한 관계에 있는 사람 사이에서 말하며 상대를 높여 부르는 말이다.

160 복희씨(伏戲氏)의 후예로, '희'가 성이다.

"보호하고 집에 받아들여 숨겨준 자가 저 공융이니 마땅히 벌을 받아야 합니다."

공포가 말하였다.

"그 자가 와서 나를 찾았으니 동생의 허물이 아닙니다."

관리가 그들의 모친에게 묻자, 모친이 대답하였다.

"집안일은 어른에게 책임 있으니, 첩[161]이 그 허물을 받아야 합니다."

온 집안사람들이 죽기를 다투니, 군과 현에서는 의심스러워 결정할 수 없어서 이 사실을 보고하니, 조서를 내려서 공포에게 연좌시켰다.

당인들에 대한 금고 조치가 풀리자 장검은 이에 고향으로 돌아왔고, 뒤에 위위가 되었으며, 84살에 죽었다. 하복(夏馥)은 장검이 망명생활을 했다는 소식을 듣고 탄식하며 말하였다.

"잘못은 자신으로부터 만들어졌는데 헛되이 착한 사람을 더럽혔구나. 한 사람이 죽음에서 도망하다가 화가 수많은 사람에게 미쳤으니 왜 살겠다는 것인가?"

이에 스스로 수염을 깎고 변장하여 임려산(林慮山, 하남성 임현 경계) 속으로 들어가 이름을 감추고 대장간의 일꾼이 되어 친히 연탄구멍을 뚫고 있으니 형체와 모습이 초췌해져 2~3년을 지나자 사람들이 알아볼 수가 없었다. 하복의 동생 하정(夏靜)이 비단을 수레에 싣고 뒤쫓아 가서 그에게 주었으나 하복이 받지 아니하고 말하였다.

"동생이 어찌하여 화를 싣고 와서 주려고 하는가!"

당인들에 대한 금고조치가 풀리기 전에 죽었다.

애초 중상시 장양(張讓)은 아버지가 죽자, 영천(潁川, 하남성 우현)으

---

161 여자가 자기 자신은 낮추어서 부른 말이다.

로 돌아가 장사지냈는데, 비록 한 군에 사는 사람은 모두가 왔지만 명망 있는 인사들 중에서 다녀간 사람이 없자, 장양이 이를 심히 부끄럽게 여겼는데, 진식(陳寔)만이 홀로 조문을 하였다. 당인들을 주살되기에 이르자 장양은 진식과의 옛 일이 있었으므로 대부분 온전히 용서받았다.

남양(南陽, 하남성 평여현) 사람 하옹(何顒)이 평소에 진번(陳蕃)과 이응(李膺)과 더불어 잘 지냈는데 역시 체포되자 이에 이름과 성씨를 고쳐서 여남(汝南, 하남성 평여현) 땅에 숨어 지내면서 원소(袁紹)와 함께 바삐 움직이는 벗이 되었고, 늘 사사롭게 낙양에 가서 원소의 계획을 좇아 의논하고, 여러 명사들 가운데 붕당의 사건에 걸렸던 사람들을 위하여 구원해주기를 청구하였으며, 임시 계책을 세워 도피시키고 숨겨주어 온전히 죽음을 면한 사람들이 매우 많았다.

애초에 태위 원탕(袁湯)에게는 세 명의 아들이 있었는데, 원성(袁成), 원봉(袁逢), 원외(袁隗)였으며, 원성이 원소(袁紹)를 낳고, 원봉이 원술(袁術)을 낳았다. 원봉과 원외는 모두 명성이 있어서 젊어서부터 드러난 벼슬을 지냈다.

그때 중상시 원사(袁赦)가 원봉과 원외가 재상가문이고 자기와 같은 성이므로 높이 받들어 밖에서 후원자가 되었으니, 그러므로 원씨는 세상에서 존귀하고 영화로워졌고, 부유하고 사치함이 심하여서 다른 공족(公族)들과는 같지 아니하였다.

원소는 씩씩하고 건장하고 위엄 있는 모습을 갖고 있으며 선비들을 아끼고 명성을 기르니, 빈객들이 폭주(輻輳)하였는데, 치병(輜軿)과 시곡(柴轂)[162]이 길 거리를 가득 메웠다. 원술 역시 의협심이 있는 사람으로 소문이 났다. 원봉의 사촌형의 아들인 원굉(袁閎)은 젊어서 행실이 바르고, 밭가는 일과 배우는 일을 주업으로 삼으니, 원봉과 원외가 자주 그에게 양식을 보냈지만 받지를 않았다.

원굉이 보기에 때는 바야흐로 험난하고 어지러운데도 가문은 부유하고 융성하니, 항상 형제들에게 탄식하여 말하였다.

"우리 선공(先公)[163]의 분복은 후세에 덕으로 그것을 지킬 수 없으면서 교만과 사치를 경쟁하며 어지러운 세상에서 함께 권력을 다투게 하니, 이것이 바로 곧 진(晉)나라 때의 삼극(三郤)[164]과 같은 경우이다."

당화의 사건이 일어나자 원굉이 깊은 숲 속에 몸을 내던지려고 생각하였으나 노모 때문에 마땅히 먼 곳에 은둔하지 못하고, 마침내 마당에다 네 주위에 쌓아 토실(土室)을 만들었는데 문을 만들지 아니하고 들창으로부터 음식을 들이도록 하였다. 어머니가 원굉이 생각나서 가면 곧장 보여드리고 어머니가 가시면 스스로 닫아 막아서 형제와 아내와 자식들은 볼 수가 없었다. 몸을 숨긴 지 18년이 되어 토실에서 죽었다.

애초 범방 등이 조정의 정사를 비난하자 공경 이하 모든 사람들이 절개를 꺾고 그를 뒤따르니, 태학생들은 다투어 그 기풍을 흠모하여서

---

162 폭주란 수레의 바퀴가 가운데를 중심으로 살대가 모여 있는 상태로 한 곳으로 모이는 모습을 말한다. 치병은 포장을 한 수레, 시곡은 꾸밈이 없는 수레로 부자와 가난한 사람이 타는 수레를 구별했다. 원소가 일을 시작한 것은 이때부터였다.

163 선은 먼저 돌아가신 분 즉 조상을 말하는 것이고 공은 이를 존중하여 부른 것으로 여기서는 원안(袁安)을 말한다.

164 3극은 춘추시대 진나라 대부였던 극기(郤錡)·극주(郤犨)·극지(郤至)를 말하며, 극씨는 대대로 진나라의 경(卿)의 벼슬을 지냈는데, 이 세 아들이 대대로 물려받은 재물로 교만하고 사치하며 권력을 침탈하다가 여왕(厲王)에게 죽임을 당했다.

문학은 장차 흥성하게 되었고 처사들은 다시 등용되는 것으로 생각하였다.

신도반(申屠蟠)만이 홀로 탄식하여 말하였다.

"옛날 전국시대에 처사들이 멋대로 논의하자 열국의 왕들이 빗자루를 들고 먼저 달려왔으나,[165] 끝내 유사(儒士)들을 생매장시키고 책을 불태우는 화[166]가 있었는데, 지금과 같은 때를 일컫는 것이다."

이에 양(梁, 하남성 상구시)과 탕(碭, 하남성 영성현 북쪽) 사이로 가서 은둔하여 흔적을 끊고 나무로 집을 만들고 스스로 머슴들과 함께 하였다. 2년을 살았는데, 범방 등이 결국 당고의 화를 만났으나 오직 신도반 만이 벗어나서 비평을 받거나 논의의 대상에서 면제되었다.

❖ 신 사마광이 말씀드립니다.

"천하에 정도(正道)가 있으면 군자는 조정에서 드날리며 소인의 죄를 바르게 다스려 감히 복종하지 않는 사람이 없었습니다. 천하에 정도가 없으면 군자는 입을 다물고 말을 하지 않아서 소인이 화를 피하였으나, 오히려 때로는 화를 면하지 못할 때도 있었습니다.[167]

---

165 제자가 되려고 달려온 모습을 말한다.

166 《자치통감》 권7을 보면, 진시황 34년(기원전 213년)에 분서(焚書)를, 35년(기원전 212년)에 갱유(坑儒)를 단행하였다.

167 《주역(周易)》의 괘를 가지고 설명한 것이다. 주역의 곤(坤)괘는 6개의 효가 모두 음효인데, 그 밑에서 다섯 번째 효는 '다섯 번째의 지위에 가까이 있지만 서로 얻을 수 있는 뜻을 갖지 못하여 위아래가 가려지고 막히는 때이며 여러

당인들은 혼란한 세상에 태어나서 그 자신에게 알맞은 직위에 있지도 아니하면서 온 세상을 두루 돌아다니며 말로써 그것을 구하려고 하였으며, 인물을 선하다 악하다 하여 혼탁한 무리를 물리치고 깨끗한 사람을 드러내고자 하니, 독사의 머리를 돋우고 호랑이와 이리의 꼬리를 밟아 자신은 부당한 형벌을 당하게 되었으며, 그 화가 친구들에게 미쳤고, 선비들이 모두 죽임을 당하며 나라도 따라서 망하였으니, 또한 슬프지 아니합니까!

무릇 오로지 곽태만은 이미 매우 명철하여 자신의 몸을 보전하였으며, 신도반은 조짐을 보고서 행동을 하고 해가 지기를 기다리지 아니하였으니,[168] 훌륭합니다. 그것이 자기에게 미치지 않게 하였습니다."

음(陰)이 왕성하므로 마땅히 주머니 속에 들어가서 화를 피하여야 한다'고 되어 있다. 또 쾌(夬)괘 건하태상(乾下兌上) 괘로 6효 가운데 다섯 개의 효가 양효이고 한 개가 음효인데, 다섯 양효로 한 개의 음효를 결정하게 되니 소인은 쇠미하게 되고, 군자의 도는 왕성해지니 그러므로 왕정에서 발양하여 소인의 죄를 소리내는 것이다.

168 신도반은 예(豫)괘의 밑에서 두 번째의 음효를 얻어서 이를 실행했던 것이다.

노복과 친하여 자사가 된 맹타

9　경자일 그믐에 일식이 있었다.

10　11월에 태위 유총(劉寵)이 면직되고, 태복인 부구(扶溝, 하남성 부구현) 사람 곽희(郭禧)를 태위로 삼았다.

11　선비족이 병주(幷州, 산서성)를 침략하였다.

12　장낙궁(長樂宮)의 태복 조절이 병으로 위독하자, 조서를 내려 거기장군으로 임명하였다. 얼마 되지 않아 병이 낫자 인수를 바쳤지만 다시 중상시로 삼고, 관위는 특진[169]으로 하고, 관질은 중이천석으로 하였다.

13　고구려왕 고백고(高伯固)[170]가 요동(遼東, 요동성 요양시)을 침략

---

169 조회에 특별히 참석하는 직함인데 그 지위는 3공의 바로 아래였다.

170 8대 신대왕(新大王)을 말한다. 《삼국사기》에는 '新大王 諱伯固 太祖大王之

하니, 현도 태수 경림(耿臨)이 이를 쳐서 항복시켰다.

효령제 건녕 3년(庚戌, 170년)

1   봄, 3월 그믐 병인일에 일식이 있었다.

2   단경을 징소하여 경사로 돌아오게 하고, 시중의 벼슬을 내렸다. 단경은 변방에 10여 년 있는 동안 일찍이 하루도 자리를 깔고 잔 적이 없고 장사(將士)들과 동고동락하니, 모두가 기꺼이 죽기를 각오하고 싸웠고 향하는 곳에서는 공로를 세웠다.

3   여름, 4월에 태위 곽희(郭禧)가 파직되고, 태중대부(太中大夫) 문인습(聞人襲)을 태위로 삼았다.

4   가을, 7월에 사공 유효(劉囂)가 파직되었는데, 8월 대홍려인 양국(梁國, 하남성 상구시) 사람 교현(橋玄)을 사공으로 삼았다.

季弟 儀表英特 性仁恕 初次大王無道 臣民不親附 恐有禍亂 害及於己 遂避於山谷 及次大王被弑 左輔菸支留與羣公議 遣人迎致 及至 菸支留跪獻國璽曰 "先君不幸棄國 雖有子 不克有國家 夫人之心 歸于至仁 謹拜稽首 請卽尊位" 於是 俯伏三讓而後卽位 時年七十七歲'라고 기록되었으며, 이 사건은 그 4년에 '漢玄菟郡太守耿臨來侵 殺我軍數百人 王自降乞屬玄菟'라고 되어 있어서 먼저 침략한 것이 현토태수 경림으로 되어 있다.

5   9월에 집금오 동총(董寵)[171]이 영락태후(永樂太后)가 부탁한 요청이라고 속였던 사건에 걸려들어서 하옥되어 죽었다.

6   겨울에 울림(鬱林, 광서자치구 계평현) 태수 곡영(谷永)이 은덕과 신뢰로써 오호(烏滸, 광서자치구 횡산현)[172]에 사는 사람 10여만 명을 불러서 항복시키니 모두가 안으로 귀속하였고 갓과 띠를 착용하도록 하고, 일곱 현을 개척하여 설치하였다.

7   양주(涼州, 감숙성) 자사인 부풍(扶風) 사람 맹타(孟佗)가 종사(從事) 임섭(任涉)을 파견하여 돈황 병사 5백 명을 거느리고, 무기교위[173] 조관(曹寬)과 서역(西域)교위부의 장사(長史) 장연(張宴)과 함께 언기(焉耆, 신강자치구 언기현), 구자(龜玆, 신강자치구 고거현), 차사전부(車師前部, 신강자치구 토노번현)와 후부(後部, 신강자치구 기태현) 등의 병사 도합 3만여 명을 거느리고 소륵(疏勒)를 토벌하였는데 정중(楨中, 소륵 동쪽)성을 공격하여 40여 일이 지나도 함락시킬 수가 없어서 퇴각하였다. 그 후 소륵왕이 연이어 서로 살해하자 조정에서도 역시 다시는 통치할 수 없었다.

애초 중상시 장양(張讓)이 감노(監奴)[174]를 두어 가사를 처리하게 맡겼는데, 그 위엄과 형세가 떠들썩할 정도로 대단하였다. 맹타는 자

---

171 영락태후의 오빠이다.

172 남방이(南方夷)라고도 부른다.

173 교위를 사마로 쓴 판본도 있다.

174 가노(家奴)의 우두머리를 말한다.

산이 풍요롭고 넉넉하여 노복들과 붕우(朋友)관계를 맺고 재산 모두를 선물로 주되 아낌이 없었다.

노복들 모두 그 일을 덕스럽게 여기고 그가 하고자 하는 것을 물었다. 맹타가 말하였다.

"나는 너희들이 나에게 한 번 절하기를 바랄 뿐이다."

그때 장양에게 뵙기를 청하는 빈객들의 수레가 항상 수백, 수천 량이 있었고 맹타가 장양에게 가더라도 늦게 도착하여 진입할 수가 없자 감노는 이에 여러 창두(倉頭)[175]들을 거느리고 길에서 맞이하며 절하고, 마침내 함께 수레를 타고 문으로 들어가니, 빈객들이 모두 놀랐으며, 맹타가 장양과 좋은 관계라고 생각하고 모두가 다투어 진귀한 완구를 그에게 뇌물로 바쳤다.

맹타가 나누어서 장양에게 주니, 장양이 크게 기뻐하여 이 일로 말미암아 맹타를 양주(涼州, 감숙성) 자사로 삼았다.

효령제 건녕 4년(辛亥, 171년)

1   봄, 정월 갑자일(3일)에 황제가 원복(元服)을 입고[176] 천하를 사면하였지만, 오직 당인들만은 사면하지 않았다.

---

175 심부름꾼을 말하며, 옛날 천한 사람은 머리에 푸른 수건을 동여매는 데서 기인한다.

176 이때 황제 유굉의 나이는 16살이었다. 원은 으뜸이란 뜻이므로 사람으로 치면 머리인데 그러므로 머리에 입히는 옷이란 뜻의 원복은 관(冠)이다. 즉 관례를 치른 것이다.

2   2월 계묘일(13일)에 지진이 일어났다.

3   3월 초하루일 신유일에 일식이 있었다.

4   태위 문인습(聞人襲)이 면직되었으며, 태복인 여남(汝南, 하남성 평여현) 사람 이함(李咸)을 태위로 삼았다.

5   큰 전염병이 돌았다. 사도 허훈(許訓)이 면직되고, 사공 교현(橋玄)을 사도로 삼았다. 여름, 4월에 태상인 남양(南陽, 하남성 남양시) 사람 내염(來豔)을 사공으로 삼았다.

6   가을, 7월 사공 내염이 면직되었다.

7   계축일[177]에 귀인 송씨(宋氏)를 세워 황후로 삼았다. 황후는 집금오 송풍(宋酆)의 딸이다.

8   사도 교현(橋玄)이 면직되었고, 태상인 남양(南陽, 하남성 남양시) 사람 종구(宗俱)를 사공으로 삼고, 옛날에 사공을 지냈던 허허(許栩)를 사도로 삼았다.

9   황제는 두(竇)태후가 등극을 도와준 공이 있다고 생각하여, 겨울,

---

177 7월 1일은 기미일이므로 7월에 계축일은 없다. 다만 계축(癸丑)이 계유(癸酉)의 잘못이라면 7월 15일이다.

10월 초하루 무자일에 신료들을 거느리고 남궁에서 태후에게 조현(朝見)하고, 친히 장수를 기원하며 술잔을 올렸다.

황문령 동맹(董萌)이 이 기회를 이용하여 자주 태후를 위하여 억울함을 호소하자, 황제가 깊이 그 말을 받아들여 봉양하는 물품을 이전보다 증가시켜 주었다. 조절과 왕보가 그것을 질투하여 동맹이 영락궁(永樂宮)[178]을 비방한다고 무고하여, 하옥시켜 죽였다.

10 선비족이 병주(幷州, 산서성)를 침략했다.＊

---

178 황제의 모친 효인(孝仁) 동태후가 사는 궁이다.

권057

한기49

환관의 전횡과 하늘의 변괴

두태후를 귀인장으로 하려는 환관들

효령황제 희평 원년(壬子, 172년)

1 봄, 정월에 거가(車駕)[1]가 원릉(原陵)[2]에 올라갔다. 사도부의 연리인 진류(陳留, 하남성 기현) 사람 채옹(蔡邕)이 말하였다.

"제가 듣건대, 예전에는 묘제를 지내지 않았습니다. 조정에서는 능에 올라가서 예를 올리는 제도를 두었는데 처음에는 이를 줄여도 좋다고 생각하였지만, 지금 위의(威儀)[3]를 보고 그 본래의 뜻을 살피건대 효명황제(孝明皇帝)[4]의 지극한 효심과 측은히 여기는 마음을 알기에 쉽게 없애지 못하였습니다.[5] 예에는 번잡함이 있으나 생략할 수 없음

---

1 황제가 타는 수레를 말하므로 여기서는 영제를 말한다.
2 후한 광무제 유수(劉秀)의 능이다. 영제가 광무제의 묘제를 지내기 위하여 온 것이다.
3 묘제의 엄숙하고 장중한 의식을 말한다.
4 후한 2대 황제인 유장(劉庄)이다.
5 고대인들은 집안에 위패를 모시고 제사를 지냈으나 진시황이 분묘 옆에 침전(寢殿)을 만들면서 처음으로 묘제를 지내게 되었다. 그러나 이후 묘제는 서서

을 이런 것을 일러 말하는 것입니다."

2   3월 임술일(8일)에 태부 호광(胡廣)이 죽었는데 나이가 82세였다.
호광은 사공(四公)[6]을 두루 거쳤고, 30여 년 동안 역대로 여섯 황제[7]
를 섬기면서 예우와 임무에서 극진한 대우를 받았으며, 파직되거나 면
직을 당해도 한 해를 채우지 않고 번번이 일찍이 다시 승진하였다.

벽소한 사람들은 대부분 천하의 명사들이었는데 전에 부하관리였
던 진번(陳蕃), 이함(李咸)과 더불어 삼사(三司)[8]를 담당했다. 고사(故
事)[9]에 통달하고, 조정의 전장제도도 명확히 알고 있었는데, 그러므로
경사에는 속언이 있었다.

"만사에 이해되지 않는 것이 있으면 백시(伯始)에게 묻고, 천하의 중
용(中庸)이라면 호공(胡公)[10]에게 있다."

그러나 온유하고 삼가며 성실하면서 항상 말을 겸손하게 하고 얼굴
색을 공손히 하여서 시대에 아첨하면서 충직한 기풍이 없었는데, 이

히 폐지되고 가제(家祭)가 다시 회복되었으나 효명황제가 아버지 유수를 사
모하는 마음에 몸소 능 앞에서 제례를 지내면서 묘제를 다시 지내게 되었다.

6   태부·태위·사도·사공(司空)을 말한다.

7   호광이 모신 여섯 황제란 안제·소제·순제·충제·질제·환제·영제여서 일곱
명이지만 소제를 빼고 계산한 것이다. 호광은 순제 한안 원년(142년)에 사공
이 되어서 희평 원년(172년)에 죽었으므로 31년간 재상을 지냈다.

8   삼공(三公)과 같은 뜻이다.

9   전조(前朝)에 있었던 사례를 말한다.

10 백시는 호광의 자이고, 호공도 호광을 존칭하는 말이므로 두 말이 모두 호광
을 가리키는 것으로 말의 묘미를 살린 속언이다.

때문에 천하에서는 그를 야박하게 대하였다.

3   5월 기사일(16일)에 천하를 사면하고 기원을 바꾸었다.[11]

4   장락궁의 태복[12] 후람(侯覽)이 전권을 잡고 교만하고 사치를 부렸다는 죄에 걸려서 책서를 내려 그의 인수를 회수하니[13] 자살하였다.

5   6월 경사에 홍수가 있었다.

6   두태후(竇太后)의 어머니가 비경(比景, 베트남의 海洞縣)에서 죽었는데, 태후는 근심하고 생각하다가 병이 들어 계사일(10일)에 운대(雲臺)[14]에서 붕어하였다. 환관들이 두씨에게 원한이 쌓여 있었던 터라 의거(衣車)[15]에 태후의 시신을 실은 채 성[16] 남쪽 시장에 있는 관사에 두었다가 며칠 후에 조절(曹節)과 왕보(王甫)가 귀인의 예로써 장사지내려고 하였다.
    황제가 말하였다.

---

11 건녕(建寧) 5년에서 희평 원년으로 바꾸었다.

12 태후궁에서 근무하는 환관이다. 녹질은 2천 석이다.

13 인수는 관인(官印)을 매는 인끈인데, 인수를 회수한다는 것은 곧 파면을 의미한다.

14 남궁(南宮)에 있는 두태후가 구금되어 있던 곳이다.

15 짐을 나르는 수레이다.

16 낙양성이다.

"태후는 친히 짐을 세워서 대업을 계승하게 하였는데, 어찌 귀인의 예로써 마치게 하여야 한단 말인가!"

이에 상례를 발표하고 예[17]를 갖추어 장사지내게 하였다.

조절 등은 태후를 다른 곳에 장사지내고 풍귀인[18]을 배부(配祔)[19]하고자 하였다. 조서를 내려 공경들을 모두 조회당에 모이게 하고 중상시 조충에게 명을 내려 회의를 감독하게 하였다.

태위 이함(李咸)이 이때 병중이어서 수레에 의지하여 일어나 산초나무[20]를 찧어서 몸에 지닌 채 처에게 말하였다.

"만일 황태후가 환제와 나란히 배향되지 못한다면 나는 살아서 돌아오지 않을 것이오."[21]

이미 논의가 시작되었는데 참석자는 수백 명이었지만 각자 서로 쳐다보기만 할 뿐 한참이 지났으나 먼저 말을 하려고 하는 사람이 없었다.

조충이 말하였다.

"논의는 마땅히 때에 맞게 정해야 합니다."

정위(廷尉)[22] 진구(陳球)가 말하였다.

---

17 황후로서의 예를 말한다.

18 전임 황제 환제의 비이다.

19 새로 죽은 사람의 위패를 먼저 죽은 사람의 종묘에 나란히 합해서 기리는 것을 말한다. 보통은 정부인을 배부하는 것이지만 여기에서는 귀인인 풍귀인의 위패를 환제(桓帝)의 종묘에 배향하려 한 것이다.

20 산초나무는 향내가 좋아 주로 고기 요리를 할 때 향료로 쓰이나 다량을 끓이면 충분히 사람을 죽일 수 있는 독성을 지니고 있다. 여기에서는 독약의 의미이다.

21 죽음을 각오하고 환관들과 맞서 싸우겠다는 의미이다.

"황태후는 덕이 흥성한 좋은 가문 출신으로 어머니로서 천하에 군림하였으므로 마땅히 먼저 돌아가신 황제[23]와 배향해야 하며 이는 의심할 바가 없습니다."

조충이 웃으면서 말하였다.

"진 정위는 마땅히 곧 붓을 놀려야 할 것이오."[24]

진구가 곧 의견을 내어서 말하였다.

"황태후 자신이 초방(椒房)[25]에 계시면서 총명한 어머니의 자태를 지닌 덕을 갖고 있었습니다. 한때 불행을 당하였지만[26] 성스럽고 밝은 분이 즉위하는 것을 도와 종묘를 계승하게 하셨으니 그 공덕의 뜨거움은 지극히 중합니다.

먼저 돌아가신 황제가 안가(晏駕)[27]한 상태에서 큰 옥사[28]를 만나게 되었기 때문에 텅 빈 궁전[29]으로 거처를 옮기시고 불행히도 일찍 세상을 버리시니 집안은 비록 죄를 지었다고 하나 그 일은 태후가 한 일이 아니니 지금 만약 다른 곳에 장사지낸다면 진실로 천하 사람들이

---

22 사법부 장관이다.

23 환제 유지(劉志)를 말한다.

24 황태후를 환제와 배향해야 한다는 주장에 대해 그 사유를 글로 써서 밝히라는 의미이다.

25 황태후가 거처하는 곳이다.

26 환제가 세상을 떠난 것을 말한다.

27 황제의 붕어를 의미한다.

28 두태후의 아버지 두무(竇武)가 영제 때 환관 세력을 제거하려다가 오히려 조절 등에게 피살된 것을 말한다.

29 남궁의 운대(雲臺)를 말한다.

바라는 것을 저버리는 것입니다.

또 풍귀인은 일찍이 묘지가 발굴을 당해 해골이 다 드러났으며 도적과 더불어 시체가 뒤섞여 영령이 오염되었으며[30] 또한 나라에 공적이 없으니 어찌 의당 지존[31]에게 배향될 수 있겠습니까?"

조충이 진구의 의견을 살펴보고 얼굴색을 바꾸면서 머리를 굽혔다 들었다 하면서 진구를 비웃으면서 말하였다.

"진 정위가 한 건의는 대단히 훌륭합니다."

진구가 말하였다.

"진번과 두무(竇武)가 이미 억울한 누명을 썼고 황태후가 아무 이유 없이 유폐되어서 신은 항상 마음 아파했으며 천하 사람들도 분개하고 개탄해 하였습니다. 오늘 이렇게 말하고 물러나서 죄를 받을 것이나 그것은 오래 전부터 바라던 것입니다."

이함이 말하였다.

"신이 본래 마땅히 이렇게 말하려고 했는데, 진실로 그 뜻과 합치됩니다."

이에 공경 이하 모든 사람들이 진구의 의견을 따랐다.

조절과 왕보가 마치 싸울 듯이 말하였다.

"양후(梁后)의 집안은 악하고 거역하는 행위를 범하여 별도로 의릉(懿陵)에 장사지냈으며,[32] 무제는 위후(衛后)를 폐출시키고 이부인(李

---

30 호삼성의 주에 의하면 단경(段潁)이 하남윤이었을 때 풍귀인의 분묘가 도굴되어 간의대부(諫議大夫)로 좌천되었다고 한다.

31 지극히 높은 분이라는 뜻이므로 여기서는 황제를 가리킨다.

32 양후는 양기(梁冀)의 누이로 전임 황제 유지의 정부인이다. 환제 연희 2년(159년)에 죽었고 그의 분묘를 의릉이라고 했는데, 양기가 주살되고 나서 귀

夫人)을 나란히 배향하였습니다.[33] 지금 두씨의 죄악이 엄중하니 어찌

먼저 돌아가신 황제와 합장할 수 있겠습니까?"

이함이 다시 상소하였다.

"신이 엎드려 생각하건대, 장덕두후(章德竇后)[34]는 공회(恭懷)[35]를

학대하며 해하였으며, 안사염후(安思閻后)[36]의 집안은 악하고 거역하

는 행위를 범하였으나 화제는 특이하게 장사지낼 뜻이 없었으며, 순제

(順帝)[37]의 조정에서도 폄하하여 끌어내리라는 글은 없었습니다. 위

후의 경우는 효무황제 자신이 폐출한 것이니 비교할 수 없습니다.

지금 장락태후는 존호를 몸소 지니고 있으며 친히 일찍이 칭제(稱

인총으로 격하시켰다.

33 위후는 무고(巫蠱)의 난을 일으킨 태자 유거(劉據)의 어머니로서 무제에게 핍
   박을 받아 자살하였다. 무제가 죽은 후 대장군 곽광(霍光, 곽거병의 이복동생)
   이 무제가 생전에 가졌던 심중을 헤아려서 그가 가장 총애하던 이부인을 나
   란히 배향하였다.

34 장제(章帝) 유달(劉炟)의 황후이다. 송귀인이 황태자 유경(劉慶)을 낳고 양귀
   인이 화제(和帝)를 낳았으나 황후는 자식이 없어 두 사람을 시기하고 여러 차
   례 황제에게 참언하여 송귀인이 자살하자 유경을 폐위시켰다. 그 후 화제를
   양육하여 자식으로 삼고 화제가 즉위하자 황태후가 되었다. 장덕은 두황후
   의 시호이다. 두황후에 대해서는 《자치통감》 권46에 보인다.

35 양귀인(梁貴人, 화제의 어머니)의 시호이다.

36 안제(安帝)의 황후이다. 안사는 시호이다. 안제가 궁인 이씨를 총애하여 황태
   자 유보(劉保, 순제)를 낳자 시기하여 이씨를 독살하고 환관 강경(江京) 등과
   모의하여 태자 유보를 폐출시켜 제음왕으로 격하시켰다. 안제가 죽자 염후는
   제북향후 유의(劉懿)를 세워 정사에 관여하였다. 염황후에 대해서는 《자치통
   감》 권50, 권51에 보인다.

37 유보를 말한다.

制)³⁸하시고 또한 성스럽고 밝은 분³⁹을 도와 세워서 황실의 복을 크게 빛내고 융성하게 하셨습니다.

태후는 폐하를 자식으로 생각하는데 폐하가 어찌 태후를 어머니로 여기지 않을 수 있겠습니까? 자식이 어머니를 내쫓는 일은 없으며 신하가 군주를 깎아 내리는 일도 없으니 마땅히 선릉(宣陵)⁴⁰에 합장해서 한 가지로 옛 제도와 같이 해야 합니다."

황제가 상주문을 살펴보고 이를 따랐다.

가을, 7월 갑인일(21일)에 환사황후(桓思皇后)⁴¹를 선릉에 장사지냈다.

---

38 태후 등이 황제를 대신해 정사를 돌보는 것을 말한다.

39 현재의 황제를 지칭한다.

40 환제(桓帝)의 능으로 하남성 낙양현 동남쪽에 위치해 있다.

41 환사는 두태후의 시호이다. 환은 환제(桓帝)를 가리킨다.

국사를 이용하여 원한을 갚은 사람들

7   어떤 사람이 주작궐(朱雀闕)[42]에 글을 써서 말하였다.

"천하가 크게 혼란하여 조절과 왕보가 태후를 유폐해 살해하였으나, 공경들은 모두 시록(尸祿)[43]하면서 충언하는 자가 없다."

사예교위[44] 유맹(劉猛)에게 조서를 내려서 추적해 체포하게 하고 열흘에 한 번씩 모여 회의를 하게 하였다.[45]

유맹이 비방하는 글이 곧은 말이라고 여겨 서둘러서 체포하려고 하지 않았다. 한 달이 지나도 주범의 이름을 내세우지 못하더니, 유맹이 이 일에 걸려들어서 간의대부(諫議大夫)[46]로 좌천되고 어사중승(御史中丞)[47] 단경(段熲)이 이를 대신하게 하였다. 단경이 이에 사방으로 나

---

42 북궁 궁문 밖의 주작문을 말한다.

43 글자 그대로 보면 시체가 녹봉을 받는다는 말로 관직만 지키며 일하지 않는 것을 말한다.

44 경기 지역 위수사령관에 해당하는 직책이다.

45 열흘에 한 번씩 사건의 조사 상황을 보고하는 회의를 여는 것이다.

46 천자의 잘못을 간언하는 관직이다.

가 추적하여 체포하니 태학의 유생(游生) 중에 연루된 자가 1천여 명에 이르렀다. 조절 등은 또한 단경에게 다른 사건으로 유맹을 탄핵하게 하여 좌교로 보내도록 판결했다.[48]

애초 사예교위 왕우(王寓)가 환관에게 의탁하였는데, 태상[49] 장환에게 천거해주기를 요구하였으나 장환이 이를 거절하자 왕우는 마침내 장환을 모함하여 당인이라고 하고 금고의 죄[50]를 당하게 하였다.

장환은 일찍이 단경과 함께 강족을 공격하는 문제로 다투어서 서로 평안하지 않았는데, 단경이 사예교위가 되자 장환을 돈황으로 돌려보내어 그를 해치고자 하였으나[51] 장환이 단경에게 서신을 보내 간절히 청하자 이에 죽음을 면할 수 있었다.

애초 위군(魏郡, 하북성 임장현) 사람 이고(李暠)가 사예교위가 되자 오랜 원한이 있는 부풍(扶風, 섬서성 홍평현) 사람 소겸(蘇謙)을 죽였는

---

47 궁중의 서적이나 비서(秘書)를 관장하였는데 후한에서는 주로 탄핵을 담당하였다.

48 원문은 수(輸)좌교이다. 이는 가벼운 형벌로써 관리 중에 죄가 있는 자를 좌교의 관리로 보낸 것을 말한다. 좌교는 장작에 속하며 좌공도(左工徒)를 관장하지만 고생스럽게 근무해야 하는 자리였다.

49 종묘의례를 관장하는 직책이다.

50 '후한 말 환관이 전횡을 일삼자 환제 때 진번(陳蕃), 이응(李膺) 등 기개가 있는 인사들이 이를 크게 공격하였다. 이에 환관들은 이들을 당인으로 지목하고 종신 금고에 처했다. 이를 '당고의 화'라고 한다. 또한 영제 때 두무, 진번 등이 모의하여 환관을 주살하려고 하였지만 모의가 탄로나 관련자 백여 명이 참살당했다.

51 장환이 귀양 가서 홍농에 귀속하게 된 사건은 환제 영강 원년(167년)에 있었고, 《자치통감》 권56에 실려 있다.

데, 소겸의 아들 소불위(蘇不韋)가 간단히 덮어놓고 정식으로 장사지
내지 않고는 성명을 바꾸고 자객과 결탁해 원수를 갚고자 했다. 이고가
대사농으로 승진하자 소불위는 곳간 안에 숨어서 땅을 파 이고의 침실
부근까지 이르러서 그의 첩과 어린 아들을 죽였다.

이고는 몹시 두려워서 나무판자를 바닥에 깔고 한밤중에 아홉 번이
나 옮겨 다녔다. 또 이고의 아버지의 무덤을 파헤쳐서 그 머리를 잘라
내 저자거리에 내걸었다. 이고가 체포할 것을 요구하였으나 잡지 못하
자 분하고 화가 나서 피를 토하며 죽었다. 소불위는 사면을 만나게 되
어 집에 돌아와서 마침내 아버지를 매장하고 상례를 거행했다.

장환은 평소 소씨(蘇氏)와 화목하게 지냈으며, 단경과 이고는 잘 지
내는 사이였는데, 단경이 소불위를 벽소하여 사예교위부의 종사로 삼
았으나 소불위는 두려워서 병을 핑계로 나아가지 않았다. 단경이 분노
하여 종사 장현(張賢)으로 하여금 그 집에 가서 죽이게 하였는데, 그보
다 먼저 장현의 아버지에게 짐독(鴆毒)을 주면서 말하였다.

"만일 장현이 소불위를 잡지 못한다면 곧 이것을 마시십시오."

장현이 마침내 소불위를 체포하고 아울러 그 집안사람 60여 명을 모
두 주살하였다.

8 발해왕 유괴(劉悝)가 영도(廮陶, 하북성 영진현)로 좌천되면서[52]
중상시 왕보를 통하여 봉국을 회복시켜 달라고 청구하면서 사례금으
로 5천만 전을 주겠다고 하였다. 이미 환제가 유조(遺詔)[53]에서 유괴

---

52 환제 영강 원년(165년)의 기사에 보인다.

53 황제가 붕어할 때 남긴 유언이다.

의 봉국을 회복시키도록 하였지만,[54] 유괴는 왕보의 공로가 아닌 것을 알고 사례금을 주려고 하지 않았다. 중상시 정삽(鄭颯)과 중황문 동등 (董騰) 등이 자주 유괴와 왕래가 있었는데, 왕보가 비밀리에 사찰하여 단경에게 고소하였다.

겨울, 10월에 정삽을 체포하여 북시옥(北寺獄)[55]에 보내고 상서령 염충(廉忠)에게 무고하는 상주를 올리게 하였다.

"정삽 등이 유괴를 맞아 황제로 세우고자 모의하였으니 대역무도합 니다."

마침내 기주(冀州, 하북성 중부) 자사에게 조서를 내려서 유괴를 체포 하여 사실을 조사하게 하고, 유괴를 압박하고 질책하여 자살하게 하였 는데, 비첩 11명과 자녀 70명, 기녀 24명은 모두 옥중에서 죽었고, 부 (傅)와 재상[56] 이하의 관리도 모두 사형에 처해졌다. 왕보 등 12명은 모두 그 공로로 열후에 책봉되었다.

9   11월 회계(會稽, 절강성 소흥시)의 요적인 허생(許生)이 구장(句章, 절강성 자곡현)에서 일어나 스스로 양명황제(陽明皇帝)라고 칭하였는데 무리가 1만 명을 헤아렸다. 양주(揚州, 안휘성 및 강서성) 자사 장민(臧 旻)과 단양(丹陽, 안휘성 의성현) 태수 진인(陳寅)을 파견하여 이를 토벌

---

54 유괴의 봉국은 환제 영강 원년(167년)에 회복됐고,《자치통감》권56에 실려 있 다.

55 후한 때 환관이 세력을 확장하기 위해 만든 감옥이다. 소부 황문복야에 속해 있었으며 주로 공경대신을 심문하였다.

56 제후국인 봉국도 국(國)이므로 재상과 사부(師傅)를 두었고, 봉국의 재상은 태수와 같은 급이다.

하였다.

10   12월에 사도 허허(許栩)가 파면되었고, 대홍려 원외(袁隗)를 사도
로 삼았다.

11   선비족이 병주(幷州, 산서성)를 노략질하였다.

12   이 해에 선우 난제차아(欒提車兒)가 죽고 그의 아들 도특약시축
취(屠特若尸逐就) 선우[57]가 즉위하였다.

효령제 희평 2년(癸丑, 173년)

1   봄, 정월에 큰 전염병이 돌았다.

2   정축일(27일)에 사공 종구(宗俱)가 죽었다.

3   2월 임오일(3일)에 천하를 사면하였다.

4   광록훈[58] 양사(楊賜)를 사공으로 삼았다.

---

57 난제차아는 흉노의 37대 이릉약시축취(伊陵若尸逐就) 선우이고, 도특약시축
취(屠特若尸逐就)는 38대 선우이다.

58 궁전 금문의 일을 관장하였다.

5   3월에 태위 이함이 면직되었다.

6   여름, 5월에 사예교위 단경을 태위로 삼았다.

7   6월에 북해(北海, 산동성 창락현)에서 지진이 일어났다.

8   가을, 7월에 사공 양사가 면직되고 태상인 영천(潁川, 하남성 우현)
사람 당진(唐珍)을 사공으로 삼았다. 당진은 당형(唐衡)[59]의 동생이다.

9   겨울, 12월에 태위 단경이 파직되었다.

10   선비족이 유주(幽州, 하북성 북부)와 병주(幷州, 산서성) 두 주를 침
구하였다.

11   계유일(29일) 그믐에 일식이 있었다.

효령제 희평 3년(甲寅, 174년)

1   봄, 2월 기사일(26일)에 천하를 사면하였다.

2   태상인 동해(東海, 산동성 추담현) 사람 진탐(陳耽)을 태위로 삼았다.

---

59 환제 때 중상시를 역임하였다.

3   3월에 중산목왕(中山穆王)[60] 유창(劉暢)이 죽었는데, 자식이 없어 봉국을 없앴다.

4   여름, 6월에 하간왕(河間王) 유리(劉利)의 아들 유강(劉康)을 제남왕(濟南王)에 책봉하고, 효인황(孝仁皇)[61]의 제사를 받들게 하였다.

5   오군(吳郡, 강소성 소주시)의 사마(司馬)[62]인 부춘(富春, 절강성 부양현) 사람 손견(孫堅)이 정예용사를 불러 모집하여 천여 명을 얻어서 주와 군을 도와 허생[63]을 토벌하였다. 겨울, 11월에 장민(臧旻)과 진인(陳寅)이 회계에서 허생을 대파하고 그를 참수하였다.

6   임성왕(任城王) 유박(劉博)이 죽었는데 자식이 없어 봉국이 끊겼다.[64]

7   12월에 선비족이 북지(北地郡, 영하 자치구 영무현)로 들어가자 태

---

60 중산왕 유창이 죽자 시호를 목왕(穆王)이라고 하였다. 유창은 광무제 유수의 아들 유언(劉焉)의 증손자이다.

61 효인황 유개(劉開)는 현 황제 유굉(劉宏)의 아버지이다. 유개는 일찍이 하간왕에 봉해졌는데 법도를 존중하여 관리와 백성들에게서 흠모를 받았다. 황제는 대종을 받들어야 하므로 당형에 해당하는 유강에게 아버지의 제사를 맡긴 것이다.

62 일반적으로 군에는 승(丞), 장사(長史)가 있을 뿐 사마는 없었으나 이 시기 반란이 많이 발생해 사마를 설치해 병사를 주관하게 하였다.

63 영제 희평 원년(172년) 11월에 반란을 일으킨 사람이다.

64 임성왕 유박이 환제 연희 4년(161년)에 임성국을 이었다.

수 하육(夏育)이 도각(屠各)을 인솔하고 추격하여 그들을 격파하였다. 하육을 승진시켜 호오환교위로 삼았다. 선비족이 또 병주를 노략질하였다.

8 사공 당진(唐珍)이 파직되고 영락궁의 소부(少府)[65] 허훈(許訓)을 사공으로 삼았다.

효령제 희평 4년(乙卯, 175년)

1 봄, 3월에 여러 유학자들에게 조서를 내려서 《오경》[66]의 문자를 바로잡게 하였고, 의랑[67] 채옹(蔡邕)에게 고문(古文)[68]과 전서(篆書),[69] 예서(隷書)[70] 등 3종의 서체로 이것을 쓰고 돌[71]에 새겨서 태학

---

65 동(董)태후궁의 궁관이다.

66 일반적으로 오경은 《시경》, 《서경》, 《역경》, 《예기》, 《춘추》를 말하나 당시에는 《시경》, 《서경》, 《춘추공양전》, 《예기》, 《논어》를 오경이라고 했다.

67 궁실의 논의를 담당하며 녹질은 600석이다. 특히 현량방정한 인사를 초빙해 임명하였다.

68 고대 선진(先秦)의 문자를 말한다. 종정문(鐘鼎文), 갑골문자 등의 고문자를 가리키며, 형태가 올챙이와 비슷하다고 해서 이름 붙여진 과두문(蝌蚪文)만을 가리키기도 한다.

69 주나라 선왕(宣王)의 태사 사주(史籀)가 만들었다고 하는 대전(大篆)을 말한다. 진나라 승상 이사(李斯)가 만들었다고 하는 소전과 함께 전서로 분류된다. 대전은 고문(古文), 기자(奇字)에 포함되어 있다.

70 전서가 변하여 한대(漢代)에 주로 쓰이던 서체로 여기에서 다시 변하여 지금

의 문밖에 세우게 하였다.

이후의 유학자와 뒤에 배울 사람들에게 모두 올바른 것을 갖도록 하기 위해서였다. 비석이 처음 세워지니 그것을 보거나 모사하려는 사람이 타고 온 수레가 매일 천여 량씩 거리를 가득 메웠다.

의 해서가 되었고, 다시 행서(行書)와 초서(草書) 등이 나타났다. 당시 예서는 금문(今文)이다.

71 오경을 새긴 것으로 이 비석을 '희평석경(熹平石經)'이라고 한다.

세밀한 법망과 지엽적 관심

2   애초 조정에서는 주와 군에서 서로 파당을 결성하여 사사로운 정
으로 비호하는 것을 논의하고서 제(制)[72]를 내려 혼인한 집안이 두 주
에 걸쳐진 인사는 서로 관직을 감독하거나 관직에 나갈 수 없다고 하
였는데, 이때에 이르러 재차 삼호법(三互法)[73]을 만들어 금기시 하는
것이 더욱 세밀해지고, 선발해 등용하는 것이 대단히 어려워져서 유주
(幽州)와 기주(冀州) 두 주에서는 오랫동안 결원이 생겨도 보충되지 않
았다.

채옹이 상소를 올렸다.

"엎드려 보건대, 유주와 기주는 옛날부터 있던 땅으로 갑옷과 말이
산출되는 곳이었으나 근년에 전쟁과 기근으로 인해 점차로 불모지가
되었습니다. 지금은 관직을 결원된 채로 시일을 보내니 관리와 백성이

---

72 황제의 명(命)이다. 종전에는 명령이던 것을 진시황제 이후 제조(制詔)로 고쳤
   으며, 이는 황제만이 할 수 있다.
73 원래 자기 출신지에서의 관리 노릇만을 제한했는데, 한 걸음 더 나아가서 혼
   인 관계가 있는 집안과 두 주에 사는 사람을 서로 바꾸어서 관리가 될 수 없
   는 것을 말한다.

목을 빼고 기다리나 삼부(三府)에서는 선발하여 천거하는데 한 달이 넘어도 정하지 못하고 있습니다.

신이 이상하게 여겨 그 연유를 물어보니 삼호법을 피하기 위해서라고 합니다. 11개 주에는 금령이 있어서 두 주에서만 뽑아야 할 뿐이랍니다. 또한 이 두 주의 인사에서 어떤 사람은 다시 근무연한의 제한을 받게 되니[74] 의심하다가 지연되고 덮어버려서 두 주는 공중에 매달린 채로 있게 되어 만 리나 되는 지역이 쓸쓸하고 고요해져 관리 받고 매일 곳이 없습니다.

우매한 저는 삼호법의 금령으로 이것을 금하는 것이 야박하다고 생각합니다. 지금 단지 권위와 위엄을 늘리고 그 법령을 분명하게 하면 마주 보는 곳에서 서로 부주(部主)가 되게 해도[75] 역시 두려워서 감히 사사로이 결탁하지는 못할 것인데, 하물며 삼호법이 있는데 무엇을 족히 의심하려는 것입니까?

예전에 한안국(韓安國)[76]은 형을 살고 있는 사람 가운데에서 일으켰고, 주매신(朱買臣)[77]은 숨겨지고 비천한 곳에서 나왔는데 나란히 재주로 보아 마땅하므로 돌아와 본래의 고향을 지켰으니 어찌 다시 삼

---

74 관리는 계속해서 한 자리에서 근무할 수 있는 근속연한이 정해져 있었다.

75 부주는 한 부(部)의 주군이 되는 사람을 말한다. 여기서는 기주와 유주를 두고 하는 말이므로 기주 자사와 유주 자사를 의미하며, 기주 사람이 유주의 자사가 되고 유주사람이 기주의 자사가 되는 것을 뜻한다.

76 전한시대 양국(梁國, 하남성 상구시) 사람이다. 죄를 지어 감옥에 갇혔는데 경제(景帝)가 사신을 보내 감옥에서 그를 양국 재상으로 임명하였다.

77 전한시대 회계군(會稽郡, 절강성 소흥시) 사람이다. 땔나무를 팔아 생계를 꾸리던 사람으로 후에 무제 때 회계군 태수로 임명되었다.

호법에 따라 소소한 제약에 얽매일 것입니까?

신이 바라건대 폐하께서는 위로는 먼저 돌아가신 황제를 본받아 최근의 금령을 폐지하여 없애시고, 여러 주의 자사는 서로 교환할 수 있는 사람을 그릇으로 보아 등용하며 날짜와 삼호법에 구애받지 않고 그 속에서 인재를 차출하여야 합니다."

조정에서는 따르지 않았다.

❈ 신 사마광이 말씀드립니다.

"숙향(叔向)이 말한 적이 있습니다. '나라가 장차 망할 때에는 반드시 제도가 번잡해진다.'[78] 밝으신 군왕의 정치는 삼가 충성스럽고 현명한 사람을 선발하여 이를 맡기고, 무릇 안팎의 신하 가운데 공적이 있으면 상을 내리고 죄가 있으면 바로 처벌하면 사사롭게 아첨하는 바가 없으며, 법과 제도가 번잡하지 않아도 천하는 크게 잘 다스려집니다. 그 이유는 무엇입니까? 근본을 장악하고 있기 때문입니다.

그것이 쇠퇴하기에 이르면 백관을 맡기면서 인재를 선택할 수 없고, 금령은 더욱더 많아져서 막고 금하는 것은 더욱 조밀해지니 공이 있는 사람은 법조문에 막혀서 상을 받지 못하고, 간신배는

---

78 춘추시대 진(晉)나라 사람이다. 숙향은 자이고 이름은 양설힐(羊舌肹)이다. 박학다식하여 일찍이 초나라에 사신으로 갔을 때 초나라 사람이 숙향이 모르는 것을 물어 업신여기고자 하였으나 숙향이 잘 응답하였다고 한다. 자산(子産)에게 책을 보내 경계하게 하였는데, 이 말은 자산에게 보낸 책에서 숙향이 한 말이며《춘추좌전》에 실려 있다.

법을 교묘하게 이용해 처벌을 면하게 되니 위아래가 수고롭고 소란스러워서 천하는 크게 어지러워집니다. 이유는 무엇입니까? 지엽적인 것을 쫓기 때문입니다.

효령제 때 자사와 이천석 관리의 탐욕이 승냥이와 이리와 같아서 백성들을 포악하게 죽이니 조정에서 바야흐로 삼호법의 금령을 준수하게 하였습니다. 지금 이를 보면 충분히 웃을 만한 일이지만 어찌 깊이 경계할 만하지 않습니까?"

3 하간왕(河間王) 유건(劉建)의 손자 유타(劉佗)[79]를 책봉하여 임성왕(任城王)으로 삼았다.

4 여름, 4월에 군과 봉국의 일곱 곳에 홍수가 났다.

5 5월 정묘일(1일)에 천하를 사면하였다.

6 연릉(延陵)[80]의 묘원에서 화재가 발생하였다.

7 선비족이 유주(幽州, 하북성 북부)를 노략질하였다.

8 6월에 홍농(弘農, 하남성 영보현)과 삼보(三輔, 장안)에 마디충[81]의

---

79 유타는 황제의 사촌형제의 아들이다.

80 전한 성제(成帝) 유오(劉驁)의 능이다.

81 명충 나방의 유충으로 벼나 조 따위의 속을 파먹어 말라죽게 한다.

피해가 발생하였다.

9   우전(于寘, 신강자치구 화전현)왕 안국(安國)이 구미(拘彌, 신강자치구 우전현)를 공격하여 대파하고 그 왕을 살해하였다. 무기교위와 서역장사가 각각 병사를 징발하여 구미를 도와 인질로 와있던 아들 정흥(定興)을 왕으로 세웠는데 인구가 천 명으로 줄었다.

효령제 희평 5년(丙辰, 176년)

1   여름, 4월 계해일[82]에 천하를 사면하였다.

2   익주군(益州郡, 운남성 진녕현)의 이족이 반란을 일으키자 태수 이옹(李顒)이 그들을 토벌하여 평정하였다.

3   성대한 기우제를 지냈다.

4   5월에 태위 진탐(陳耽)이 파직되었고, 사공 허훈(許訓)을 태위로 삼았다.

5   윤월(윤5월)에 영창(永昌, 운남성 보산현) 태수 조란(曹鸞)이 편지를 올려 말하였다.

---

82 4월은 임진일이 초하루이므로 4월에 계해일은 없다.

"대저 당인이라는 자들 가운데 혹자는 나이가 많고 덕이 훌륭하고, 혹자는 의관을 갖춰 입고 뛰어나게 현명하니 모두 마땅히 왕실의 팔다리가 되고 큰 계책을 좌우해야 할 자들입니다. 그러나 오랫동안 금고에 처해져서 진흙 속에서 욕을 당하고 있습니다.

반란을 모의하여 대역죄를 지은 자도 오히려 사면을 받아 용서되는데, 당인에게 무슨 죄가 있기에 유독 용서하지 않습니까? 재이가 거듭 나타나고 홍수와 가뭄이 끊이지 않는 까닭은 모두 이로 말미암은 것입니다. 마땅히 큰 은혜를 베푸셔서 하늘의 뜻에 부응하십시오."

황제가 상주문을 살펴보고 크게 노하여 즉시 사예와 익주(사천성 및 운남성) 자사에게 조서를 내려서 함거(檻車)[83]로 조란을 잡아들이라고 하여 괴리(槐里, 섬서성 흥평현)에 있는 감옥으로 보내 고문하여서 그를 죽였다.[84] 이에 주와 군에 조서를 내려서 당인의 문하생과 예전에 부하 관리였던 자, 아버지나 아들, 형제 가운데 관직에 있는 자들을 다시 조사하여 모두 관직을 면직시키고 금고에 처하였는데, 멀게는 5속[85]에까지 미쳤다.

---

83 죄수용 수레를 말한다.

84 조만이 태수로 있는 영창군은 익주 자사에 속하였지만 부풍의 괴리현은 사예교위에 속한 지역이다. 아마 익주 자사에게 조만을 체포하게 하고, 사예교위는 그를 괴리에 있는 감옥으로 보낸 것일 것이다.

85 친족 가운데 사람이 죽으면 죽은 자와의 친소 관계에 따라 상복을 입는 기간을 다섯 단계로 나눈다. 제일 가까운 사람인 자식의 참최(斬衰)는 3년, 그 다음은 각기 제최(齊衰)는 1년, 대공(大功)은 9개월, 소공(小功)은 5개월, 시마(緦麻)는 3개월로 구별되었다. 여기서는 그 연좌제가 시마를 입는 관계까지 확대된 것을 말한다.

6　6월 임술일(3일)에 태상(太常)[86]인 남양(南陽, 하남성 남양시) 사람 유일(劉逸)을 사공으로 삼았다.

7　가을, 7월에 태위 허훈이 파면되었고 광록훈[87] 유관(劉寬)을 태위로 삼았다.

8　겨울, 10월에 사도 원외(袁隗)가 파면되었고, 11월 병술일[88]에 광록대부[89] 양사(楊賜)를 사도로 삼았다.

9　이 해에 선비족이 유주(幽州, 하북성 북부와 요녕성 지역)를 침구하였다.

효령제 희평 6년(丁巳, 177년)

1　봄, 정월 신축일(15일)에 천하를 사면하였다.

2　여름, 4월에 큰 가뭄이 들었고, 7개 주에 황충의 해가 발생하였다.

---

86 황실의 종묘의례를 관장하였다.

87 궁정 금문의 일을 관장하였다.

88 11월은 초하루가 무자일이므로 11월에는 병술일이 없다. 만약 병술(丙戌)이 병진(丙辰)의 잘못이라면 29일이다.

89 궁정의 고문역을 담당하였다.

삼공에게 장리(長吏)들 가운데 가혹하고 탐욕스러운 자를 조목조목 적어서 상주하게 하여 그들을 파면하였다. 평원(平原, 산동성 평원현)의 재상인 어양(漁陽, 북경시 밀운현) 사람 양구(陽球)가 엄격하고 가혹하다는 것에 연좌되어 불려와 정위에게로 보내졌다. 황제는 양구가 전에 구강(九江, 안휘성 수현) 태수였을 때에 도적을 토벌한 공로가 있어서 특별히 그를 사면하고 의랑에 제수하였다.

3   선비족이 세 방향의 변경 지대[90]를 노략질하였다.

4   시장에서 장사하는 힘없는 백성들 중 서로 모여 선릉(宣陵)[91]의 효자라고 하는 사람이 수십 명이 있었는데, 조서를 내려서 모두 태자사 인(太子舍人)[92]에 제수하였다.

5   가을, 7월에 사공 유일(劉逸)이 면직되었다. 위위[93] 진구(陳球)를 사공으로 삼았다.

6   황제는 문학을 좋아하여 스스로《황희편(皇羲篇)》50장을 저술하였고, 이 때문에 여러 학생 중에서 문장과 부(賦)를 잘 지을 수 있는 학

---

90 북방 변경 지역의 동쪽·서쪽·북쪽인데 실제로는 북방 지역 전체를 말한다.

91 전임 황제인 유지 즉 환제(桓帝)의 능이다.

92 태자궁의 경호원으로 문관 중에서는 가장 낮은 지위이며 녹질은 200석 정도 이다.

93 금위사령관에 해당하는 직책으로 궁성의 경비를 담당하였다.

생들을 끌어들여 나란히 홍도문(鴻都門) 아래에서 제서(制書)[94]를 기다리게 하였다. 후에 척독(尺牘)[95]과 조전(鳥篆)[96]을 세밀하게 쓰는 사람까지 모두 이끌어 불러들여서 마침내 수십 명에 이르렀다.

시중좨주(侍中祭酒) 낙송(樂松)과 가호(賈護)가 품행이 좋지 않으면서 권세를 좇는 무리들을 그 안에다 많이 데려다 놓고 골목길에서 있었던 사소한 일들을 즐겨 말하였다. 황제가 그것을 대단히 기뻐하며 순서를 밟지 않고 우대하였고, 또 오랫동안 몸소 교제(郊祭)[97]와 묘제(廟祭)[98]의 예를 올리지 않았다.

마침 조서를 내려서 여러 신하들에게 각각 정치에서 중요한 것을 진술하게 하니 채옹이 봉사를 올려 말하였다.

"무릇 오교(五郊)에서 절기를 맞이하고,[99] 종묘를 청정하게 하여 제

---

94 제(制)란 황제의 명으로 여기서는 황제가 내릴 명령을 쓰는 업무를 말한다. 보통 대제(待制)라고 한다.

95 공문 서신을 말한다. 독은 서판으로 예전에는 긴 것을 간(簡)이라고 하고 짧은 것을 독이라고 하였다. 대략 2척 정도이다.

96 새 발자국 모양을 한 전서체이다. 글씨체는 여섯이 있었는데, 고문(古文), 기자(奇字), 전서(篆書), 예서(隸書), 무전(繆篆), 충서(蟲書)가 그것이다. 고문은 공자의 벽 속에서 나온 글자체이고, 기자는 바로 고문이지만 조금 다르며, 전서는 소전(小篆)을 말하는 것인데 진시황 때 정막(程邈)이 지었다. 예서는 또 정막이 헌상한 것인데 형도나 노예에게 주로 사용하게 하여 간단하게 만든 것이고, 무전은 그 글자가 굴곡(屈曲)이 심하여 구불구불한데 인장(印章)을 베낀 것이기 때문이다. 충서는 벌레나 새의 모양을 하고 있어서 번신(旛信)을 쓰기 위한 것이다.

97 천자가 하지와 동지에 교외에 나가 하늘과 땅에 제사지내는 행사이다.

98 종묘와 사직에 제사지내는 행사이다.

99 《속한서》〈제사지〉에 의하면 입춘에는 동교(東郊)에서 봄을 맞이하였고, 하

사하고,[100] 벽옹(辟雍)에서 노인을 봉양하는 것은 모두 황제가 해야 할 대업이며 조종(祖宗)들이 삼가 받들었던 일입니다.

그런데 유사들이 자주 번국(蕃國)[101]의 먼 친족에서 일어난 장례와 궁궐 안에서 출산한 일, 하급 관리에게 있었던 소소하고 불결한 일[102]을 가지고 그것을 폐지하여 실행하지 않아 예로 공경해야 하는 큰일을 잊어버리고, 금기하는 책에 맡기며 구차하게 사소한 연고에 구애되어 커다란 제도를 훼손하였습니다. 지금부터는 재계(齋戒)[103]하는 제도를 마땅히 옛 전례대로 하여, 바람과 천둥, 재해와 요상한 현상에 응답해야 합니다.

또 옛날에 인사를 선발하는 데에는 반드시 제후에게 세공(歲貢)[104]하게 하였으며 효무제시기에는 군에서 효렴(孝廉)을 천거하고 또는 현량(賢良)과 문학을 선발하는 일도 있었으니 이에 이름난 신하가 배출되었고 문무가 함께 일어났습니다. 한나라에서 인재를 찾는 데에는 여러 길이 있었을 뿐입니다.

지에는 남교에서 여름을 맞이하였다. 입추 18일 전에는 제단에서 천신을 맞이하였고, 입추에는 서교에서 가을을 맞이하였다. 입동에는 북교에서 겨울을 맞이하였다.

100 한대 황실에서는 일 년에 다섯 차례 즉, 봄에는 정월, 여름에는 4월, 가을에는 7월, 겨울에는 10월 및 그믐에 제사를 지냈다. 이에 관한 내용은 《자치통감》 권44, 명제 영평 2년(59년)조에 실려 있다.

101 제후국을 말한다.

102 하급 관리가 병들었거나 죽은 경우를 말한다.

103 제사지낼 때는 심신을 깨끗이 해야 하는데 한(漢)대에는 천지(天地)에 제사지낼 때는 7일, 종묘와 산천은 5일, 작은 제사는 3일 동안 재계하도록 되어 있다.

104 《상서》에 의하면 예전 제후는 3년에 한 번씩 인사를 추천하게 하였다고 한다.

무릇 글씨, 그림, 사부(辭賦)는 재주 가운데 작은 것이지만, 나라를 바로잡고 정사를 다스리는 데는 그것으로 할 수 있는 것이 아닙니다. 폐하가 즉위하셨던 초기에는 먼저 경학을 두루 섭렵하시고 정사를 들으시고 남는 날에는 문장을 보고 살피셨지만 그러나 애오라지 당대의 도박과 바둑에 뜻을 두셨으니 백성을 교화하고 인사를 선발하는 근본이라고 생각하지 않았습니다.

그러나 여러 학생이 이익을 다투어 글 짓는 것은 솥에 물 끓듯 하여 수준 높은 것은 자못 경전을 인용하여 풍속을 교화하며 풍자해서 말하지만, 저속한 것은 속어를 늘어놓고 짜 맞추어 광대와 같으며, 어떤 사람은 이미 완성된 문장을 표절하거나 헛되이 남의 이름을 갖다 대기도 합니다.

신은 매번 성화문(盛化門)에서 조서를 받으며 순서에 따라 등록을 하고 있습니다만, 아직 급제하지 못한 자도 또한 무리들을 따라 모두 발탁되어 관직을 제수 받고 있습니다. 이미 내리신 은혜는 다시 거두어 바꾸기 어려워서 다만 봉록만을 지켜주시니 도의적으로 이미 사사로운데, 다시는 백성을 다스리게 하거나 주와 군에 있게 해서는 안 됩니다.

예전에 효선제가 여러 유학자들을 석거(石渠)[105]에 모이게 하고, 장제(章帝)가 학사를 백호(白虎)[106]에 모이게 하여 경전을 통달하고 뜻

---

105 석거각(石渠閣)이라고 하며 한대 황실의 도서관이다. 이 이름은 누각 아래 돌을 깔아 도랑을 만들어 배수를 한 것에서 유래한다. 효선제 감로(甘露) 연간에 여러 유학자들이 이곳에서 여러 서적을 강론하였다. 지금의 섬서성 장안현 서북쪽에 있었다.

106 백호관(白虎觀)을 말한다. 북궁에 있는 궁으로 후한 장제 때 박사, 의랑, 학생 등을 이곳에 모아서 오경의 이동(異同)에 관해 논하게 하였다. 이 사건은 건초 4년(70년)의 일로 《자치통감》 권40에 실려 있다.

을 해석하게 하였으니, 그 일은 뛰어나게 큰 것으로 문왕과 무왕[107]의
도였으므로 마땅히 이것을 따라야 했습니다. 만약 작은 재능이 작은 선
행을 낳아 비록 봐줄만한 것이 있다고 하여도 공자는 영향이 멀리까지
이르기에는 막히는 것으로 여겼으니[108] 군자는 진실로 큰 것을 지향
해야 마땅합니다.

또한 이전에 모든 선릉의 효자를 태자사인으로 삼았는데, 신이 듣
건대 효문황제가 제서(制書)를 내려서 상복을 입는 것을 36일로 하
여,[109] 비록 몸소 계승하는 군주[110]나 아버지와 아들처럼 아주 친한
관계에 있는 사람과 공경이나 늘어서 있는 신하가 은혜를 입은 것이
막중하다고 해도 모두 마음을 억누르고 제서를 따르며 감히 뛰어넘지
않았습니다.

지금 헛되고 거짓된 소인배들은 본래 혈육이 아니거나 예전에 사사
로이 총애를 받은 은혜도 없으며 또한 봉록을 받으며 벼슬한 사실도
없어서 측은하게 여기는 마음으로 생각해도 뜻으로 보아 근거가 없습
니다.[111]

심지어 간사한 사람들이 그 안으로 흘러 들어가기도 하는데, 환사황
후의 조재(祖載)[112] 때 동군(東郡)에서 남의 아내를 훔친 자가 효자들

---

107 주나라의 성왕인 문왕과 무왕을 가리킨다.

108 《논어》 제19권 〈자장편〉에 나온다.

109 문제 후 7년(기원전 157년)의 일로 《자치통감》 권14에 실려 있다.

110 황태자를 말한다.

111 얼마 전에 아무런 관계가 없는 사람이 선릉효자라고 하자 이들을 모두 태자
　　사인으로 제수한 일을 비판한 것이다.

속으로 도망하였는데, 본 현에서 추적해 체포하니 마침내 그 죄를 자백하였습니다. 헛되고 거짓되며 더럽고 추악함은 말로 다하기가 어렵습니다.

태자의 관속은 마땅히 덕이 고상한 자를 찾아 선발하여야 하는데 어찌 다만 무덤에서 흉악하고 추악한 짓을 한 자만을 뽑는 일이 있어야 하겠습니까? 그 상서롭지 못한 것 가운데 이보다 더 큰 것이 없습니다.[113] 마땅히 향리로 돌려보내어 속이고 거짓말한 것을 밝히셔야 합니다."

글을 상주하자 황제는 이에 몸소 북교에서 절기를 맞이하고 벽옹의 예를 거행하였다. 또한 조서를 내려 선릉효자로 사인이 된 자 모두를 승(丞)과 위(尉)로 바꾸었다.

---

112 조(祖)는 장례식 때 처음으로 정원에서 제사지내는 것을 말하며, 재(載)는 관을 수레에 싣는 것을 말한다.

113 별 구별 없이 태자사인을 임명한 일은 상서롭지 못한 행위 가운데 가장 큰 것이라는 의미이다.

선비족 정벌을 반대한 채옹의 견해

7   호오환교위 하육(夏育)이 말씀을 올렸다.

"선비족이 변경을 노략질하는 것은 봄 이후로 30여 차례나 발생하였으니 청하건대 유주(幽州)에 있는 여러 군의 병사를 징발하여 요새로 나가 공격하게 해주시면 한 차례 겨울과 두 차례 봄이면 반드시 그들을 잡아서 없앨 수 있습니다."

이에 앞서 호강교위 전안(田晏)이 어떤 일에 연루되어서 형벌을 판결 받았는데, 용서를 받기 위해 스스로 공을 세워서 보답하고 하여 마침내 중상시 왕보에게 장(將)[114]이 되게 해달라고 청했다. 왕보는 이 때문에 병사를 파견해 하육과 함께 힘을 합쳐 도적을 토벌할 것을 건의하자 황제가 이에 전안에게 벼슬을 내려 파선비중랑장[115]으로 삼았는데 대신들이 대부분 찬동하지 않으니 이에 백관을 불러 조당에서 논의하였다.

채옹이 의논하여 말하였다.

---

114 선비 토벌 대장인 중랑장을 말한다.

115 선비족을 격파할 중랑장이라는 말이다.

"수류(殊類)[116]를 정벌하는 것은 유래가 오래되었습니다. 그러나 시기에는 차이가 있으며, 형세를 보면 가능하거나 불가능한 경우가 있으니 그러므로 꾀를 내도 득실이 있고 일을 해도 성패가 있어서 똑같다고 할 수 없습니다.

무릇 세종(世宗)[117]은 신령스러운 무재(武才)를 가졌고, 장수는 훌륭하고 용맹하고, 재부(財賦)는 알차게 가득하였고, 세력이 미치는 곳이 광활하고 요원하였으나 수십 년 동안에 관과 백성은 모두 궁핍에 빠져 오히려 후회함이 있었습니다.[118] 하물며 지금처럼 인재와 재정이 나란히 결핍되어 있어 일하는 것이 예전보다 열악한 경우에서야!

흉노로부터 숨어서 달아났지만 선비족은 강성해져 그 옛 지역을 점거하였고,[119] 병사는 10만이라고 말하며 재주와 무력도 굳건하고 지혜도 더욱더 발휘되고 있습니다. 게다가 관문의 요새는 삼엄하지 않고 금령과 법망은 많이 느슨하며 순금과 좋은 철은 모두 적들이 가지고 있고, 한인은 도망가서 그들의 모사(謀士)가 되었으니 병기는 날카롭고 말은 질풍과 같아 흉노를 능가하고 있습니다.

예전에 단경이 훌륭한 장수였는데, 병사를 훈련시켜 잘 싸웠으나 서강족에게 일이 있었던 것이 오히려 십여 년이었습니다.[120] 지금 하육

---

116 이족(異族)으로, 여기서는 선비족을 가리킨다.

117 한 무제 유철(劉徹)을 말한다.

118 영역을 크게 확장하였다는 의미이다. 이러한 평가는 윤대(輪臺)의 애통함을 드러낸 조서(詔書)에 보인다.

119 이 일은 화제 영원 5년(93년)의 일이고 내용은 《자치통감》 권47에 실려 있다.

120 단경은 환제 연희(延熹) 2년(159년)에 서강을 공격하여 건영(建寧) 2년(169년)에 비로소 성공하기까지 거의 11년이 걸렸다.

과 전안의 재능과 책략은 반드시 단경을 능가하지 못하며 선비 종족의 무리는 이전보다 약하지 않은데 허술하게 2년을 계획해서 스스로 성공할 수 있다고 하나 만일 화로 맺어지며 병난(兵難)이 이어지면 어찌 중도에 멈출 수 있을 것이며, 마땅히 다시 많은 사람들을 징발하고 군량을 운반하는 것이 그침이 없을 것이니 이것은 제하(諸夏)[121]를 고갈시킬 것이며 아울러 만이에게 힘을 더해 주는 것입니다.

무릇 변경에 있는 우환은 손발의 옴같이 가려운 것이나 중원의 나라에 있는 곤경은 가슴과 등의 악성종기입니다. 바야흐로 현재 군과 현의 도적도 여전히 금지할 수 없는데 하물며 이 추악한 야만인을 굴복시킬 수 있겠습니까!

예전에 고조(高祖)는 평성(平城)의 수치를 인내하시고[122] 여후(呂后)는 오만불손한 편지의 치욕을 무시하였는데[123] 바야흐로 지금과 비교해보면 어느 때가 더 강성합니까? 하늘이 산과 하천을 세웠지만 진(秦)나라가 장성을 쌓고 한대에 요새와 성벽을 세운 것은 안팎을 구별하고 특수한 풍속을 달리하기 위해서입니다.

진실로 나라를 궁지에 빠뜨리고 안으로 모욕당하는 우환이 없다면 좋을 것이니 어찌 벌레와 개미 같은 야만인과 더불어 왕래하는 술수를 비교하겠습니까! 비록 혹 그들을 격파한다 해도 어찌 다 죽여 없애서

---

121 중국의 여러 나라로써 야만인과 구별되는 중화 세계를 의미한다.

122 고조 유방이 흉노를 정벌하러 출정했다가 오히려 평성에서 흉노에게 7일간 포위당한 사건을 말한다. 기원전 200년의 일이다.

123 흉노인 모돈 선우가 여태후에게 외설스럽고 오만한 편지를 보낸 것을 말한다. 여태후가 화를 내지 않고 두 대의 수레와 여덟 필의 말을 보내니 모돈 선우가 감사의 말을 전하며 화친을 맺게 되었다. 기원전 192년의 일이다.

바야흐로 본 조정의 간식(旰食)[124]으로 할 만하시겠습니까!

예전에 회남왕 유안(劉安)이 월(越, 복건성 복주시)의 토벌에 대해 간하기를 '만약 월나라 사람들이 죽음을 무릅쓰고서 집사(執事)를 거역하게 하여 가마꾼과 같은 졸병 한 사람이라도 제대로 갖추어놓지 못하고 돌아온다면 비록 월왕의 목을 얻었다고 해도 오히려 위대한 한 왕조의 수치가 될 것이다.'라고 하였습니다.

그런데 제민(齊民)을 추악한 야만인과 바꾸고 황제의 위엄으로 바깥의 야만인을 욕되게 하고자 하지만 곧 그 말과 같이 되어도 오히려 이미 위험한 것인데, 하물며 득과 실을 헤아릴 수가 없는 경우에서야!"

황제가 따르지 않았다.

8월에 하육을 파견하여 고유(高柳, 산서성 양고현)를 출발하게 하고, 전안에게 운중(雲中, 내몽고 자치구 탁고탁현)을 출발하게 하고, 흉노중랑장 장민(臧旻)에게 남선우를 거느리고 안문(鴈門, 산서성 우옥현)을 출발하게 하여 각각 1만 기병을 인솔하여 세 갈래 길로 요새를 나가서 2천여 리를 갔다.

단석괴(檀石槐)가 삼부(三部)의 대인[125]에게 명하여 각각 무리를 거느리고 맞아 싸우게 하니, 하육 등이 대패하여 그들의 절전(節傳)과 치중(輜重)[126]을 상실하고 각각 수십 명의 기병만을 거느린 채 도망쳐

---

124 군주가 정사에 근로(勤勞)해서 늦게 식사를 하는 것을 말한다. 여기에서는 야만인의 일로 힘쓸 필요가 없다는 의미이다.

125 단석괴는 선비족의 우두머리이고 대인은 대추장에 해당하는 직위를 가진 사람의 호칭이다. 단석괴가 그 나라를 세 부로 나누었던 것은 환제 연희 9년(166년)의 일이고 이 일은 《자치통감》 권55에 실려 있다.

126 절전은 관문을 통과할 때 내보이는 징표이고, 치중은 군사물자를 실은 수레

돌아왔는데 죽은 자가 열에 일고여덟 명이었다. 세 명의 장수는 함거로 불리어 와서 하옥되었다가 대속금(代贖金)을 바치고 서민이 되었다.

8   겨울, 10월 초하루 계축일에 일식이 있었다.

9   태위 유관(劉寬)이 면직되었다.

10   신축일[127]에 경사에 지진이 일어났다.

11   11월에 사공 진구(陳球)가 면직되었다.

12   12월 갑인일(3일)에 태상인 하남(河南, 하남성 낙양시) 사람 맹욱 (孟彧)을 태위로 삼았다.

13   경진일(29일)에 사도 양사(楊賜)가 면직되었다.

14   태상 진탐(陳耽)을 사공으로 삼았다.

15   요서(遼西, 요동성 금주시 서북) 태수인 감릉(甘陵, 산동성 청평현) 사 람 조포(趙苞)가 관부(官府)에 부임하자 사자를 보내어 모친과 처자를

를 말한다.

127 통감필법으로 보아 이날은 10월로 보이는데, 10월은 초하루는 계축일이므로 10월에는 신축일이 없다. 만약에 신축(辛丑)이 신사(辛巳)의 잘못이라면 이날 은 29일이다.

맞이하게 하여 요서군에 거의 다 이르렀는데, 그 길이 유성(柳城, 요녕성 홍성현)을 지나게 되어 있어서 마침 선비족 1만여 명이 요새에 들어와 노략질을 하면서 조포의 어머니와 처자를 위협하여 드디어 인질로 삼아 수레에 싣고서 군을 공격하였다.

조포는 기병 2만 명을 이끌고 적과 마주하여 진을 치고 있었는데 적이 모친을 끌어내서 조포에게 보이자 조포는 비통하게 외치며 모친에게 말하였다.

"자식이 되어서 면목이 없지만 적은 녹봉으로나마 조석으로 봉양하고자 하였으나 생각지도 않게 어머니에게 화를 끼치게 되었습니다. 예전에는 어머니와 자식 관계였으나 지금은 왕의 신하가 되었으니 의로보아 사사로운 은혜를 돌아보다가 충절을 훼손할 수는 없으며 오직 만 번 죽음을 당해도 그 죄를 메우지는 못할 것입니다"

모친이 멀리서 말하였다.

"위호(威豪)[128]야, 사람이란 각각 운명이 있으니 어찌 서로를 돌아보다가 충의를 훼손할 수 있겠느냐! 너는 그것에 힘써야 할 것이다."

조포가 즉시 나아가 싸워서 적을 다 무찔러 격파하였으나 그의 어머니와 아내는 모두 살해되었다.

조포가 스스로 돌아가 장례를 치르게 해 줄 것을 올리자[129] 황제는 사신을 보내 조문하여 위로하고 유후(鄃侯)로 책봉하였다. 조포가 장사를 마친 후 고을 사람들에게 말하였다.

---

128 조포의 자호이다.

129 법률상 관리는 황제의 허락을 받고서야 사사로운 왕래를 할 수 있기 때문에 상주문을 올린 것이다.

"봉록을 먹으면서 난을 피하는 것은 충성이 아니며, 어머니를 죽이고서 의로움을 온전히 한 것은 효도는 아니다. 이와 같으니 무슨 면목으로 천하 사람들 앞에 서겠는가!"

마침내 피를 토하며 죽었다.

효령제 광화 원년(戊午, 178년)

1 봄, 정월에 합포(合浦, 광서자치구 합포현)와 교지(交趾, 베트남 하노이시)의 오호만족(烏滸蠻族)이 반란하자 구진(九眞, 베트남 탄호아시)과 일남(日南, 베트남 동호아시)의 백성을 끌어 모아 군과 현을 공격하여 함락시켰다.

2 태위 맹욱이 파직되었다.

3 2월 초하루 신해일에 일식이 있었다.

4 계축일(3일)에 광록훈인 진국(陳國, 하남성 준양현) 사람 원방(袁滂)을 사도로 삼았다.

5 기미일(9일)에 지진이 일어났다.

6 홍도문학(鴻都門學)[130]을 설치하고, 여러 학생들을 모두 주와 군, 삼공에게 천거하고 벽소하여 채용하도록 칙령을 내렸는데, 어떤 사람

은 나가서 자사나 태수가 되었고, 들어와서 상서나 시중이 되었으며, 제후에 봉해지거나 작위를 하사 받은 사람이 있었다. 사대부와 군자들은 모두 이들과 더불어 한 열(列)에 있게 된 것을 부끄러워하였다.

7   3월 신축일(21일)에 천하를 사면하고 기원을 바꾸었다.[131]

8   태상인 상산(常山, 하북성 원씨현) 사람 장호(張顥)를 태위로 삼았다. 장호는 중상시 장봉(張奉)의 동생이다.

9   여름, 4월 병진일(7일)에 지진이 일어났다.

10   시중시(侍中寺)[132]에서 암탉이 변하여 수탉이 되었다.

11   사공 진탐(陳耽)이 면직되었는데, 태상 내염(來豔)을 사공으로 삼았다.

---

130 홍도문은 궁궐의 문이고, 그 궁궐의 문 안에 세운 학교이다. 여기에서는 주로 글씨나 그림을 잘 그리는 사람을 모아서 가르쳤다.

131 희평(熹平) 7년에서 광화 원년으로 바꿨다.

132 시중, 즉 궁중에서 시종(侍從)업무를 맡은 사람들이 근무하는 관서이다.

하늘의 변괴를 해석한 사람들

12   6월 정축일(29일)에 검은 기운이 황제가 가 있는 온덕전(溫德殿)의 동쪽 정원으로 떨어졌는데 길이가 십여 장(丈)이나 되고 마치 용과 같았다.

13   가을, 7월 임자일[133]에 푸른 무지개가 옥당(玉堂) 뒤편에 있는 궁전의 정원에 나타났다. 조서를 내려 광록대부 양사(楊賜) 등을 불러 금상문(金商門)으로 오게 하고 재이와 소복(消復)[134]의 방도를 물었다.

양사가 대답하였다.

"《춘추참(春秋讖)》에서 말하기를 '하늘이 무지개[135]를 던지면 천하가 원망하며 해내(海內)가 어지러워진다.'고 합니다. 그 위에 4백 년의 주기가 또다시 도래합니다.[136] 지금 첩과 몸종, 환관의 무리들이 함께

---

133 7월은 초하루가 기묘일이므로 7월에는 임자일이 없다. 만약 임자(壬子)가 임오(壬午)의 잘못이라면 임오일은 7월 4일이다.

134 소복이란 재난을 소멸시켜서 원래의 일상으로 돌아가게 하는 것을 말한다.

135 원문의 예(蜺)는 빛이 희미한 무지개로서 암컷 무지개라고도 한다.

나라의 조정을 전횡하여 일월 같은 분[137]을 기만하고 있는데, 또 홍도문 아래에서 여러 소인배들을 불러 모아 부설(賦說)을 짓게 하여 때로 총애를 받고 있으며, 더욱이 서로 천거하여 열흘에서 한 달 사이에 나란히 각각 발탁되었습니다.

악송(樂松)은 상백(常伯)[138]으로 있고, 임지(任芝)는 납언(納言)[139]으로 있으며, 극검(郤儉)과 양곡(梁鵠)은 각각 풍성한 작위와 차례에 맞지 않는 총애를 받고 있지만 그런데도 진신(搢紳)[140]의 무리들은 밭두렁에 엎어져 버려지니 입으로는 요임금과 순임금의 말을 암송하는데도 몸은 세속에서 끊어진 곳을 밟고 다니며, 산골짜기에 버렸으니 거기까지 손길이 미쳐 발견해내지 못하고 있습니다.[141]

관모와 신발[142]이 뒤집혀 바뀐 것이고 언덕과 계곡의 처지가 바뀐 것인데, 다행이 황천(皇天)이 증상을 내려주시는 것에 의지하여 꾸짖

---

136 한 왕조의 1주기의 수명, 즉 4백 년을 더해야 한다는 뜻이다. 《춘추연공도(春秋演孔圖)》라는 참위서에서 '劉四百歲之際 襃漢王輔 皇王以期 有名不就'라고 되어 있다. 이것은 참위서여서 뜻이 분명하지 않은데, 송균(宋均)이라는 사람이 이것에 주를 달아서 이르기를 '비록 같은 족속인 사람을 포상하여 한왕(漢王)으로 삼아서 스스로 보필하게 하여 마땅히 기대에 부응하게 하지만 이름은 섭정하여 일을 맡은 사람으로 보인다. 그러므로 이름은 나아가지 않는다.'고 하였다. 아마도 전후한 두 왕조를 합쳐서 400년 간다는 의미인 것 같다.

137 왕과 왕비를 의미한다.

138 시중을 말한다.

139 상서를 말한다.

140 고귀한 인사를 말한다.

141 주목을 받고 있지 못하다는 의미이다.

142 관모와 신발은 위와 아래를 의미한다.

고 훈계하고 있습니다. 《주서(周書)》에서 말하기를 '천자가 괴이한 것을 보면 곧 덕을 수양하고, 제후가 괴이함을 보면 곧 정치를 잘 닦고, 경대부(卿大夫)가 괴이함을 보면 곧 직무를 잘 수행하고, 선비와 서인(庶人)이 괴이함을 보면 몸을 수양한다.'고 하였습니다.

오직 폐하께서는 교묘한 말로 아첨하는 신하들을 물리쳐 멀리 하시고 시급히 학명(鶴鳴)[143]한 인사를 징소하셔서 한 자 한 치[144]되는 것을 단절하시고 즐겨 노는 것을 절제하여서, 상천(上天)이 권위를 돌려보내도록 바란다면 많은 변고는 사라질 것입니다."

의랑 채옹이 대답하였다.

"신이 엎드려 생각하건대 여러 변고는 모두 나라를 망칠 괴이한 것입니다. 하늘은 위대한 한나라 왕조에게 두터운 정성을 그치지 않았으니, 그러므로 자주 요상한 변이를 내보내어 질책함으로써 임금이 느껴 깨닫게 해서 위험을 바꾸어 곧 평안하게 하려는 것입니다.

지금 푸른 무지개가 떨어지고 암탉이 변화하는 것은 모두 여자가 정치에 간섭해서 나타난 것입니다. 예전에는 유모 조요(趙嬈)가 천하에서 귀중하게 되자 참소하고 아첨하며 교만함이 넘쳐흘렀고, 이어서 영락궁(永樂宮)[145]의 문사(門史) 곽옥(霍玉)이 성사(城社)[146]에 의지하

---

143 학은 고상한 새를 말하므로 여기서는 품행이 고상하고 곧은 말을 하는 의로운 사람이다. 《주역》에는 '학은 그늘에서 울지만 그 아들이 그에 화답한다.'고 했고 《계사전》에는 '군자가 방안에서 선한 것을 말하면 천 리 밖에서도 이에 호응한다.'고 하였다.

144 조서를 말한다. 한대 조서를 쓸 때 일척 일촌의 목간을 사용한 것에서 나온 말이며, 여기서는 환관들이 거짓으로 만든 조서를 말하는 것이다.

145 후한 영제의 모친인 동태후의 궁이다.

여 또한 간사하고 사악한 행위를 하였습니다.

지금 도로에서는 시끄럽게 거듭 말하기를 '정대인(程大人)[147]이란 사람이 있는데 그 위풍과 명성을 살펴보건대 장차 나라에 우환이 될 것이다.'라고 합니다. 마땅히 높게 제방을 쌓으시고 분명히 금령을 설치하시고 조요와 곽옥을 깊이 생각하셔서 지극히 경계하셔야 합니다.

지금 태위 장호(張顥)는 곽옥이 나아가게 하였고, 광록훈 위장(偉璋)은 욕심이 많고 혼탁하다고 이름이 널리 알려져 있습니다. 또한 장수(長水)교위 조현(趙玹)과 둔기(屯騎)교위 개승(蓋升)은 모두 일시적인 총애를 탐내서 부귀영화를 족히 향유하고 있습니다. 마땅히 소인배가 벼슬자리에 있어서 나타나는 허물을 염두에 두시고, 물러나 몸을 빼내어 현명한 사람이 나갈 길에서 피하게 하여 얻는 복[148]을 생각해야 합니다.

엎드려 보건대, 정위 곽희(郭禧)는 순박하고 충실하며 노련한 사람입니다. 광록대부 교현(橋玄)은 총명하고 정직하며, 예전 태위였던 유총(劉寵)은 충성스럽고 실속이 있으며 정도를 지키고 있는데 나란히 마땅히 꾀를 내는 사람으로 삼아 자주 찾아서 물으십시오. 무릇 재상과 대신은 임금의 사지(四肢)이니 일을 맡기고 책임을 지우면 우열이 분

---

146 성과 사이다. 성 안의 여우와 사 안의 쥐가 몸을 의지하는데 군주의 측근에 있는 간신들이 안전한 곳으로 여겨 이용하는 군주의 권위를 말하는데, 여기에서는 태후의 권위를 비유한 것이다.

147 궁중에서는 중년의 나이 든 환관을 대인이라고 부른다.

148 피현지복(避賢之福)이라는 말로 자기가 자리를 계속 차지하고 있으면 더 현명한 사람이 그 자리에 올 수 없기 때문에 현명한 사람이 나올 수 있도록 사직하여 그 길을 열어주는 것을 말하며 그것이 결국 복된 일이라는 것이다.

별될 것이며 마땅히 소리(小吏)가 하는 말을 들어주어서 대신들을 조탁(雕琢)[149]해서는 안 됩니다.

또한 상방(尚方)[150]의 공예 작품이나 홍도(鴻都)에서 쓰인 편부(篇賦)의 문장도 잠시 중지함으로써 오직 우려하시고 있는 마음을 보이셔야 합니다. 재부(宰府)에 있는 효렴(孝廉)은 선비 가운데 우수하게 선발된 사람인데, 근래에는 벽소하는 것이 신중하지 아니하니 삼공을 엄히 질책하셔야 합니다. 지금 모두 사소한 문장으로 순서를 뛰어넘어 천거해서 선발하고 청탁하는 문을 열어두어 밝으신 군왕의 법도를 위배하여서 많은 사람들이 만족하지 않으나 감히 말하지 못하고 있습니다. 신이 원하건대 폐하께서는 참고 이를 단절하시며 오직 만 가지 기틀을 생각하셔서 하늘이 희망하는 것에 화답하십시오.

성스러운 조정에서는 이미 스스로를 엄격하게 제약하고, 좌우의 가까운 신하들 또한 마땅히 따라서 감화되어 사람들 스스로 억제해 줄이게 되고, 허물을 막아 경계하면 곧 하늘의 도는 허물이 꽉 차있는 자를 이지러뜨릴 것이며 귀신은 겸허한 자에게 복을 줄 것입니다.

무릇 임금과 신하가 가깝지 않으면 위로는 말이 새나갈 것을 경계하게 될 것이며 아래로는 몸을 잃어버리는 화가 있을 것이니[151] 바라건대 신이 올리는 상주문을 덮어두어 충성을 다하는 신하가 간신의 보복을 받지 않도록 해주십시오."

---

149 새기고 두드려서 죄를 만드는 것을 말한다.

150 소부(少府)에 속한 관명이다. 황제가 사용하는 물건을 만들거나 이를 보관하는 일을 담당하였다.

151 《역경》에서 말하기를 군주가 비밀을 지키지 않으면 신하를 잃고 신하가 비밀을 지키지 않으면 몸을 잃는다고 한다.

글을 상주하자 황제가 보고 탄식하였는데 일어나 화장실 간 틈을 이용하여 조절이 뒤에서 이를 훔쳐보고 좌우 사람들에게 모두다 말을 하니 일이 마침내 누설되어 폭로되었다. 그래서 채옹이 잘라내서 쫓아내야 한다고 지적당한 사람들은 곁눈질을 하며 보복할 것을 생각하였다.

애초 채옹과 대홍려 유합(劉郃)이 평소에 서로 화합하지 못했는데, 숙부인 위위 채질(蔡質) 또한 장작대장 양구(陽球)와 틈이 벌어졌다. 양구는 바로 중상시 정황(程璜)의 딸의 남편[152]이다.

정황이 마침내 사람을 시켜 비장(飛章)[153]을 올려 말하였다.

"채옹과 채질은 자주 사사로운 일로 유합에게 청탁하였으나 유합이 받아들이지 않았습니다. 채옹은 은연중에 원한을 품고 마음속으로 중상하고자 하였습니다."

이에 조서를 내려 상서에게 채옹을 불러 상황을 물어보게 하였다.

채옹이 편지를 올려 말하였다.

"신은 진실로 우직하여 후에 해 받을 것을 돌아보지 아니하였는데, 폐하께서 충신의 직언을 염두에 두어 마땅히 가려 덮어두려 하지 않으시니 비방하는 말이 끝내 이르렀고, 곧 의심하고 괴이하게 여기고 있습니다.

신은 나이 46세이고 고독한 혼자 몸으로 충신이라는 명성을 얻을 수 있다면 죽어도 넘치는 영광이나 폐하께서 이에 다시는 지극한 말을 듣지 않을 것이 두렵습니다."

---

152 사위라는 용어를 쓰지 않고 딸의 남편이라고 하였으며, 정황은 환관이고, 환관은 자식을 낳을 수 없기 때문에 이 딸은 당연히 양녀이거나 혹은 질녀이다.

153 장주문을 올릴 때 쓴 사람의 이름을 쓰지 않은 익명의 장주문이다.

이에 채옹과 채질을 낙양에 있는 감옥으로 내려 보내고 탄핵하였다.

"원수 갚는 것을 공적인 일을 하는 것이라 하면서 대신[154]을 해치려고 논의한 것은 커다란 불경죄이니 목을 베어 저자거리에 걸어두어야 합니다."

이 사건이 상주되자 중상시인 하남(河南, 하남성 낙양시) 사람 여강(呂强)은 채옹이 죄가 없음을 불쌍히 여겨 힘써서 해명하며 용서해주기를 간청하였고 황제도 역시 그의 상주문을 다시 생각하고 조서를 내렸다.

"사형에서 한 등급 내리고 그 가속과 함께 머리를 깎고 형틀을 씌워 삭방(朔方, 내몽고 자치구 서북부)으로 귀양 보내며 사면을 받아 형을 면제받을 수 없게 하라."

양구는 자객을 보내 길을 쫓아가서 채옹을 죽이게 하였는데, 자객은 그가 의롭다고 느끼고 모두가 그 일에 이용되려고 하지 않았다.

양구는 또한 그 부주(部主)[155]에게 뇌물을 주어 해독을 끼치려고 하였으나 뇌물을 받은 자는 오히려 그 사정을 채옹에게 말하고 경계하게 하니 이로 말미암아 죽음을 면할 수 있었다.

14   8월 천시(天市)[156]에 패성(孛星)[157]이 나타났다.

---

154 삼공과 구경을 모두 대신이라고 한다.

155 부주는 주목이나 군수를 말한다.

156 별자리 이름이다. 방(房)과 심(心)의 별자리의 동북쪽에 있으며, 황제가 중앙에 있고 변방이 둘러있는 형상이다.

157 혜성을 말한다. 한대에는 이 별이 나타나면 병란이 일어날 징조로 여겼다.

15 9월에 태위 장호(張顥)가 파면되었다. 태상 진구(陳球)를 태위로 삼았다.

16 사공 내염(來豔)이 죽었다.[158] 겨울, 10월에 둔기교위 원봉(袁逢)을 사공으로 삼았다.

17 송(宋)황후가 총애를 받지 못하자 후궁 가운데 총애를 받는 첩들이 함께 참소하고 헐뜯었다. 발해왕 유괴의 비인 송씨는 바로 황후의 고모인데 중상시 왕보는 황후가 원망할까[159] 두려워하여 이어서 황후가 비뚤어진 방법을 써서 저주하였다고 참소하였는데, 황제는 이 말을 믿고 마침내 책명을 내려 인새와 인수를 거두었다.

황후는 스스로 폭실(暴室)[160]로 들어가서 상심하다가 죽었다. 아버지인 불기향후(不其鄕侯)[161] 송풍(宋酆)과 형제들도 나란히 주살되었다.

---

158 원굉의 《한기(漢記)》에 의하면 내염이 오래 병들어서 파직되었다고만 기록되어 있지만 범엽의 《후한서》에는 죽은 것으로 기록되어 있다.

159 유괴의 가족 모두 영제 희평 원년(172년)에 죽었으며 이 일은 앞에 기록되어 있다.

160 한대 병든 여관(女官)이나 죄를 지은 왕후, 귀인 등을 가두던 감옥이다.

161 불기현은 전한의 낭사군(琅邪郡)에 속한다. 후한에는 성을 합쳐 향으로 하였다.

관직을 팔아먹은 황제

18 그믐 병자일에 일식이 있었다.

상서 노식(盧植)이 말씀을 올렸다.

"무릇 여러 당고(黨錮)는 대부분이 그러한 죄가 되지 아니함으로 사면하고 용서하실 수 있으니 용서를 베풀어 억울함을 돌이키십시오. 또한 송황후의 가속도 아울러 죄 없이 해골이 버려지고 시체가 널브러져 있으나 거두어서 장사지낼 수 없으니, 마땅히 칙령을 내려 수습하여서 떠도는 영혼은 편안하게 해야 합니다.

또한 군수와 자사를 한 달에 수차례나 승진시키는데 마땅히 관직의 강등과 승진은 규정에 따라서 능력 여부로 실시해야 하니, 설령 9년이 안 되더라도 3년은 채워야만 합니다.[162]

또한 알현을 청하고 요구를 받아들이기를 바라는 것은 마땅히 일체

---

162 《서경(書經)》에 '3년에 한 번씩 업적을 상고해서 보고, 세 번 상고하여 유명(幽明)으로 출척(黜陟)한다.'라고 되어 있다. 이에 대하여 공안국은 주석을 달아서 '3년에 한 번씩 공로를 상고하고 세 번 상고하면 9년이 된다. 능력 있는지 없는지 아둔한지 밝은지는 구별이 되니 그 가운데 밝은 자는 승진시키고, 그 아둔한 사람은 물러나게 하는데 이것이 당료(唐堯)의 법이다.'라고 하였다.

금지해야 하며, 인재를 선택하여 추천하는 일은 주관자에게 책임을 돌려야 합니다. 또한 천자의 몸은 이치상으로는 사사로운 축적이 필요 없고 마땅히 크게 정무를 넓혀야 하며 세세하고 미미한 것은 없애거나 줄여야 합니다."

황제가 살피지 않았다.

19   11월에 태위 진구가 면직되었다. 12월 정사일(12일)에 광록대부 교현(橋玄)을 태위로 삼았다.

20   선비족이 주천(酒泉, 감숙성 주천현)을 노략질하였는데, 종족의 무리들이 날로 많아져서 변경에서는 해독을 입지 않은 사람이 없었다.

21   중상방(中尙方)[163]에 조서를 내려 홍도문학인 악송(樂松)과 강람(江覽) 등 32명의 초상을 그리고 칭송하여 학자들에게 권장하게 하였다. 상서령 양구(陽球)가 간하였다.

"신이 생각하건대 악송과 강람 등은 모두 미천한 집안 출신으로 말이나 되를 다루는 소인배인데,[164] 당시의 외척에 의지하고 권세가에게 아부하고 의탁하며 머리 숙여 아첨하고 굽실거려서 요행으로 밝은 시대에 나온 것입니다. 어떤 사람은 부(賦) 한 편을 바쳤고 어떤 사람은 조전(鳥篆)[165]으로 편지를 써서 지위가 낭중에 올랐는데 단청(丹靑)으

---

163 상방을 말한다.

164 원문에 두소(斗筲)라고 되어 있는 바, 두(斗)란 곡식을 재는 말을 말하며, 소(筲)는 대나무로 만든 용기인데, 1두(斗) 2승(升)이 들어간다.

로 초상을 그렸습니다.

또한 어떤 사람은 붓을 가지고 있어도 편지에 점 하나 찍지 않고, 사(辭)를 써도 마음을 변별하지 않고, 남의 손을 빌려 글자를 써달라고 청하였고, 요상하고 거짓된 수많은 물건으로 특별한 은총을 입지 않음이 없었으니 매미가 껍질을 벗는 것과 같이 더럽고 탁합니다.

이로써 학식이 있는 자들은 입을 가리고,[166] 천하에서는 탄식하고 한탄하고 있습니다. 신이 듣건대 초상을 그려 설치하는 것은 명백히 권고하거나 경계하여서 인군에게 득실을 성찰하게 하는 것이라고 하였지만 아직 환관이나 소인배가 거짓으로 지은 문장을 칭송했다는 말을 듣지 못했는데 게다가 망령되이 천관(天官)[167]까지 훔치자 초상을 그려 내건다고 하십니다.

지금 태학과 동관(東觀)[168]에서는 밝고 성스러운 교화를 선양하고 있으니 바라건대 홍도에서 선발하는 일을 그만두셔서 천하 사람들이 비방하는 일을 없애 주십시오."

글이 상주되었으나 살피지 않았다.

22 이 해에 처음으로 서저(西邸)[169]를 열어 관직을 팔았는데 받는

---

165 글씨체 가운데 하나이다. 서체는 모두 여덟 가지가 있는데, 그 가운데 상형(象形)으로 글자를 쓰는 서체를 말한다.

166 입을 가리고 비웃는 것을 의미한다.

167 후한대 천자를 섬기는 관리를 말한다.

168 남궁(南宮)에 있다.

169 서원(西園)에 관사(官舍)를 설치하였으므로 서저라고 한 것이다.

돈에는 각각 차이가 있었다. 이천석의 관직은 2천만 전, 사백석의 관직은 4백만 전으로 하였다. 그런데 덕행으로써 천거된 자는 그것의 절반이거나 혹은 삼분의 일로 하였고, 서원에서 창고를 세워 이를 저축하였다.

어떤 경우에는 궁궐에 가서 글을 올려서 영장(令長)[170]을 차지하기도 하였는데[171] 현의 좋고 나쁨에 따라서 가격에 많고 적음이 있었다. 부유한 자는 먼저 돈을 냈으나 가난한 자는 관직에 부임한 이후에 배로 납부하였다. 또한 사사로이 주변에 있는 사람들에게 공경(公卿)을 팔게 하였는데, 공(公)의 자리는 1천만 전, 경(卿)의 자리는 5백만 전이었다.

당초 황제가 열후였을 때 항상 가난으로 고생하다 즉위하자 매번 환제가 집에다 일찍이 사사롭게 쓸 돈을 갖지 않았던 것을 탄식하였으며 이런 연유로 관직을 팔아서 돈을 모아 사사로이 저장한 것이다.

황제가 일찍이 시중 양기(楊奇)에게 물었다.

"짐은 환제에 비해 어떠한가?"

대답하였다.

"폐하를 환제에 비하는 것은 또한 순임금을 요임금의 덕에 비하는 것과 같습니다."

황제가 기뻐하지 아니하고 말하였다.

"경은 목이 단단하니 진실로 양진(楊震)의 자손이오. 죽은 다음에 반

---

170 현(縣)의 장관이다. 현의 크기에 따라서 현령을 두거나 현장을 두는데, 그 기준은 1만 호여서 만 호 이상의 현의 수장은 현령이라고 하고 그 이하를 현장이라고 한다.

171 구체적으로 갈 곳의 현령이나 현장을 돈을 주고 산 것을 의미한다.

드시 큰 새[172]가 다시 이를 것이오."

　　양기는 양진의 증손이다.

23　　남흉노의 도특약시축취(屠特若尸逐就) 선우가 죽고 아들 난제호징(欒提呼徵)이 뒤를 이었다.[173]

효령제 광화 2년(己未, 179년)

1　　봄에 전염병이 크게 유행하였다.

2　　3월에 사도 원방(袁滂)이 면직되었고, 대홍려 유합(劉郃)을 사도로 삼았다.

3　　을축일(22일)에 태위 교현(橋玄)이 파직되어 태중대부의 벼슬을 받았고, 태중대부 단경(段熲)을 태위로 삼았다. 교현의 어린 아들이 문밖에서 놀다가 다른 사람들에게 납치되었는데, 누각에 올라가서 재화를 요구하였지만[174] 교현은 주지 않았다. 사예교위 겸 하남윤이 교현의 집을 에워싸고 지키면서 감히 압박하지 못하였다.[175]

---

172 큰 새에 관한 일은 《자치통감》 권51 안제 연광 4년(125년)에 기록이 보인다.

173 도특약시축취(屠特若尸逐就)는 38대, 난제호징(欒提呼徵)은 39대 선우이다.

174 어린 아이를 인질로 잡고서 풀어주는 대가로 재물을 요구한 것이다.

175 인질범에게 다가가면 인질인 교현의 아들이 위험해질 것이므로 이렇게 한 것이다.

교현이 눈을 부릅뜨고 소리를 질러 말하였다.

"간악한 놈들은 법도가 없는 놈들이니, 나 교현이 어찌 일개 자식의 목숨을 위해서 나라의 적을 놓아주겠느냐!"

재촉하여 그들을 공격하게 하니 교현의 아들도 죽었다.

교현이 이로 인해 말씀을 올렸다.

"천하에 무릇 위협해서 인질로 잡는 자가 있으면 나란히 이들을 함께 죽여 재물과 보화를 바치고 풀려나게 하여서 간사한 자들의 길을 열어 주어서는 안 됩니다."

이로 인해 위협해서 인질로 삼는 일이 마침내 사라졌다.

4   경조(京兆, 섬서성 서안시)에 지진이 일어났다.

5   사공 원봉(袁逢)이 파면되었다. 태상 장제(張濟)를 사공으로 삼았다.

6   여름, 4월 초하루 갑술일에 일식이 있었다.

7   왕보와 조절 등은 간사하고 포학하며 권력을 휘두르고 안팎을 선동하였는데 태위 단경이 그들에게 아부하였다. 조절과 왕보의 부형(父兄)과 자제는 모두 경·교위·주목·태수·현령·현장이 된 사람이 천하에 가득 널려 있었으며 있는 곳에서 탐욕스럽고 포학하였다.

왕보의 양자 왕길(王吉)은 패(沛, 안휘성 유계현)의 재상이었는데, 더욱 잔혹하여 무릇 사람을 죽이고서는 모두 시체를 찢어서 수레에 싣고, 그 죄명을 붙여 속현(屬縣)[176]에서 전시하였는데, 여름에는 부패하자 새끼줄로 뼈를 묶어서 온 군을 두루 돌고서야 마침내 멈추었으니, 보는 사람들이 놀라고 두려워하였다.

일을 맡은 지 5년 동안에 무릇 1만여 명을 죽였다. 상서령 양구(楊球)가 항상 넓적다리를 긁으며 화가 나서 말하였다.

"만약에 나 양구가 사예교위가 된다면 이런 놈의 자식들을 어찌 용서할 수 있으리오?"

이미 그렇게 말하고 나서 양구가 마침내 사예교위로 승진하였다.

---

176 패국(沛國)에 속한 여러 현들을 말한다.

왕보가 문생에게 경조(京兆, 섬서성 서안시) 경내에서 관청의 재물 7천여만 전을 독점하여 매매하게 하자 경조윤 양표(楊彪)가 그 간악한 것을 밝혀내어 이를 사예교위에게 말하였다.[177] 양표는 양사(楊賜)의 아들이다. 이때 왕보는 마을의 자기 집에서 휴가[178]를 보내고 있었고, 단경은 마침 일식이 일어난 것을 가지고 스스로를 탄핵하였다.

양구는 궁궐에 이르러 은혜에 감사하며 이 기회에 왕보와 단경 그리고 중상시 순우등(淳于登)과 원사(袁赦), 봉탑(封鞈) 등의 죄악을 상주하였고, 신사일(8일)에 왕보와 단경 등을 모두 잡아서 낙양에 있는 감옥에 보냈고, 왕보의 아들인 영락(永樂)궁의 소부 왕맹(王萌)과 패(沛)의 재상 왕길(王吉)에게까지 영향이 미쳤다.

양구가 스스로 가서 신문하며 왕보 등에게 오독(五毒)[179]의 방법을 모두 사용하였는데, 왕맹은 이전에 일찍이 사예교위를 역임하였으므로 이에 양구에게 말하였다.

"우리 부자는 이미 엎어져 죽어야 마땅하나 또한 선후의 의리[180]를 생각하여, 늙은 내 아버지에게는 독한 고초를 조금만 받게 해주십시오."

양구가 말하였다.

"너의 죄악은 형용할 수 없어서 죽어도 그 책임이 다 없어질 수 없는

---

177 행정계통으로 보아 경조는 사예교위의 관할 아래에 있었다.

178 궁정의 관원은 5일에 한 번씩 휴가가 있었다. 이를 휴목일(休沐日)이라고 하였다.

179 다섯 가지 독이란 첫째로 채찍으로 때리는 것, 둘째로 곤봉으로 때리는 것, 셋째로 불로 지지는 것, 넷째로 줄로 묶는 것, 다섯째로 매달아놓는 것을 말한다.

180 관직을 앞에 맡았던 사람과 그 뒤를 이어 맡은 사람의 관계라는 의미이다.

데 이에 선후로 관직에 있었다는 것을 들먹이며 용서를 구하고자 하는
가?"

왕맹이 이에 욕설을 하며 말하였다.

"너는 전에 우리 부자를 노복처럼 받들어 섬겼는데 노복이 감히 네
주인을 배반하는 것인가! 오늘 재난에 직면하여 서로 밀어 떨어뜨려도
그 행위는 자신에게 미칠 것이다."

양구는 흙으로 왕맹의 입을 틀어막고 채찍질을 번갈아 가하자 그 부
자는 모두 채찍 아래에서 죽었는데, 단경도 또한 자살하였다.

이에 뻣뻣해진 왕보의 시체를 하성문(夏城門)에서 잘게 자르고, 크
게 방을 써서 말하였다.

"적신(賊臣) 왕보이다."

그의 재산을 모두 몰수하고 처자식은 모두 비경(比景, 베트남 筝河口)
으로 귀양 보냈다.

양구가 막 왕보를 주살하고 나서 그 다음으로 조절 등에 대해 표문
을 올리고자 하고서 중도관종사(中都官從事)[181]에게 명하였다.

"또한 우선 권세 있고 지위가 높으며 대단히 교활한 자를 제거하고
나서 그 나머지를 논의할 뿐이다. 공경 호족들 가운데 원(袁)씨 집안의
아이들 같은 자는 종사가 스스로 처리해야 할 것이지 어찌 모름지기
교위인 내가 나서야 하겠는가!"

권문세가는 이 소식을 듣고 숨을 죽이지 않는 사람이 없었다.

조절 등이 모두 감히 목욕 휴가를 가지 못하였다. 때마침 순제의 우
(虞)귀인[182]을 장사지내게 되어 백관이 장례식에 모였다가 돌아왔는

---

181 도관종사로서 주로 백관의 범죄를 조사하여 검거하는 직책을 가진 관직이다.

데 조절 등이 왕보의 시신이 찢겨진 채 길거리에 있는 것을 보고 분개하여 눈물을 닦으며 말하였다.

"우리들이 서로 잡아먹을 수는 있을지언정 어찌 개에게 그 피를 핥게 할 수 있겠는가?"[183]

여러 상시에게 말하였다.

"지금 일단 함께 들어가고 마을에 있는 집으로 지나가지 말자."

조절은 직접 궁궐로 들어가 황제에게 말하였다.

"양구는 원래 잔인하고 난폭한 관리로 예전에 삼부에서 당연히 관직을 면직시켜야 한다고 상주하였는데 구강(九江, 안휘성 수현)에서 조그만 공로를 세워서 다시 발탁되어 등용되었습니다.[184] 과오를 범한 사람이 망령스런 일을 꾸미기를 좋아하니 사예교위부에 있게 하여서 악독한 짓을 저지르게 하는 것은 마땅하지 않습니다."

황제는 이에 양구를 옮겨 위위로 삼았다.

이때 양구가 나가서 황실의 능을 배알하고 있었는데 조절이 상서령에게 명을 내려 불러서 벼슬을 내리되 척일(尺一)[185]을 보류시키지 못하게 하였다. 양구는 급히 소환 당하였고 이 기회에 황제를 알현하기를

---

182 순제의 어머니이다.

183 원굉의 《한기》에는 양구가 우귀인의 장사를 치르고 돌아와 하성문(夏城門)을 들어가려고 할 때 길거리에서 조절을 만났다. 양구는 조절에게 "적신조절(賊臣曹節, 도적같은 신하인 조절이란 놈)!"이라고 큰 소리로 욕을 하자, 조절이 수레 안에서 눈물을 흘리면서 이 말을 하였다.

184 이 사건은 희평 6년(177년)에 있었던 일이다.

185 임명하는 조서이다. 이것을 한 자 한 치의 목판에 써서 주므로 이와 같이 말했다.

구하며 말하였다.

"신은 청렴하고 고결한 덕행은 없으나 별안간에 매와 개[186]와 같은 직책에 임명되었는데, 이전에 비록 왕보와 단경을 주살하였으나 대개 여우와 이리 같은 소인배들이어서 아직 충분히 천하에 널리 보여주지 못하였습니다. 바라건대 신에게 한 달만 주시면 반드시 승냥이와 이리, 올빼미와 같은 놈들로 하여금 각각 그 죄과를 복역하도록 하겠습니다."

머리를 조아리다가 피를 흘렸다.

궁궐의 섬돌 위에서 꾸짖어 질타하며 말하였다.

"위위는 조서를 거역하는 것인가!"

재차 삼차에 이르자 마침내 벼슬을 받았다.

이에 조절과 주우(朱瑀) 등의 권세가 다시 왕성하게 되었다. 조절은 상서령의 직책을 관장하였다. 낭중인 양(梁, 하남성 상구시) 사람 심충(審忠)이 편지를 올려 말하였다.

"폐하가 즉위하신 처음에는 만기(萬機)를 돌볼 수 없어서 황태후가 돌보아 양육한 것을 생각해 임시로 섭정을 하였으며 그러므로 중상시 소강(蘇康)과 관패(管覇)는 때에 맞게 주살되었습니다. 태부 진번(陳蕃)과 대장군 두무(竇武)는 그 나머지 무리를 조사하였는데 그 뜻은 조정을 깨끗이 하고자 한 것이었습니다.

화용후(華容侯) 주우는 일이 발각되어 화가 그 자신에 미칠 것을 알고 마침내 역모를 일으켜 왕실을 문란하게 하고, 궁중을 짓밟으며 인새와 인수를 탈취하고, 폐하를 협박하여 군신을 모아 폐하의 혈육인 모자

---

186 사예의 직무는 주로 간신이나 죄 지은 자를 체포하는 일이므로 매와 개에 비유하였다.

의 은정을 이간질하고, 마침내 진번·두무·윤훈(尹勳) 등을 주살하였습니다.

이어서 함께 성사(城社)[187]를 분할하여 찢고 서로 상과 작위를 주고[188] 부자형제는 존귀와 영화의 은혜를 입었으며 평소 친분이 두터운 사람은 주와 군에 분포하여 어떤 사람은 구경에 오르고 어떤 사람은 삼공의 자리를 점거하였습니다.

봉록이 많고 지위가 높은 데에 따른 책임을 생각하지 않고 억지로 사문(私門)[189]을 경영하여 많은 재화를 축적하고 저택을 수선하는데 마을과 골목을 잇고, 어수(御水)[190]를 도둑질하여 고기를 낚는 곳을 만들고 거마와 의복, 장식물은 천자의 집안을 본떠 사용하였습니다.

많은 공경과 선비들은 입을 막고 소리를 삼켜 감히 말을 하려고 하지 않으며, 주목과 군수는 넌지시 이르는 뜻을 알아차리고 순종하여 벽소하거나 천거할 때에 현명한 사람을 놓아두고 우둔한 사람을 취하고 있습니다. 그러므로 이 때문에 황충이 생겨나게 되고 야만인들이 일어나고 있습니다.

하늘의 뜻이 분노로 가득 차 넘친 지 십여 년이 되었으니 그러므로 빈번하게 위에서는 일식이 있고 아래에서는 지진이 있으니 이는 인군을 견책하고 경계하여 깨우치게 해서 형편없는 것을 죽여 없애기 위한

---

187 국토를 말한다.

188 이것은 영제 건녕 원년(168년)의 일로,《자치통감》권56에 실려 있다.

189 천자에 대해서 신하의 저택을 말하기도 하나 여기에서는 청탁이 행해지는 권세가의 문을 가리킨다. 사문을 경영하였다는 것은 권세를 이용해 사사로이 청탁을 받아들였다는 의미이다.

190 궁 안으로 들어가는 물을 말한다. 이 물을 황실에서 전용으로 쓴다.

것입니다.

예전에 고종(高宗)은 까투리가 장끼로 변한 일로 인해 중흥의 공을 얻을 수 있었습니다.[191] 근래에 신령이 삼가 폐하를 깨우치고자 대단히 성을 내며 분노를 표출하고 있으니 그러므로 왕보 부자가 때맞추어 목이 베어지자 길거리에 있던 사람들이 남자건 여자건 잘했다고 하지 않는 사람이 없었는데, 마치 부모의 원수를 제거한 것처럼 반겼습니다.

진실로 괴이한 것은 폐하께서 다시 간악한 신하 일당들을 용인하셔서 모조리 멸하지 않으시는 것입니다. 옛날 진(秦)나라는 조고(趙高)를 믿다가 그 나라를 위태롭게 만들었으며,[192] 오(吳)나라에서는 형벌을 받은 신하를 부리다가 그 몸이 화를 당하게 되었습니다.[193] 지금 차마 어찌하여 못하는 은덕으로 멸족될 죄를 사면하니 간교한 모의가 일단 성공하면 후회하여도 어떻게 따라잡는다는 말입니까?

신은 낭이 된 지 15년이어서 모든 것을 눈과 귀로 보고 들었는데, 주우의 행위는 진실로 하늘에서도 다시는 용서받지 못할 것입니다. 바라건대 폐하께서는 조금의 시간이라도 남겨서 신의 표문을 재단하여 살펴 추악한 무리들을 일소하시어 하늘의 분노에 화답하십시오.

주우를 조사하고 심문하여 말씀드린 바와 같지 않음이 있다면 바라

---

191 고종은 은나라 23대 왕인 무정(武丁)을 말하며, 당시 까투리가 정(鼎) 위에 날아올라 장끼로 변하자 두려워서 덕을 수양하였는데, 이로써 은이 중흥할 수 있었다고 한다.

192 이 사건은 진 2세 때의 일이며, 내용은 《자치통감》 권8에 실려 있다.

193 이 사건은 《춘추좌전》에 기록되어 있다. '오나라가 월나라를 정벌하고 잡은 포로를 환관으로 삼아서 배를 지키게 하였더니 오자(吳子)인 여제(餘祭)가 배를 구경하는데 그 환관이 칼로 그를 시해하였다는 내용이다.

건대 끓는 물에 삶아 죽는 형벌을 받겠으며, 처자와 함께 귀양을 보내이로써 망언의 길을 단절해 주십시오."

글을 올렸으나 묵혀놓고서 회답하지 아니하였다.

중상시 여강(呂强)이 청렴하고 충직하게 공무를 받들어 황제가 많은 경우의 예(例)에 따라 도향후(都鄕侯)에 책봉하였으나 여강이 고사하여 받지 않고 이 기회를 이용하여 상소문을 올려서 정사에 대하여 진술했다.

"신이 듣건대 고조(高祖)는 거듭 약속하여 공신이 아니면 후로 삼지 아니하였으니, 이는 천작(天爵)[194]을 중히 여기고 명확히 타이르고 깨우치게 하기 위해서입니다.

중상시 조절 등의 환관은 하늘의 도움이 얄팍하고[195] 품격은 비루하고 사람은 천박하나 참소하고 아첨하여 군주에게 아양을 떨며 아첨을 잘하며 총애를 구하였으니 조고(趙高)와 같은 허물을 갖고 있으나 아직 환열(轘裂)[196]의 주살을 당하지 않았습니다.

폐하께서 깨닫지 못하시고 망령스럽게 모토(茅土)[197]를 수여하시고 봉국을 열어 가업을 계승하게 하여 소인을 등용하니, 또한 아울러 집안

---

194 하늘로부터 하사 받은 작위이다. 성덕이 있어 자연히 세상 사람들에게 존중을 받은 것을 말한다. 이에 대해 공경대부는 사람으로부터 하사 받은 작위라는 의미로 인작(人爵)이라고 한다.

195 거세를 당해 불쌍한 존재라는 것을 비유해서 말한 것이다.

196 두 대의 수레로 양쪽에서 끌어당겨 사람을 찢어 죽이는 형벌로 거열(車裂)이라고도 한다.

197 천자가 제후를 봉할 때 그 방향의 빛깔(동은 청, 서는 백, 남은 적, 북은 흑, 중앙은 황)의 흙을 백모(白茅)에 싸서 하사한 것을 말한다.

사람들에게 이르기까지 겹겹이 금인(金印)을 차고 자색 인수를 겸하여 차고 있으며,[198] 사악하게 당파를 결성하여 교류하고 아래로 많은 간사한 무리들이 즐비하게 되었습니다. 음과 양이 뒤틀려 찌르고, 곡식을 심고 거두는 일은 황폐해져서 사람들의 씀씀이가 풍족하지 못한 것이 이로 말미암지 않은 것이 없습니다.

신은 진실로 작위를 책봉하는 일이 이미 행해졌으므로 말을 해도 되돌이킬 수가 없다는 것을 알고 있습니다만, 죽음을 무릅쓰고 간청해서 어리석으나 충성스러운 것을 진술하는 까닭은 실로 폐하께서 기왕의 과실을 줄이고 바로잡아서 이제부터 오로지 중지하기를 바라기 때문입니다.

신이 또한 듣건대 후궁과 채녀(采女)[199]가 수천여 명이어서 입고 먹는 비용으로 매일 수백 금을 소비하며 근래에 곡식 값이 비록 싸다고 해도 민가에서는 굶주리는 기색이 있는데, 이치대로라면 비싸야 마땅하나 지금 더욱 싼 것은 부세(賦稅)가 빈번하게 자주 징발되어 현관(縣官)[200]으로 보냄으로 말미암은 것이니 추위도 감히 입지 못하고 굶주려도 감히 먹지 못하니, 백성들이 이처럼 고생을 하여도 긍휼히 여기지 않습니다. 궁녀는 쓸모가 없으나 뒤뜰에 차고 넘치니, 천하가 비록 다시 힘을 다해 밭을 갈고 뽕잎을 따도 오히려 공급할 수 없습니다.

또 이전에 의랑이었던 채옹을 불러서 금상문(金商門)에서 물으시고

---

198 영화를 누림이 극을 달리고 있다는 의미이다.

199 한대 여관(女官)의 명칭이다. 채택된 여자라는 뜻으로 후에는 궁녀의 통칭으로 사용되고 있다.

200 관청 또는 황제를 말한다.

대답하게 하였는데 채옹이 감히 도리를 생각하여 나라를 미혹[201]할 수 없어서 지극히 간절한 언사로 대답하며 귀한 신하를 헐뜯고 공격하며 환관을 비방하고 질책하였습니다.

폐하께서는 그 말을 비밀로 하지 않으시고 심지어 널리 드러내어 사악한 무리들이 큰 목덜미에서 입술과 혀를 쉴 새 없이 움직여 다투어 저주하고자 해서 비조(飛條)[202]를 만들어 냈습니다. 폐하께서 비방하는 말을 돌려 받아들이시고 채옹에게 형벌을 내리시어 집안은 추방되어 노인과 어린이가 흩어져서 떨어져 있으니 이 어찌 충신에게 죄를 짓는 것이 아니겠습니까!

지금 여러 신하들은 모두 채옹을 경계로 삼아 위로는 예측할 수 없는 재앙을 만날까 두려워하고 아래로는 자객의 해를 입을까 두려워하니[203] 신이 알기로 조정에서 다시는 충성스러운 말을 들을 수 없을 것입니다.

옛 태위였던 단경이 무용으로 세상에서 으뜸이고, 변경의 일에 익숙하였으며 머리를 늘어뜨리고[204] 융복(戎服)을 입었는데, 머리가 희어져서 공을 이루었고 역대로 두 군주[205]를 섬겼으며 공훈은 탁월합니다.

---

201 《논어》에는 미방(迷邦)이라고 하였으나, 여기서는 방(邦)을 국(國)으로 고쳐서 미국(迷國)이라고 말하였는데, 이는 한 고조 유방의 이름을 피하기 위한 것이다.

202 비장(飛章)과 같은 말로, 글을 쓴 자의 이름을 밝히지 않고 보내는 익명의 장주문이다.

203 양구가 검객을 시켜서 채옹을 추적해 죽이게 한 것을 말한다.

204 어린 시절을 말한다.

205 영제와 환제를 말한다.

  폐하께서 이미 그 공로에 따라 등용하여 지위가 태사(台司)까지 올라갔으나 사예교위 양구에게 무고로 위협을 받아 자기 한 몸은 이미 죽었고 아내와 자식은 멀리 보내져서 천하 사람들이 탄식하고 공신들이 실망하고 있습니다. 마땅히 채옹을 징소하여 다시 책임을 맡기시고 단경의 가속을 돌아오게 하면 곧 충성스럽고 곧은 사람들의 길이 열리고 많은 원한은 없어질 것입니다.”

  황제는 그 충성됨을 알았으나 받아들이지 아니하였다.

8 정유일(24일)에 천하를 사면하였다.

9 상록(上祿, 감숙성 성현) 현장 화해(和海)가 말씀을 올렸다.

"예를 보면 종조(從祖)의 형제는 별도로 거주하고 재물도 달리한다 하였으니,[206] 은혜와 의리를 베푸는 것이 이미 가벼워진 것이며 복속 (服屬)관계도 소원해진 것입니다. 그런데 지금 당인을 금고시키는 것 이 5족[207]에까지 미치고 있으니 이미 전례(典禮)와 교훈에 보이는 문 구에 어긋나며, 일상적인 법도에도 어긋납니다."

황제가 이를 보고 깨달아서 이에 당고는 종조(從祖) 이하부터 모두 해제될 수 있었다.

10 5월에 위위 유관(劉寬)을 태위로 삼았다.

---

206 이는 상례(喪禮)에서도 시마(緦麻)의 복을 입도록 되어 있는 관계이다. 시마 의 복은 석달만 상복을 입도록 되어 있다.

207 조부 형제까지 모두 그 범위 안에 든다. 즉 본인 고조의 후손은 전부 이 범위 에 든다.

11 호흉노중랑장 장수(張脩)와 남선우 난제호징(欒提呼徵)이 서로 뜻이 맞지 않아 장수가 마음대로 그를 참수하고 새롭게 우현왕(右賢王) 난제강거(欒提羌渠)를 세워 선우[208]로 삼았다. 가을, 7월에 장수는 먼저 요청하지 않고 마음대로 주살한 죄에 연좌되어 함거(檻車)로 불려 와서 정위에 보내어졌는데 죽었다.

12 애초 사도 유합(劉郃)의 형인 시중 유조(劉儵)가 두무(竇武)와 함께 모의하다가 함께 죽었다. 영락궁의 소부 진구가 유합에게 유세하였다.

"공은 종실(宗室)[209] 출신으로 지위는 태정(台鼎)[210]에 올라서 천하 사람들이 우러러 바라보니 사직을 안정시키고 보호해야 하는데 어찌하여 부화뇌동하면서 세속에 합류해 벗어나지 못할 뿐입니까!

지금 조절 등이 방종하여 해를 끼치고 있고, 오랫동안 좌우에 있었으며[211] 또한 공의 형인 시중은 조절 등에게서 박해를 받았으니, 지금 표문을 올려서 위위 양구를 사예교위로 옮기고 그 다음에 조절 등을 체포해 주살하면 정사는 성스러운 군주에게서 나오게 되어 천하가 태평하게 되는 것을 발돋움해서 기다릴 수 있게 될 것입니다"

유합이 말하였다.

"흉악한 환관들의 이목이 많아서 일이 성사되기도 전에 먼저 그 화

---

208 난제호징(欒提呼徵)은 흉노의 39대, 난제강거(欒提羌渠)는 40대 선우이다.

209 황실을 말한다. 한나라의 국성(國姓)은 유씨이므로 유합에게 종실이라고 하였다.

210 삼공의 지위를 말한다.

211 황제의 좌우에 있다는 말이다.

를 당할까 두렵습니다."

상서 유납(劉納)이 말하였다.

"나라의 기둥이나 대들보 같은 분이 기울어지고 위태로운데 붙잡지 아니한다면 어찌 피상(彼相)으로 쓰이겠습니까!"[212]

유합이 승낙하고 역시 양구와 모의하였다.

양구의 어린 첩은 정황의 딸인데, 이로 인해 조절 등이 자못 들어서 알 수 있게 되었고, 이에 정황에게 많은 뇌물을 주고 또한 그를 위협하였다. 정황이 두렵고 압박을 받아서 양구가 모의한 사실을 조절에게 알리니, 조절은 이어서 함께 황제에게 보고하며 말하였다.

"유합과 유납·진구·양구가 서로 편지를 왕래하여 불궤한 짓을 모의하고 있습니다."

황제가 크게 화를 냈다.

겨울, 10월 갑신일(14일)에 유합·진구·유납·양구는 모두 하옥되어 죽었다.

13   파군(巴郡, 사천성 중경시)에 사는 판순(板楯) 종족인 만족이 반란을 일으켜 어사중승 소원(蕭瑗)을 파견하여 익주(益州, 사천성 및 운남성) 자사를 감독하여 토벌하였으나 이기지 못하였다.

14   12월에 광록훈 양사를 사도로 삼았다.

---

212 《논어》 16권 〈계씨편〉에 나오는 말이다. 피상(彼相)은 주희의 집주에 의하면 소경을 돕는 사람인데, 그 원문을 보면 "위태로우나 지키지 못하며 넘어지나 붙들지 못한다면 장차 어찌 저 소경을 돕는 사람으로 쓰겠느냐?"라고 되어 있다.

15   선비족이 유주, 병주 두 주에서 노략질하였다.

효령제 광화 3년(庚申, 180년)

1   봄 정월 계유일[213]에 천하를 사면하였다.

2   여름, 4월에 강하(江夏, 호북성 황강현)의 만족이 반란을 일으켰다.

3   가을에 주천(酒泉, 감숙성 주천현)에서 지진이 일어났다.

4   겨울에 패성(孛星)이 낭(狼)과 호(弧)[214] 별자리에 나타났다.

5   선비족이 유주, 병주 두 주를 노략질하였다.

6   12월 기사일(5일)에 귀인 하씨(何氏)를 세워 황후로 삼았다. 황후
의 오빠 영천(潁川, 하남성 우현) 태수 하진(何進)을 징소하여 시중으로
삼았다. 황후는 본래 남양의 도가(屠家)[215] 출신이었으나 선발되어 액
정(掖庭)[216]에 들어와서 황제의 아들 유변(劉辨)을 낳아서 그녀를 세운

---

213 정월은 초하루가 경자일이므로 정월에는 계유일이 없다. 만약에 계유(癸酉)
　　가 계축(癸丑)의 잘못이라면 정월 14일이다.

214 낭(狼)은 별이 한 개인데 동정(東井)의 동남쪽에 있는 별이름이고 호(弧)는
　　9개의 별로 이루어 졌는데 낭의 동남쪽에 위치한다.

215 가축을 도살하는 백정을 말한다.

것이다.

7   이 해에 필규원(罼圭苑)과 영곤원(靈昆苑)²¹⁷을 세웠다. 사도 양
사가 간하였다.

"먼저 돌아가신 황제의 제도를 보면 왼쪽에 홍지(鴻池)를 열고 오른
쪽에 상림(上林)²¹⁸을 만들어 사치스럽지도 않고 검소하지도 않아 예
에 꼭 맞도록 하였습니다.

지금 함부로 성 밖의 교외에 있는 땅을 규제하여 동산으로 만들어
비옥하고 풍요로운 토지를 파괴하고 전원을 황폐하게 하며 거주하는
백성을 몰아내고 금수를 양육하고 있으니, 거의 이른바 백성을 어린아
이 보호하듯 해야 한다²¹⁹는 뜻과 같지 아니합니다.

지금 성 밖에는 동산이 이미 대여섯 개나 있어서 정의(情意)를 즐길
수 있으며 사절(四節)²²⁰을 따를 수 있습니다. 마땅히 하나라 우(禹)왕
이 궁궐을 비루하게 하고, 태종(太宗)이 노대(露臺)에 대한 뜻²²¹을 생

---

216 비·빈이나 궁녀들이 거처하던 정전(正殿) 옆의 궁전이다.

217 모두 낙양에 있는 황실 정원이다. 필규원은 동·서 두 개가 있는데, 동필규원
　　의 둘레는 1천5백 보이고, 그 안에 어량대(魚梁台)가 있으며, 서필규원은 둘레
　　가 3천3백 보이고 낙양의 서평문 밖에 있다.

218 홍지는 황제의 전용 연못이고 상림은 황제의 전용 동산이다.

219 《서경(書經)》에 나오는 말을 인용한 것이다.

220 이때에 황실 정원은 서원(西苑), 현양원(顯陽苑), 평낙원(平樂苑), 상림원(上林
　　苑), 홍덕원(鴻德苑)이 있었다. 사절이란 춘수(春蒐, 봄 사냥), 하묘(夏苗, 여름
　　사냥), 추선(秋獮, 가을 사냥), 동수(冬狩, 겨울 사냥)를 말한다.

221 태종은 전한 5대 황제인 문제(文帝)이다. 문제는 고대(高台)를 세우려 했으나
　　비용을 물어보고 이 계획을 포기하였다.

각하셔서 아래 백성들의 노고를 위로하셔야 합니다."

글이 상주되자 황제는 그만두고자 하여서 시중 임지(任芝)와 악송
(樂松)에게 물었다. 대답하였다.

"예전 문왕의 동산은 백 리였습니다만 사람들이 작다고 여겼습니다.
제나라 선왕(宣王)은 5리였습니다만 사람들이 크다고 여겼습니다.[222]
지금 백성과 더불어 이를 함께 하면 정사에 해로울 것은는 없을 것입
니다."

황제가 기뻐하고 마침내 동산을 만들었다.

8   파군(巴郡, 사천성 중경시)의 판순(板楯) 종족인 만족이 반란을 일
으켰다.

9   창오(蒼梧, 광서자치구 오주시)와 계양(桂陽, 호남성 침현)에 사는 도
적들이 군과 현을 공격하자 영릉(零陵, 호남성 영릉현) 태수 양선(楊璇)
이 마차(馬車) 수십 승(乘)을 만들고 석회(石灰)를 담은 포대를 수레 위
에 싣고 포대를 꼬아 말꼬리에 연결하였다. 또한 병거(兵車)를 만들어
오로지 궁(弓)과 노(弩)만을 쏘게 하였다.

---

222 《맹자》〈양혜왕 하편〉에 의하면 제선왕이 맹자에게 물었다. "문왕(周)의 동
산은 사방이 칠십 리라 하는데, 백성들이 오히려 작다고 합니다. 과인의 동산
은 사방이 사십 리이나 백성이 오히려 크다고 하는 것은 무엇 때문입니까?"
맹자가 대답하였다. "문왕의 동산은 사방이 칠십 리지만 풀을 베고 나무를
하는 나무꾼이나 또는 꿩과 토끼를 잡는 사냥꾼들이 함께 썼으니, 백성들이
작다고 하는 것은 당연하지 않습니까? 지금 왕의 동산은 사슴을 죽이는 자
는 사람을 죽인 죄와 마찬가지로 다스린다 하니 백성들이 크다고 생각하는
것이 또한 당연하지 않습니까?"라고 하였다.

싸우게 되자 마차를 앞에 배치하고 바람을 따라 석회를 두드리니 적은 볼 수 없게 되었고 이 기회에 불로 포대를 태우자 말이 놀라서 도적들의 진지로 돌진했다. 이어서 그 뒤에 있는 수레에서 궁과 노를 어지러이 쏘고 징과 북을 우레와 같이 울리니 여러 도적들은 파동치고 놀라서 흩어졌고 추격하여 헤아릴 수 없이 많은 사람들을 살상하였으며 그 우두머리의 목을 베어 매달아 군의 경내가 깨끗하게 되었다.

형주(荊州, 호북성 및 호남성) 자사 조개(趙凱)가 모함하여 상주하기를 양선이 실제로 몸소 적을 격파한 것이 아니라 망령스럽게 그 공을 가로챘다고 하였다. 양선도 그에 대한 상주문을 올렸다. 조개는 붕당의 도움으로 마침내 함거를 가지고 양선을 불러들이고 엄하게 막아서 스스로 호소하지 못하게 하였다. 이에 팔을 물어 피를 내서 옷에다 글을 써서 장주문(章奏文)을 만들었는데, 적을 격파한 상황을 모두 진술하고, 조개가 무고한 상황을 언급해서 은밀히 친족에게 궁궐에 가서 이를 연락하게 하였다.

조서를 내려 양선을 용서하고 의랑에 제수하였다. 조개는 사람을 무고하였다는 죄를 받았다. 양선은 양교(楊喬)의 동생이다.[223]*

---

223 양교에 대해서는 환제 영강 원년(167년)에 있었던 일로, 《자치통감》 권56에 실려 있다.

권058

한기50

환관의 폐해와 한 왕조의 쇠망

궁중에 상점을 연 황제와 반란한 판순족

효령제 광화 4년(辛酉, 181년)

1   봄, 정월에 처음으로 녹기구승(騄驥厩丞)[1]을 설치하고, 군과 봉국에서 징발한 말을 받아 관리하도록 하였다. 호족들이 말의 매매를 방해하거나 독점하여[2] 이익을 취하니 말 한 필에 2백만 전까지 이르렀다.

2   여름, 4월 경자일[3]에 천하를 사면하였다.

3   교지(交趾, 베트남 하노이시)에 사는 오호(烏滸)의 만족이 오랫동안 난을 일으켰으나,[4] 주목[5]과 태수가 금지시킬 수가 없었다. 교지 출신

---

1   녹기란 '좋은 말'이므로 녹기구승은 준마가 있는 마구간의 관리 책임자이다.
2   다른 사람이 말 매매하는 것을 방해하고, 그 매매를 독점했다는 말이다.
3   4월 1일이 계해일이므로 4월에는 경자일이 없다. 다만 경자(庚子)가 경오(庚午)의 잘못이라면 4월 8일이다.
4   오호의 만족이 반란을 일으키기 시작한 해는 영제 광화 원년(178년)이다.

양용(梁龍) 등이 다시 반란을 일으켜 군과 현을 공격하여 파괴하였다.

조서를 내려서 난릉(蘭陵, 산동성 봉현) 현령인 회계(會稽, 절강성 소흥시) 사람 주준(朱儁)을 교지 자사로 삼아 양용을 공격하여 목을 베게 하니, 항복한 자가 수만 명이었고 한 달이 못 되어 안정되었다. 전공(戰功)으로 도정후(都亭侯)에 책봉되었고, 징소하여 간의대부(諫議大夫)로 삼았다.

4   6월 경진일(19일)에 달걀만 한 우박이 내렸다.

5   가을, 9월 초하루 경인일에 일식이 있었다.

6   태위 유관(劉寬)이 면직되고, 위위[6] 허욱(許馘)[7]을 태위로 삼았다.

7   윤월(윤9월) 신유일(2일)에 북궁 동쪽에 있는 액정(掖庭)[8]의 영항서(永巷署)[9]에서 화재가 났다.

---

5   주의 자사인데 한 주의 목민관(牧民官)이라는 의미에서 주목이라고 하였다.

6   황제가 거처하는 궁궐의 경호 군사령관을 말한다.

7   有馘의 발음은 호삼성은 於六의 翻이라고 하였으므로 육으로 발음해야 한다. 그러나 고이에는 이를 욱(郁)으로 쓰고 있으며, 《사해(辭海)》에서는 馘의 本字라고 하였으므로 '욱'으로 표기한다.

8   궁중의 정전 옆에 있는 궁정으로 비빈 또는 궁녀들이 거처하는 곳이다.

9   궁중의 관아로써, 후궁·귀인·채녀 등의 일을 관장하였다.

8 사도 양사(楊賜)가 파직되었고, 겨울, 10월에 태상 진탐(陳耽)을 사도로 삼았다.

9 선비족이 유주(幽州, 하북성 북부)와 병주(幷州, 산서성) 두 주를 노략질하였다. 단석괴(檀石槐)[10]가 죽자, 아들 화련(和連)이 대신 세워졌다. 화련은 재주와 힘이 아버지에 이르지 못하였고 음란한 짓을 탐하였으며 이후에 나아가 북지(北地, 영하 자치구 영무현)를 공격하였으나 북지 사람이 활로 쏘아 죽였다. 그의 아들 건만(騫曼)이 아직 어려서 형의 아들 괴두(魁頭)를 세웠다. 이후 건만이 성장하여 괴두와 더불어 나라를 가지고 다투니 무리들이 마침내 헤어져 흩어졌다. 괴두가 사망하자 동생 보도근(步度根)이 세워졌다.

10 이 해에 황제가 후궁에 점포를 늘어 꾸며놓고, 여러 채녀(采女)들에게 물건을 팔도록 하였는데 서로 더욱 도둑질하며 다투었고, 황제는 상인의 옷을 입고 그들을 좇아서 술잔치를 벌이며 즐겼다. 또 서원(西園)[11]에서 개를 가지고 놀았는데, 진현관(進賢冠)[12]을 씌우고 인끈을 허리에 채웠다. 또 네 마리의 당나귀가 끄는 수레를 타고, 몸소 고삐를 조정하며 주변을 달렸는데,[13] 경사에서 돌아가면서 서로 모방하니 당

---

10 선비족의 우두머리이다.

11 한대 상림원(上林苑)의 별칭이다. 동한시기에 세워졌으며, 지금의 하남성 낙양시 동쪽에 있었다.

12 진현관은 한대에 문관 또는 유생들이 쓰던 흑포관(黑布冠)이다. 관의 앞 끝은 7촌이며 뒷 부분은 3촌이고 길이는 8촌이다.

13 《속한지(續漢志)》에는 당나귀는 무거운 짐을 지고 멀리 갈 때 이용하며, 산과

나귀의 가격이 마침내 말의 가격과 같아졌다.

황제가 사사롭게 재물 모으기를 좋아하여, 천하의 진귀한 재화를 거두었는데 매 군과 봉국에서 공물을 바치면 먼저 중서(中署)[14]로 보냈는데, 이를 '도행비(導行費)'라고 불렀다. 중상시 여강(呂强)이 상소문으로 간언하였다.

"천하의 재물은 음과 양으로 생겨나서 폐하께 귀속되지 않는 것이 없는데, 어찌 공과 사의 구별이 있겠습니까! 그러나 지금 중상방(中尙方)에서는 여러 군의 보화를 거두어 넣고, 중어부(中御府)에서는 천하의 비단을 쌓고 있으며,[15] 서원(西園)에서는 사농(司農)의 저장품을 끌어당기고, 중구(中廏)에서는 태복(太僕)의 말을 모아놓고도, 재물을 보내는 해당 관부에다 번번이 도행(導行)하는 재물을 붙이니, 거두는 것이 많아져서 백성들이 고단해지고, 쓰임새는 많으나 바치는 것이 적으니 간사한 관리들은 그것으로 이익을 보기 때문에 백성이 그 폐해를 받고 있습니다.

또 아첨하는 신하들이 개인적으로 바치기 좋아하는데, 아첨을 받아

계곡의 높은 곳을 오르거나 낮은 곳으로 내려갈 때 천한 사람들이 이용했던 동물인데 어찌 제왕이나 군자들이 타는 수레를 이끌 수 있는 것이었겠는가 하며 탄식하고 있다.

14 내서(內署)를 말한다. 한대의 관료제는 무제(武帝)시기부터 중조(中朝)와 외조(外朝)로 나누어졌다. 외조는 승상을 포함하여 그 이하의 정규직이 정무를 관장하는 곳을 말하며, 중조는 황제의 근신 즉 시중·상시·급사중·상서 등이 궁중 내부에서 황제의 일을 보필하던 곳을 말한다. 여기서 중서(中署)란 중조의 사무부서를 가리킨다.

15 중상방과 중어부는 천자가 쓰는 물건을 넣어두던 창고를 관장하는 부서 즉 소부(少府)에 속한 하급 관서이다.

들여서 그대로 내버려 두시니 이로부터 더 나아가게 됩니다. 예전의 전장(典章)에는 인재의 선거를 삼부(三府)에 위임하였고, 상서는 상주문을 받아서 천자에게 가지고 가는 일 뿐입니다.[16] 시험을 치러 임용하고, 책임지고 공을 이루도록 하며, 공적을 세운 것이 없음을 살필 수 있었으니, 연후에 상서에게 이를 맡겨 탄핵하게 하고, 정위에게 내려 보내 다시 허실을 조사하도록 청하여 죄를 벌하도록 했습니다.

이에 삼공이 인재를 선거할 때마다 부서에 속한 연리와 속리를 회의에 참여시켜 그 행실과 상황을 물어보고서 인물됨과 능력을 헤아렸습니다. 그래도 오히려 직무를 게을리 하여 있으나마나 한 관리가 있으며, 황당하고 추악하여서 다스려지지 않는 자가 있었습니다.

지금은 다만 상서에게 맡기고 때때로 조서로 임용하는 경우가 있으니[17] 이와 같이 하면 삼공은 사람을 뽑은 것에 대한 책임을 면하게 되고 상서 역시 다시 걸려들게 되지 않아, 책임과 상훈이 돌아갈 곳이 없어지니, 어찌 공연히 스스로 힘들여 애쓰기를 바라겠습니까?"

글이 아뢰어졌으나 살펴보지 않았다.

11   하황후의 성격은 강하고 시기심이 있어서 후궁 왕미인(王美人)이 황제의 아들 유협(劉協)을 낳자, 황후가 짐독으로 미인을 죽였다. 황제가 대노하여 황후를 폐하려고 하자 여러 환관들이 완강하게 요청하여 그만두었다.

---

16 삼부에서 인재를 선거하면 상서는 그 주서(奏書)를 받아서 황제에게로 나아가 바쳤다.

17 삼공에게서 천거를 받도록 되어 있으나 삼공의 천거를 거치지 않고 황제의 조서로 바로 임용하는 경우를 말한다.

12   대장추(大長秋)이며 화용후(華容侯)인 조절(曹節)이 죽어서 중상시 조충(趙忠)이 대신 대장추의 업무를 관장하였다.[18]

효령제 광화 5년(壬戌, 182년)

1   봄, 정월 신미일(14일)에 천하를 사면하였다.

2   공경들에게 조서를 내려서 자사와 이천석 관리 가운데 백성들에게 해를 끼친다는 말이 떠도는 자를 적어 올리게 하였다. 태위 허욱(許彧)[19]과 사공 장제(張濟)는 환관이 기대하는 바를 이어받아 뇌물을 받아 챙기면서 그 환관의 자제나 빈객이 비록 탐욕스럽고 더럽고 혼탁하였지만, 모두가 감히 묻지 못하였는데, 그러나 변방의 먼 곳에 있는 작은 군에서 맑고 깨끗하고 은혜를 베풀어서 백성들을 교화한 사람들 26명을 허위로 탄핵하니, 관리와 백성들이 궁궐에 와서 이 사실을 진술하며 호소하였다.
    사도 진탐(陳耽)이 말씀을 올렸다.
    "공경이 들추어낸 것은 사사로운 당파에 따른 것이니, 이른바 올빼미는 놓아주면서 봉황을 가둔 것입니다."

----

18 영직이다. 본직을 가지고 있으면서 다른 직책을 관장하게 하는 임용방법이고, 여기서의 직함은 영대장추이다.

19 '彧'을 호삼성은 '許六의 번자'라고 하였으므로 '훅'으로 읽어야 하지만《사해(辭海)》에서는 或의 本字라고 하였으므로 '욱'으로 표기한다.

황제가 허욱과 장제를 꾸짖었고, 이로 말미암아 떠도는 말에 연루되어 불려온 사람들을 모두 의랑(議郞)으로 삼았다.

3   2월에 크게 역병이 돌았다.

4   3월에 사도 진탐이 면직되었다.

5   여름, 4월에 가뭄이 들었다.

6   태상 원외(袁隗)를 사도로 삼았다.

7   5월 경신일(5일)에 영락궁(永樂宮)[20]의 관서에서 불이 났다.

8   가을, 7월에 패성이 태미성(太微星)[21]에 나타났다.

9   판순(板楯)의 만족이 파군(巴郡, 사천성 중경시)을 노략질하며 난을 일으켰는데, 몇 년을 계속해서 토벌하였으나 이겨낼 수 없었다. 황제가 병사를 크게 일으키려고 익주(益州, 사천성과 운남성)의 계리(計吏)[22]인 한중(漢中, 섬서성 남정현) 사람 정포(程包)에게 묻자 대답하였다.
  "판순의 일곱 성(姓)[23]은 진(秦)나라시대부터 공을 세워 조세와 부

---

20 황태후가 거처하는 궁전을 말한다.
21 별자리에서 태미성은 황제가 있는 곳 또는 조정을 의미한다.
22 주집관(奏執官) 즉 주서(奏書)를 관장하는 관리이다.

역을 면제받았습니다. 그들은 용맹스럽고 전투를 잘합니다. 옛날 영초 (永初) 연간에 강족이 한천(漢川, 한중군)에 침입하여 군과 현을 파괴하였으나, 판순의 만족들이 이를 구원하였고, 강족들이 죽고 무너져서 거의 다 없어졌는데,[24] 강족은 신병(神兵)이라 부르면서 종족무리들에게 이 말이 전해져 다시는 남쪽으로 가지 못하게 하였습니다.

건화(建和) 2년[25]에 이르러 강족이 다시 크게 침입하였지만 실질적으로 판순에 사는 사람들에게 의뢰하여 그들을 연달아 꺾고 깨뜨렸습니다. 옛 거기장군 풍곤(馮緄)이 남쪽으로 가서 무릉(武陵, 호남성 상덕현)을 정벌하였는데, 또한 판순 사람들에게 의지하여 공을 이루었습니다. 근래 익주(益州, 운남성 진령현)군에서 난이 일어났지만 태수 이옹 (李顒)도 역시 판순 사람들을 데리고 이들을 토벌하고 평정하였습니다.[26] 충성과 공로가 이와 같으며, 본래 나쁜 마음이 없었습니다.

장리(長吏)와 향(鄕)과 정(亭)[27]에서는 다시 부세를 아주 무겁게 하고, 노복으로 부리며 채찍질을 하여 포로로 잡혀 노복이 된 자보다도

---

23 나(羅)·박(朴)·독(督)·악(鄂)·탁(度)·석(夕)·공(龔)씨를 말한다.

24 영초는 후한 안제의 연호이며 107년부터 7년간 사용되었다. 강족이 패한 것은 안제 원초 원년(114년)의 일로,《자치통감》권49에 실려 있다.

25 후한 환제 때 연호로 147년부터 149년까지 사용되었고, 건화 2년은 148년이다.

26 풍곤(馮緄)이 남쪽으로 가서 무릉을 정벌한 것은 환제 연희 5년(162년)의 일로 《자치통감》권54에 기록되어 있으며, 익주군에 난이 일어나서 이옹(李顒)이 토벌한 것은 영제 희평 5년(176년)의 일로《자치통감》권57에 기록되어 있다.

27 장리(長吏)는 장급관리라는 말로 주의 자사, 군의 태수, 현의 현령 등을 말하며, 향(鄕)은 한나라시기 현 아래의 행정 구역이다. 정(亭)은 향(鄕) 아래의 지방 행정 단위인데, 10정(亭)이 1향(鄕)이다.《한서》에 의하면 10리(里)가 1정 (亭)이며, 1정은 1천 호이다. 정에는 장(長)을 두어 관리하였다.

지나치게 하고, 또한 처를 다른 사람에게로 시집보내고 자식을 팔고, 어떤 사람은 이에 스스로 목을 베는 데까지 이르렀으니 비록 주와 군에다 억울함을 호소하나 주목과 태수가 이치에 맞게 처리하지 아니하며, 궁궐과 조정이 아득하게 멀리 있으니 스스로 이 소식을 보고 할 수 없어서 원한을 마음에 품고 하늘에 호소하였지 어디에도 묻고 하소연할 데가 없었습니다. 그러므로 읍과 부락이 서로 모여서 배반하였으니 주모자가 있어서 함부로 제왕이라 칭하거나 불궤한 짓을 한 것이 아닙니다.

지금 다만 밝고 유능한 주목과 태수를 뽑는다면 자연히 안정될 것이니, 번거롭게 정벌할 일이 아닙니다!"

황제가 이 말을 따라 태수 조겸(曹謙)을 뽑아 임용하고, 조서를 선포하여 그들을 사면하자 즉시 모두 항복하였다.

10   8월에 아정도(阿亭道)에 400척 높이의 누각을 세웠다.

11   겨울, 10월에 태위 허욱(許彧)이 파직되고, 태상 양사(楊賜)를 태위로 삼았다.

12   황제가 상림원(上林苑)에서 교렵(校獵)[28]하고, 함곡관(函谷關, 하남성 신안현 변경 지역)을 지나 마침내 광성원(廣成苑)에서 수렵을 하였다. 12월에 돌아와서 태학에 행차하였다.

---

28 울타리를 치고 사냥하는 것을 말한다.

13   환전(桓典)이 시어사가 되자 환관들이 그를 두려워하였다. 환전
은 늘 총마(驄馬)[29]를 타고 다녀서, 이 때문에 경사에 말이 생겼다.

"가다가다 멈추어서, 총마(驄馬)어사를 피하시오."

환전은 환언(桓焉)[30]의 손자이다.

---

29 흰색과 푸른색 털이 섞여 있는 말이다.

30 환언은 순제(順帝) 영건(永建) 초에 태부를 지냈다. 환언은 환영(桓榮)의 손자
이다.

황건적 장각과 10상시의 대응

효령제 광화 6년(癸亥, 183년)

1 봄, 3월 신미일(21일)에 천하를 사면하였다.

2 여름, 큰 가뭄이 들었다.

3 황후 어머니에게 작위의 명칭을 주어 무양군(舞陽君)이라 하였다.

4 가을, 금성(金城, 감숙성 난주시)에서 황하의 강물이 20여 리를 넘쳐흘렀다.

5 오원(五原, 내몽고 자치구 포두시 서북)에서 산기슭이 무너졌다.

6 애초 거록(鉅鹿, 하북성 평향현) 사람 장각(張角)이 황제(黃帝)[31]와

---

31 《사기》에 의하면 황제의 이름은 헌원(軒轅)이며, 중국 문명의 시조로 전해지

노자(老子)[32]를 받들어 섬기며 요망한 술법을 가르치면서 '태평도(太平道)'라고 불렀다. 주문을 외며 부수(符水)[33]로써 병을 치료하였는데, 병든 사람에게 무릎을 꿇고 잘못을 뉘우치며 머리 숙여 절하도록 하였다. 어떤 때에는 병이 나아 무리들이 다 같이 신으로 섬기고 그를 믿었다.

장각은 제자들을 나누어 파견하여 사방으로 두루 다니면서 서로 속여 꾀었는데, 십여 년 동안에 무리가 수십 만 명이 되어 청주(靑州, 산동반도)·서주(徐州, 강소성)·유주(幽州, 하북성 북부)·기주(冀州, 하북성 중부)·형주(荊州, 호북성과 호남성)·양주(揚州, 강서성과 안휘성)·연주(兗州, 산동성 서부)·예주(豫州, 하남성)의 여덟 주 사람들 중 호응하지 않은 사람이 없었다.

어떤 사람은 재산을 버리거나 팔고 떠돌며 그곳으로 달려가니 도로가 메워져서 막혔고, 도착하지도 못하고 병들어 죽은 자가 또한 만 명을 헤아렸다. 군과 현에서는 그 의미를 이해하지 못하고, 거꾸로 장각이 바른 길로 가르치며 감화한다고 말하여, 백성들이 의지하는 바가 되

는 전설상의 인물이다. 대략 기원전 2704년경부터 2697년경까지 활동했던 것으로 추정한다. 염제(炎帝) 및 치우(蚩尤)등과 싸워 물리쳤으며 제위에 오른 후 백성들에게 문자·건축·활·수레·배 등을 가르치고 문명을 교화시켜 후대에 전해주었다고 한다.

32 성은 이(李)씨, 이름은 이(耳), 자는 담(聃)이다. 일반적으로 노자(老子) 또는 노담(老聃)으로 불리며 초나라 고현(苦縣, 하남성 녹읍현)에서 출생한 것으로 전해진다. 춘추시대 말기에 주나라의 수장실사(守藏室史, 장서실의 관리인)를 지냈다.《도덕경(道德經)》2권(상·하)이 전해지며, 도가사상의 효시로 알려져 있다. 공자가 젊었을 때 낙양으로 노자를 찾아가 예에 관한 가르침을 물은 것으로 알려져 있으나 생존연대가 불분명하다.

33 사악한 귀신을 쫓고 병을 고치기 위하여 부적을 태운 재를 물에 탄 것을 말한다.

었다.

태위 양사(楊賜)가 그때 사도가 되었는데[34] 편지를 올려 말하였다.

"장각이 백성을 속이고 미혹하며 사면을 받아도 뉘우침이 없고, 점차 더욱 자라 퍼지고 있습니다. 지금 만약 주와 군에다 체포하고 토벌하라고 내려 보내시면, 아마도 더욱 소요가 일어나 환난이 급하게 이루어질까 두렵습니다. 마땅히 급히 자사와 이천석 관리에게 절실한 칙서를 내려서 떠도는 백성을 가려서 구별하고, 각각을 보호하여 원래의 군으로 돌려보내어서 그 도당들이 고립되어 약하게 하고, 그런 다음에 그 우두머리를 주살하면 힘들이지 않고 평정할 수 있습니다."

때마침 양사가 그 자리를 떠나니[35] 일이 결국 궁중 내에 머물게 되었다.

사도부의 연리 유도(劉陶)가 다시 상소를 올려 양사가 전에 의론한 것을 거듭하여 말하였다.

"장각 등의 음모가 더욱 심해졌는데, 사방에서 사사롭게 말하기를 '장각 등이 경사에 몰래 들어가 조정을 엿보았다.'고 합니다. 새가 지저귀듯 하고 야수 같은 마음을 품고서 사사롭게 공명하였습니다. 주와 군에서는 꺼리고 싫어하여, 이런 것을 보고하지 않고 단지 서로 알려주기만 할 뿐 공문을 만들려고 하지 않습니다.

마땅히 밝은 조서를 내리셔서 국토를 상으로 준다고 하며,[36] 다시

---

34 양사가 사도가 된 것은 희평 5년(176년)이다.

35 양사는 희평 6년(177년)에 면직되었다.

36 봉토를 주는 조건, 즉 작위를 주는 조건으로 장각을 토벌할 사람을 모집한다는 말이다.

장각 등을 잡을 자를 모집하여 감히 이를 회피하는 사람이 있으면 그와 같은 죄로써 다스리십시오.”

황제는 특별하게 마음을 두지 않았으며, 바야흐로 조서를 내려 유도에게 《춘추조례(春秋條例)》를 정리하도록 하였다.[37]

장각은 마침내 36개의 방(方)을 두었다. '방'은 장군과 같은 것인데, 대방(大方)은 1만여 명, 소방(小方)은 6천~7천 명으로 각각 우두머리를 세우고, 거짓말을 하였다.

“창천(蒼天)은 이미 죽고 황천(黃天)을 세워야 하니 갑자년[38]에는 천하가 크게 길할 것이다.”

경성에 있는 관청의 문[39]과 주와 군의 관부에 백토(白土)로 글씨를 썼는데 모두 '갑자(甲子)'라는 글자를 썼다.

대방 마원의(馬元義) 등은 먼저 형주와 양주에 있는 수만 명을 거두어들이고, 시기를 정하고 업(鄴)에서 출발하기로 하였다. 마원의는 자주 경사를 왕래하면서 중상시 봉서(封諝)와 서봉(徐奉) 등에게 호응하도록 하고, 약속하기를 3월 5일[40] 안팎에서 함께 일어나기로 하였다.

---

37 유도가 《춘추》에 밝아 훈고 즉 경서나 고문의 자구를 해석할 수 있었다. 그러므로 황제가 조서를 내려 춘추조례를 순서에 따라 정리하도록 하였다.

38 장각이 일어난 다음 가장 먼저 다가오는 갑자년은 영제 중평 원년(184년)이다.

39 경사의 여러 관청의 문을 말한다.

40 이날은 다음 해인 갑자년(184년) 3월 5일이며, 장각이 크게 길하다고 예언한 해이다.

효령제 중평 원년(甲子, 184년) [41]

1   봄, 장각의 제자인 제남(濟南, 산동성 역성현) 사람 당주(唐周)가
편지를 올려 이를 알렸다. 이에 마원의를 잡아들여 낙양에서 차열(車
裂) [42]에 처하였다. 삼공과 사예교위에게 조서를 내려서 궁성의 당번을
서는 위사(衛士) [43]와 백성들 가운데 장각의 도를 섬기는 자를 조사하
고 증거를 찾아 수천 명을 주살하였고, 기주로 내려가서 장각 등을 체
포하도록 하였다.

장각 등은 일이 이미 발각된 것을 알고 밤낮으로 말을 달려 여러 '방'
에 명령을 내려 일시에 함께 일어나도록 하였는데 모두 황건(黃巾)을
써서 표와 기치로 삼게 하니, 그런 까닭으로 당시 사람들은 이들을 '황
건적(黃巾賊)'이라 불렀다.

2월에 장각은 스스로 천공(天公)장군이라 칭하고, 장각의 동생 장보
(張寶)는 지공(地公)장군이라 칭하였고, 장보의 동생 장양(張梁)은 인
공(人公)장군이라 칭하고, 머물고 있었던 지역에서 관부를 불태우고,
촌락과 읍을 약탈하자 주와 군이 거점을 잃었고 장리들이 대부분 도망
하였다. 한 달이 못 되는 사이에 천하 사람들이 서로 따라 일어서니 경
사가 진동하였다. 안평(安平, 하북성 기현)과 감릉(甘陵, 산동성 청평현)
사람들은 각기 그 왕 [44]을 사로잡아서 황건적에게 호응하였다.

---

41 이 해 12월에 연호를 바꾸었으므로 12월까지는 광화의 연호를 사용하였다.

42 죄인의 신체를 두 수레 중간에서 양쪽에 결박하고 좌우로 끌어서 찢어 죽이
   는 잔혹한 형벌을 말한다.

43 황실을 호위하는 병사를 말한다.

3월 무신일(3일)에 하남윤(河南尹, 하남은 섬서성 낙양시) 하진(何進)을 대장군으로 삼고, 신후(愼侯)로 책봉하여 좌우림(左羽林)과 우우림(右羽林)에 소속한 다섯 군영의 병사들을 인솔하여 도정(都亭)[45]에 주둔하고, 무기와 기계를 수리하여 경사를 지키게 하였다. 함곡(函谷, 하남성 신안현 변경 지역)·태곡(太谷, 낙양 동쪽 지역)·광성(廣成, 낙양 남쪽 지역)·이궐(伊闕, 낙양 서남 지역)·환원(轘轅, 하남성 언사현 남쪽 지역)·선문(旋門, 하남성 범수현 서남 지역)·맹진(孟津, 하남성 맹진현 남쪽 지역)·소평진(小平津, 하남성 맹진현 북쪽 지역)의 여덟 관문(關門)에 도위(都尉)를 두었다.

황제가 군신회의를 소집하였다. 북지(北地, 영하 자치구 영무현) 태수 황보숭(皇甫嵩)이 마땅히 당금(黨禁)[46]을 해제하고, 중장전(中藏錢)[47]과 서원(西園)의 마구간[48]에 있는 말을 더욱 많이 내어서 군사들에게 나누어 주어야 한다고 생각하였다. 황보숭은 황보규의 조카이다.

황상이 중상시 여강(呂强)에게 계책을 물었더니 대답하였다.

"당고(黨錮)[49]가 오랫동안 쌓여서, 사람들의 마음에 원한과 분함이

---

44 안평과 감릉은 모두 봉국(封國)이고, 안평왕은 유속(劉續), 감릉왕은 유충(劉忠)이다.

45 경사에 있는 역마(驛馬)의 총역참(驛站)이다.

46 당적에 이름이 올라 있는 사람들을 관직에 임용시키는 것을 금지한 것을 말한다.

47 황제가 개인적으로 비축한 자금으로 한대에는 금전(禁錢)이라 하였다. 중장부(中藏府)는 소부(少府)에 속하였으며 환관으로 영(令)을 삼고 관리하도록 하였다.

48 녹기구(騄驥廐)로, 황제 개인의 말을 관리하는 부서를 말한다.

있으므로 만일 사면하지 않는다면, 가볍게 장각과 더불어 모의할 것이고, 변란이 더욱 커진다면 이를 후회해도 구원할 방법이 없습니다.

지금 청하건대 우선 주위에 있는 탐욕스럽고 혼탁한 자를 주살하고 당인(黨人)들을 크게 사면하며, 자사와 이천석 관리를 능력이 있는지 없는지를 가려서 쓴다면, 도적은 평정되지 않을 것이 없습니다.”

황제가 두려워하여 이 말을 따랐다.

임자일(7일)에 천하의 당인들을 사면하고, 귀양 간 여러 사람들[50]을 돌아오게 하였지만 오로지 장각만 사면하지 않았다. 천하의 정예의 병사를 발동하고 북중랑장(北中郞將) 노식(盧植)을 파견하여 장각을 토

---

49 당고란 후한(後漢, 23년~220년) 말년에 사대부와 호족 세력이 환관의 권력 전횡에 반대하다가 환관들의 무고로 종신금고(終身禁錮)을 당한 사건을 말한다. 후한 환제(桓帝, 146년~167년) 때 환관의 세력이 커지자 사대부 관료들이 이들을 맹렬히 비판하였다. 그러자 환관들이 166년, 사예교위 이응(李膺)이 태학생들과 함께 파당을 만들어 조정의 정사를 비방한다고 무고하자 환제가 조서를 내려 당인(黨人)들을 체포하도록 하였다. 그 결과 이응, 태복 두밀(杜密), 어사중승 진상(陳翔)과 그 외에 진식(陳寔)과 범방(范滂) 등 2백여 명이 처형되었다. 그리고 다음 해에 조서를 내려 이들이 종신토록 관리가 되지 못하게 하였다. 167년, 영제(靈帝)가 즉위하면서 외척 두무(竇武)가 이응과 두밀 등을 다시 기용하여 환관들을 제거하려고 하였다. 그러나 사전에 일이 누설되어 두무와 진번(陳蕃) 등이 살해당하고 이응 등은 다시 금고에 처해졌다. 169년, 환관 후람(侯覽)이 다른 사람을 시켜 장검(張儉) 등이 파당을 이루었다고 무고하여 같은 해 10월 환관이 황제에게 우방(虞放)·이응·두밀 등 1백여 명을 체포하도록 상소를 올렸다. 이에 연루되어 처벌을 받은 사람들이 7백 명 가까이 되었다. 172년, 환관이 다시 사예교위 단경(段熲)을 사주하여 당인과 태학생 1천여 명을 체포하게 하였다. 176년, 당인의 문하생과 부자 및 형제 그리고 5촌 이내의 친인척은 모두 면직시키고 금고에 처한다는 조서를 내렸다. 당고는 전후 십여 년 동안 계속되었다.

50 당고로 인하여 변방으로 강제 이주된 당인의 처와 자식들을 말한다.

벌하게 하고, 좌중랑장(左中郎將) 황보숭과 우중랑장(右中郎將) 주준(朱儁)이 영천(潁川, 하남성 우현)의 황건을 토벌하도록 하였다.[51]

이때에 중상시인 조충(趙忠)·장양(張讓)·하운(夏惲)·곽승(郭勝)·단규(段珪)·송전(宋典) 등이 모두 열후로 책봉되고, 귀하게 총애를 받았는데, 황상이 항상 말하였다.

"장 상시는 나의 아버지이며, 조 상시[52]는 나의 어머니이다."

이로 말미암아서 환관은 꺼리고 두려워하는 것이 없어졌고, 나란히 저택을 건축하였는데 궁실을 본떠서 지었다.

황상이 일찍이 영안궁(永安宮)의 후대(候臺)[53]에 오르려고 하자 환관들은 그들의 거처가 멀리 바라보이는 것이 두려워서 중대인(中大人) 상단(尙但)에게 간하게 하였다.

"천자가 높은 곳을 오르는 것은 마땅치 않은데, 높은 곳을 오를 경우에는 백성들이 흩어지게 됩니다."[54]

황상이 이때부터 감히 망루에 다시는 오르려 하지 않았다.

봉서(封諝)와 서봉(徐奉)의 사건이 발각되자, 황상이 여러 상시를 꾸

---

51 북중랑장 등은 황건적을 토벌하기 위하여 임시로 내린 관직이다. 영천은 경사인 낙양과 1백여 리 정도 떨어져 있었으므로 정세가 매우 위급하였다.

52 장 상시는 장양을 말고 조 상시는 조충을 말한다.

53 망루를 말한다.

54 《춘추잠담파(春秋潛潭巴)》에 이르기를 '천자는 높은 망루에 오르지 않는데 높은 곳에 오를 경우에는 아래 사람들이 반란을 일으킨다.'고 하였다. 아마도 이 고사를 인용하여 상단은 황제에게 거짓말을 하였을 것이다. 《춘추잠담파》의 말은 군왕이 높은 누각을 세우지 못하게 하려고 한 경계의 말이지 군왕을 높은 곳에 오르지 못하게 하고자 한 말이 아니다.

짖으며 말하였다.

"너희들이 항상 당인들이 불궤할 생각을 하고 있다고 말하며 모두 금고에 처했거나 혹은 주살한 사람도 있다. 지금 당인들이 더욱 나라에 쓸모가 있고, 너희들은 반대로 장각과 더불어 내통하였으니 목을 베는 것이 옳지 아니한가?"

모두 머리를 조아리며 말하였다.

"이것은 왕보(王甫)와 후람(侯覽)이 한 짓입니다!"

이에 여러 상시들이 각각이 물러나게 해달라고 요구하며, 각자 주와 군에 있는 종친과 자제를 불러들였다.

조충과 하운 등이 마침내 함께 여강(呂強)을 모함하여 말하기를 '여강이 당인들과 더불어 조정을 함께 논의하였다.'고 하며, 자주 〈곽광전(霍光傳)〉을 읽었다고 하였다.[55] 여강의 형제가 있었던 곳은 나란히 모두 탐욕스럽고 더러웠다. 황제가 중황문에게 무기를 가지고 여강을 부르도록 하였다.

여강은 황제가 부른다는 이야기를 듣고, 노하여 말하였다.

"내가 죽으면 난이 일어날 것이다! 장부가 국가에 충성을 다하고자 하였는데, 어찌 옥리를 마주할 수 있단 말인가!"

마침내 자살하였다.

조충과 하운이 다시 참소하였다.

"여강이 소환되자 어떤 것을 물을지 알지 못하였는데도 곧바로 밖에서 자살하였으니 간사한 일이 있었음을 명백히 살펴야합니다"

---

55 이는 황제의 축출을 도모하고 있다고 모함하는 말이다.《한서》의 〈곽광전〉에는 기원전 74년에 곽광이 한 무제의 손자 유하(劉賀)를 축출하는 기사가 실려 있다. 곽광의 자는 자맹(子孟)이며 벼슬이 대사마, 대장군에까지 이르렀다.

마침내 그의 종친을 잡아들이고 재산을 몰수하였다.

시중인 하내(河內, 하남성 무척현) 사람 향허(向栩)가 편의대로 일을 올리면서 주위 사람들을 비난하였다. 장양(張讓)은 향허와 장각이 같은 마음으로 안에서 호응할 생각이었다고 무고하니, 체포하여 황문북시에 있는 감옥으로 보내 그를 살해하였다.

낭중인 중산(中山, 하북성 정현) 사람 장균(張鈞)이 편지를 올렸다.

"가만히 생각하건대, 장각이 능히 병사를 일으켜 난을 꾸밀 수 있었던 까닭과 많은 백성이 그를 즐겁게 좇아 따르는 까닭은, 그 근원은 모두 10상시(十常侍)[56] 대부분이 아버지와 형, 아들과 동생 및 처가와 친가의 사람들 그리고 빈객들을 내보내어 주와 군을 관장하고 점거하여 재물과 이권을 독점하고 백성을 약탈하며 해를 끼치고 있는데도 백성들이 원통함을 하소연하며 알릴 데가 없었던 데서 말미암았으니, 이런 까닭으로 불궤한 짓을 모의하고 모여서 도적이 되었던 것입니다.

마땅히 10상시의 목을 치시고, 남쪽 교외에 목을 매달아서 백성들에게 사죄하고, 사자를 파견하여 천하에 널리 알리면 군사가 동원될 때를 기다리지 않으셔도 큰 도적은 저절로 소멸될 것입니다."

황제가 장균의 상주문을 여러 상시에게 보여주자, 모두 관을 벗고 맨발로 머리를 조아리며 스스로 낙양에 있는 조옥(詔獄)[57]에 가겠다고 하였고, 나란히 집안에 있는 재물을 내놓아 군대의 비용에 보탬이 되게 하게 해달라고 빌었다. 조서를 내려 모두 관을 쓰고 신발을 신고

---

56 《환자전(宦者傳)》에 의하면 당시의 중상시는 장양·조충·하혼·곽승·손장·필남·율숭·단규·고망·장공·한이·송전 등으로 모두 12명이었다.

57 칙명으로 죄수를 다스릴 때 이용하는 감옥이다.

서 예전처럼 일을 보도록 하였다.

황제가 장균에게 화를 내며 말하였다.

"이 자가 정말로 미친 자이구나. 10상시 가운데 진실로 착한 자가 한 사람도 없단 말인가!"

어사가 뜻을 받들어 결국 장균이 황건도(黃巾道)[58]를 배웠다고 무고하는 상주문을 올려 잡아들이고 매질을 하니 감옥 안에서 죽었다.

---

58 황건적의 태평도(太平道)를 말한다.

조조의 등장과 부섭의 상소

2   경자일⁵⁹에 남양(南陽, 하남성 남양시)의 황건적 장만성(張曼成)이
태수 저공(褚貢)을 공격하여 살해하였다.

3   황제가 태위 양사(楊賜)에게 황건의 일을 물었더니 양사의 대답
이 절실하고 곧았는데도 황제는 기뻐하지 않았다. 여름, 4월 양사가 구
적(寇賊)⁶⁰과 연루되었다 하여 면직되었다. 태복인 홍농(弘農, 하남성
영보현) 사람 등성(鄧盛)을 태위로 삼았다.

그리고 나서 황제가 옛 일을 기록한 문서를 열람하다가 양사와 유도
(劉陶)가 이미 올린 장각에 관한 상주문을 보고서 이내 양사를 임진후
(臨晉侯)⁶¹로 봉하고, 유도는 중릉향후(中陵鄕侯)로 삼았다.

---

59 3월 초하루가 병오일이므로 3월에는 경자일이 없다. 다만 경자(庚子)가 경오
    (庚午)의 잘못이라면 이날은 3월 25일이다.

60 갖은 악행으로 백성을 해치는 자를 말한다.

61 임진(臨晉)현은 풍익(馮翊)군에 속하였다.

4 사공 장제(張濟)가 파직되고, 대사농 장온(張溫)을 사공으로 삼았
다.

5 황보숭(皇甫嵩)과 주준(朱儁)이 힘을 합하여 4만여 명을 거느리
고 함께 영천(潁川, 하남성 우현)을 토벌하였는데,[62] 황보숭과 주준은
각자 1군씩을 통솔하였다. 주준이 황건적 파재(波才)와 더불어 전투하
였다가 패하였고, 황보숭이 나아가서 장사(長社, 하남성 장갈현)를 지켰
다.

6 여남(汝南, 하남성 여남현)의 황건이 태수 조겸(趙謙)을 소릉(邵陵,
하남성 언성현)에서 패배시켰다. 광양(廣陽)의 황건이 유주 자사 곽훈
(郭勳)과 태수 유위(劉衛)를 살해하였다.

7 파재가 장사에서 황보숭을 포위하였다. 황보숭의 병력은 적어서
군부대 안에서는 모두 두려워하였다. 황건적은 풀숲에 의지해서 군대
의 영채를 엮어놓았는데, 때마침 큰바람이 불자 황보숭은 군사들에게
간략하게 명령을 내려서 모두 홰[63]를 묶어 성으로 오르게 하고, 날쌘
군사들에게 중간에서 포위망 밖으로 나가 이리저리 불을 놓으며 크게
소리를 지르도록 하였고, 성 위에서도 횃불을 들어 올리며 호응하게 하
였다. 황보숭이 성 안에서 북을 치며 나와서 함성을 지르며 적의 진지

---

62 영천에 있는 황건적이다. 황건(黃巾)이란 두 글자로 씌워진 다른 판본도 있다.
   그렇다면 영천에 있는 황건이라는 뜻이다.

63 갈대나 싸리 따위를 묶어 밤길을 밝히거나 제사 때 화톳불을 밝히는데 쓰는
   물건이다.

로 뛰어 들며 공격하자 적이 놀라서 흩어져 달아났다.

마침 기도위(騎都尉)인 패국(沛國, 안휘성 수계현) 사람 조조(曹操)가 병사를 이끌고 적시에 도착하였으며, 5월에 황보숭과 조조는 주준과 더불어 군사를 합쳐서 다시 적과 더불어 전투를 하여 그들을 대파하였는데, 목을 벤 사람이 수만 급이었다. 황보숭을 도향후(都鄕侯)[64]로 책봉하였다.

조조의 아버지 조숭(曹嵩)은 중상시 조등(曹騰)의 양자인데 그가 태어나고 죽은 곳을 알 수 없어 어떤 사람은 말하기를 '하후씨(夏侯氏)[65]의 아들이다.'라고 하였다. 조조는 어려서 기민하고 경계심이 있었고, 권모술수가 있었으며, 의협심을 거리낌 없이 부렸고, 직업을 갖지 않았다. 세상 사람들은 그가 남다른 것을 알지 못하였지만 오로지 태위 교현(橋玄)과 남양(南陽, 하남성 남양시) 사람 하옹(何顒)이 달리 보았다.

교현이 조조에게 말하였다.

"천하에는 장차 난이 일어날 것인데, 한 시대를 명령할 인재가 아니면 이를 뚫고 넘어갈 수 없을 것이다. 이것을 능히 안정시킬 수 있는 자가 바로 그대에게 있을 지어다."

하옹이 조조를 보고서 탄식하며 말하였다.

"한나라가 장차 망할 것인데, 천하를 안정시킬 자는 반드시 이 사람이다."

---

64 도향(都鄕)은 현의 이름으로 지금의 하북성 경내에 속하나 확실한 위치는 알 수 없다.

65 오(吳)나라 사람이 저술한 《조만전(曹瞞傳)》과 곽반(郭頒)이 저술한 《세어(世語)》에 의하면 조숭은 하후씨의 아들이고, 하후돈(夏侯惇)의 숙부라고 전해지고 있다. 그러므로 조조와 하후돈은 사촌형제이다.

교현이 조조에게 말하였다.

"당신은 아직 이름이 나있지 않으니 허자장(許子將)과 교류하는 것이 좋겠다."

허자장이란 자는 허훈(許訓)의 조카 허소(許劭)[66]인데 인물 평가를 좋아하여 남의 재능을 감상하는 능력이 뛰어났으며, 사촌형 허정(許靖)과 더불어 모두 명성이 높았는데, 공동으로 향당의 인물들을 날카롭고 엄격하게 평론하기를 좋아하여, 매달 번번이 그들의 인품을 품평하였다. 그러므로 여남(汝南, 하남성 평여현)에는 월단(月旦)에 품평하는 풍속이 있었다.[67]

일찍이 군의 공조(功曹)[68]가 되었는데 군부(郡府) 안에서 이 소식을 듣고 몸가짐을 단정히 고치지 않는 자가 없었다. 조조는 허소를 찾아가서 그에게 물었다.

"나는 어떤 사람인가?"

허소는 그의 사람됨을 천박하게 여겨 대답하지 않았다. 조조가 마침내 그를 위협하자 허소가 말하였다.

"그대는 세상이 잘 다스려질 때에는 유능한 신하이며, 세상이 어지러워지면 간사한 영웅입니다."

조조가 크게 기뻐하며 돌아갔다.

---

66 허소의 자는 자장이다. 허훈은 영제(靈帝) 희평(熹平) 3년과 4년(174~175년)에 사공과 태위를 지낸 인물이고, 이 내용은 《자치통감》 권57에 실려 있다.

67 월단은 매월 초를 말하며 여남 사람들은 이를 '월단평(月旦評)'이라고 하였다.

68 한대 주와 군의 좌리(佐吏)이다. 관리들의 근무평가와 심사, 공로의 기록을 관장하였다.

주준이 황건적을 공격하면서 그의 호군사마(護軍司馬)[69]인 북지(北地, 영하 자치구 영무현) 사람 부섭(傅燮)이 상소문을 올렸다.

"신이 듣기에 천하의 재앙은 외부에서 말미암은 것이 아니라, 모두 안에서 일어난다고 하였습니다. 그러므로 우순(虞舜)은 먼저 사흉(四凶)[70]을 제거하시고, 그런 연후에 십육상(十六相)[71]을 기용하셨으며, 나쁜 사람이 떠나지 않으면 착한 사람이 나설 수가 없다는 것을 밝혔습니다.

지금 장각이 조(趙, 하북성)와 위(魏, 하남성) 지역에서 일어났고, 황건이 6개 주에서 어지럽히고 있으니, 이는 모두 틈새가 소장(蕭牆)[72]에서 발생하여 재앙이 사해로 미치게 된 것입니다. 신이 군사직을 맡고, 말씀을 받들어 죄진 사람을 베어버리고자 처음 영천(潁川, 하남성 우현)에 도착하여서 전투를 하면 이기지 못한 경우가 없었습니다. 황건이 비록 왕성하였으나 묘당(廟堂)[73]의 근심거리가 되기에는 부족하였습니다.

---

69 사마(司馬)가 관직이며 사마는 하나의 군단을 감시하였다.

70 《상서》에 의하면 순임금은 유주(幽州)에서 공공(共工)을 유배 보내고, 숭산(崇山)에서 환두(驩兜)를 귀양 보냈으며, 삼위(三危)에서 삼묘(三苗)를 내쫓았으며, 우산(羽山)에서 곤(鯀)을 주살하였다고 하였다. 사흉(四凶)이란 공공·환두·삼묘·곤을 말한다.

71 《좌전》에 의하면 고양씨(高陽氏)는 재능 있는 여덟 명의 아들을 두었다. 이들은 창서(蒼舒)·퇴애(隤敳)·도인(檮戭)·대림(大臨)·방강(尨降)·정견(庭堅)·중용(仲容)·숙달(叔達) 등인데 팔원(八元)이라 불렸다. 또 고신씨(高辛氏)에게도 재능 있는 여덟 명의 아들이 있었는데, 백분(伯奮)·중감(仲堪)·숙헌(叔獻)·계중(季仲)·백호(伯虎)·중웅(仲熊)·숙표(叔豹)·계리(季狸) 등으로 팔개(八愷)라고 불렸다. 십육상이란 팔원과 팔개를 합한 16명의 현인을 말한다. 순이 요임금의 신하로서 사흉을 몰아내고 십육상을 천거한 고사를 말한다.

72 군신이 회견하는 곳에 쌓은 담을 말하며 이른바 내부라는 의미이다.

신이 두려워하는 바는, 물을 다스림에서 그 근원에서부터 하지 않으면 하류에서는 점점 넓이를 늘려가게 됩니다. 폐하께서는 인자하신 덕행으로 너그럽게 용서하시며, 차마 못하는 마음이 많으신 까닭에 내시들이 권력을 희롱하니 충신이 진출하지 못합니다.

참으로 장각이 효수되고 황건적이 옷의 색깔을 바꾸어 입었다[74] 하여도 신이 걱정하는 바는 바야흐로 더욱 깊어질 뿐입니다. 왜 그렇습니까? 무릇 사악한 사람과 정직한 사람은 나라를 함께 할 수 없으니, 역시 얼음과 석탄을 한 그릇에 넣을 수 없는 것과 같습니다.

저들은 정직한 사람의 공적이 세상에 드러나면 위태롭고 망하는 징조가 나타나는 것으로 알고 있는데 모두 교묘한 핑계와 꾸며낸 말을 하여 다 함께 거짓을 늘립니다. 무릇 효자라 할지라도 여러 차례 말이 전해지자 의심을 받게 되고,[75] 저자거리에 호랑이가 나타났다고 하는 것도 세 사람이 말하면 성립되는 것[76]이니 만약 진실과 거짓을 상세히

---

73 조정을 말한다.

74 황건적이 그들이 입는 황건을 버리고 일반인들이 입는 옷을 입는다는 말로 황건적이 겉으로 없어지는 경우를 말한 것이다.

75 어떤 사람이 증삼(曾參)과 이름이 같은 자가 살인한 것을 증삼이 살인을 했다고 증삼의 어머니에게 알렸는데, 증삼의 어머니는 처음에 이 말을 믿지 않았으나 그런 말을 하는 사람이 셋에 이르자 증삼의 어머니는 짜던 베틀의 북을 내던지고 담을 넘어 달아났다는 고사를 말한다.《자치통감》권3 주사왕(周赧王) 7년조에 실려 있다.

76 《한비자》에 방공(龐共)과 위(魏)나라의 태자가 조(趙)나라의 수도인 한단(邯鄲)에 인질로 가면서 방공이 위왕(魏王)에게 말하였다. "지금 한 사람이 저자거리에 호랑이가 나타났다고 하면 왕께서 믿으시겠습니까?" 왕이 말하였다. "믿지 않는다." 방공이 말하였다. "두 사람이 말하면 믿겠습니까?" 왕이 말하였다. "믿지 않는다." 방공이 또 말하였다. "세 사람이 말하면 믿겠습니까?" 왕

살피지 않으시면 충신이라도 장차 두우(杜郵)에서의 살육(殺戮)[77]하는 것 같은 일이 다시 일어날 것입니다!

폐하께서는 마땅히 우순(虞舜)이 네 가지 죄를 들추어냈음을 생각하시어 요망하고 간사한 신하를 주살하는 일을 속히 시행하신다면 착한 사람들이 조정에 나아갈 것을 생각하며, 간흉들은 스스로 스러지게 될 것입니다."

조충이 이 상소문을 보고 증오하였다.

부섭이 황건적을 친 공로가 많아서 당연히 봉작을 받을 만하였지만 조충이 그를 헐뜯으며 모함하였다. 황제가 부섭의 말을 기억하고 있었으므로 죄를 주지는 않았지만, 결국 책봉 또한 하지 않았다.

8 　장만성(張曼成)이 완하(宛下, 하남성 남양시)에서 100여 일을 주둔하였는데, 6월에 남양 태수 진힐(秦頡)이 장만성을 공격하여 그의 목을 베었다.

이 말하였다. "과인은 믿을 것이다." 방공이 말하였다. "저자거리에 호랑이가 없음이 명백한데도 세 사람이 말하니 저자에 호랑이가 있는 것으로 믿게 되는 것입니다. 지금 한단은 저자의 거리보다도 위로부터 멀리 떨어져 있으며, 신을 비방하는 사람들은 3명을 넘고 있으니 바라건대 왕께서는 잘 헤아리시기 바랍니다."라는 내용의 고사를 인용한 것이다.

77 백기(白起) 장군이 두우(杜郵)에서 죽었던 사건을 말한다. 《자치통감》 권5 주난왕(周赧王) 58년의 기사에 나타나 있다.

오두미적의 등장과 황건적의 소탕

9 교지(交趾, 광동성·광서성 자치구와 베트남 일부 지역)의 땅에는 진귀한 재물이 많아서 앞뒤에 있었던 자사들이 대부분 깨끗하게 행동한 일이 없었으며, 재물이 가득 차 넉넉하다고 계산되면 번번이 교체되어 옮겨가기를 요구하였으니, 그런 까닭으로 관리와 백성들이 원한을 품고 반란을 일으켜 자사와 합포(合浦, 광서성 자치구 합포현) 태수 내달(來達)을 사로잡고 자칭 주천(柱天)장군이라 했다.

삼부(三府)에서는 경현(京縣, 하남성 형양현) 현령인 동군(東郡, 하남성 복양현) 사람 가종(賈琮)을 교지 자사로 삼았다. 가종이 자사부에 도착하여 그들이 반란을 일으킨 상황을 물으니 모두가 말하였다.

"부세를 거두어들이는 것이 지나치게 무거워 백성들이란 모두 다 텅 빈 명단이 아닌 것이 없습니다.[78] 경사는 아득히 멀어 억울함을 호소할 데가 없으니 백성들이 즐거이 살 수 없었고 그런 까닭으로 모여서 도적이 되었습니다."

---

78 명단에는 이름이 있지만 실제 거의 다 도망했다는 말이다. 이렇게 되는 경우 적은 수의 남아 있는 사람이 없어진 사람의 몫까지 부세를 내야 하기 때문에 백성들의 부담은 늘어날 수밖에 없다.

가종은 즉시 편지를 보내 알려서 각기 그들의 재산과 생업을 편안하게 하도록 하고, 버려지고 흩어진 백성들을 불러서 위로하며 요역을 면제하고 큰 해를 입힌 자들의 우두머리는 목을 베고, 선량한 관리를 가려 뽑아서 시험적으로 여러 현을 임시로 맡기자,[79] 1년 사이에 다 평정되어 백성이 평안하였다.

이것 때문에 골목에서는 노래가 불려졌다.

"가부(賈父)가 늦게 와서 내가 먼저 반란을 일으키게 되었네. 지금 깨끗하고 평화로운 것을 보니 관리들이 감히 밥[80]을 못 먹겠네."

10   황보숭과 주준이 승리한 기회를 타고서 전진하여 여남(汝南, 하남성 평여현)과 진국(陳國, 하남성 회양현)의 황건적을 토벌하고, 양적(陽翟, 하남성 우현)에 있는 파재(波才)를 뒤쫓아 가서, 서화(西華, 하남성 서화현)에서 팽탈(彭脫)[81]을 공격하여 나란히 이들을 쳐부수자 나머지의 도적도 항복하거나 흩어져서 세 군[82]이 모두 평정되었다.

황보숭은 이에 그 상황을 편지로 올리면서 공을 주준에게 돌렸는데 이에 주준의 봉작(封爵)을 올려서 서향후(西鄕侯)로 삼고, 진적(鎭賊) 중랑장으로 승진시켰다. 황보숭에게 조서를 내려서 동군(東郡, 하남성 복양현)을 토벌하게 하고 주준은 남양(南陽, 하남성 남양시)을 토벌하도

---

79 관직을 대리로 맡기는 수직(守職)이다. 일을 맡겨 잘하면 정식으로 삼는 제도이다.

80 백성들의 밥이다. 관리가 백성들의 집을 지나가면서 밥을 얻어먹지 못한다는 뜻이다.

81 황건적의 수령 가운데 한 사람이다.

82 영천군(潁川郡), 진국군(陳國郡), 여남군(汝南郡)을 말한다.

록 하였다.

북중랑장(北中郞將) 노식(盧植)이 장각과 잇달아 싸워서 쳐부수고 목을 베거나 사로잡은 사람이 1만여 명이 되니 장각 등이 달아나서 광종(廣宗, 하북성 위현)을 지켰다. 노식은 포위망을 구축하고 참호를 파고 운제(雲梯)[83]를 만들어 공격하여서 거의 그곳을 뽑게 될 참이었다. 황제가 소황문 좌풍(左豊)을 파견하여 군대를 감시하였는데 어떤 사람이 노식에게 권고하기를 좌풍에게 뇌물을 보내라고 하였으나 노식은 받아들이지 않았다.

좌풍이 돌아가서 황제에게 말하였다.

"광종(廣宗, 하북성 위현)의 황건적을 쉽게 격파할 수가 있는데 노중랑장이 보루를 튼튼히 하고 군대를 휴식시키며, 하늘이 주살하기를 기다리고 있습니다."

황제가 대노하여서 함거를 보내어 노식을 불러들였고, 사형에서 한 단계 감형하고, 동중랑장(東中郞將)인 농서(隴西, 감숙성 임조현) 사람 동탁(董卓)을 파견하여 그를 대신하도록 하였다.

11   파군(巴郡, 사천성 중경시) 사람 장수(張脩)가 요사한 술법으로 사람의 병을 치료하였는데, 그 술법이 대략 장각과 같아서 병이 난 집에 명령하여 쌀 다섯 말[斗]을 내게 하니 '오두미사(五斗米師)'라고 불렸다. 가을, 7월에 장수가 군중을 모아 반란을 일으키고 군과 현을 노략질하였는데, 당시 사람들은 이들을 '미적(米賊)'이라 불렸다.

---

83 성을 공격할 때 쓰는 사다리이다.

12   8월에 황보숭이 황건(黃巾)과 창정(蒼亭, 산동성 범현)에서 싸워서
그 우두머리인 복사(卜巳)를 사로잡았다. 동탁이 장각을 공격하였으나
공로를 세우지 못한 죄에 걸려들었다. 을사일(3일)에 조서를 내려 황보
숭에게 장각을 토벌하도록 하였다.

13   9월에 안평(安平, 하북성 기현)왕[84] 유속(劉續)이 대역죄에 연루되
어 주살되었으며, 봉국이 없어졌다.

애초에 유속은 황건적의 포로가 되었는데 그 나라 사람들이 그를 재
물과 바꾸어 돌아오게 하자 조정에서는 그 나라를 부활시키는 논의를
하였다.

의랑 이섭(李燮)이 말하였다.

"유속은 울타리 노릇을 하여 지키는 일[85]을 제대로 하지 못하였고,
성스러운 조정을 상하고 욕되게 하였으니, 봉국을 부활시키는 것은 마
땅하지 않습니다."

조정에서 따르지 않았다.

이섭은 종실을 비방하고 훼손하였다는 죄에 걸려서 좌교(左校)의 일
[86]을 하게 보내졌으나 한 해가 지나지 않아 왕이 죄에 걸려서 주살되

---

84 안제(安帝) 연광(延光) 원년에 낙성국(樂成國)을 안평국(安平國)으로 변경하
   였다. 그러므로 효왕(孝王) 유득(劉得)이 봉국을 계승하였다.

85 울타리란 제후의 나라 즉 유속의 안평국을 말한다. 유속은 안평효왕 유득의
   아들이다.

86 진·한 초기에 좌·우·전·후·중이라는 다섯 명의 교령(校令)을 두었는데, 후
   에는 좌우교령만 설치하였다. 후한대에도 두어서, 좌우공도(工徒)를 관리하게
   하였다. 삼국시대 위나라는 좌우교를 합쳐서 재관(材官)에 넣었다. 왕왕 대신
   들이 범법을 하면 좌교로 보내어 노동을 하게 하였다.

자 다시 의랑으로 삼았다. 경사에서는 이로 인해 말이 만들어졌다.

"아버지가 황제를 세우려고 하지 않더니, 아들은 왕을 세우려고 하지 않는구나."[87]

14   겨울, 10월에 황보숭은 장각의 동생 장량(張梁)과 맞서 광종(廣宗, 하북성 위현)에서 싸웠는데, 장량의 무리는 정예의 용감한 자들이어서 황보숭이 이길 수가 없었다. 다음날 이에 군영을 닫고 병사를 쉬게 하면서 그들의 변화를 관찰하고 적의 의지가 조금 풀어진 것을 알고서 마침내 은밀히 밤중에 병사를 챙겨 닭이 울자 말을 달려 그들의 진지로 달려가 싸우기를 포시(晡時)[88]에 이르러서 그들을 대파하여 장량의 목을 베었는데, 수급을 얻은 것이 3만여 급이었으며, 황하에 이르러서는 죽은 사람이 5만 명 정도였다.

장각은 먼저 이미 병으로 죽어서 부관륙시(剖棺戮屍)[89]하여 머리를 전거(傳車)[90]로 경사에 보냈다. 11월에 황보숭이 다시 하곡양(下曲陽, 하북성 진현)에 있는 장각의 동생 장보(張寶)를 공격하여 목을 베었으며, 목을 베거나 사로잡은 자가 10여만 명이었다. 즉시 황보숭에게 벼슬을 내려 좌거기장군으로 삼고, 기주 주목(州牧)의 업무를 관장하도

---

87 이섭의 아버지 이고(李固)는 10대 유찬(劉纘) 질제와 11대 유지(劉志) 환제가 황제에 오르는 것을 반대했는데, 이섭은 유속을 안평왕으로 하는 것을 반대한 것이다.

88 신시로 3시에서 5시 사이이다.

89 죽은 후에 큰 죄가 드러나면 그 관을 쪼개어 시체의 목을 베는 형벌을 말한다.

90 역참과 역참 사이를 왕래하는 공식적인 수레이다. 이 전거를 통하여 공적인 연락이 이루어진다.

록 하였으며,[91] 괴리후(槐里侯)로 책봉하였다.

황보숭은 능히 사졸들을 따뜻하게 위로할 수 있었으며, 군대가 행진하다 머무르게 되면 매번 반드시 군대의 막사를 세우도록 하고, 이렇게 한 후에야 자기 막사로 갔으며, 군사가 모두 식사를 할 때에도 이렇게 하고서야 마침내 밥을 먹었다. 이러한 까닭으로 가는 곳마다 공로를 세웠다.

15   북지(北地, 영하 자치구와 감숙성 동북부)의 선령(先零)에 사는 강족과 부한(枹罕, 감숙성 도하현)과 하관(河關, 감숙성 도하현 서부)의 도적 무리들이 반란을 일으켜서 함께 황중(湟中) 지역의 의용군인 호(胡)족[92] 북궁백옥(北宮伯玉)과 이문후(李文侯)를 세워 장군으로 삼고 호강교위 영징(泠徵)을 살해하였다.

금성(金城, 감숙성 난주시) 사람 변장(邊章)과 한수(韓遂)는 평소 서주(西州, 섬서성 서부)에서 이름을 날렸는데, 도적 무리들이 그들을 유혹하고 협박하여, 군정(軍政)[93]을 전담하도록 하였으며, 금성 태수 진의(陳懿)를 살해하고 주와 군을 공격하여 불태웠다.

애초 무위(武威, 감숙성 무위현) 태수가 권세와 지위가 높다는 것을 의지하여 믿고서 탐욕과 횡포를 제멋대로 부리자 양주(涼州, 감숙성) 자사부의 종사(從事)인 무도(武都, 감숙성 성현) 사람 소정화(蘇正和)가 조사

---

91 영직(領職)이다. 업무를 관리하는 직책으로 직접 관부에 가지 않고 멀리 있으면서 업무를 관리하도록 하는 관리 임용방식이다.

92 흉노족을 말한다.

93 군사에 관한 행정사무를 말한다.

하여 그의 죄를 찾아냈다. 자사 양곡(梁鵠)이 두려워하여 소정화를 살해하고 그 책임을 모면하고자 하여 한양(漢陽, 감숙성 감곡현)의 장사(長史)[94]인 돈황(敦煌, 감숙성 돈황현) 사람 개훈(蓋勳)에게 물어보았다.

개훈은 원래 소정화와는 원한이 있었으므로 어떤 사람이 개훈에게 이를 이용하여 보복하라고 권고하자 개훈이 말하였다.

"일을 꾸며 선량한 사람을 살해하는 것은 충성이 아니며, 다른 사람의 위태로움을 기회로 삼는 것은 어진 것이 아니다."

이에 양곡에게 간언하였다.

"무릇 사람들이 매를 줄에 묶어 먹이를 주는 것은 새를 잡게 할 생각에서입니다. 새를 잡자 매를 삶아 먹어버리면 장차 무엇을 사용하겠습니까!"

양곡이 이에 멈추었다.

소정화(蘇正和)가 개훈을 찾아가 감사하다는 말을 하겠다고 요구하였으나, 개훈이 만나지 않고 말하였다.

"내가 양사군(梁使君)[95]을 위해 꾸민 것이지, 소정화를 위해서 한 것이 아니오."

원한은 처음과 같았다.

이후의 자사 좌창(左昌)이 군사들이 먹을 곡식 수만 석을 도둑질하자 개훈이 이를 간언하였다. 좌창이 노하여 개훈에게 종사 신증(辛曾)과 공상(孔常)과 더불어 아양(阿陽, 감숙성 정령현)에 별도로 주둔하면서 적을 막도록 하였는데 군대의 일로 죄를 씌우고자 하였으나, 개훈이

---

94 군 정부의 비서장을 말한다.

95 사군은 자사를 높여 부르는 말이므로 양곡을 말한다.

자주 전공을 세웠다.

북궁백옥의 공격이 금성 지역에 이르자, 개훈이 좌창에게 그를 구원하자고 권고하였지만, 좌창이 따르지 않았다. 진의(陳懿)가 이미 죽고 나자, 변장(邊章) 등이 진격하여 기현(冀縣, 감숙성 감곡현)에서 좌창을 포위하였고 좌창은 개훈 등을 불러 자신을 구원하라고 하였으나, 신증(辛曾) 등이 의심하여 가려고 하지 않으니 개훈이 노하여 말하였다.

"예전에 장가(莊賈)가 약속 시간에 늦게 오자 양저(穰苴)가 검을 휘둘렀다.[96] 지금의 종사(從事)[97]가 어찌 예전의 감군(監軍)보다 중요하단 말인가!"

신증 등이 두려워하여 그를 따라갔다.

개훈이 기현에 이르러 변장 등에게 배반한 죄를 꾸짖으며 나무라자, 모두가 말하였다.

"좌사군(左使君)[98]이 만일 일찍이 그대의 말을 좇아서 병사를 이끌고 우리가 있는 곳에 왔다면, 모두들 스스로 고칠 수 있었을 것입니다. 지금 죄가 이미 무거워졌으니 항복할 수 없습니다."

이내 포위를 풀고 물러났다.

---

96 기원전 6세기경 제(齊)나라 경공(景公) 때 연(燕)나라와 진(晉)나라가 제나라를 침략하였다. 경공이 사마양저(司馬穰苴)를 장군으로 삼아 방어하도록 하고, 총신 장가(莊賈)를 감군(監軍)으로 삼았다. 사마양저는 장가와 아침에 회의하기로 약속하였다. 장가가 본래 교만하고 고귀하여 저녁때가 되어서야 도착하였다. 양저가 군정(軍政)을 불러 물었다. "군법에 따라 약속에 늦게 온 사람은 어떻게 하라고 했는가?" 군정이 답하였다. "마땅히 목을 베어야 합니다." 마침내 장가를 베고 삼군에 조리를 돌렸다는 고사이다.

97 신증을 말한다.

98 사군은 자사를 높여 부르는 말이므로 좌창을 말한다.

반란을 일으킨 강족이 교위 하육(夏育)을 후관(畜官, 섬서성 홍평현 동부)⁹⁹에서 포위하였다. 개훈은 주와 군의 병사와 합쳐 하육을 구원하였으나, 호반(狐槃, 감숙성 감곡현 동쪽)에 이르러 강족에게 패하였다. 개훈의 남은 무리는 백 명에 이르지 못하였고, 몸은 세 번 창에 찔렸지만, 굳게 앉아 움직이지 않고 나무로 된 표지를 가리키며 말하였다.

"여기에다 나를 놔두어라."

구취(句就)부락의 종족인 강족(羌族)의 전오(滇吾)가 병기를 들고서 무리를 막으며 말하였다.

"개 장사(蓋 長史)¹⁰⁰는 현인이다. 너희들 가운데 그 사람을 죽이는 자는 하늘에 죄를 짓는 것이다."

개훈이 머리를 쳐들고 욕을 하였다.

"죽여 버릴 배반한 야만인들아! 네가 무엇을 알겠느냐? 빨리 와서 나를 죽여라!"

무리들이 서로 쳐다보며 놀랐다.

전오가 말에서 내려 개훈에게 말을 주었으나 개훈이 오르지 않아서 마침내 강족에게 사로잡혔다. 강족은 그의 의로움과 용기에 감복하여 감히 해를 입히지 않고, 한양(漢陽, 감숙성 감곡현)으로 돌려보냈다. 그

---

99 《한서》 윤옹귀전(尹翁歸傳)에는 죄를 짓자 '축관으로 보내어 관장하게 하라.'고 판결을 내린 경우가 있다. 그런데 우부풍 지역에 목축을 하는 곳이 있는데 여기에 원사(苑師)라는 속관을 두고 있었다. 그러므로 이를 후관이라고 하여 목축을 관장하는 직책을 표시하였다. '畜'의 음은 호삼성이 '許救의 번자'라고 하였으므로 '후'로 읽어야 한다.

100 이때 개훈의 관직이 장사여서 개훈에게 관직을 붙여서 부른 것이다. 장사란 장급관리 바로 아래에 서는 제일 높은 관리를 말한다.

후에 자사 양옹(楊雍)이 개훈에 관하여 표문을 올렸고, 한양 태수의 직책을 관장하도록[101] 하였다.

16   장만성(張曼成)의 잔당이 또 조홍(趙弘)을 우두머리로 삼으니 무리들이 다시 왕성해져서 십여만 명에 이르자 완성(宛城, 하남성 남양시)을 점거하였다. 주준과 형주(荊州, 호북성과 호남성) 자사 서구(徐璆) 등이 병사를 합쳐 이들을 포위하고 6월부터 8월에 이르러서도 뽑아버리지 못하자, 유사가 상주문을 올려서 주준을 불러들이라고 하였다.

  사공 장온(張溫)이 상소문을 올렸다.

  "옛날에 진(秦)나라에서 백기(白起)를 기용하였고, 연(燕)나라에서 악의(樂毅)를 임용하였는데, 모두 여러 해를 지나서야 마침내 적을 이길 수 있었습니다.[102] 주준이 영천(潁川, 하남성 우현)을 토벌하여 이미 공로를 세우고 본받을 바가 있었으며 군사를 이끌고 남쪽으로 나아가 일을 꾀하는 책략도 이미 세웠습니다. 진지에 나가 있는 장수를 바꾸는 것은 병가에서 금기로 삼고 있는 것이니 마땅히 시간을 주어 그가 성공하도록 책임을 맡겨야 합니다."

---

101 영직(領職)이다. 보통은 현지에 가지 않고 멀리서 맡은 지역의 업무를 지휘하는 경우를 말한다.

102 《사기》에 의하면 백기는 진(秦)나라 소왕(昭王)을 섬겨 대량조(大良造)가 되었으며 위(魏)나라를 공격하여 격파하고, 5년 후 조(趙)나라를 공격하여 광랑성(光狼城)을 정벌하였다. 7년 후 초(楚)나라를 공격하여 언(鄢)·등(鄧)의 다섯 성을 정벌하였으며 다음 해는 영(郢)을 정벌하여 이릉(夷陵)을 불태워 마침내 동쪽으로 경릉(竟陵)에 이르렀다. 악의(樂毅)는 연(燕)나라 소왕(昭王)을 섬겼으며 상장군이 되었다. 제(齊)나라를 정벌하며 수도인 임치(臨錙)로 들어갔으며 5년 동안 제나라의 70여 성을 빼앗았다.

황제가 마침내 멈췄다. 주준이 조홍(趙弘)을 쳐부수고 그의 목을 베었다.

적의 우두머리인 한충(韓忠)이 다시 완성(宛城, 하남성 남양시)을 점거하고 주준에게 저항하자 주준이 북을 울리며 그 서남쪽을 공격하니, 적의 무리는 모두 그곳으로 몰려왔다.

주준이 스스로 정예의 병사를 거느리고 동북쪽에 숨어 있다가 성으로 올라가서 진입하였다. 한충이 마침내 후퇴하여 조그만 성을 지키며 당황하고 두려워하여 항복을 받아달라고 빌었다. 제장들이 모두 그 요구를 들어주기 바랐지만 주준이 말하였다.

"전쟁에는 본래 모양은 같으나 형세가 다른 것이 있다. 예전에 진(秦)과 항우(項羽)가 싸우던 시기에는 백성들에게 정해진 주군(主君)이 없었다.[103] 그런 까닭에 귀부하는 사람에게 상을 주면서 권고하여 오게 하였을 뿐이다.

지금은 전국이 통일되어 있고 오로지 황건적만이 역모를 꾀하고 있다. 항복을 받아들여서 선한 것을 권장할 수 없으므로 이를 토벌하여 사악함을 징계하는 것이 족하다. 지금 만약 그들을 받아들인다면 다시 역모할 생각을 열게 되고, 도적들은 유리하면 나와서 싸우고 불리하면 항복을 받아달라고 구걸한다. 적을 제멋대로 하게 내버려두어서 노략질하는 것을 키우는 것이니 좋은 계책이 아니다."

이어서 급히 공격하여 계속 전투를 벌였으나 이길 수 없었다.

---

103 진(秦)나라 말기의 상황을 말한 것이다. 이때 진나라는 이미 멸망될 상황이고, 그 다음에 누가 천하의 주인이 될지가 정해지지 않은 상황이었다. 이 경우 먼저 차지하는 사람이 주인이 되므로 후한 말의 상황과는 다르다는 뜻이다.

주준이 토산(土山)[104]에 올라 그들을 바라보다가, 뒤를 돌아보며 사마 장초(張超)에게 말하였다.

"내가 그들을 알겠다. 적이 지금 바깥에서 견고하게 에워싸고 안에 있는 군영을 급하게 몰아치자 항복을 받아달라고 빌었으나 받아주지 않고, 탈출하고자 하지만 할 수 없으니, 그래서 죽기를 무릅쓰고 전투하는 것이다. 1만 명이 한 마음이 되어도 또한 당할 수 없을 터인데 하물며 10만 명인 경우에서야!

포위를 풀고 병사를 모아 성으로 들여보내는 것만 못하다. 한충(韓忠)은 포위가 풀어진 것을 보면 형세로 보아 반드시 스스로 나올 것이고, 스스로 나오면 곧 마음이 흐트러질 것이니 이것이 깨뜨릴 수 있는 길이다."

이미 그렇게 말하고 포위를 풀었더니 한충이 과연 나와 싸우므로 주준이 이를 틈타서 공격하여 그들을 대파하니 참수한 것이 1만여 급이었다.

남양(南陽, 하남성 남양시) 태수 진힐(秦頡)이 한충을 살해하자 나머지 무리들이 다시 손하(孫夏)를 받들어 우두머리로 삼고, 완성(宛城, 하남성 남양시)으로 돌아가서 주둔하였다. 주준이 급히 이들을 공격하였는데 사마 손견(孫堅)이 무리를 이끌고 먼저 성에 올랐다. 계사일(22일)에 완성을 뽑아버렸다.

손하가 도망하자 주준은 서악(西鄂, 하남성 남소현)의 정산(精山, 하남성 남소현 남쪽)까지 쫓아가서 다시 그들을 격파하였는데 참수한 것이

---

104 전쟁에서 성을 공격할 때 보통 인공으로 공격하려는 성의 높이만큼 흙으로 산을 만들어서 성 안을 들여다보며 공격할 수 있도록 한 것이다.

1만여 급이었다. 이에 황건적은 깨져 흩어지고 그 나머지는 주와 군에서 주살되었는데 한 개의 군에서 수천 명이었다.

관직의 강매와 커져가는 반란 세력

17   12월 기사일(29일)에 천하를 사면하고 기원을 고쳤다.

18   예주(豫州, 하남성) 자사인 태원(太原, 산서성 태원시) 사람 왕윤(王允)이 황건적을 격파하면서 장양(張讓)의 빈객이 보낸 편지를 획득하였는데, 황건적과 더불어 서로 왕래하였으므로 이를 올려 보냈다. 황상이 노하여 장양에게 책임을 묻자 장양이 머리를 조아리며 사죄하였지만 결국 역시 죄를 줄 수 없었다.

장양이 이로 말미암아 다른 일로 왕윤을 중상하여 드디어 감옥으로 보냈으나 마침 사면을 만나 다시 자사가 되었지만 열흘 사이에 다시 그는 다른 죄로 체포되었다. 양사(楊賜)[105]가 더 이상 고통과 치욕을 당하지 않게 하려고 빈객을 파견하여 그에게 사과하면서 말하였다.

"그대가 장양의 일을 이유로 한 달에 두 번이나 불려 왔으니, 그 숨겨진 흉악함을 헤아리기 어렵소. 바라건대 깊이 계산해보도록 하시오!"[106]

---

105 이때 태위였다.
106 깊이 계산해 보라는 것은 자살하게 하려는 것이다.

여러 종사들[107] 가운데 호기 있게 결판내려는 자들이 모두 눈물을 흘리며 약을 들고 그에게 올렸다.

왕윤이 성난 목소리로 꾸짖었다.

"내가 신하가 되어 임금에게 죄를 지었으면, 마땅히 엎드려 대벽(大辟)을 받고 천하에 사과를 구해야지 어찌 약을 마시고[108] 죽기를 바라겠는가!"

잔을 던지고 일어서서 나가 곧장 함거(檻車)에 올랐다. 막 도착하자 대장군 하진(何進)과 양사(楊賜), 원외(袁隗)[109]가 함께 상소문을 올려서 용서를 청원하여 사형에서 감형되는 것으로 판결 받았다.

효령제 중평 2년(乙丑, 185년)

1 봄, 정월에 커다란 돌림병이 돌았다.

2 2월 기유일(10일)에 남궁의 운대(雲臺)에 불이 났다. 경술일(11일)에 낙성문(樂城門)[110]에 불이 났다.

---

107 왕윤이 자사였던 예주자사부의 종사이다.

108 《전한서》〈왕가전(王嘉傳)〉에는 "何謂咀藥而死.(어찌 약을 씹고 죽겠는가.)"라고 되어 있다. 본문의 "豈有浮藥求死乎"는 마땅히 '咀藥'으로 되어야 한다.

109 이때에 원외는 태위이고, 양사는 사도였다.

110 《속한지》에 의하면, 낙성문(樂城門)은 낙성전(樂成殿)의 문이다. 따라서 낙성문의 성(城)자는 성(成)으로 표기되어야 한다. 그러나 《오행지》에도 낙성문(樂城門)으로 기록되어 있으며, 또 유소(劉昭)는 낙성문을 '남궁(南宮)의 중문(中

중상시 장양과 조충이 황제에게 유세하기를 천하의 전지(田地)에서 1무(畝)에 10전 씩 거두어서 궁실을 고치고 동인(銅人)을 주조하자고 하였다.

낙안(樂安, 산동성 박흥현) 태수 육강(陸康)이 상소를 올려 간하였다.

"예전에 노(魯)나라의 선공(宣公)이 무(畝)에 따라서 세금을 걷자 황충(蝗虫)에 의한 재해(災害)가 스스로 일어났고,[111] 애공(哀公)이 부세를 증가시키자 공자가 이를 비난하였는데,[112] 어찌 백성의 재물을 탈취하여 모아서 아무 소용도 없는 동인(銅人)을 만들며, 성인이 훈계한 것을 덜어내어 버리고 스스로 망한 왕의 법도를 따르는 것입니까!"

내시들이 모함하기를 육강(陸康)이 망한 나라를 인용하여 성스럽고 밝은 분에게 비유하였으니 큰 불경죄라고 참소하여 함거에 태워 불러들여 정위에게로 보냈다. 시어사 유대(劉岱)가 표문을 올려서 상세히

門)'이라 하였다.

111 기원전 6세기경 노(魯)나라에서 정전제를 시행하였으나 농민들이 공전(公田)은 힘들여 경작하지 않았다. 기원전 594년 노나라의 선공(宣公)이 농민들의 사전(私田)을 조사하면서 어떤 집이 농작물을 제일 많이 수확하자 이에 맞추어 부세를 징수하였다. 이 해에 황충(蝗虫)의 유충이 대량으로 알을 까고 밭에서 나왔다. 《춘추》〈공양전〉에는 "初稅畝者何? 履畝而稅也.(처음에 세금을 내는 무가 어느 것인가? 밟고 있는 무에서 세금을 받았네.)"라고 기록되어 있는데 이는 선공이 정전제의 조세제도를 임의로 바꾼 것을 비난한 말이다.

112 《좌전》에 의하면, 노나라의 애공(哀公)시기 대부(大夫) 계손(季孫)이 전부(田賦)를 증가시키고자 하여 염유(冉有)를 여러 번 공자에게 보내 의견을 물었다. 공자가 염유에게 사사로이 말하였다. "계손이 만일 법에 따라 행하고자 하였다면 곧 주공(周公)이 세워놓은 전장(典章)을 따르면 될 것이고, 만약 단지 주공의 전장을 따르고자 하였다면 또한 어찌 여러 차례 찾아 왔겠는가!"라는 고사의 내용이다.

해석하여 죽음을 면하고 고향으로 돌아갈 수 있었다. 육강은 육속(陸續)[113]의 손자이다.

또한 조서를 내려서 주와 군에 있는 재목과 문석(文石)[114]을 징발하여 나누어 경사로 보내도록 하였다. 황문상시가 번번이 규격에 맞추지 못한 사람을 힐책하고 꾸짖게 하였으며 이를 이용하여 강제로 물건 값을 깎아서 싸게 샀는데, 겨우 원래 가격의 십분의 일을 받았다. 이어서 다시 물건을 구하자, 환관들이 즉시 받아들이지 않아서 목재가 결국 쌓여 썩는 데까지 이르렀으니 궁실은 해를 넘겨도 완성하지 못하였다. 자사와 태수가 다시 사사로운 조달을 늘렸으므로 백성들은 큰소리를 지르며 한탄하였다.

또, 서원(西園)의 추(騶)[115]를 각 도에 나누어 보내 독촉하게 하여 주와 군을 공포에 떨며 움직이게 하고서는 대부분 뇌물을 주고받았다. 자사와 이천석 관리, 무재(茂才)[116]나 효렴(孝廉)이 자리를 옮기거나 벼슬을 받게 되면 모두 군대를 도와주거나 궁실을 고치는데 드는 전(錢)을 책임졌는데, 큰 군에서는 2천~3천만 전에 이르렀고 나머지도 각기 차이가 있었다.

관리로 임명된 자는 모두 먼저 서원에 가서 값을 논의하여 정하고

---

113 육속이 초왕 유영의 사건에 연루되어 고문을 받은 일은 명제 영평 14년 (71년)의 일이고 이 내용은 《자치통감》 권45에 실려 있다.

114 무늬가 화려하거나 빛이 나는 장식용 돌을 말한다.

115 귀족이 말을 탈 때 앞뒤에서 시중을 들던 기사를 말한다. 여기서는 서원에 소속되어 말을 관장하던 하급 관리를 말한다.

116 원래는 수재(秀才)이지만, 후한대에는 광무제의 이름인 수(秀)를 피하여 같은 뜻을 가진 무(茂)로 바꾸어 썼다.

난 연후에 부임하러 갈 수 있었다. 청렴을 지키는 자는 관리가 되지 않겠다고 애걸하였으나 모두 압박해서 파견하였다. 당시 거록(鉅鹿, 하북성 진영현) 태수인 하내(河內, 하남성 무척현) 사람 사마직(司馬直)이 새로이 벼슬을 받았는데 청렴하다는 명성이 나 있으므로 3백만 전을 깎아주었다.

사마직이 조서를 받자 실의에 빠져서 말하였다.

"백성의 부모가 되어서 반대로 백성의 재물을 잘라내어 갉아내면서 시대가 요구하는 것이라고 말하니 나는 참을 수 없다."

병을 핑계로 사직하였으나 허락하지 않았다.

부임하러 가다가 맹진(孟津, 하남성 맹진현)에 이르러서 편지를 올려 당시 세상의 잘못됨을 극진히 진술하고, 즉시 약을 삼켜 자살하였다. 편지가 상주되자 황제는 잠시 수궁전(修宮錢)[117]을 중단하였다.

3   주준(朱儁)을 우거기(右車騎)장군으로 삼았다.

4   장각이 난을 일으키면서부터 곳곳에서 도적들이 나란히 일어났는데, 박릉(博陵, 산동성 박평현)의 장우각(張牛角), 상산(常山, 하북성 원씨현)의 저비연(褚飛燕), 황룡(黃龍), 좌교(左校), 우저근(于氐根), 장백기(張白騎), 유석(劉石), 좌자문팔(左髭文八),[118] 평한대계(平漢大計),

---

117 중상시들이 건의해서 궁실 수리 비용을 충당하기 위해 거둬들였던 전(錢)을 말한다.

118 좌자문팔의 文은 丈으로 된 판본도 있다. 뜻으로 보아서는 丈이 더 맞을 듯하다. 사람의 이름을 해석하는 것은 무의미하지만 경우에 따라서는 그 사람의 특징을 나타내기도 한다. 좌자장팔이라고 하면 '왼쪽 수염이 1장(丈)8척

사예연성(司隸緣城), 뇌공(雷公), 부운(浮雲), 백작(白雀), 양봉(楊鳳), 우독(于毒), 오록(五鹿), 이대목(李大目), 백요(白繞), 수고(睢固),[119] 고추(苦蝤)의 무리 등 그 수는 헤아릴 수가 없었고, 큰 무리는 2만~3만 명이고, 작은 무리는 6천~7천 명에 달하였다.

장우각과 저비연이 군사를 합쳐 영도(癭陶, 하북성 영진현)를 공격하였는데, 장우각이 떠도는 화살을 맞고 죽자 그 무리들에게 저비연을 받들어 우두머리로 삼으라고 하였으며 성을 장씨로 고쳤다. 저비연의 이름은 연(燕)이었는데, 가볍고 용감하며 몸이 날쌔서 군중에서 부르기를 비연(飛燕)[120]이라고 하였다.

산과 계곡의 도적들이 대부분 그에게 의탁하여 그 부의 무리가 점차 확대되어 거의 1백만 명에 이르니 흑산적(黑山賊)이라 불렸고, 황하 북부 지역의 여러 군과 현이 모두 그 피해를 입었으나 조정에서는 토벌할 수가 없었다.

장비연(張飛燕)은 이에 사자를 파견하여 경사로 보내 편지를 상주하여 항복을 받아달라고 빌자 마침내 장비연에게 평난(平難)중랑장의 벼슬을 내리고, 황하 북부 지역에 있는 여러 산과 계곡의 일들을 다스리도록 하였으며[121] 매년 효렴(孝廉)과 계리(計吏)를 천거할 수 있게 하였다.

(尺)이라'는 말이고, 이는 과장되었으나 왼쪽 수염이 길게 난 특징을 표현한 것이다.

119 호삼성은 睢를 식수(息隧)의 번자(翻字)라고 하였으므로 수고라고 해야 한다.

120 나는 제비라는 뜻이다.

121 영직(領職)이다. 해당 업무를 관장하게 하는 관리 임명 방법인데, 이 경우의 관직명은 영하북제산곡사(領河北諸山谷事)이고, 이 관직명을 해석하면 하북 지역에 있는 여러 산과 골짜기에서 일어나는 일을 관장하는 직책이다.

　　모함 받는 충신, 고생하는 백성

5　　사도 원외(袁隗)가 면직되었다. 3월에 정위 최열(崔烈)을 사도로 삼았는데, 최열은 최식(崔寔)[122]의 사촌형이다.

이때 삼공은 가끔 상시와 황제의 보모(保母)[123]를 통하여 서원(西園)으로 돈을 들여보내고서 그 자리를 얻었는데, 단경(段潁)과 장온(張溫) 등도 비록 공로를 세우고 부지런하였다는 명예를 가졌지만, 그러나 모두 먼저 돈과 재물을 보내고 나서야 마침내 공의 지위에 올랐다. 최열은 보모를 거쳐 5백만 전을 내고서 사도가 될 수 있었다.

벼슬을 내리는 날이 되자 천자가 임헌(臨軒)[124]하였고, 모든 관료들이 모두 모여 있는데 황제가 돌아보며 가까이에서 수행하는 사람에게 말하였다.

"고집부리지 않은 것이 적잖이 후회된다. 천만 전은 받을 수 있었는데!"

---

122 최식은 《정론(政論)》이라는 책을 저술한 사람이다.

123 귀족의 자녀를 보육하는 책임을 맡았던 부인을 말한다.

124 황제가 정전에 앉지 않고 정전 앞에 있는 단에서 신하를 접견하는 것을 말한다.

정(程)부인[125]이 옆에서 응답하였다.

"최공(崔公)[126]은 기주의 이름 난 선비인데 어찌 관직을 돈으로 사려고 했겠습니까? 나에게 의지하여 이것을 얻었으니 거꾸로 좋게 봐주셔야 하는 것을 알지 못하십니까?"

최열은 이로 인해 명성과 영예가 꺾이어 쇠퇴하였다.

6   북궁백옥(北宮伯玉) 등이 삼보(三輔, 대장안) 지역을 노략질하니 좌거기장군 황보숭에게 조서를 내려서 장안을 진정시키고 이들을 토벌하도록 하였다.

당시 양주(涼州, 감숙성)에는 병란이 그치지 않았고 천하 사람에게 역부(役賦)[127]를 끊임없이 징발하였으므로 최열은 당연히 양주를 포기해야한다고 생각하였다. 조서를 내려서 공경백관을 불러 모아 의논하라고 하니, 의랑 부섭(傅燮)이 성난 목소리로 말하였다.

"사도의 목을 쳐야 천하가 마침내 안정될 것이오."

상서가 주문을 올려서 부섭이 궁정에서 대신을 모욕하였다고 하였다.

황제가 이를 가지고 부섭에게 묻자 대답하였다.

"번쾌(樊噲)는 난제묵돌(欒提冒頓)[128]이 패역(悖逆)하자 분하고 사무쳐서 분투할 생각을 하였지만 신하의 예절을 잃지 않았는데 계포(季

---

125 영제의 부인 가운데 한 사람이다.

126 최열을 말한다.

127 전부(田賦)와 요역(徭役)을 말한다.

128 흉노족 2대 선우이다.

布)는 오히려 '번쾌의 목을 마땅히 쳐야 한다.'라고 말하였습니다.[129]

지금 양주(涼州)는 천하의 요충지이고 국가를 보위하는 울타리입니다. 고조(高祖)께서 처음에 일어나셔서 역상(酈商)을 시켜 농우(隴右, 농산의 서쪽) 지역을 별도로 평정하게 하였고, 세종(世宗)[130]께서는 변경을 개척하시면서 사군(四郡)[131]을 줄지어 설치하였는데, 논의하는 자들은 흉노의 오른쪽 어깨를 절단한 것이라고 생각하였습니다.

지금 주목(州牧)과 어사(御史)가 조화로움을 잃어 하나의 주 전체가 반역하였는데, 최열은 재상이 되어서 나라를 위하여 이들을 안무할 계책을 생각하지 않고 마침내 한 쪽이 1만 리나 되는 땅을 잘라서 포기하려 하고 있으므로, 신은 가만히 이를 의심합니다.

만약 좌임(左袵)[132]한 야만인들을 이 땅에서 살도록 한다면, 그 병사는 날쌔고 갑옷은 견고하니 이로 말미암아 난이 일어날 것이고, 이는 천하 사람들의 지극한 근심거리이며 사직의 깊은 걱정거리입니다. 만약 최열이 알지 못하였다면, 아주 쓸모없는 사람이며, 알고서 일부러 말하였다면 충성하지 않은 것입니다."

황제가 훌륭하게 생각하여 이 말을 따랐다.

---

129 이 사건은 전한 혜제 3년(기원전 191년)의 일로, 《자치통감》 권12에 실려 있다.

130 고조는 한 고조 유방을 말하고 세종은 한 무제 유철을 말한다.

131 한 무제 원수(元狩) 2년(기원전 121년)에 흉노의 혼야왕(渾邪王)이 항복하였다. 태초(太初) 원년에 주천군(酒泉郡)과 장액군(張掖郡)을 설치하였고, 4년에 흉노의 휴도왕(休屠王) 지역에 무위군(武威郡)을 두었다. 후원(後元) 원년에는 주천군을 나누어 돈황군(敦煌郡)을 세웠다.

132 북방민족(夷族과 狄族)의 옷 입는 방식이다. 옷을 입을 때 오른쪽 섶을 왼쪽 섶의 위로 여미어 입는 방식을 말한다.

7   여름, 4월 경술일(12일)에 큰 우박이 내렸다.

8   5월에 태위 등성(鄧盛)이 파면되고, 태복인 하남(河南, 하남성 남양
시) 사람 장연(張延)을 태위로 삼았다.

9   6월에 장각을 토벌한 공으로 중상시 장양(張讓) 등 12명을 책봉
하여 열후로 삼았다.

10   가을, 7월에 삼보(三輔, 대장안)에 명충(螟虫)[133]의 재해가 있었다.

11   황보숭이 장각을 토벌하면서 업성(鄴城, 하북성 임장현)을 지나다
가 중상시 조충(趙忠)의 사택이 규정을 넘긴 것을 보고, 황제에게 아뢰
어 그것을 몰수하였다. 또 중상시 장양이 개인적으로 5천만 전을 요구
하였으나 황보숭이 주지 않았다. 이 두 사람은 이런 까닭으로 황보숭이
전투를 계속하면서도 공로를 세우지 못하고 소모하는 군사비용이 많
다고 아뢰어서 황보숭을 불러서 돌아오게 하고 좌거기장군의 인수를
거두고 6천 호를 깎았다.[134]
    8월에 사공 장온(張溫)을 거기장군으로 삼고, 집금오 원방(袁滂)을
부책임자로 삼아 북궁백옥을 토벌하게 하였다. 중랑장 동탁(董卓)에게
벼슬을 주어 파로(破虜)장군으로 삼고 탕구(盪寇)장군 주신(周愼)과 더
불어 나란히 장온에게 통솔을 받게 하였다.

---

133 곡식의 잎을 갉아 먹는 메뚜기 같은 곤충이다.

134 황보숭은 괴리후였다.

12 9월에 특진 양사(楊賜)를 사공으로 삼았다. 겨울, 10월 경인일[135]에 임진문열후(臨晉文烈侯)[136] 양사가 죽었다. 광록대부 허상(許相)을 사공으로 삼았는데, 허상은 허훈(許訓)[137]의 아들이다.

13 간의대부 유도(劉陶)가 말씀을 올렸다.

"천하가 전에는 장각의 난을 만났고, 후에는 변장(邊章)의 노략질을 만났으며, 지금 서강(西羌)족의 반역한 무리들이 이미 하동(河東, 산서성)을 공격하고 있으니, 결국은 점차 커져서 상경(上京)[138]으로 멧돼지같이 덤벼들까 걱정입니다.

백성들은 백방으로 도망하며 죽음에서 벗어나고자 하는 마음뿐이지 한사람이라도 나아가 살기 위해 싸울 계책을 갖고 있지 않은데, 서쪽의 도적들이 앞으로 조금씩 스며드니 거기장군[139]은 고립되어 위험하여 가령 유리한 점을 잃어버린다면 그의 패배를 구원할 수가 없습니다.

신이 말을 하면 자주 싫증을 보이고 있음을 스스로 알고 있으나 그래도 말을 스스로 절제하지 아니하는 것은 국가가 평안하면 곧 신이 그 복을 누리며 국가가 위험하게 되면 신 또한 곧 먼저 망한다고 생각하기 때문입니다. 삼가 다시 지금의 중요하고 시급한 여덟 가지 일을

---

135 10월 초하루가 병신(丙申)일이기 때문에 10월에는 경인(庚寅)일은 없다.

136 양사는 임진후였는데, 죽고 나서 문열후라는 시호를 주었으므로 이를 같이 쓴 것이다.

137 허훈은 건녕 2년(169년)에 사도가 되었는데, 이 일은《자치통감》권56에 실려 있다.

138 상경은 낙양인데 하동 동남쪽부터 낙양까지는 5백 리밖에 안 된다.

139 장온을 말한다.

말씀드리겠습니다."

대체적으로 천하의 대란은 모두 환관으로부터 비롯되었다고 말하였다.

환관들이 함께 유도를 헐뜯으며 말하였다.

"예전에 장각의 사건이 일어나자 조서를 내려서 위엄과 은총을 보여주셨는데, 이렇게 한 이후로 각각의 사람들이 회개하였습니다. 지금은 사방이 편안하며 조용한데 유도가 성스러운 정치를 해치고자 오로지 재앙이 일어날 징조라고 말하고 있습니다. 주와 군에서 올리지 않았는데, 유도가 어떤 연고로 알겠습니까? 유도가 도적과 내통하고 있는 것이 아닌지 의심스럽습니다."

이에 유도를 잡아서 황문북시의 감옥에 내려 보내고, 채찍질하며 조사하는 것이 날로 심해졌다.

유도가 사자에게 말하였다.

"신은 이윤(伊尹)[140]이나 여상(呂尚)[141]이 한 것과 같은 일을 못한 것을 한스럽게 생각하지만 삼인(三仁)[142]을 같은 무리로 삼았습니다.

---

140 상(商)나라 초기의 재상으로 이름이 이(伊)이고 윤(尹)은 관직명이다. 상의 탕왕(湯王)이 하나라의 걸왕(桀王)을 공격하여 멸망시킬 때 공을 세웠다.

141 성은 강(姜)씨, 이름은 상(尚)이다. 일설에는 자가 자아(子牙)라고도 알려졌다. 서주 초기 태사(太師)의 직책을 지냈으며 이에 사상부(師尚父)라고 칭하기도 하였다. 주무왕(周武王)이 상(商)나라를 멸망시키는데 공을 세워 제(齊)나라를 분봉 받았다.

142 삼인(三仁)은 은나라 주왕(紂王)시기에 있던 3명의 충신으로 미자(微子)·기자(箕子)·비간(比干)이다. 《논어》에서 이르기를 "은에는 삼인이 있었다. 미자는 도망하였고, 기자는 노예가 되었으며, 비간은 간언을 하고 죽었다."고 칭송한데서 유래하였다.

지금 위에서는 충성스럽고 정직한 신하를 살해하고, 아래로는 시달리고 지친 백성들이 있으니 역시 오래 되지 않아서 후회하여도 어떻게 되돌려 따라잡겠습니까!"

　마침내 스스로 숨 쉬는 것을 막고 죽었다.

　예전에 사도였던 진탐(陳耽)은 사람됨이 충성스럽고 올바르기에 환관들이 그를 원망하여 역시 무고하고 모함하여 옥중에서 죽게 하였다.

14 　장온(張溫)이 여러 군의 군사 가운데 보병과 기병 10여만 명을 거느리고 미양(美陽, 섬서성 무공현)에 주둔하자, 변장(邊章)과 한수(韓遂)[143]도 미양으로 역시 병사를 전진시키니 장온이 이들과 맞서 전투를 하였지만 번번이 불리하였다. 11월에 동탁과 우부풍(右扶風, 섬서성 흥평현) 사람 포홍(鮑鴻) 등이 병사를 합쳐 변장과 한수를 공격하여 대파하자 변장과 한수는 유중(楡中, 감숙성 유중현)으로 도망하였다.

　장온이 주신(周愼)을 파견하여 3만 명을 거느리고 이들을 추격하였다. 참군사(參軍事) 손견(孫堅)이 주신에게 유세하였다.

　"도적의 성 안에는 곡식이 없어서 당연히 외부에서 양식을 운반해올 것이니, 저 손견이 바라건대 1만 명을 주시면 그들의 운송로를 차단할 터인데 장군께서 대군(大軍)으로 뒤를 이으시면, 도적은 반드시 곤란해지고 지쳐서 감히 싸우지 않고 도망하여 강중(羌中, 청해성 동북부)으로 들어갈 것이고 힘을 합쳐 이들을 토벌한다면 양주(涼州)는 평정시킬 수 있습니다."

---

143 서강족의 반란 세력의 우두머리이다.

주신이 따르지 않고 군사를 이끌고 유중성을 포위하였고, 변장과 한수는 군사를 나누어 규원협(葵園峽, 유중의 동북 지역)에 주둔시키고 거꾸로 주신의 운송로를 차단하니 주신이 두려워하여 무거운 짐을 실은 수레[144]를 버리고 물러났다.

장온이 또 동탁에게 병사 3만 명을 거느리고 선령(先零)의 강족을 토벌하도록 하였는데, 강족과 호족이 망원(望垣, 감숙성 천수현)의 북쪽에서 동탁을 포위하여 양식이 떨어지자 마침내 강을 건너는 곳의 물 가운데에 방죽을 세우고 물고기를 잡다가 방죽 아래에서부터 몰래 군대를 지나가게 하였다.[145] 도적이 그들을 추격할 즈음에 방죽을 터버리니 물이 깊어져 강을 건널 수 없게 되어 마침내 부풍(扶風, 섬서성 흥평현)으로 귀환하여 주둔하였다.

장온이 조서를 가지고 동탁을 소환하였지만, 동탁이 시간을 질질 끌다가 마침내 장온에게 갔다. 장온이 동탁을 꾸짖고 나무랐는데 동탁의 대응이 공손하지 않았다. 손견이 앞으로 가서 귓속말로 장온에게 말하였다.

"동탁은 죄 짓는 것을 두려워하지 않으며 오만방자하게 큰 소리로 떠들고 있으니, 마땅히 소환하였으나 시간에 맞추어 오지 않았다는 것을 가지고서 군법으로 다스려 목을 쳐야 합니다."

장온이 말하였다.

---

144 보통은 치중(輜重)이라고 하는데 여기서는 거중(車重)이라고 하였다. 이는 양식이나 무거운 무기, 마초 등 무거운 물건을 실은 수레로 군대가 이동하면서 전투 지역으로 가지고 다니는 것이다.

145 방죽을 막아 그 아래는 물이 얕으므로 물고기를 잡는 척하면서 실제로는 군대를 철수시키려는 위장전술이었다.

"동탁은 원래부터 황하(黃河)와 농산(隴山) 사이에서 위엄과 명성을 드러냈으므로 오늘 그를 살해하면 서쪽으로 가서도 의지할 곳이 없다."

손견이 말하였다.

"밝으신 공께서 친히 왕의 군대를 거느리고 위세를 천하에 떨치는데 어찌 동탁에게 의지하십니까! 동탁이 말하는 것을 보아하니 밝으신 공의 힘을 빌리지 않고, 상관을 가벼이 보며 예의 없이 대하니 첫 번째 죄가 됩니다.

변장과 한수가 발호한 지 몇 해가 지났는데, 마땅히 때에 맞게 나아가 토벌하여야 했으나 동탁이 아직은 할 수 없다고 말하여 군대의 기세를 꺾고 무리가 의혹을 갖게 하였으니 두 번째 죄가 됩니다. 동탁이 임무를 받고도 공로를 세운 것이 없으므로 소환에 응해야 하는데 머물고 있으면서 교만하게 스스로를 높이니 세 번째 죄가 됩니다.

옛날 명장 가운데 큰 도끼를 잡고 무리들 앞에서 목을 베지 않고 성공한 사람이 없습니다. 지금 밝으신 공께서 동탁에게 마음을 기울이고 계시지만 즉시 주살하지 않으면 위엄과 형벌이 이지러지고 손상되는 일은 바로 여기에 있습니다."

장온이 차마 발동하지 못하고 이내 말하였다.

"그대는 물러가라. 동탁이 장차 사람을 의심하게 될 것이다."

손견은 결국 물러났다.

15 　이 해에 황제는 서원에 만금당(萬金堂)을 짓고, 사농(司農)에 있는 금전과 비단을 갖다가 만금당 안에 가득 쌓아놓고, 다시 소황문과 상시의 집에 부탁하여 수천만 전을 숨겼으며 또 하간(河間, 하북성 헌현)에 전택을 사서 저택과 누각을 세웠다.[146]

효령제 중평 3년(丙寅, 186년)

1   봄, 2월에 강하(江夏, 호북성 황강현) 사람인 병사 조자(趙慈)가 반란을 일으켜서 남양(南陽, 하남성 남양시) 태수 진힐(秦頡)을 살해했다.

2   경술일(16일)에 천하를 사면하였다.

3   태위 장연(張延)이 파직되었다. 사자를 파견하여 부절을 가지고 장안(長安, 섬서성 장안시)에 가서 장온을 태위로 삼게 했다. 삼공이 밖에 있게 된 것은 장온에게서 비롯되었다.[147]

4   중상시 조충(趙忠)을 거기장군으로 삼았다. 황제가 조충에게 황건적을 물리친 공로를 논의하게 하니 집금오 진거(甄擧)가 조충에게 말하였다.

"부남용(傅南容)[148]은 이전에 동군(東軍)에 있었는데 공을 세웠으나 열후로 삼지 않아서 천하 사람들이 실망하였습니다. 지금 장군께서

---

146 영제(靈帝)는 원래 하간국(河間國)의 해독정후(解瀆亭侯)였다가 황제가 되었다.

147 삼공은 원래 도읍지에서 근무하였는데, 삼공의 하나인 태위로 임명된 장온을 도읍지인 낙양으로 불러들이지 않고 장안에 있는 상태에서 태위로 임명했고, 계속 장안에 머무르게 한 것이 관례가 되어서 이후에도 이러한 상태가 지속되었다.

148 부섭(傅燮)의 자(字)가 남용(南容)이다. 부섭을 열후로 책봉하지 않은 일은 중평 2년(185년)에 있었다.

친히 중요한 임무를 맡으셨으니 마땅히 현명한 사람을 나아가게 하고, 구부러진 것은 바로 잡아 많은 사람들의 마음에 부응해야 합니다."

조충은 그 말을 받아들여 동생인 성문교위 조연(趙延)을 파견하여 부섭에게 은근함을 보냈다.

조연이 부섭에게 말하였다.

"남용(南容)[149]께서 우리 상시에게 조금만 보답한다면 만호후(萬戶侯)를 얻는기에 부족하지 않을 것입니다."

부섭은 정색을 하며 이를 거절하고 말하였다.

"공로를 세웠음에도 논의하지 않았다면 이는 운명이오. 저 부섭이 어찌 사사롭게 상 받기를 구하겠소?"

조충이 더욱 원한을 품었으나, 그 명성이 꺼리어서 감히 해치지 못하고, 내보내어 한양(漢陽, 감숙성 감곡현) 태수로 삼았다.

5   황제가 구순령(鉤盾令)[150] 송전(宋典)에게 남궁의 옥당전(玉堂殿)을 수리하도록 하고, 또 액정령(掖庭令)[151] 필람(畢嵐)을 시켜서 네 개의 동인(銅人)을 주조하게 하였으며, 또 네 개의 종(鐘)을 주조하였는데, 모두 2천곡을 넣을 수 있었다.[152]

또 천록(天祿)[153]과 하마(蝦蟆)[154]를 만들어 평문(平門) 밖 다리의

---

149 부섭의 자이다.

150 황제의 정원을 관리하는 주임급 관리를 말한다.

151 궁정을 총괄하여 감독하는 관리를 말한다.

152 구리로 사람처럼 만든 동인은 창룡(倉龍)과 현무(玄武)대궐 밖에 늘어놓았으며 종은 운대(雲臺)와 옥당전 앞에 걸어놓았다.

동편에서 물을 토해내도록 하고 물을 돌려서 궁 안으로 들어오게 하였다. 또 번거(翻車)[155]와 갈오(渴烏)[156]를 만들어 다리의 서편에 설치하여 남교와 북교에 물을 뿌리는데 사용하였는데, 백성들이 길에다 물을 뿌리는 비용을 절약하는 것이라고 생각하였다.

6   5월 그믐날인 임진일(30일)에 일식이 있었다.

7   6월에 형주(荊州, 호남성과 호북성) 자사 왕민(王敏)이 조자(趙慈)를 토벌하고 그의 목을 베었다.

8   거기장군 조충(趙忠)이 파직되었다.

9   겨울, 10월에 무릉(武陵, 호남성 상덕현)의 만족이 반란을 일으키자 군의 병사들이 이들을 토벌하여 쳐부쉈다.

10   옛 태위 장연(張延)이 환관의 모함을 받아 감옥에 갇혔다가 죽었다.

---

153 천록은 일종의 상징적 동물이다. 등주(鄧州) 남양현(南陽縣) 북쪽에는 종자비(宗資碑)가 있다. 비 옆에는 두 마리의 석수(石獸)가 세워져 있는데, 각각의 석수 어깨에 천록(天祿)과 피사(辟邪)라고 새겨져 있다. 이로 미루어 천록과 피사는 야수의 명칭임을 알 수 있다.

154 청개구리와 두꺼비를 말한다.

155 물을 끌어올리는 기계류의 수레이다.

156 물을 끌어올리는 대나무로 된 통이다.

11   12월에 선비족이 유주와 병주 두 주를 침입하였다.

12   장온을 불러들여 경사로 돌아오게 했다.[157]

---

157 장온은 삼공의 하나인 태위이면서 계속 장안에 머물러 있었는데, 이때 낙양
으로 불러들인 것이다.

강직한 부섭과 천자를 자칭한 장거

효령제 중평 4년(丁卯, 187년)

1   봄, 정월 기묘일(21일)에 천하를 사면하였다.

2   2월에 형양(滎陽, 하남성 형양시)의 도적이 중모(中牟, 하남성 중모현) 현령을 살해하였다. 3월 하남윤 하묘(何苗)가 형양의 도적을 토벌하여 깨뜨렸다.[158] 하묘를 거기장군으로 삼았다.

3   한수(韓遂)가 변장(邊章)과 북궁백옥(北宮白玉), 이문후(李文侯)를 살해하고, 10여만 명의 병사를 거느리고 나아가서 농서(隴西, 감숙성 임조현)를 포위하자 태수 이상여(李相如)가 반란을 일으켜 한수와 더불어 연합하고 화의하였다.

  양주(涼州, 감숙성) 자사 경비(耿鄙)가 여섯 군의 병사를 이끌고 한수를 토벌하였다. 경비는 치중(治中)[159] 정구(程球)에게 일을 맡겼는데,

---

158 중모현 현령은 하남윤에 속해 있다.

정구가 간사하게 이익을 챙겨서 병사와 백성들이 그를 원망하였다.

한양(漢陽, 감숙성 감곡현) 태수 부섭이 경비에게 말하였다.

"사군(使君)[160]이 정무를 관장한 지 얼마 되지 않아서 백성들이 교화의 방향을 알지 못합니다. 도적들은 장차 많은 군대가 이르게 된다는 소식을 듣고는 반드시 만 사람이 한 마음으로 뭉치고, 변방에 있는 병사 대부분이 용감하니 그 날카로운 칼날을 감당하기 어렵습니다. 그리고 새로 합친 무리는 상하가 화합하지 못하니, 만일 안에서 변고라도 있으면 비록 후회해도 따라잡을 수 없습니다.

군사를 쉬게 하고 덕을 베풀며 신상필벌을 분명히 하는 것만 못하니, 도적은 느긋하고 풀어지게 되어 반드시 우리가 겁을 낸다고 생각하고, 많은 악한 놈들이 기세를 다투게 될 것이니 그들이 흩어질 것은 분명합니다. 그런 연후에 이미 가르침을 받은 백성을 이끌고 흩어진 도적을 토벌하면 그 공을 앉아서 기다릴 수 있습니다!"

경비가 따르지 않았다.

여름, 4월에 경비가 적도(狄道, 감숙성 임조현)[161]에 이르자 주의 별가(別駕)[162]가 배반하고 적에게 호응하여 먼저 정구를 살해하였으며

---

159 《백관지》를 보면, 주의 자사는 종사사(從事史)를 두는데, 인원과 직책은 대략 사예교위와 같았지만 도관종사는 없었다. 사예교위에서 공조(功曹)종사를 치중(治中)종사라고 하였는데, 선발하는 업무를 비롯해 여러 가지 업무를 주관하였다.

160 자사를 높여 부르는 말이다. 이때 경비는 양주 자사였으므로 그 하급인 태수 부섭이 경비를 높여 부른 것이다.

161 농서군(隴西郡)의 정부소재지이다.

162 주 정부의 행정관이다.

다음으로 경비를 해치니 도적이 마침내 전진해서 한양(漢陽, 감숙성 감곡현)을 포위하였다. 성 안에 병사는 적었고 식량은 떨어졌으나 부섭은 굳건히 지켰다.

때마침 북지(北地, 영하자치구 영무현)의 호족인 기병 수천 명이 도적을 좇아서 군을 공격하였지만, 모두 옛날부터 부섭이 베푼 은혜를 품고 있어서 함께 성 밖에서 무릎을 꿇고 머리를 조아리며 부섭을 호송하여 고향으로 돌아가게 해달라고 요구하였다.[163]

부섭의 아들 부간(傅幹)이 열세 살이었는데, 부섭에게 말하였다.

"국가가 혼란하여 마침내 대인(大人)[164]에게 조정에서 몸을 들여놓지 못하게 하고 있습니다. 지금의 군사로는 스스로 지키기가 부족하니 마땅히 강족과 호족의 청을 들으시어 고향으로 귀환하시고, 천천히 방법이 있을 때까지 기다렸다가 이를 보필하십시오!"

말이 아직 끝나지 않았는데, 부섭이 분개하며 탄식하였다.

"너는 내가 반드시 죽을 것임을 아는구나! 성인은 절의에 통달하는 것이며, 그 다음으로는 절의를 지키는 것이다.[165] 은나라 주왕이 포학하였지만 백이는 주나라의 곡식을 먹지 않고 죽었다. 내가 어지러운 세상을 만나 호연의 의지를 잘 키울 수는 없었지만 봉록을 먹으면서 또

---

163 부섭은 북지군 영주(靈州) 출신이다.

164 아들이 자기 아버지를 높여 부르는 말이다.

165 부섭이 《좌전》〈성공(成公)〉 15년에 수록된 글을 인용한 것이다. 《좌전》의 내용은 "子臧辭曰 : 前志有之曰 : 聖達節, 次守節, 下失節.(자장이 사양하며 말하였다. 《古書 : 前志》에 이르기를 가장 성스러운 것은 절의에 통달하는 것이요, 그 다음은 절의를 지키는 것이며, 가장 낮은 것의 절의를 잃는 것이다.)"이라고 되어 있다.

한 이 어려움을 피하려고 하겠는가! 내가 가면 어디로 간단 말이냐? 반드시 여기서 죽을 것이다! 너는 재주와 지모가 있으니 노력하고 노력하도록 하라! 주부(主簿)[166] 양회(楊會)는 나의 정영(程嬰)[167]이니라!"

적도(狄道, 감숙성 임조현) 사람 왕국(王國)이 옛 주천(酒泉) 태수 황연(黃衍)에게 부섭을 설득하도록 하였다.

"천하는 이미 한나라가 다시 소유할 것이 아니니, 부군(府君)[168]께

---

166 부섭의 주임비서를 말한다.

167 정영은 춘추전국시대의 진(晉)나라 사람이다. 《사기》에 의하면 '진나라의 경인 조삭(趙朔)이 진성공(晉成公)의 누이를 부인으로 삼았다. 진나라 경공(景公) 3년(기원전 597년) 도안가(屠岸賈)가 조삭을 살해하고 그 친족을 멸하였다. 조삭의 처는 조삭의 아이를 임신한 상태에서 공궁(公宮)으로 도망하였다. 조삭의 빈객이었던 공손저구(公孫杵臼)가 또 다른 조삭의 빈객인 정영(程嬰)에게 물었다. "호(胡)가 죽지 않았습니까?" 정영이 대답하였다. "조삭의 부인이 임신을 하고 있는데 만일 다행히 사내아이를 낳으면 받들어 모실 것이고, 여자아이를 낳으면 내가 없애버릴 것입니다." 얼마 지나지 않아 조삭의 처가 사내아이를 낳았다. 도안가(屠岸賈)가 이 소식을 듣고 이내 공궁(公宮)을 수색하였다. 조삭의 처가 아이를 바지 속에 넣고 기도하였다. "조씨의 집안을 멸망하고자 한다면 아이를 울게 하시고 멸망시키지 않으려 한다면 아이를 울지 말게 하십시오." 아이를 찾았지만 결국 우는 소리가 나지 않았다. 정영이 말하였다. "지금 한 번 수색하여 찾지 못하였으니 후에 반드시 다시 수색할 것이오." 공손저구가 이내 다른 아이를 데리고 산중으로 숨었다. 제장들이 공손저구를 공격하여 아이와 함께 살해하였다. 그러나 조삭의 고아는 정영의 집에 있었다. 이 아이가 조무(趙武)이다. 15년이 지난 후 경공(景公)이 조무를 세워 경으로 삼았고 그 전읍(田邑)을 회복시켜 주었다.'라고 기록하고 있다. 부섭은 자신의 아들에게 양회는 정영과 같은 인물이니 자신이 죽은 이후에 믿고 따르라고 충고한 것이다.

168 태수를 높여 부른 말이다.

서는 차라리 우리의 우두머리가 되실 뜻은 없으신지요?"

부섭이 검을 어루만지며 황연을 질책하였다.

"부신(符信)[169]을 나눈 신하인데 도리어 적이 되라는 말이냐!"

마침내 좌우를 지휘하여 병사를 진격시키고 진지에 가서 싸우다가 죽었다.

경비(耿鄙)의 사마인 부풍(扶風, 섬서성 흥평현) 사람 마등(馬騰) 또한 병사를 이끌고 배반하여 한수와 더불어 합치고, 공동으로 왕국을 추대하여 주군으로 삼고 삼보(三輔, 대장안)로 쳐들어와 노략질하였다.

4   태위 장온(張溫)이 침입한 도적을 평정하지 못하여 면직되고, 사도 최열(崔烈)을 태위로 삼았다. 5월에 사공 허상(許相)을 사도를 삼았고, 광록훈인 패국(沛國, 안휘성 수계현) 사람 정궁(丁宮)을 사공으로 삼았다.

5   애초에 장온이 유주의 오환(烏桓)족의 돌격기병 3천명을 발동하여 양주(涼州)를 토벌하는데, 예전에 중산(中山, 하북성 정현)의 재상이었던 어양(漁陽, 북경시 밀운현) 사람 장순(張純)이 이들을 거느리겠다고 청하였으나, 장온이 듣지 않고 탁현(涿縣, 하북성 탁현) 현령인 요서(遼西, 요령성 금주시) 사람 공손찬(公孫瓚)에게 거느리도록 하였다. 군대가 계중(薊中, 하북성 북부)에 도착하여도 오환족은 현에서 군량을 주

---

169 관리가 갖는 신표이다. 부신은 두 조각으로 나뉘는데 하나는 조정에서 보관하고, 다른 하나는 관리에게 준다. 이 두 조각을 맞추어 딱 맞아서 거짓이 아님을 알 수 있게 하는 것이다. 보통 호부(虎符)라고 하여 호랑이 모양으로 된 신표가 유명하다.

지 아니하자 대부분 배반하고 본국으로 돌아갔다.

장순(張純)이 군사를 거느리지 못하게 된 것을 분하게 여겨 이내 같은 군 사람인 옛 태산(泰山, 산동성 태안현) 태수 장거(張擧)와 오환족의 대인(大人)[170]인 구력거(丘力居) 등과 연맹을 맺고 계중을 위협하며 침략하여 호오환교위 공기조(公綦稠)와 우북평(右北平, 하북성 풍윤현) 태수 유정(劉政), 요동(遼東, 요령성 요양시) 태수 양종(陽終) 등을 살해하였는데, 무리가 10여만 명에 이르자 비여(肥如, 하북성 노용현)[171]에 주둔하였다.

장거는 천자라 칭하고, 장순은 미천(彌天)장군이며 안정왕(安定王)이라 칭했다. 주와 군으로 편지를 보내어 이르기를 '장거가 한(漢)을 대신한다고 이르고 천자에게 자리에서 피하라[172]고 알리고, 칙서를 공경에게 내려서 자기를 받들어 맞아들이라.'고 하였다.

6　겨울, 10월에 장사(長沙, 호남성 장사시)의 도적인 우성(區星)[173]이 스스로 장군이라 칭하였는데 무리가 1만여 명이었다. 조서를 내려 의랑 손견(孫堅)을 장사태수로 삼아 이들을 토벌하여 쳐서 평정하니, 손

---

170 흉노족 추장이다.

171 비여현은 요서군에 속하였다. 응소(應劭)에 의하면 비자(肥子)가 연(燕)나라로 도망하자 연나라는 이곳을 분봉하여 비자에게 주었다고 한다.

172 물러나라는 뜻이다. 훌륭한 사람이 나타나면 원래 자리를 차지하고 있던 사람은 훌륭한 사람이 자리를 차지할 수 있도록 그 자리에서 물러나는 것을 '자리에서 피한다.'고 말한다.

173 호삼성은 '區'를 '烏侯의 번'이라고 하여 발음을 밝혔으므로 '우'로 읽어야 한다.

견을 책봉하여 오정후(烏程侯)¹⁷⁴로 삼았다.

7   11월에 태위 최열이 파직되었고, 대사농 조숭(趙嵩)을 태위로 삼
았다.

8   12월에 도각호(屠各胡)¹⁷⁵가 배반하였다.

9   이 해에 관내후의 작위를 팔았는데 값은 5백만 전이었다.

10   옛 태구(太丘, 하남성 영성현) 현장 진식(陳寔)이 죽자 전국에서 조
문하려고 온 사람이 3만여 명이었다. 진식은 고향에 있으면서 공평한
마음으로 사물을 통솔하였는데 그 중에서 고소하고 다투는 일이 있으
면 번번이 올바로 해석하여서 구부러지고 똑바른 것을 분명히 깨우쳐
주니 물러가서도 원망하는 사람이 없었다. 이에 찬탄하기에 이르렀다.
   "차라리 형벌을 더 받게 되었다고 하더라도 진군(陳君)¹⁷⁶이 잘못한
것은 아니다."
   양사(楊賜)와 진탐(陳耽)은 매번 공경을 벼슬로 받을 때마다 여러 관
료들이 모두 축하하였지만 번번이 진식이 높은 자리에 오르지 못한 것
을 탄식하였지만 진식보다 앞서서 직위에 오르는 것을 부끄러워하였
다.＊

---

174 오정현은 오군(吳郡)에 속하였다.

175 남흉노 계통의 소수민족이다.

176 진식을 말한다.

불발로 끝난 쿠데타 기도

효령제 중평 5년(戊辰, 188년)

1 봄, 정월 정유일(15일)에 천하에 사면령을 내렸다.

2 2월에 패성(孛星)이 자궁(紫宮)[1]에 나타났다.

3 황건적의 남은 도적들인 곽대(郭大) 등이 하서(河西, 산서성 이석현)의 백파곡(白波谷)에서 일어나 태원(太原, 산서성 태원시)과 하동(河東, 산서성 하현)을 노략질하였다.

4 3월에 도각(屠各)에 사는 호족이 병주(幷州, 산서성) 자사 장의(張懿)를 공격하여 죽였다.

---

1 자궁은 태미 별자리를 말한다. 광위(匡衛)의 12개 별 안에 있는 것은 모두 자궁이라고 하며, 이는 천자의 궁을 상징한다. 하늘에 있는 자궁에 어떤 일이 생기면 지상에 있는 궁궐에서도 그와 비슷한 일이 생긴다고 여겼다.

5   태상(太常)인 강하(江河, 호북성 황강현) 사람 유언(劉焉)이 왕실에
많은 변고가 생기는 것을 보고 건의하였다.

"사방에서 군사들이 노략질하게 된 것은 자사의 위엄이 가벼워져서
이미 막을 수 없게 됨으로써 말미암은 것이고, 또한 그 일에 적당하지
않은 사람을 기용하니 민심이 이반되기에 이르렀습니다. 마땅히 목백
(牧伯)을 바꿔 두시되, 깨끗하고 명망 있는 중신(重臣)을 선발하여 그
임무를 수행하는 자리에 있게 하시오."

유언이 내심 교지(交趾)의 주목(州牧) 자리를 구하려고 하였다.[2]

시중인 광한(廣漢, 사천성 수녕현) 사람 동부(董扶)가 개인적으로 유
언에게 말하였다.

"경사(京師, 낙양)가 장차 어지러워질 듯한데, 익주(益州, 사천성과 운
남성) 쪽에서 천자가 나올 기운이 있습니다."[3]

유언이 이에 마음을 바꾸어 익주로 가게 해달라고 요구하였다.

마침 익주 자사 각검(郤儉)이 부세(賦稅)를 거두는 것이 번거롭고 소
란스럽다는 풍문이 멀리까지 퍼졌고, 경비(耿鄙)와 장의가 모두 도적
에게 살해되자, 조정에서는 이에 유언의 의견을 좇아 열경(列卿, 경의
자리에 있는 사람들)과 상서 가운데에서 선발하여 주목으로 삼되 각기
본래의 관질(官秩)을 가지고 그 자리에 있게 하였다.[4]

---

2 교지는 중앙에서 멀리 떨어져 있어 중앙에서 사건이 일어나더라도 그 화를
   피할 수 있다고 생각하였기 때문이었다.

3 중국인들은 하늘의 일정 부분과 지상의 일정 부분이 서로 연관되어 있다고
   생각하였다. 그래서 하늘의 특정 부분에서 나타나는 움직임이 그와 관련 있
   는 지상의 특정 지역에서 일어날 일의 조짐이라고 보았다. 유언에게 스스로
   황제가 되고 싶은 생각이 일어나게 하려고 한 말이었다.

유언을 익주목으로 삼고, 태복 황완(黃琬)을 예주(豫州, 하남성)목으로 삼았으며, 종정(宗正)[5]인 동해(東海) 사람 유우(劉虞)를 유주(幽州, 산동성 담성현)목으로 삼았다. 주목의 소임이 막중해진 것은 이로부터 비롯되었다. 유언은 노나라 공왕(恭王)의 후손이고 유우는 동해공왕(東海恭王)의 5세손이다.[6]

유우가 일찍이 유주 자사였었는데 백성들과 야만인들은 그가 베푼 은혜와 신의를 마음에 간직하고 있었으므로 그를 기용한 것이다. 동부(董扶)와 태창령(太倉令)[7] 조위(趙韙)는 모두 관직을 버리고 유언을 따라 촉(蜀)으로 들어갔다.

6   조서를 내려 남흉노의 군대를 징발하여 유우에게 배속시켜서 장순(張純)을 토벌하게 하니, 선우 난제강거(欒堤羌渠)[8]가 좌현왕(左賢王)을 보내어 기병을 거느리고 유주로 가게 하였다. 그 나라 사람들[9]이 군사의 징발이 끝이 없을까 두려워하였는데, 이에 우부혜락(右部醯

---

4 주목의 관질이 낮다 하여도 본래 가지고 있던 관질을 가지고 주목의 업무를 수행하도록 한 것이다. 이때 열경의 녹질이 2천 석이었고, 상서는 600석이었을 뿐이지만 후한 대에는 상서의 직임(職任)이 열경보다 무거웠다.

5 전한대는 종백(宗伯)이라 불렀고, 후한 이후에는 종정 혹은 종정경(宗正卿)으로 불렸다. 황족의 일을 관장하였다.

6 노나라 공왕은 유여(劉餘), 동해공왕은 유강(劉强)이다. 동해왕 유강의 시호가 공왕이다.

7 군국(郡國)에서 올라오는 미곡을 저장하기 위해 수도에 설치한 태창서(太倉署)의 우두머리로, 미곡의 출납을 담당하였고, 대사농의 지휘를 받았다.

8 40대 선우이다.

9 남흉노 사람들을 말한다.

落)¹⁰이 반란을 일으키고 도각(屠各)의 호족과 더불어 연합하니 무릇 10여만 명으로 난제강거를 공격해 죽였다. 그 나라 사람들이 그의 아들인 우현왕 난제어부라(欒堤於扶羅)를 세워서 지지시축후(持至尸逐侯) 선우¹¹로 삼았다.

7   여름, 4월에 태위 조숭(曹嵩)¹²이 파직되었다.

8   5월에 영락소부(永樂少府)인 남양(南陽, 하남성 남양시) 사람 번능(樊陵)을 태위로 삼았는데, 6월에 파직되었다.

9   익주(益州) 출신 도적인 마상(馬相)과 조지(趙祗) 등이 면죽(緜竹, 사천성 면죽현)에서 군사를 일으키고서 스스로 황건(黃巾)이라 부르며, 자사 극검(郤儉)을 살해하고 나아가 파군(巴郡, 사천성 중경시)과 건위(犍爲, 사천성 의빈시)를 공격하여 순월(旬月)¹³ 사이에 세 군을 깨뜨리고 무너뜨려서 수만 명의 무리를 가지게 되자 스스로 천자라고 불렀다.

───────

10 하북성 북부이다. 건무 연간에 흉노 북부의 욱건일축왕(薁鞬日逐王)인 비(比)가 항복해 왔는데 혜락시축제(醯落尸逐鞮) 선우를 세웠다. 여기서 말하는 우부혜락은 이들의 지파(支派)이고, 그 부락의 명칭이 되었다.

11 흉노의 41대 선우이다. 어부라는 후에 전조(前趙)를 세우는 유연(劉淵)의 선조이다.

12 조숭(?~193년 또는 194년)은 자가 거고(巨高)이고 패국 초현(沛國譙縣, 今安徽省)사람으로 후한 말에 환관 중상시 대장추인 조등(曹騰)의 친족으로 양자가 되었으며, 조조의 아버지이다. 후한 영제시기에 후한 조정의 중요한 신하로 삼공 가운데 한 사람이었다.

13 열흘이나 한 달 사이를 이르는 말이다.

주의 종사(從事) 가룡(賈龍)이 관리와 백성을 이끌고 마상 등을 공격하여 며칠 만에 깨뜨려 달아나게 하니, 주의 경계 지역 안이 깨끗하고 조용해졌다. 가룡이 마침내 관리와 병졸을 선발하여 유언을 맞이하였다.

유언은 치소를 면죽으로 옮기고 이반한 사람들을 어루만지고 받아들였으며, 관용과 은혜 베푸는 일을 힘써 실행하여 인심을 수습하였다.

10 군과 봉국 일곱 곳에서 홍수가 났다.

11 옛 태부였던 진번(陳蕃)의 아들 진일(陳逸)이 술사(術士) 양해(襄楷)와 함께 기주(冀州, 하북성 중부) 자사 왕분(王芬)이 있는 곳에서 만나 자리에 앉자 양해가 말하였다.

"천문을 보면 환관들에게 불리하니 황문과 상시가 진짜 멸족될 것입니다."

진일이 기뻐하니 왕분이 말하였다.

"만일 그렇다면 저 왕분이 바라건대 그들을 몰아서 없애도록 해주십시오."

이어서 호걸들과 더불어 돌아가면서 서로 불러 결합하였으며, 편지를 올려서 '흑산(黑山, 하남성 준현 서북쪽)의 도적[14]이 군과 현을 공격하여 겁탈하니 이 때문에 군사를 일으키고자 합니다.'라고 말하였다.

마침 황제가 북쪽으로 순행하여 하간(河間, 하북성 헌현)의 옛집[15]에

---

14 저비연(褚飛燕) 등을 지적한 것이다.

15 현 황제 영제는 해독정후였다가 징소되어 황제에 올랐으므로 그의 옛집이 하간에 있었다.

가고자 하였는데, 왕분 등이 군사로 맞이하여 겁탈하고서 상시들과 황
문들을 죽이고, 이어서 황제를 폐하고 합비후(合肥侯)를 세우자고 모
의하고, 그 모의한 것을 의랑 조조(曹操)에게 알렸다.

조조가 말하였다.

"무릇 폐립하는 일은 천하에 지극히 상서롭지 못하오. 옛 사람 가운
데 성패를 저울질하고 경중을 헤아려서 이를 실행한 사람이 있는데 이
윤(伊尹)[16]과 곽광(霍光)[17]이 바로 이런 분들이오. 이윤과 곽광은 모두
지극한 충성심을 품고 재보(宰輔)[18]라는 권세를 차지하고 있었고, 정
권을 잡은 중요한 사람이라는 것을 이용하여 많은 사람들이 바라는 것
과 같이 하였으니 그러므로 계책에 따라 일이 이루어질 수 있었소.

지금 여러분은 단지 예전의 쉬웠던 것만 보고 지금의 어려운 것을
보지 못하였으며, 비상한 일을 조작하여 반드시 이기려고 바란다면 위
태롭지 않겠소?"

왕분이 또 평원(平原, 산동성 평원현) 사람 화흠(華歆)과 도구홍(陶丘
洪)을 불러서 함께 계책을 확정하였다. 도구홍이 실행하고자 하였으나
화흠이 이를 중지시키며 말하였다.

"무릇 폐립하는 일은 이윤과 곽광도 어려워했던 것입니다. 왕분은
성격이 성글면서 굳세지도 않으니 반드시 성공하지 못할 것이다."

이에 도구홍이 중지하였다.

---

16 은나라의 명상(名相)으로 태갑(太甲)을 동궁(桐宮)으로 내쫓아 악행을 고치
   게 하였다.

17 전한(前漢)시대의 인물로, 창읍왕(昌邑王) 하(賀)를 폐하고 효선제(孝宣帝)를
   세웠다.

18 재상(宰相)을 말한다.

마침 북방에서 밤중에 붉은 기운이 있었는데, 동쪽과 서쪽 하늘의 끝까지 뻗쳐있자, 태사가 말씀을 올렸다.

"북방에서 은밀한 모의가 있으니 의당 북쪽으로 가서는 안 됩니다."

황제가 마침내 중지하였다. 왕분에게 군대를 해산하라는 조서를 내리고 갑작스럽게 그를 징소하였다. 왕분은 두려워서 인수를 풀고 도망가다가 평원(平原, 산동성 평원현)에 이르러 자살하였다.

소황문 건석에게 통제되는 토벌군

12   가을, 7월에 사성교위(射聲校尉) 마일제(馬日磾)를 태위로 삼았다. 마일제는 마융(馬融)의 친척 손자이다.

13   8월에 처음으로 서원(西園)에 여덟 명의 교위를 두었는데, 소황문 건석(蹇碩)을 상군(上軍)교위로 삼고, 호분중랑장 원소(袁紹)를 중군(中軍)교위로 삼고, 둔기교위 포홍(鮑鴻)을 하군(下軍)교위로 삼고, 의랑 조조(曹操)를 전군(典軍)교위로 삼았다. 조융(趙融)을 조군좌(助軍左)교위로 삼고, 풍방(馮芳)을 조군우(助軍右)교위로 삼고, 간의대부(諫議大夫) 하모(夏牟)를 좌교위로 삼고, 순우경(淳于瓊)을 우교위로 삼았는데 모두 건석에게서 통제를 받았다.[19]

황제는 황건적이 일어나면서부터 군사에 관한 일에 마음이 쓰였다. 건석이 건장하고 군사에 대한 지략이 있어서 황제가 그를 가까이하며 일을 맡겼는데, 비록 대장군일지라도 역시 통솔을 받고 복속(服屬)하

---

19 범엽의 《후한서》〈원소전〉에는 원소를 좌군교위로 기록하였고, 〈하진(何進)〉전에는 순우경을 좌군교위로 기록하였다. 그러나 낙산(樂山)의 《산양공재기(山陽公載記)》는 여기와 같게 기록했다.

게 하였다.

14 9월에 사도 허상(許相)이 파직되었고, 사공 정궁(丁宮)을 사도로 삼고, 광록훈인 남양(南陽, 하남성 남양시) 사람 유홍(劉弘)을 사공으로 삼았다.

15 위위이며 조후(條侯)인 동중(董重)을 표기장군으로 삼았다. 동중은 영락태후(永樂太后)의 조카이다.

16 겨울, 10월에 청주(靑州, 산동반도)와 서주(徐州, 강소성)의 황건적이 다시 일어나 군과 현을 노략질하였다.

17 하늘의 기운을 보고 길흉을 점치는 사람이 '경사에 커다란 군사 움직임이 있게 되어 양궁(兩宮)[20]이 피를 흘릴 것이다.'라고 하였다. 황제가 이를 누르고자[21] 하여서 마침내 사방의 군대를 대대적으로 징발하여 평락관(平樂觀, 낙양 상서문 밖) 아래에서 무예를 연습하게 하였는데, 큰 단(壇)을 만들고 그 위로 12겹의 화려하게 장식한 가리개를 세우니 가리개의 높이가 10장(丈)이었으며, 단의 동북쪽에 작은 단을 만들고, 또 9겹의 화려한 장식의 가리개를 세우니 높이가 9장이었다.

보병과 기병 수만 명을 정열하게 하고 군영을 결성하여 진(陣)을 만

---

20 황제와 태후를 말한다.

21 엽(厭)하는 것을 말한다. 불길한 일이 있을 것으로 예상되어 이를 미리 예방하는 비밀스런 방책을 써서 불길한 일이 일어나지 않게 하는 것을 말한다.

들었다. 갑자일(16일)에 황제가 친히 군대가 있는 곳에 나아가서 큰 화개[22] 아래에 머물렀고, 대장군 하진(何進)이 작은 화개 아래에 머물렀다. 황제가 친히 갑옷을 입고 말에게도 갑옷을 입혔으며 '무상장군(無上將軍)'이라고 호칭하면서 진을 순행하길, 세 번 돌고 돌아와서 군대를 하진에게 넘겨주었다.

황제가 토로교위(討虜校尉) 개훈(蓋勳)에게 물었다.

"내가 이처럼 무예를 연습하였는데, 어떤가?"

대답하였다.

"신이 듣건대 선왕께서는 덕을 밝혔지 군대를 사열하지 않으셨다[23]고 합니다. 지금 도적이 멀리 있는 데도 경사 가까운 곳에 진지를 설치하셨으니 결단성과 굳센 것을 밝혔다[24]고 하기에는 부족하니, 단지 무사(武事)를 더럽혔을 뿐입니다."

황제가 말하였다.

"훌륭하다. 그대를 늦게 본 것이 한스럽구나! 많은 신하들이 애초에 이런 말을 한 적이 없다."

개훈이 원소에게 말하였다.

"황상은 매우 총명하신데 다만 좌우 사람들에게 가려졌을 뿐입니다."

---

22 햇볕을 가리는 덮개를 말하는데, 대단히 화려하게 꾸민 것이다. 앞의 예에서와 같이 12겹 또는 9겹으로 가리개를 만들고, 그 높이는 10장이나 9장이었다. 여기서는 높이가 10장인 12겹짜리 가리개를 말한다.

23 이는 제공모부(祭公謀父)가 한 말로《국어(國語)》에 실려 있다.

24 《춘추좌전》에 있는 말로, 융사(戎事)란 과의(果毅)를 밝혀서 이 소문이 들리면 이를 무력(武力)이라고 하는데, 적군(敵軍)을 죽이는 것이 과(果)이고, 과(果)에 이르는 것이 의(毅)라고 하였다.

원소와 더불어 폐행(嬖倖)[25]을 죽이자고 모의하였는데, 건석(蹇碩)
이 두려워하여 개훈을 내보내어 경조윤(京兆尹)으로 삼게 하였다.

18   11월에 왕국(王國)[26]이 진창(陳倉, 섬서성 보계시)을 포위하였다.
조서를 내려 다시 황보숭(皇甫嵩)을 좌장군으로 삼고,[27] 전(前)장군[28]
동탁(董卓)을 감독하여 군사 4만 명을 모아서 이를 막게 하였다.

19   장순(張純)[29]이 구력거(丘力居)[30]와 함께 청주(靑州)·서주(徐
州)·유주(幽州)·기주(冀州)의 네 주를 노략질하니 기도위 공손찬(公孫
瓚)에게 이조서를 내려 들을 토벌하게 하였다. 공손찬이 속국(屬國)[31]
에 있는 석문(石門, 하북성 계현)에서 싸웠는데, 장순 등이 대패하자 처
자를 버리고 요새를 넘어 달아났다.

약탈당했던 남녀를 모두 얻었다. 공손찬이 깊숙이 들어갔지만 뒤를
이어주는 부대가 없어 도리어 구력거 등에게 요서(遼西, 요녕성 금주시)
의 관자성(管子城)에서 포위당하였고, 200여 일이 되자 양식은 다 떨어

---

25 총애를 받는 사람인데, 여기서는 주로 환관을 말한다.

26 반란 집단의 우두머리이다.

27 영제 중평 2년(185년)에 조충에게 무고를 받아서 면직되었었다.

28 과거의 장군이라는 뜻이 아니고, 전후좌우중을 가리키는 전장군이며, 이는
    선봉부대의 선봉장에 해당하는 직책이다.

29 반란 집단의 우두머리이다.

30 오환 부락의 우두머리이다.

31 공손찬의 근거지는 요동이므로 요동군에 소속된 요동속국을 말한다.

지고 무리가 무너지니 병사 가운데 죽은 자가 열에 대여섯 명이나 되었다.

20   동탁이 황보숭에게 말하였다.

"진창(陳倉)이 위급하니 청컨대 빨리 그를 구원하게 해주십시오."

황보숭이 말하였다.

"그렇지 않소. 백 번 싸워서 백 번 이기는 것도 싸우지 않고 다른 군사를 굴복시키는 것만 못하오. 진창이 비록 작을지라도 성을 지키는 것이 견고하고 갖추어져 있으니 쉽게 뽑히지는 않을 것이오. 왕국이 비록 강하다고는 하지만 진창을 공격하다가 떨어뜨리지 못하면 그 무리는 반드시 피곤해질 것이고, 피곤할 때 이를 공격하는 것이 완전하게 승리하는 방도이니, 장차 왜 구원하려고 하오?"

왕국이 진창을 80여 일 동안 공격하였지만 뽑지 못하였다.

효령제 중평 6년(己巳, 189년)

1   봄, 2월에 왕국의 무리가 피폐해져서 포위를 풀고 떠나니 황보숭이 군사를 보내어 이를 공격하였다. 동탁이 말하였다.

"옳지 않습니다. 병법에 '곤궁한 적은 압박하지 말고, 돌아가는 무리는 쫓지 마라.'[32]라고 하였습니다."

황보숭이 말하였다.

---

32 《사마병법(司馬兵法)》에 나오는 말이다.

"그렇지 않소. 전에 내가 공격하지 않은 것은 그들의 예리한 칼날을 피하기 위함이었소. 지금 그들을 공격하는 것은 그들이 쇠퇴해지기를 기다렸던 때문이오. 공격하는 것은 피폐한 군사이지 귀부하는 무리가 아니오. 왕국의 무리가 또한 달아나는 것은 싸울 뜻이 없다는 것이니, 정돈된 군대로 혼란한 군대를 치는 것이지 궁지에 몰려 있는 적을 치는 것이 아니오."

마침내 홀로 나아가 그들을 공격하였고 동탁에게 뒤를 막게 하였는데, 연달아 싸워 그들을 대파하니, 참수한 것이 1만여 급이었다. 동탁이 크게 부끄러워하며 한스러워하였고, 이로 말미암아 황보숭과는 틈이 생겼다.[33]

한수(韓遂) 등이 함께 왕국의 직위를 폐지하고 예전에 신도(信都, 하북성 익현) 현령이었던 한양(漢陽, 감숙성 감곡현) 사람 염충(閻忠)을 겁주어 여러 부(部)를 감독하고 통제하게 하였다. 염충이 병으로 죽자 한수 등은 차츰 권세와 이익을 가지고서 다투고 다시 서로를 죽이니 이로 말미암아 점차 쇠퇴해졌다.

2   유주목 유우(劉虞)가 임지에 이르자 사자를 보내어 선비족들 속으로 가서 어떤 것이 이득이고 어떤 것이 해악인지를 알리고, 책임지고 장거(張擧)와 장순(張純)의 수급(首級)을 보내도록 하면서 현상금을 많이 높였다.[34] 구력거 등이 유우가 왔다는 소식을 듣고 기뻐서 각기 통

---

33 헌제 초평 2년(191년)이 되면 동탁이 황보숭을 두려워하게 되는데, 이는 이 일에서 비롯됐다.

34 목을 베어 보내게 한 것이다.

역하는 사람을 보내어 스스로 귀부하였다. 장거와 장순은 달아나 요새를 빠져나갔고 나머지는 모두 항복하거나 흩어졌다.

유우는 모든 둔병(屯兵)을 해산시키되, 다만 항로(降虜)교위 공손찬만은 남겨서 보병과 기병 1만 명을 거느리고 우북평(右北平, 하북성 풍윤현)에 주둔하게 하자는 의견을 올렸다.[35] 3월에 장순의 빈객 왕정(王政)이 장순을 살해하고, 그의 머리를 유우에게 보내왔다. 공손찬의 뜻은 오환족을 소탕하여 없애고자 하는 것이었으나, 유우는 은혜와 신의를 가지고 불러서 항복시키고자 하였더니, 이로 말미암아 공손찬과의 사이에 틈이 생겼다.[36]

3   여름, 4월 초하루인 병자일[37]에 일식이 있었다.

4   태위 마일제(馬日磾)가 면직되었다. 사자를 보내어 곧바로 유주목 유우에게 벼슬을 내려서 태위로 삼고 용구후(容丘侯)에 책봉하였다.[38]

---

35 공손찬은 석문(石門)에서 승리한 것 때문에 기도위에서 항로교위로 승진하였다.

36 이때 틈이 벌어져서 헌제 초평 4년(194년)에 공손찬은 유우를 살해한다. 이 내용은 《자치통감》 권61에 실려 있다.

37 4월 1일의 간지는 병오(丙午)일인데, 병자(丙子)로 기록된 것은 오(午)를 자(子)로 잘못 기록한 것으로 보인다.

38 원굉의 《한기》에 보면 3월 기축일에 광록 유우를 사마로 삼아 유주목의 업무를 관장하게 하였다는 기록이 있지만 여기서는 범엽의 《후한서》의 기록을 사용했다.

권력을 잡은 하진과 건석의 암투

5 건석이 대장군 하진을 꺼려서 여러 상시들과 함께 황제를 설득하여 하진을 파견하여 서쪽으로 가서 한수를 공격하게 하자고 하였다. 황제가 이를 따랐다. 하진이 몰래 그 음모를 알고는 상주하여 원소를 파견하여 서주와 연주 두 주의 군대를 수습하게 하고는 원소가 돌아오기를 기다렸다가 서쪽으로 가겠다며 가야 할 기일을 늦추었다.

6 애초에 황제가 자주 아들들을 잃었었는데, 하황후(何皇后)가 아들 유변(劉辯)을 낳자 도인 사자묘(史子眇)의 집에서 기르게 하고 '사후(史侯)'라고 불렀다. 왕미인(王美人)이 아들 유협(劉協)을 낳자 동태후가 스스로 양육하고 '동후(董侯)'라고 불렀다. 여러 신하들이 태자를 세우자고 청하였다. 황제는 유변이 경박하고 위엄 있는 행동을 하지 않았으므로 유협을 세우고자 하였으나, 미루고 망설이면서 결정하지 못하였다.

마침 병이 깊어지자 유협을 건석에게 부탁하였다. 병진일(11일)에 황제가 가덕전(嘉德殿)에서 붕어하였다.[39] 건석이 이때 궁궐 안에 있었는데, 먼저 하진을 죽이고 유협을 세우려고 사람을 시켜 하진을 영접하여 그와 더불어 일을 계획하고자 한다고 말하게 하니, 하진이 곧바로 수레를 타고 왔다.

건석의 사마 반은(潘隱)이 하진과는 일찍부터 잘 알고 지내는 터라 영접하면서 그에게 눈짓을 하였다. 하진이 깜짝 놀라 말을 달려서 빠른 길로 자기 군영으로 돌아가 군대를 이끌고 백군저(百郡邸)[40]로 들어가 주둔하였고, 이 기회를 이용하여 병을 핑계로 궁궐로 들어가지 않았다.

무오일(13일)에 황제의 아들 유변이 황제에 즉위하니 나이 14세였다. 황후를 높여 황태후라고 하였다. 태후가 조회에 임석하였다. 천하에 사면령을 내리고 기원을 고쳐 광희(光熹)라고 하였다. 황제의 동생 유협을 책봉하여 발해왕(勃海王)으로 삼았는데, 유협의 나이 9세였다. 후(後)장군 원외(袁隗)를 태부로 삼고, 대장군 하진과 더불어 녹상서사(錄尙書事)의 업무에 참여[41]하게 하였다.

하진이 이미 조정의 정권을 잡고서는 건석이 자신을 도모하려 하였던 것을 분하게 생각하여 은밀히 그를 죽일 계획을 세웠다. 원소는 하진의 가까운 빈객인 장진(張津)을 통하여 하진에게 여러 환관들을 다 죽이라고 권하였다. 하진은 원씨가 여러 세대 동안 귀함과 총애를 받았으며,[42] 원소와 그의 사촌동생이자 호분중랑장(虎賁中郞將)인 원술(袁

---

39 이때 영제의 나이는 34세였다.

40 각 군과 봉국에서 서울로 출장가는 관원들의 거처를 위해 빈관(賓館)을 설치하였는데, 이런 빈관이 모여 있는 곳이다.

41 관직명은 참록상서사이다. 녹상서사란 상서가 할 일을 관장하는 업무인데, 이 업무를 여러 사람이 관여하여 처리하게 하였으므로 이를 참록상서사라고 한 것이다.

42 원안(袁安)은 사공과 사도를 지냈고, 아들 원창(袁敞)은 사공이었으며, 손자

術) 모두를 호걸들이 따랐으므로 믿고 그를 기용하였다.

또 지혜와 꾀가 있는 선비인 하옹(何顒)·순유(荀攸) 그리고 하남(河南) 사람 정태(鄭泰) 등 20여 명을 널리 징소하여 하옹을 북군중후(北軍中侯)로 삼고, 순유를 황문시랑으로 삼고, 정태를 상서로 삼아 그들과 속마음을 같이 하였다. 순유는 순상(荀爽)의 종손(從孫)이다.

건석이 의심하며 스스로 편안하지 않아서 중상시 조충(趙忠)과 송전(宋典) 등에게 편지를 보내서 말하였다.

"대장군의 형제가 나라의 권력을 손에 쥐고서 조정을 전횡하며 지금 천하에 있는 당인(黨人)들과 더불어 먼저 돌아가신 황제[43]의 주위 사람들을 죽이고 우리들을 소탕하여 없애자고 모의하였는데, 다만 저 건석이 금병(禁兵)을 관장하고 있기에 가라앉아서 잠잠할 뿐입니다. 지금 마땅히 함께 궁궐 문을 닫고 빨리 그를 체포하여 죽여야 합니다."

중상시 곽승(郭勝)이 하진과 같은 고을 사람이어서 태후와 하진이 귀하게 여겼고 총애하였는데, 곽승도 힘을 갖게 되니 그런 까닭에 하씨를 가까이 하고 신임하였으며 조충 등과 함께 상의하여 건석의 계책을 따르지 않고 그의 편지를 하진에게 보여주었다. 경오일(25일)에 하진이 황문령에게 건석을 잡아다 죽이게 하였고, 이로써 그의 둔병을 모두 거느렸다.

표기장군 동중(董重)이 하진과는 권력과 형세에서 서로 해가 되자, 환관들이 동중을 끼고 돌며 자기 무리들의 조력자로 삼았다. 동태후는

원탕(袁湯)은 사공, 사도, 태위를 지냈고, 원탕의 아들 원봉(袁逢)은 사공이었고, 작은 아들 원외(袁隗) 역시 삼공이어서 여러 세대를 두고 귀함과 총애를 받았다.

43 영제(靈帝)를 말한다.

매번 정치하는 일에 참여하여 간섭하고자 하였으나 하태후가 번번이 못하게 막으니 화가 나서 욕하며 말하였다.

"네가 지금 힘을 세게 펴는 것은 네 오빠를 믿어서이냐.[44] 내가 표기장군에게 조서를 내려 하진의 머리를 베는 일은 마치 손을 뒤집는 것과 같다."

하태후가 이 말을 듣고 하진에게 알렸다.

5월에 하진이 삼공과 더불어 공동으로 상주하였다.

"효인(孝仁)황후[45]가 전 중상시 하운(夏惲) 등에게 주와 군을 오가면서 남들을 방해하여 재물과 이익을 독점하고, 이를 모두 서성(西省)[46]으로 반입하게 하였습니다. 옛 고사를 보면 '번후(蕃后)[47]는 경사에 머무를 수 없다.'[48]고 하였으니, 청컨대 황후의 궁을 본국으로 옮기게 하십시오."

상주한 내용이 옳다고 하였다.

신사일(6일)에 하진이 군사를 일으켜 표기장군부를 에워싸고 동중을 잡아들여 면관(免官)시키니 자살하였다. 6월 신해일(7일)에 동태후가 근심하고 두려워하다가 갑자기 붕어하였다.[49] 백성들 사이에서는

---

44 하태후의 오빠는 하진이다.

45 동태후이다.

46 효인황후가 거처하던 영락궁을 말한다.

47 봉국의 왕후이다.

48 왕망(王莽)이 섭정할 때 평제(平帝)의 모후가 권력을 마음대로 할까 두려워 모후는 경사에 머무를 수 없다는 규정을 만들었는데, 하진이 이 선례에 의거, 효인황후를 내쫓으려 하였다.

49 《구주춘추(九州春秋)》에는 '태후가 두려워하다가 자살하였다.'고 기록하였다.

이로 말미암아 하씨에게 붙지 않게 되었다.

7 신유일(17일)에 효령(孝靈)황제를 문릉(文陵)에 장사지냈다. 하진은 건석이 모의하였던 일을 경계하여 병을 핑계로 궁궐에 들어가 상여를 모시지 않았고, 또 산릉(山陵)⁵⁰으로 전송하지도 않았다.

8 홍수가 났다.

9 가을, 7월에 발해왕 유협을 옮겨서 진류왕(陳留王)으로 삼았다.

10 사도 정궁(丁宮)이 파직되었다.

---

50 제왕이나 후비의 무덤을 가리키는 것으로, 여기에서는 영제의 능을 말한다.

11   원소가 다시 하진에게 유세하였다.

"이전에 두무(竇武)[51]가 내총(內寵)[52]을 죽이려고 하다가 도리어 해를 입은 것은 단지 말이 누설된 것과 관련이 있습니다. 오영(五營)[53]의 병사가 모두 환관이 두려워서 복종하였는데 두씨가 도리어 그들을 이용하다가 스스로 화를 입어 죽은 것입니다.[54]

지금 장군의 형제[55]는 모두 강력한 군대를 거느렸고, 부곡[56]의 장수와 관리도 모두 빼어나고 뛰어난 명사들로 기꺼이 힘과 목숨을 다

---

51 후한시대의 평릉(平陵) 사람으로 장녀가 환제의 후가 되었다. 진번(陳蕃)과 함께 정사를 보필하면서 환관을 없애려다가 도리어 조절(曹節) 등에게서 해를 당하였다.

52 천자의 특별한 총애를 받는 신하를 말한다.

53 북군에 다섯 군영을 두었는데 각 군영에는 교위가 있었다. 오영은 장수(長水), 보병(步兵), 사성(射聲), 둔기(屯騎), 월기(越騎)이다.

54 이 사건은 영제 건녕 원년(168)의 일로, 《자치통감》 권56에 실려 있다.

55 하진과 동생 하묘(何苗)를 가리킨다.

56 호족 집안의 군사를 말한다.

바칠 것이니 일은 장군의 손아귀에 놓여 있으며, 하늘이 이 일을 돕는 때입니다. 장군께서는 마땅히 일거에 천하의 걱정거리를 제거하여서 후세에 이름을 남기셔야 하니, 기회를 잃어서는 안 됩니다."

하진이 이에 태후에게 아뢰어 중상시 이하의 사람들을 모두 파직시키고 삼서랑(三署郎)[57]으로 그 자리를 메우자고 청하였다. 태후가 듣지 않고 말하였다.

"환관이 궁궐의 일을 통제하고 관장하는 것은 예로부터 지금까지 한나라의 전해 내려오는 일이어서 없앨 수 없소. 또 먼저 돌아가신 황제께서 이제 막 천하를 버리셨는데, 내 어찌 얼굴을 드러내놓고서 사대부들과 함께 공동으로 일을 하겠는가?"[58]

하진은 태후의 뜻을 어기기 어려웠지만 그래도 그들 가운데 멋대로 날뛰는 자들을 죽이고자 하였다.

원소는 환관이 지존을 가까이 하면서 호령(號令)을 내거나 받고 있으니, 지금 모두 없애지 않으면 뒤에 반드시 근심이 될 것이라고 생각하였다. 그러나 태후의 어머니 무양군(舞陽君)과 하묘(何苗)는 자주 환관들이 보내는 뇌물을 받았는데, 하진이 이들을 죽이고자 하는 것을 알고서 자주 태후에게 아뢰어 그들의 보호막이 되었다.

---

57 오관서(五官署)와 좌서(左署)와 우서(右署)의 관리를 말한다. 나라 안의 효성 있고 청렴한 사람을 천거하여 삼서랑에 임명하였는데, 50세 이상은 오관에 속하고 그 다음은 좌우에 나누어 두었다.

58 영제가 죽은 지 얼마 안 되는 시점에서 과부(寡婦)인 태후가 환관을 없애면 환관이 아닌 남자들과 일을 해야 하므로 이를 꺼린 것이다. 임조청정(臨朝聽政)한다고 하여도 수렴(垂簾)을 하고 그 뒤에 앉아서 얼굴 모습을 분명히 드러내지 않는다.

또 말하였다.

"대장군이 멋대로 좌우에 있는 사람[59]들을 죽이고 권세를 농단하여 사직을 약화시켰습니다."

태후는 의심하여 그럴 것이라고 생각하였다. 하진은 이제 막 귀한 사람이 되었는데 본래는 환관을 공경하고 두려워하였으며 비록 밖으로는 큰 명성을 사모하였지만 안으로는 결단할 수 없었으니 그러므로 일이 오래도록 결정되지 못하였다.

원소 등이 또 계획과 책략을 만들고 사방에 있는 맹장과 여러 호걸들을 많이 불러들여서 나란히 군사를 이끌고 경성으로 향하여 가서 태후를 위협하게 하였는데 하진도 그럴 것이라고 여겼다.

주부(主簿)인 광릉(廣陵, 강소성 양주시) 사람 진림(陳琳)이 간하였다.

"속담에 '눈을 가리고서 참새를 잡는다.'[60]는 말이 있으니, 무릇 작은 물건일지라도 또한 속여서 뜻을 얻을 수 없는데, 하물며 나라의 큰일을 속여서 이룰 수 있겠습니까?

지금 장군께서는 황실의 위세를 총괄하고 군사의 요직을 장악하여 용이 뛰고 범이 걷는 것과 같아서 높이는 것이나 낮추는 것이 자신의 마음에 달려있으니, 이것은 마치 큰 화롯불을 들쑤셔서 머리털을 태우는 것과 같을 뿐입니다. 다만 마땅히 벼락과 천둥처럼 속히 일어나서 권력을 행사하시고 결단을 내리기만 한다면 하늘과 사람들이 따를 것입니다.

---

59 황제의 좌우에 있는 측근을 가리킨다.

60 참새를 잡을 때 참새가 보고 날아 갈까봐 두려워 자기의 눈을 가리고 잡는다는 뜻으로, 자기 자신을 속이는 것을 말한다.

그러나 반대로 날카로운 병기를 풀어 던지고 다시금 외부의 도움을 구하여서 많은 군대가 모이게 하면 강한 사람이 영웅이 될 것이니, 이른바 창과 방패를 거꾸로 들고 다른 사람에게 칼자루를 주는 격이어서, 공적은 반드시 이루어지지 않고 단지 혼란의 단계에 접어들 뿐입니다."

하진이 받아들이지 않았다.

전군(典軍)교위 조조가 듣고는 웃으며 말하였다.

"환관에게 맡기는 벼슬은 예나 지금이나 마땅히 있어야 하지만, 다만 세상의 주인[61]이 그들에게 권세와 총애를 빌려주어서 이 지경에 이르게 해서는 안 된다. 이미 그 죄를 다스리고 나서 원흉을 베는 일을 하는 경우에는 한 명의 옥리로도 충분할 것인데, 어찌 시끄럽게 바깥에 있는 군사를 부르려 하는가? 이들을 다 베고자 한다면 일이 반드시 탄로 날 것이니, 나는 그 일이 실패할 것임을 알겠구나."

애초에 영제(靈帝)가 동탁을 불러 소부(少府)[62]로 삼았었는데, 동탁이 편지를 올려서 말하였다.

"거느리고 있는 황중(湟中, 청해호의 동쪽 황수 유역)의 의용군과 진(秦)족[63]과 호(胡)족의 군사들이 모두 신에게 와서 말하기를 '관청에서 발급하는 양식이 바로바로 지급되지 않아서 녹봉과 하사품이 단절되었으므로 처자가 굶주리고 얼어 죽었습니다.' 하며, 신의 수레를 끌

---

61 황제를 말한다.

62 천자가 쓰는 물건을 넣어두는 창고를 담당하는 관리이다. 이 일은 영제 중평 6년(189년)의 일이다.

63 진(秦) 지역에 사는 족속이란 의미로 강족(羌族)을 말한다.

어당겨서 갈 수 없게 하였습니다. 강족과 호족은 성격이 험악하고 개처럼 굴어서 신이 막고 제지할 수 없기에 번번이 순리대로 안심시키고 위로하고 있는데, 이상한 일이 늘어나게 되면 다시 상주하겠습니다."

조정에서는 통제할 수 없었다.

황제의 병들어 늙게 되자 새서(璽書)[64]를 내려 동탁을 병주목(幷州牧)으로 삼고, 군대를 황보숭(皇甫嵩)에게 배속시키게 하였다. 동탁이 다시 편지를 올려서 말하였다.

"신이 그릇되게 천자의 은혜를 입어서 군사 업무를 관장한 지 10년이나 되었고, 사졸들의 지위가 높든 낮든 간에 서로 친하게 지낸 지 이미 오래여서, 신이 길러준 은혜를 그리워하고 신을 위하여 하루아침에 목숨을 바치려고 하니, 빌건대 장차 북쪽에 있는 주로 가서 변방을 지키는 데에 힘을 다하게 해주십시오."[65]

황보숭의 조카 황보력(皇甫酈)이 황보숭에게 유세하였다.

"천하의 병권은 대인과 동탁에게 있을 뿐입니다. 지금 원한과 불화가 이미 얽혀서 형세로 보아 두 사람이 다 남아있지는 못할 것입니다. 동탁이 조서를 받고서 군대를 맡겨야 하는데도 편지를 올려 자청하였으니, 이는 명령을 거스른 것입니다.

저 사람은 경사의 정치가 어지러워질 것임을 헤아리고 있으며, 그런고로 감히 주저하며 나아가지 않으니, 이는 간악한 마음을 품은 것입니다. 이 두 가지의 죄는 사면되지 않는 형벌을 받아야 됩니다.

---

64 천자의 도장이 찍혀 있는 문서이다.

65 병주목으로 가게 한 것을 거부한 것이다. 동탁을 병주목으로 임명하였으나 병주(幷州, 산서성)는 서부지역에 있는데 북쪽으로 가겠다는 의사를 표시한 것이다. 이미 동탁을 조정의 명령을 듣지 않기 시작한 것이다.

또 그는 흉포하고 사나워서 가까이 지내는 사람이 없고 장사(將士)들도 붙지 않습니다. 대인께서는 지금 원수(元帥)이시니[66] 나라의 위엄에 의지하여서 그를 토벌하신다면, 위로는 충성과 의리를 드러내는 것이고 아래로는 흉악함과 해독을 제거하는 것이니, 해결되지 않을 리 없습니다."

황보숭이 말하였다.

"명령을 거스르는 것은 비록 죄이지만 멋대로 죽이는 것 또한 책임이 있다.[67] 그 일을 드러내 아뢰어 조정이 그를 제재하게 하는 것만 못하다."

마침내 편지를 올려서 보고하였다. 황제가 동탁을 꾸짖었다. 동탁도 역시 조서를 받들지 않고 하동(河東, 산서성 하현)에 군대를 주둔시키고서 시국의 변화를 관망하였다.

하진[68]이 동탁을 불러서 군대를 거느리고 경사로 오게 하였다. 시어사 정태(鄭泰)가 간하였다.

"동탁은 강인하나 의협심이 적어서 속으로 만족하는 일이 없는데, 만약 그의 힘을 빌려 조정의 정치를 하면서 큰일을 맡기면 장차 방자하고 흉악한 욕심이 반드시 조정을 위태롭게 할 것입니다.

밝으신 공께서는 친척이시고 덕망이 두터우신 분이며 아형(阿衡)[69]

---

66 황보숭은 왕국을 토벌할 때 독장(督將)이었다. 그래서 그를 원수라고 호칭한 것이다.

67 황제의 명령을 어긴 동탁에게 죄가 있지만 그렇다고 황보숭 자신이 무단으로 동탁을 토벌하는 것에도 책임이 따른다는 뜻이다.

68 대장군이었다.

69 은나라 때 이윤(伊尹)이 지낸 벼슬인데, 재상을 말한다.

의 권력을 차지하고 있으니 의지를 가지고 홀로 단안을 내려서 죄가 있는 자를 죽여야 하지, 진실로 동탁의 힘을 빌려 도와주는 세력으로 생각하는 것은 마땅하지 않습니다. 또 일이 남겨져서 변화가 생기면 은나라의 교훈이 멀리 있지 않습니다.[70] 마땅히 속히 결행하셔야 합니다."

상서 노식(盧植) 또한 마땅히 동탁을 불러들여서는 안 된다고 말하였으나 하진이 모두 따르지 않았다. 정태는 마침내 관직을 버리고 떠나며 순유에게 말하였다.

"하공은 보필하기 아직은 쉽지 않은 사람이다."

하진 막부(幕府)[71]의 연리 왕광(王匡)과 기도위 포신(鮑信)은 모두 태산(泰山, 산동성 태안현) 사람인데, 하진이 고향으로 돌아가 군사를 모집하게 하였다. 아울러 동군(東郡, 하남성 복양현) 태수 교모(橋瑁)를 불러서 성고(成皋, 하남성 범수현)에 주둔하게 하고, 무맹(武猛)도위 정원(丁原)에게 수천 명을 거느리고서 하내(河內, 하남성 무척현)를 노략질하고 맹진(孟津)을 불사르게 하였는데, 불빛이 성 안에까지 비치자 모두 환관을 죽이는 것이라고 말하였다.

동탁이 불렸다는 소식을 듣자 즉시 길을 나서며 아울러 편지를 올려 말하였다.

"중상시 장양(張讓) 등이 총애를 훔치고 은총을 받아서 나라 안을 어

---

70 은나라가 거울로 삼아 경계해야 할 일이 먼 과거에 있는 것이 아니라 바로 전 왕조인 하(夏)나라의 걸왕(桀王)이 어질지 못한 정치를 하여 망한 것에 있다는 뜻으로, 자기가 거울로 삼아 경계해야 할 선례는 가까이에 있다는 의미이다. 여기에서는 후한시대의 두무(竇武)가 환관을 없애려다가 도리어 해를 당한 일을 가리킨다.

71 하진은 이때 대장군이었으므로 대장군부(大將軍府)를 가리킨다.

지럽혔습니다. 신이 듣건대 끓는 물을 퍼내어서 물이 끓는 것을 막는 것도 땔나무를 없애는 것만 못하다고 하며,[72] 종기를 터뜨리면 비록 아프기는 하지만 안으로 먹어 들어가는 것보다 낫다고 합니다.

옛날에 조앙(趙鞅)[73]이 진양(晉陽, 산서성 태원시)의 군대를 일으켜서 주군 곁에 있는 악한 자들을 쫓아냈었는데, 이제 신이 갑자기 종과 북을 울리며[74] 낙양으로 가니, 청컨대 장양 등을 잡아서 간악하고 더러운 것을 청소하게 해주십시오."

태후는 오히려 좇지 않았다.

하묘가 하진에게 말하였다.

"처음에 함께 남양(南陽)에서 왔을 때에는 모두 가난하고 비천하였는데, 성내(省內)[75]에 의지하여서 부유하고 고귀하기에 이르렀지만,

---

72 《한서》에 나오는 말이다. 매승(枚乘)이 오왕(吳王)에게 간하면서 '끓는 물을 식히는 데는 한 사람이 불을 지피고 백 사람이 끓는 물을 퍼낸다 하여도 땔감의 공급을 끊어서 불타는 것을 중지시키는 것만 못할 뿐입니다.'라고 한 것을 인용한 것이다.

73 춘추시대 진(晉)나라 사람이다. 정공(定公)의 재상으로 있었을 때 나라가 쇠퇴하고 혼란하여 순인(荀寅), 범길사(范吉射)의 공격을 받고 진양(晉陽)으로 달아났다가, 뒤에 돌아와 순인과 범길사를 쫓아내고 왕위를 복원시켰다. 《춘추공양전》을 보면 다음과 같은 해석이 있다. '진나라의 조앙이 진양에 있는 갑병을 가지고 가서 순인과 사길사(士吉射)를 축출한 것은 무엇을 하려는 것인가? 군주 옆에 있는 악한 사람이다. 이는 군주 옆에 있는 악한 사람을 쫓아낸 것인데 어찌하여 그를 반역한 사람이라고 말하는가? 군주의 명령이 없기 때문이다.'

74 종과 북을 치면 소리가 나는데, 이것은 군대가 나아간다는 의미도 있지만, 죄를 여러 사람이 알 수 있도록 소리 내어 성토한다는 말도 된다.

75 환관을 말한다.

국가의 사무가 또 어찌 쉽겠습니까? 엎어진 물은 주워 담을 수 없으니 마땅히 깊이 생각하고 성내와 더불어 화목하게 지내야 합니다."

동탁이 민지(澠池, 하남성 민지현)에 이르자, 하진은 다시금 여우처럼 의심하여 간의대부 충소(种邵)에게 조서를 선포하여 그를 저지하게 하였다. 동탁이 조서를 받지 않고 마침내 앞으로 나아가서 하남(河南, 하남성 낙양시 서쪽)에 이르렀고, 충소가 그를 맞이하여 위로하고는 이어서 비유를 통해 군대를 돌리게 하였다.

동탁은 변고가 있었는지 의심하여서 그의 군사들에게 무기를 가지고 충소를 위협하게 하였다. 충소가 화를 내고 조서를 들먹이며 그들을 꾸짖으니 군사들이 모두 흩어졌고, 마침내 앞으로 나아가서 동탁을 질책하였다. 동탁은 말이 꿀리자 곧바로 군대를 석양정(夕陽亭)으로 돌렸다. 충소는 충고(种暠)의 손자이다.

원소는 하진이 계획을 바꿀까봐 두려워서 이 기회에 그를 으르며 말하였다.

"서로가 꾸며놓은 것이 이미 형성되었고 형세가 드러났는데, 장군께서는 또 무엇을 기다리고자 하여 조속히 결심하지 못하십니까? 일이 오래되어 변화가 생기면 다시 두씨(竇氏)와 같은 경우가 될 것입니다."

하진이 이에 원소를 사예교위로 삼고 가절(假節)을 주어서 공격과 단죄를 명령하는 일을 전담하도록 하였다. 종사중랑(從事中郞) 왕윤(王允)을 하남윤(河南尹)으로 삼았다.

원소가 낙양에 있는 방략무리(方略武吏)[76]에게 환관을 살피게 하고, 동탁 등을 재촉하여 역에 있는 말을 달려 상주문을 올리게 하고는 군대를 평락관(平樂觀)으로 내보내고자 하였다. 태후가 이에 두려워서 중상시와 소황문을 모두 파직하여 고향으로 돌아가게 하고 오직 하진과 사사로운 관계에 있는 자들만 머물게 하여 궁궐을 지키게 하였다.

여러 상시들과 소황문들이 모두 하진에게 가서 사죄하고 오직 잘 처

---

76 일종의 정찰 임무를 띤 군인이다.

리하여 주기를 바랐다. 하진이 말하였다.

"천하의 인심이 흉흉하니 바로 여러 분들을 걱정거리로 생각할 뿐이다. 지금 동탁이 곧바로 도착할 것인데 여러분들은 어찌 조속히 각자 고향으로 돌아가지 않는가?"

원소가 하진에게 곧바로 이곳에서 결단하도록 권하기를 두 번 세 번 하였지만 하진이 허락하지 않았다. 원소가 또 편지를 써서 여러 주와 군에 고하여 거짓으로 하진의 뜻이라고 선포하면서 그들에게 환관의 친척들을 체포하게 하였다.

하진이 모의한 지 여러 날이 쌓여 자못 일이 누설되니 환관들이 두려워서 변란을 일으킬 생각을 하였다. 장양의 며느리는 태후의 여동생인데, 장양이 며느리를 향하여 머리를 조아리며 말하였다.

"늙은 신하가 죄를 지었으니 신부[77]와 함께 사가로 돌아가야 합니다. 생각해 보면 여러 대 동안 은혜를 입었는데, 이제 마땅히 궁전을 멀리 떠나야만 하게 되어 마음속으로 연연(戀戀)함을 풀고 있으니, 바라건대 다시 한 번만 입직(入直)하여 잠시 태후 폐하의 안색을 받자와 뵌 연후에 물러나 구렁텅이로 떨어져서 죽어도 여한이 없겠소."

며느리가 무양군(舞陽君)[78]에게 말하였고 무양군이 입궐하여 태후에게 아뢰었다. 마침내 모든 상시들에게 조서를 내려 다시 입직하라고 하였다.

8월 무진일(25일)에 하진이 장락궁(長樂宮)으로 들어가 태후에게 아뢰어 모든 상시들을 다 죽이게 해달라고 청하였다. 중상시 장양과 단규

---

77 장양의 며느리를 가리킨다.

78 무양군은 장양의 며느리의 어머니이고, 하태후는 무양군의 큰딸이다.

가 서로 상의하며 말하였다.

"대장군이 질병을 핑계로 문상하러 가지 않았고, 장사지내는 일을 전송하지도 않았는데,[79] 지금 갑자기 궁궐 안으로 들어왔으니 이는 무엇을 하려는 뜻인가? 두씨의 일이 필경 다시 일어날 것인가?"

사람을 시켜 몰래 엿듣고는 그 말을 모두 알렸다.

마침내 그의 무리 수십 명을 인솔하여 무기를 소지하고 몰래 측면에 난 문을 통해 들어가 대궐문 아래에 매복하였고, 하진이 나오자 이어서 속여 태후가 조서를 내려 하진을 부른다고 하고서 대궐문 안으로 들어와 앉게 하였다.

장양 등이 하진을 힐난하며 말하였다.

"천하가 어지러운 것은 단지 우리들의 죄만이 아니오. 먼저 돌아가신 황제[80]께서 일찍이 태후와 사이가 불쾌하여 거의 실패할 지경에 이르렀을 때 우리들이 눈물을 흘리면서 구원하여 화해시켰고,[81] 각자 집안에 있는 재산 가운데 천만 전씩을 내어서 예물을 갖추어 주상의 마음을 기쁘게 하였으니 그것은 다만 경의 집안에 의탁하고자 했을 뿐이오. 이제 우리들의 종족을 없애버리고자 한다면 또한 너무 심한 것이 아니겠소?"

이에 상방감(尙方監)[82] 거목(渠穆)이 검을 빼어 가덕전(嘉德殿) 앞에서 하진의 목을 베었다. 장양과 단규 등이 조서를 만들어서 전 태위

---

79 영제의 장례식을 말한다.

80 영제를 말한다.

81 영제 광화 4년(181년)에 있었던 일로,《자치통감》권58에 실려 있다.

82 천자가 사용하는 기물을 만들거나 이를 보관하는 일을 담당하는 관리이다.

번능(樊陵)을 사예교위로 삼고, 소부(少府) 허상(許相)을 하남윤으로 삼았다. 상서가 조판(詔版)을 받고는 이를 의심하여 말하였다.

"청컨대 대장군께서 나오시면 함께 상의하십시다."

중황문이 하진의 머리를 상서에게 던져주며 말하였다.

"하진이 반란을 꾀하여서 이미 복주(伏誅)되었소."

하진의 부곡[83]장(將)인 오광(吳匡)과 장장(張璋)이 밖에 있다가 하진이 해를 입었다는 소식을 듣고는 군사를 이끌고서 궁궐로 들어가고자 하였지만 궁문이 닫혀 있었다. 호분중랑장 원술(袁術)이 오광과 함께 그것을 도끼로 찍으며 공격하니 중황문이 병기를 가지고 합문(閤門)을 지켰다. 마침 날이 저물자 원술은 이를 이용하여 남궁의 청쇄문(靑瑣門)[84]을 불살랐는데, 장양 등을 협박하여 나오게 하려고 한 것이다.

장양 등이 안으로 들어가 태후에게 아뢰길, 대장군의 군대가 반란을 일으켜서 궁궐을 불사르고 상서의 문달(門闥)을 공격한다고 하고, 이어서 태후와 소제(少帝), 진류왕(陳留王)을 동반하고 궐내에 있는 관속을 협박하여 복도(複道)를 따라 북궁으로 달아났다. 상서 노식(盧植)이 창을 잡고 합도(閤道)의 창문 아래에서 여러 차례 단규를 쳐다보니 단규가 두려워서 곧바로 태후를 풀어주었고, 태후는 합문으로 몸을 빼서 마침내 모면하였다.

원소는 숙부 원외(袁隗)와 더불어 조서를 고쳐서 번능(樊陵)과 허상

---

83 호족들의 집안 군사이다.

84 청쇄는 문 주변을 청색으로 칠한 것이다. 다른 말로는 천자의 문 안에는 눈썹 같은 격(格)이 두 개로 되어 있는데 안에 푸른 획(畫)을 그려 놓았고 이를 쇄(瑣)라고 한다. 《후한서》 하진전에는 이를 구룡문(九龍門)이라고 기록하였다.

(許相)을 불러들여서 그들의 목을 베었다. 원소와 하묘는 군사를 이끌고 주작궐(朱雀闕) 아래에 주둔하였다가 조충(趙忠) 등을 체포하여 그들의 목을 베었다.

오광 등은 본래 하묘가 하진과 더불어 마음을 같이 하지 않았던 것을 원망하고 있었는데, 또 그가 환관들과 더불어 모의하였다고 의심하고서 군영 안에 명령을 내렸다.

"대장군을 죽인 자는 바로 거기[85]장군인데 군리(軍吏)와 병사들이 원수를 갚을 수 있겠는가?"

모두 눈물을 흘리며 말하였다.

"바라건대 죽을힘을 다하겠습니다."

오광이 마침내 군대를 이끌고 동탁의 동생인 봉거도위(奉車都尉) 동민(董旻)과 더불어 하묘를 공격하여 죽이고 그 시체를 궁원(宮苑) 안에 버렸다. 원소가 드디어 북궁의 문을 닫고 군사들을 챙겨서 모든 환관들을 체포하게 하였는데 나이의 많고, 적음에 관계없이 이들을 모두 죽이니, 무릇 2천여 명이었으며, 혹 수염이 없어서 오인되어 죽은 자도 있었다. 원소가 이어 군대를 앞으로 나아가게 하여서 궁궐로 밀고 들어갔는데, 어떤 사람은 단문(端門)의 지붕에 올라가 궁궐 안을 공격하기도 하였다.

경오일(27일)에 장양과 단규 등이 곤궁하고 절박해지자 마침내 황제와 진류왕 등 수십 명을 붙잡고 걸어서 곡문(穀門, 낙양의 정북문)을 나와 밤에 소평진(小平津, 하남성 공현 북쪽 황하가의 나루)에 이르렀는데, 여섯 개의 옥새도 스스로 갖고 오지 않았고, 공경 가운데 뒤따르는 자

---

85 하진의 동생 하묘를 말한다. 하묘는 당시 거기장군이었다.

가 없었다. 오직 상서 노식과 하남의 중부연(中部掾) 민공(閔貢)만이 밤에 황하에 이르렀을 뿐이었다.

민공은 성난 목소리로 장양 등을 질책하고 또 말하였다.

"지금 속히 죽지 않는다면 내가 장차 너희들을 죽이겠다!"

이어서 손에 들린 칼로 몇 사람을 죽였다. 장양 등이 두려움에 떨면서 깍지를 끼고 재배(再拜)하였으며, 머리를 조아리고 황제를 향하여 죄를 빌면서 말하였다.

"신들은 죽겠지만 폐하께서는 자신의 몸을 아끼소서."

마침내 황하에 몸을 던져서 죽었다.

민공이 황제를 부축하고 진류왕과 함께 반딧불 빛을 따라 밤길을 걸어 남쪽으로 가서 궁궐로 돌아가고자 하였는데, 몇 리를 가다가 백성의 집에서 노거(露車)[86]를 얻어서 이를 함께 타고 가다가 낙사(雒舍, 북망산의 북쪽 기슭)에 이르러 멈추었다. 신미일(28일)에 황제가 말 한 필에 혼자 타고, 진류왕과 민공이 말 한 필에 함께 타고서 낙사에서 남쪽으로 가니 점차 공경들이 도착하였다.

동탁이 현양원(顯陽苑, 낙양의 서쪽 교외)에 이르러 멀리서 불길이 오르는 것을 보고는 변고가 있다는 것을 알아차리고 군대를 이끌고서 급히 나아갔다. 아직 날이 밝지도 않았는데 성의 서쪽에 당도하여서 황제가 북쪽에 있다는 소식을 듣고는 곧바로 공경들과 가서 북망판(北芒阪, 망산의 북쪽) 아래에서 받들어 맞이하였다.

황제는 동탁이 병졸을 이끌고 온 것을 보고서 두려워 떨며 눈물을

---

86 덮개가 없고 사방에 휘장도 없는 민가에서 물건을 실어 나를 때 사용하는 수레이다.

흘렸다.[87] 여러 공들이 동탁에게 말하였다.

"군대를 물리라는 조서가 있었습니다."

동탁이 말하였다.

"여러 공들은 나라의 대신이면서도 왕실을 바로잡지 못하여 국가[88]가 떠돌게 하였으면서 어찌 군대를 물리라고 하는가?"

동탁이 천자에게 이야기하였는데 말뜻을 이해하지 못하자, 이에 다시 진류왕에게 이야기하며 재앙과 난리가 일어난 연유를 물으니 왕이 대답하였는데, 처음부터 끝까지 빠뜨리는 것이 없었다. 동탁이 크게 기뻐하며 왕[진류왕]이 현명하다고 생각하였으며, 또한 동태후가 양육한 사람이고, 동탁은 자신이 태후와 더불어 동족이었으므로 마침내 황제를 폐위하고 새로 옹립할 뜻을 가지게 되었다.

이날 황제가 궁으로 돌아와 천하에 사면령을 내리고, 광희(光熹, 연호)를 고쳐서 소령(昭寧)이라 하였다. 전국새(傳國璽)[89]만 잃어버리고 나머지 인새(印璽)는 모두 찾았다. 정원(丁原)을 집금오로 삼았다. 기도위 포신(鮑信)이 태산에서 병사를 모집하여 적시에 당도하여 원소에게 유세하였다.

"동탁이 강력한 군대를 가지고 있어서 장차 다른 뜻을 가질 터이니 지금 일찍 도모하지 않으면 반드시 제압당하게 될 것입니다. 그가 이곳에 도착하였으니 피로할 때 그를 습격한다면 사로잡을 수 있습니다."

---

87 이때 황제는 14세였다.

88 동도(東都)의 신하들은 천자를 국가라고 불렀다.

89 전국새는 나라를 전해줄 때 사용하는 옥새이다. 도망하면서 옥새 6개를 가지고 다니지 못하였는데, 그 중 전국새만 잃어버렸다. 헌제 초평 2년(191년)에 손견이 이 옥새를 얻는다.

원소가 동탁을 두려워하여 감히 군사를 발동하지 못하였다. 포신은 이에 군대를 이끌고 태산으로 돌아갔다.

동탁이 들어올 때에는 보병과 기병이 3천 명을 넘지 않아서 스스로 군사가 적은 것을 꺼렸고, 멀리 있거나 가까이에 있는 사람들이 복종하지 않을까 두려워하였으므로 대략 4~5일 동안 번번이 밤에 몰래 군사를 가까운 군영으로 출동시켰다가 다음날 아침에 곧바로 깃발을 세우고 북을 치며 크게 줄지어 세우고 돌아와서 서쪽의 군대가 또 이르렀다고 생각하게 하였는데 낙양 안에서 아는 사람이 아무도 없었다.

얼마 안 있어 하진과 동생 하묘의 부곡들이 모두 동탁에게 귀부하였고, 동탁이 또 몰래 정원의 부곡사마(部曲司馬)인 오원(五原, 내몽고 자치구 포두시 서북 지역) 사람 여포(呂布)를 시켜서 정원을 죽이고 그 무리를 병합하니 동탁의 군대는 이에 크게 강성하여졌다. 마침내 조정의 신하들에게 넌지시 일러서 비가 오래 내리는 것을 가지고[90] 사공 유홍(劉弘)을 면직시키고 자신이 이를 대신하였다.

애초 채옹(蔡邕)이 삭방(朔方, 내몽고 자치구 이맹 서북 지역)으로 귀양 갔었는데[91] 사면령을 만나서 돌아올 수 있었다. 오원 태수 왕지(王智)는 왕보(王甫)의 동생인데 채옹이 조정을 비난했다고 상주하여서 채옹이 마침내 사방으로 도망 다니며 산 것이 12년이나 되었다. 동탁이 명성을 듣고 그를 벽소하였는데 병을 핑계로 나오지 않았다.

동탁이 화가 나서 욕하며 말하였다.

---

90 비가 오래 내리는 것은 대신이 잘못한 것이라며 하늘이 이를 꾸짖는다고 해석한 것이다.

91 영제 광화 원년(178년)에 있었던 일로,《자치통감》권57에 실려 있다.

"내가 멸족시킬 수도 있다."

채옹이 두려워서 명령에 응하였고 도착하자 좨주(祭酒)에 임명하였으며, 매우 공경하고 중히 여겼는데 과거 시험 성적이 우수하다고 추천하여 3일 사이에 삼대(三臺)[92]를 두루 거쳐서 시중으로 승진시켰다.

---

92 삼대란 상서대(尙書臺), 어사대(御史臺), 알자대(謁者臺)를 말하며, 채옹이 과거에서 높게 급제하였다 하여 시어사에 보임되었다가 또 치서어사로 전임되었고, 다시 상서로 승진한 것이니 3일 동안에 삼대를 두루 거친 것이다.

황제를 바꾸고 전횡하는 동탁

12   동탁이 원소에게 말하였다.

"천하의 주군은 마땅히 현명함을 지녀야하는데, 영제(靈帝)를 생각할 때마다 사람으로 하여금 분통을 터뜨리고 한탄하게 만들었소. 동후(董侯)[93]는 괜찮을 것 같아서 이제 그를 세우고자 하는데 사후(史侯)[94]보다 나을 수 있겠소? 사람은 작은 지혜를 가졌으나 크게 어리석은 경우가 있으니, 또다시 어떻게 하는 것이 합당할 것 같소? 마땅히 이처럼 해야 한다면 유씨의 종자가 다시 남겨지기에는 부족하오.[95]"

원소가 말하였다.

"한나라의 가문이 천하에서 임금 노릇을 한 지 400여 년인데, 은덕과 혜택을 베푼 것이 깊고 두터워서 억조나 되는 백성들이 그들을 받들었습니다. 지금의 황상께서는 나이보다 어리셔서 아직은 좋지 못한

---

93 진류왕 유협이다. 동태후가 양육하였기 때문에 이렇게 불렀다.

94 황제 유변을 말한다. 현 황제는 황제가 되기 전에 사후였다.

95 유씨란 한나라의 황실을 말하는 것이며 동탁이 한나라를 없애고 자립할 뜻을 말한 것이다.

일을 천하에 편 적이 없습니다. 공께서 적자를 폐하고 서자를 세우시고자 한다면 무리들이 공의 의견을 따르지 않을까 두렵습니다."

동탁이 칼을 쓰다듬으며 원소를 꾸짖었다.

"이 녀석들이 감히 그리하겠는가! 천하의 일이 어찌 나에게 달려있지 않다는 말인가? 내가 하고자 한다면 누가 감히 좇지 않겠는가? 너는 동탁의 칼이 날카롭지 않다고 생각하는가?"

원소가 발끈하며 말하였다.

"천하에 강건한 자가 어찌 동공뿐이겠소?"

차고 있던 칼을 끌어당기고 비스듬히 읍[96]하며 지름길로 밖으로 나갔다. 동탁이 막 도착하였고, 원소를 큰 집안의 사람으로 보았으므로 감히 해치질 못하였다. 원소는 상동문(上東門, 낙양의 동성 북두문)에 부절을 매달아놓고 기주(冀州, 하북성 중부)로 도망쳤다.

9월 계유일[97]에 동탁이 모든 신료들을 모아놓고서 머리를 곧추 세우고 말하였다.

"황제가 아둔하고 허약하니 종묘를 받드는 천하의 주군으로 삼을 수 없소. 이제 이윤과 곽광이 실행하였던 옛날 사례에 의거하여서 진류왕으로 바꿔 세우고자 하는데 어떠하오?"

공경 이하의 신하들이 모두 두려워서 감히 대답하지 못하였다.

동탁이 또 높은 목소리로 말하였다.

---

96 인사나 예의의 한 가지. 두 손을 맞잡아 얼굴 앞으로 들고 허리를 공손히 구부렸다가 펴면서 두 손을 내린다.

97 통감필법에 의하면 계유일은 9월 계유일이다. 그러나 간지로 보면 계유일은 8월 30일이고 9월에는 계유일이 없다. 따라서 여기에 보이는 9월이라는 두 글자는 다음에 나오는 간지인 갑술 위에 두어야 옳을 것 같다.

"예전에 곽광이 계책을 결정하자 전연년(田延年)이 칼을 쓰다듬었었소.[98] 감히 이렇게 큰 논의를 저지하려는 자가 있다면 모두 군법으로 일을 처리하겠소."

앉아 있는 사람들이 놀라서 술렁거렸다.

상서 노식이 홀로 말하였다.

"옛날에 태갑(太甲)[99]이 이미 천자의 자리에 올랐지만 총명하지 않았고, 창읍(昌邑)[100]은 죄가 천여 가지가 넘었던 고로 폐립한 일이 있었습니다. 지금의 천자는 나이로 보아 어리셔서 행동하며 덕을 잃은 적이 없으니 전대의 일과는 비교할 것이 아닙니다."

동탁이 크게 노하여 자리를 해산시켰다.

장차 노식을 죽이려고 하는데 채옹이 그를 위하여 간청하였고, 의랑 팽백(彭伯) 또한 동탁에게 간하였다.

"노 상서는 나라 안에서 대유학자라고 사람들이 우러러보고 있습니다. 지금 먼저 그를 해친다면 천하 사람들이 놀라서 두려움에 떨 것입니다."

동탁이 이에 중지하고 다만 노식의 관직을 면직시키니, 노식은 마침내 달아나서 상곡(上谷, 하북성 회래현)에 은둔했다. 동탁이 폐립하는 의견을 태부 원외에게 보여주니 원외는 의견대로 회보하였다.

갑술일(1일)에 동탁이 다시 신료들을 숭덕전(崇德殿)의 전전(前殿)

---

98 한나라의 양릉(陽陵) 사람 전연년(田延年)을 말하는데, 창읍왕(昌邑王)의 음란함을 보고서 곽광이 태후(太后)에게 말하여 왕을 내쫓았다. 이 사건은 전한 소제 원평 원년(기원전 74년)의 일로,《자치통감》권24에 실려 있다.

99 상(商) 왕조의 다섯 번째 임금이다.

100 서한(西漢)의 아홉 번째 임금이다.

에 모아놓고 마침내 태후를 협박하여 소제(少帝)[101]를 폐위하는 책서를 쓰게 하니, 태후가 말하였다.

"황제는 상중에 있으면서 자식 된 마음을 갖지 않고 위엄과 언행이 임금에 어울리지 않으니, 이제 폐위하여 홍농왕(弘農王)으로 삼고, 진류왕 유협(劉協)을 세워서 황제로 삼노라."

원외가 황제의 옥새와 인수를 풀어서 진류왕에게 바치고, 홍농왕을 부축하여 전(殿)에서 내려와서는 북면(北面)하여 신하를 칭하게 하였다. 태후는 숨죽이면서 눈물을 흘렸고 신하들은 슬픔을 머금은 채 감히 말하는 자가 없었다.

동탁이 또 의견을 말하였다.

"태후가 영락궁(永樂宮)[102]을 핍박하여 근심하다 죽음에 이르게 하였으니, 며느리가 시어머니를 섬기는 예를 거역한 것이다."[103]

이에 태후를 영안궁(永安宮)으로 옮겼다. 천하에 사면령을 내리고 소녕(昭寧)이라는 기원을 고쳐서 영한(永漢)으로 하였다.

병자일(3일)에 동탁이 하태후를 짐살(鴆殺)[104]하였는데, 공경 이하의 사람들이 베로 만든 상복을 입지 아니하였고, 장례에 참여할 때에도 흰옷을 입었을 뿐이었다. 동탁은 또 하묘의 관을 파내어 그의 시체를 꺼내서 사지를 자르고 마디를 절단하여 길가에 버렸으며, 하묘의 어머

---

101 황제 유변을 말한다.

102 동태후를 말한다.

103 《춘추좌전》에 의하면 며느리는 시어머니를 봉양해야 하는데, 시어머니를 훼손하는 며느리가 되는 것은 거역하는 일 가운데 제일 크다고 하였다.

104 짐새에게서 나오는 독을 술에 타거나 하여 먹여서 죽이는 것을 말한다.

니 무양군을 죽이고 시체를 궁원의 탱자나무 울타리 속에 버렸다.

13 조서를 내려 공경 이하 사람들의 자제들에게 벼슬을 주어 낭으로 삼아 환관의 자리를 메우고 전각의 위에서 모시는 일을 하게 하였다.

14 을유일(12일)에 태위 유우(劉虞)를 대사마로 삼고 양분후(襄賁侯)에 책봉하였다. 동탁은 스스로 태위가 되고서도 전(前)장군[105]의 업무를 관장하자, 절전(節傳)[106]·부월(斧鉞)·호분(虎賁)을 더하여 주고 다시 미후(郿侯)에 책봉하였다.

15 병술일(13일)에 태중대부 양표(楊彪)를 사공으로 삼았다.

16 갑오일(21일)에 예주(豫州, 하남성)목 황완(黃琬)을 사도로 삼았다.

17 동탁이 여러 공들을 인솔하여 편지를 올리니 진번(陳蕃)·두무(竇武) 그리고 모든 당인(黨人)들을 다시 조사하여 그들의 작위를 모두 회복시켜 주었으며, 사자를 보내서 사당에 조문하고 그들의 자손을 발탁하여서 기용하였다.

18 6월부터 내린 비가 이번 달까지 계속되었다.

---

105 전장군은 선봉장에 해당한다. 관직명은 영전장군사이다. 동탁은 태위의 직책을 가졌으므로 전장군의 직책을 영직으로 바꾼 것이다.

106 부절을 전해주는 권한으로 황제의 업무를 대신한다는 말이다.

19   겨울, 10월 을사일(3일)에 영사황후(靈思皇后)[107]를 장사지냈다.

20   백파(白波)에 사는 도적[108]이 하동(河東, 산서성 하현)에 가서 노략질을 하니 동탁이 그의 장수 우보(牛輔)를 보내 그들을 공격하였다.

애초에 남선우(南單于) 난제어부라(欒提於扶羅)가 이미 섰는데, 그 나라 사람들 가운데 그의 아버지를 죽인 사람들이 마침내 반란을 일으키고[109] 공동으로 수복골도후(須卜骨都侯)[110]를 세워서 선우로 삼았다. 난제어부라가 궁궐에 와서 스스로 해명하였다.

마침 영제(靈帝)가 붕어하여서 천하가 크게 혼란해지자 난제어부라는 수천 명의 기병을 거느리고서 백파의 도적과 더불어 군대를 연합하여 군과 현을 노략질하였다. 이때 백성들이 모두 지키기 위하여 모여 있었으므로 노략질하여도 이득이 없자, 병사들은 마침내 기세가 꺾였다.

다시 그의 나라로 돌아가고자 하였으나 그의 나라 사람들이 받아주지 않자 이에 하동(河東, 산서성 하현)의 평양(平陽, 산서성 임분시)에 머물렀다. 수복골도후가 선우가 된 지 1년 만에 죽자 남정(南庭)에서는 마침내 그 자리를 비워놓고 늙은 왕[111]이 국가의 업무를 수행하게 하였다.

---

107 하태후(何太后)의 시호이다. 영제의 황후였으므로 영제를 좇아서 '영'자를 붙였다.

108 산서성과 황하 하투 지역에 살았다.

109 난제어부라는 흉노의 41대 선우이고 그의 아버지 난제강거가 피살된 것은 중평 5년(188년)의 일로,《자치통감》권58에 실려 있다.

110 골도후는 흉노의 작위이고 대장(隊長)에 해당한다.

111 수복골도후의 아버지를 말한다.

21   11월에 동탁을 상국(相國)으로 삼았는데,[112] 말씀을 올리거나 절
할 때 이름을 말하지 않게 하였고, 조정에 들어올 때 종종걸음으로 걷
지 않게 하였으며 검을 차고 신을 신은 채 전각에 올라가게 하였다.[113]

22   12월 무술일(8일)에 사도 황완(黃琬)을 태위로 삼고, 사공 양표(楊
彪)를 사도로 삼았으며, 광록훈 순상(荀爽)을 사공으로 삼았다.

애초에 상서인 무위(武威, 감숙성 무위현) 사람 주비(周毖)와 성문교
위인 여남(汝南, 하남성 평여현 서북쪽) 사람 오경(伍瓊)이 동탁에게 유세
하여 환제(桓帝)와 영제(靈帝)시대의 정치를 바로잡고 천하에 있는 명
망 있는 인사를 발탁하고 등용하여 많은 사람들의 기대를 수용하자고
하였더니, 동탁이 이를 좇아서 주비·오경과 상서 정태·장사(長史) 하
옹(何顒) 등에게 명하여 더럽고 악한 사람을 체로 일듯 가려내고 재야
에 숨거나 머물러 있는 사람을 드러내어 뽑게 하였었다.

이에 처사인 순상(荀爽)·진기(陳紀)·한융(韓融)·신도반(申屠蟠)을
징소하였다. 다시 곧바로 순상에게 평원(平原, 산동성 평원현)의 재상 자
리를 주었는데 부임지로 가서 완릉(宛陵, 안휘성 선성현)에 이르렀는데,
광록훈으로 승진시켜 주었으며, 사무를 본 지 3일 만에 진급시켜서 사
공의 벼슬을 주었다. 징소하는 명령을 받은 데서부터 대사(台司)에 오
르기까지 대략 93일이 걸린 셈이었다.

또 진기를 오관중랑장(五官中郎將)으로 삼고 한융을 대홍려로 삼았

---

112 한 왕조에서는 소하를 상국으로 삼은 이후 조참과 여산이 상국이었는데, 그
    후 다시는 상국이라는 벼슬을 주지 아니하였다가 동탁에게 와서 다시 생겼다.
113 신하는 황제 앞에서 반드시 자기 이름을 대야 하며 궁전에서는 종종걸음으
    로 걸어야 하고 전각에 올라갈 때는 칼을 차거나 신을 신지 못했다.

다. 진기는 진식(陳寔)의 아들이고, 한융은 한소(韓韶)의 아들이다. 순상 등은 모두 동탁의 포악함을 두려워하여서 감히 오지 않을 수 없었다. 유독 신도반만은 징소하는 편지를 받자 사람들이 그에게 가라고 권하였지만 웃으며 대답하지 않았고, 동탁이 끝내 굴복시킬 수 없었으며, 나이가 70여 세까지 천수를 다하고 죽었다.

동탁은 또 상서 한복(韓馥)을 기주목으로 삼고, 시중 유대(劉岱)를 연주(兗州, 산동성 서부) 자사로 삼고, 진류(陳留, 하남성 진류현) 사람 공주(孔伷)를 예주(豫州) 자사로 삼고, 동평(東平, 산동성 동평현) 사람 장막(張邈)을 진류(陳留) 태수로 삼고, 영천(潁川, 하남성 우현) 사람 장자(張咨)를 남양 태수로 삼았다. 동탁이 가까이 하고 아끼는 자 가운데 높은 자리에 있지 않은 자는 단지 장교[114] 뿐이었다.

23 조서를 내려서 광희(光熹)·소녕(昭寧)·영한(永漢)의 세 기원을 삭제하였다.[115]

24 동탁은 성질이 잔인하였는데 하루아침에 정치를 오로지 하게 되자, 나라의 군대와 진기한 보물을 점거하고 천하 사람들에게 위엄을 떨치며 바라는 것이 끝이 없었는데, 빈객에게 말하였다.

---

114 중랑장과 교위를 말한다.

115 영제가 죽고 아들 유변이 뒤를 이어 황제에 오르고 나서 4월에 기원을 고쳐서 광희로 하고, 다시 8월에 소녕으로 하였으며, 9월에 다시 영한으로 고쳐 썼는데, 동탁에 의하여 유변이 폐위되어 홍농왕으로 강등되자 그 시절(189년)에 사용하던 기원을 모두 없애고 다시 영제가 사용하던 기원을 이어 써서 그 해를 중평 6년으로 부르게 한 것이다.

"나의 관상을 보면 고귀함에서 더 높은 것이 없다."[116]

시어사 요룡종(擾龍宗)이 동탁에게 와서 사무에 대하여 아뢰는데 칼을 풀어놓지 않았다 하여 즉시 채찍으로 때려서 죽였다. 이때 낙양 안에 사는 귀한 척족(戚族)들은 집들이 서로 바라볼 정도로 가까이 이어져 있었고, 금과 비단과 재산이 집집마다 가득 쌓여 있었는데, 동탁이 병사들을 풀어놓아 그들의 집안으로 돌진하여 돈과 물건들을 빼앗았으며 부녀자를 아내로 삼고 약탈하는데 귀한 척족이라도 피하지 않았다. 사람들의 마음은 무너지는 듯 두려워했으며 아침에 저녁을 보장하지 못하였다.

동탁이 현상금을 걸고 급하게 원소를 찾으니, 주비와 오경이 동탁을 유세하였다.

"무릇 폐립하는 것은 큰일이어서 보통 사람이 미칠 바가 아닙니다. 원소는 큰 바탕을 이해하지 못하여 두려워서 달아난 것이지 다른 뜻이 있어서가 아닙니다. 이제 급하게 그에게 현상금을 걸면 형세가 반드시 변하게 될 것입니다.

원씨는 4대 동안 은혜를 심어 놓았고[117] 문생(門生)과 옛날에 데리고 있었던 관리들이 천하에 두루 퍼져있으니, 만약 호걸을 한데 모아서 무리를 모이게 하고 영웅이 이를 이용하여 일어나게 된다면 산동(山東) 지역은 공의 차지가 아닙니다. 그를 사면하고 일개 군의 태수 벼슬을 주는 것만 못합니다. 원소는 죄를 사면해준 것을 기뻐하여 반드시

---

116 관상을 가지고 한 말이지만 자기는 신하로서의 관상이 아니고 제왕으로서의 관상을 지녔다고 말한 것이다. 이는 패역함을 드러낸 말이다.

117 원안에서부터 원소 때까지 4대 동안 권력을 잡고 있으면서 여러 가지로 사람들에게 은혜를 베풀었다는 말이다.

걱정거리를 없게 할 것입니다."

동탁이 그렇다고 여기고 마침내 곧바로 원소를 발해(勃海) 태수로 삼고 항향후(邟鄕侯)에 책봉하였다. 또 원술(袁術)을 후(後)장군으로 삼고, 조조(曹操)를 교기(驍騎)교위로 삼았다.

원술은 동탁을 두려워하여 남양으로 달아났다. 조조는 성과 이름을 바꾸고 샛길을 이용하여 동쪽으로 돌아가면서 중모(中牟, 하남성 중모현)를 지나다가 정장(亭長)[118]의 의심을 받고 붙잡혀 현으로 끌려갔다.

그때 현에서 이미 동탁의 편지를 받았지만 오직 공조(功曹)만이 마음속으로 그가 조조라는 것을 알고는 세상이 바야흐로 어지러우니 천하의 호걸을 잡아두어서는 안된다고 여겨서 현령에게 아뢰어 그를 풀어주었다. 조조가 진류(陳留)에 이르러서 집안의 재산을 풀어 군사를 모으니 5천 명을 얻게 되었다.

이때 호걸들 가운데는 군사를 일으켜서 동탁을 토벌하고자 하는 자가 많았는데, 원소는 발해(勃海, 하북성 남피현)에 있었지만, 기주(冀州, 하북성 중부)목 한복(韓馥)이 여러 명의 부종사(部從事)[119]를 파견하여서 그를 지키게 하였으므로 움직일 수 없었다.

동군(東郡, 하남성 복양현) 태수 교모(橋瑁)가 경사에 있는 삼공이 보냈다며 거짓으로 편지를 만들어서 주와 군에 보냈는데, 동탁의 죄상과 악행에 대하여 진술하였다.

"핍박을 당하여도 스스로를 구할 수 없으니, 의로운 군대를 일으켜

---

118 10리에 1정을 두었는데, 정장은 그곳의 우두머리이다.

119 군국(郡國)을 관할하는 종사인데, 당시 한복이 여러 명의 부종사를 보냈다는 것은 그만큼 원소가 기병하는 것을 두려워했다는 뜻이다.

서 나라의 환난을 해결하기 바란다."

한복이 이 편지를 받고서는 여러 종사들에게 청하여 물었다.

"지금 응당 원씨를 도와야 하는가, 동씨를 도와야 하는가?"

치중종사(治中從事) 유자혜(劉子惠)가 말하였다.

"지금 군사를 일으키는 것은 나라를 위함인데 어찌 원씨와 동씨를 말씀하십니까?"

한복이 부끄러운 낯빛을 하였다.

유자혜가 다시 말하였다.

"전쟁하는 것은 흉한 일이니 우두머리가 되는 것은 좋지 않습니다. 지금 마땅히 다른 주들에 가서 살펴 군대를 일으켜서 움직이는 자가 있으면 그런 후에 그들과 화합하십시오. 기주는 다른 주보다 약하지 않으니 다른 사람의 공적이 아직은 기주보다 높은 곳에 놓인 곳은 없습니다."[120]

한복이 그렇다고 여겼다. 한복이 마침내 편지를 써서 원소에게 보내어 동탁의 악행을 말하며, 그가 군대를 일으키자는 것을 들어주었다.[121]

---

120 기주보다 공적이 높을 수 없다는 뜻이다.

121 이 부분에 관하여서는 이론이 있다. 이 문구는 원소가 거병하기 전에 한복이 원소가 거병하는 것을 들어준 것으로 이해할 수 있다. 그런데 범엽의《후한서》에는 군사를 일으킨 후에 있었던 일로 기록하였는데, 원소가 이미 맹주가 되었다면 한복이 이에 관하여 허락한다는 것은 논리에 맞지 않다.《위지》에는 거병하기 전의 일이라고 하였는데 이것이 논리에 맞다.

원소의 기병과 동탁의 장안 천도

효헌제 초평 원년(庚午, 190년)

1   봄, 정월에 관동(關東, 함곡관의 동쪽)에 있는 주와 군에서 모두 군대를 일으켜서 동탁을 토벌하였는데, 발해 태수 원소를 추대하여 맹주로 삼았다. 원소는 스스로 거기장군이라 부르고, 제장들에게는 모두 판수(板授)[122]로 관호(官號)를 주었다.

원소는 하내(河內, 하남성 무척현) 태수 왕광(王匡)과 더불어 하내에 주둔하였고, 기주목 한복은 업(鄴, 하북성 운장현)에 머물며 군량을 공급하였다. 예주(豫州, 하남성) 자사 공주(孔伷)는 영천(潁川, 하남성 우현)에 주둔하였고, 연주(兗州, 산동성 서부) 자사 유대(劉岱)·진류(陳留, 하남성 진류현) 태수 장막·장막의 아우인 광릉(廣陵, 강소성 양주시) 태수 장

---

122 조서에 의거하지 아니하고 지방장관이 임시로 관직을 주는 것을 판수라고 한다. 이때 동탁이 황제를 잡고 있어 황제로부터 관직을 받을 수가 없어서 임시로 조치한 것이다. 실제 직책을 주지 않거나 죽은 다음에 관직을 줄 때는 판증(板贈)이라고 한다.

초(張超)·동군(東郡, 하남성 복양현) 태수 교모·산양(山陽, 산동성 금향현) 태수 원유(袁遺)·제북(濟北, 산동성 장청현)의 재상인 포신(鮑信)과 조조는 모두 산조(酸棗, 하남성 연진현)에 주둔하였으며, 후장군 원술은 노양(魯陽, 하남성 노산현)에 주둔하였는데 무리가 각각 수만 명이었다.

　호걸들 가운데 심정적으로 원소에게 돌아간 사람이 많았으나 포신이 홀로 조조에게 말하였다.

　"무릇 지략은 세상에 나오지 아니하며, 난리를 다스려서 정도로 돌아가게 할 수 있는 사람은 그대입니다. 진실로 그 일에 적임자가 아니면 비록 강할지라도 반드시 넘어져 죽을 것입니다. 그대는 아마 하늘이 길을 열어줄 사람입니다."

2　　신해일(10일)에 천하에 사면령을 내렸다.

3　　계유일[123]에 동탁이 낭중령 이유(李儒)에게 홍농왕(弘農王) 유변(劉辯)[124]을 독살하게 하였다.

4　　동탁이 크게 군대를 일으켜서 산동(山東, 崤山의 동쪽) 지역[125]을 토벌하자고 제의하였다. 상서 정태(鄭泰)가 말하였다.

　"무릇 정치란 덕에 달려있지 숫자가 많은 데에 있지 않습니다."

---

123 통감필법으로 보면 정월 계유일로 보아야 하나 정월 1일이 임인일이므로 정월에는 계유일이 없다. 만약 계유 앞에 2월이라는 글자가 누락된 것이라면 2월 2일이다.

124 황제였다가 쫓겨난 소제이다. 이때 15세였다.

125 동탁에게 반기를 든 원소를 맹주로 한 세력들이 있는 지역이다.

동탁이 좋아하지 않으며 말하였다.

"경이 한 이 말과 같다면 군대는 쓸모없는 것이오?"

정태가 말하였다.

"그런 뜻으로 말한 것이 아니라, 산동 지역은 많은 군사로 칠 필요가 없다고 여길 따름입니다. 밝으신 공께서는 서주(西州, 섬서성의 서쪽)에서 태어나셨고, 젊은 나이에 장수가 되어서 틈틈이 군인으로서 할 일들을 익히셨습니다.

원본초(袁本初)[126]는 공경의 자제로 경사에서 태어나 자랐으며, 장맹탁(張孟卓)[127]은 동평(東平, 산동성 동평현) 지역의 장자(長者)로, 자리에 앉으면 집안을 돌보지 않습니다.[128] 공공서(孔公緖)[129]는 청아한 이야기와 고매한 논리로 시든 것도 입김을 불어서 살려놓고 있지만 나란히 군사에 관한 재주가 없으니 칼날을 맞부딪쳐 대적하여 결전한다면 공의 상대가 안 됩니다.

하물며 왕작(王爵)이 주어지지도 않았고 지위의 높고 낮음도 순서가 없는데, 만약 숫자가 많은 것을 믿거나 힘을 믿는다면 장차 각자가 바둑판처럼 대치하면서 승패를 관망하려고 할 것이니, 마음을 함께 하여 가지런히 나아가거나 물러나려 하지 않을 것입니다.[130]

---

126 본초는 원소의 자이다.

127 장막의 자가 맹탁이므로 장막을 가리킨다.

128 다른 일에는 신경 쓰지 않고 한 가지 일에만 몰두한다는 뜻이다.

129 공주(孔伷)의 자가 공서이므로 공주를 가리킨다.

130 이 말에 대하여 호삼성은 정태가 동탁에게 해석해 준 이야기일 뿐이고 실제로 관동지역에 있는 제장의 마음과 태도는 이런 정도에 불과하다고 하였다.

또한 산동 지역은 태평하게 지낸 지 오래되어서 백성들이 전투에 익숙하지 않습니다. 관서(關西, 함곡관의 서쪽) 지역은 지난번에 강족의 노략질을 만났었음으로 부녀자가 모두 활을 가지고서 싸울 수 있게 되었으니, 천하 사람들이 두려워하는 것으로 병주(幷州, 산서성)와 양주(涼州, 감숙성) 사람과 강족과 호족의 의용군만한 것이 없습니다.

그런데 밝으신 공께서는 이들을 옹호하셔서 조아(爪牙)[131]로 삼으셨으니, 비유하자면 호랑이와 외뿔소를 몰아 개와 양에게 달려가게 하고 열풍을 몰아 마른 잎을 쓸어버리는 것과 같으니 누가 감히 이것을 막겠습니까?

아무 일없이 군사를 징발하여 천하 사람들을 놀라게 하고, 복역하는 것을 근심하는 백성들이 모여서 서로 잘못을 저지르게 한다면, 덕을 버리고 다수를 믿는 것이니 스스로 위엄과 진중함을 깎아내리는 일입니다.”

동탁이 이에 기뻐하였다.

5   동탁이 산동 지역의 군대가 강성하였으므로 도읍을 옮겨서 그들을 피하고자 하였는데, 공경들은 모두 원하지 않았지만 감히 말하지는 못하였다. 동탁은 표문을 올려서 하남윤 주준(朱儁)을 태복으로 하여 자신의 부관으로 삼았는데, 사자가 그를 불러서 벼슬을 내리니 주준이 사양하여 받으려 하지 않으면서 이 기회를 이용하여 말하였다.

“국가의 도읍이 서쪽으로 옮겨가면 반드시 천하의 기대를 저버리게

---

131 손톱과 어금니. 자기를 수호하고 보좌하는 사람으로 여기에서는 아군을 말한다.

되어서 산동 지역과 틈이 생길 것이니 신은 그것이 옳은지를 알지 못하겠습니다."

사자가 말하였다.

"그대를 불러서 벼슬을 받으라고 하였는데 그대는 이를 거절하였고, 또 천도하는 일을 묻지도 않았는데 그대가 이에 대해 진술하였으니, 무엇 때문이오?"

주준이 말하였다.

"부상국(副相國)이란 자리는 신이 감당할 수 없는 자리이고, 천도는 올바른 계책이 아니니 일이 급하기 때문입니다. 감당하지 못할 것을 사양한 것이고, 급한 것을 말하는 것은 신이 마땅히 해야 할 일입니다."

이로 말미암아 중지하여 부관으로 삼지 않았다.

동탁이 공경들을 많이 모아놓고 의견을 제시하며 말하였다.

"고조가 관중(關中)에 도읍한 지 11세(世)이고, 광무제가 낙양에 궁궐을 지은 지 지금 또한 11세(世)요.《석포참(石包讖)》[132]을 보니 의당 도읍을 장안으로 옮기는 것이 하늘과 백성의 뜻에 부응하는 것이라 하였소."

백관들이 모두 잠자코 있었다.

사도 양표(楊彪)가 말하였다.

"도읍을 옮기고 제도를 고치는 일은 천하 사람들에게 큰일이니 옛날에 반경(盤庚)[133]이 박(亳, 하남성 상구시)으로 천도하자 은나라 백성이

---

132 당시에 유행하던 위서(緯書)이다.《석포실참(石包室讖)》이란 책에 당시 사람들이 생각을 덧붙여놓은 것이다.

133 은(殷)나라의 제17대 왕으로 은나라의 국운을 부흥시킨 명군인데, 하북에 있던 도읍을 박(亳)으로 옮겼다.《서경(書經)》에 보면 '반경이 다섯 번 도읍을

모두 원망하였습니다. 예전에 관중 지역은 왕망(王莽)[134]의 다스림을 만나서 쇠퇴하고 부서졌습니다. 그러므로 광무제가 낙읍으로 도읍을 바꿨고 해를 보낸 지 이미 오래 되자 백성이 편안하고 즐거워합니다.

이제 아무 연고 없이 종묘를 헐고 원릉(園陵)을 버리니 백성이 놀라고 동요하여 반드시 죽 끓는 듯 하는 소란이 있을까 두렵습니다.《석포참》은 요사스러운 책이니 어찌 믿고 쓸 수 있겠습니까?"

동탁이 말하였다.

"관중 땅은 비옥하기 때문에 진(秦)나라가 6국을 병합할 수 있었소. 또 농우(隴右, 감숙성 동부 지역)에서는 재목이 저절로 나오고, 두릉(杜陵, 섭서성 서안시 동남 지역)에서는 무제 때 도기를 굽던 가마가 있어서, 함께 그곳에서 일하고 건물을 짓는다면 하루아침에 해치울 수 있소. 백성이란 어찌 더불어 의논할 만하다 하겠소! 만약 앞으로 나와서 막는 사람이 있다면 내가 많은 군사를 거느리고 그들을 몰아서 바다까지 이르게 할 수도 있을 것이요."

양표가 말하였다.

"천하 사람들이란 동요하기는 지극히 쉽고 안정되기는 매우 어려우니 오직 밝으신 공께서 헤아리십시오."

동탁이 안색을 드러내고 말하였다.

"공이 국가적인 계획을 막고자 하는 것이요?"

옮기고 곧 박을 치소로 삼으려고 하니 은나라 백성들은 모두 원망하였다.'고 하였다.

134 한나라 효원(孝元)황후의 조카로 평제(平帝)를 죽이고 한 왕조를 빼앗아 즉위하여 신(新)나라를 세웠으나, 내치와 외교에 실패하여 재위 15년 만에 광무제에게 망했다.

태위 황완(黃琬)이 말하였다.

"이는 국가의 큰일이니, 양공의 말을 생각해 볼 수 없겠습니까?"

동탁이 대답하지 않았다.

사공 순상(荀爽)은 동탁의 뜻이 굳다는 것을 알고는 양표 등을 해칠까 두려워하여 이어서 조용히 말하였다.

"상국이라고 하여 어찌 이런 일을 즐기시겠습니까? 산동 지역에서 군사가 일어나는 것을 하루 만에 통제할 수 없고 그러므로 마땅히 천도하여서 도모해야 하니, 이것이 진(秦)나라와 한나라의 형편이었습니다."[135]

동탁의 마음이 조금 풀어졌다.

황완이 물러나서 또다시 반박하는 의견을 폈다. 2월 을해일(5일)에 동탁이 재이가 일어난 것을 가지고 '황완과 양표 등을 면직시키겠다.'[136]고 상주하고는 광록훈 조겸(趙謙)을 태위로 삼고, 태복 왕윤(王允)을 사도로 삼았다.

성문교위 오경(伍瓊)과 독군(督軍)교위 주비(周毖)가 천도하는 일에 대하여 고집스럽게 간하니, 동탁이 크게 화를 내며 말하였다.

"나 동탁이 처음 조정에 들어왔을 때 두 사람이 선량한 인사를 기용하라고 권하였고, 그러므로 나 동탁이 서로 의견을 좇았는데 여러분들

---

135 진나라와 한나라는 모두 산동 지역의 세력을 휘어잡는 것이 가장 큰 문제였으며 진과 한이 관중에 도읍한 것도 산천의 형세의 이점을 이용하여 천하를 통제하려는 것이었다.

136 재이가 일어나면 이 책임이 삼공에 있는 것으로 이해하고 삼공을 면직시켰는데, 동탁은 자기의 천도를 반대한 이 두 사람에게 재해가 일어난 책임을 씌운 것이다.

은 관직에 나오자, 군사를 일으켜서 서로 도모하려고 하니 이 두 사람은 나 동탁을 팔아먹은 것이며 나 동탁이 미안해야 할 것이 무엇이겠는가?"

경진일(10일)에 오경과 주비를 잡아서 그들의 목을 베었다. 양표와 황완이 두려워하여 동탁에게 와서 사과하니 동탁도 또한 오경과 주비를 죽인 것에 대하여 후회하고, 마침내 다시 양표와 황완을 광록대부로 삼아 달라는 표문을 올렸다.

6   동탁이 경조윤 개훈(蓋勳)을 징소하여 의랑으로 삼았다. 이때 좌장군 황보숭(皇甫嵩)이 군사 3만 명을 거느리고 부풍(扶風, 섬서성 홍평현)에 주둔하고 있었는데, 개훈이 몰래 황보숭과 더불어 동탁을 토벌하기로 모의하였다.

마침 동탁도 또한 황보숭을 징소하여 성문교위로 삼자, 황보숭의 장사(長史) 양연(梁衍)이 황보숭에게 유세하였다.

"동탁이 경읍(京邑)을 노략질하며 폐립하는 일을 마음대로 하는데, 이제 장군을 징소하니, 크게 말하면 위험한 재앙이요, 작아도 곤욕을 치를 것입니다.

지금 동탁은 낙양에 가 있고 천자께서 서쪽으로 오시니, 장군 휘하의 무리를 가지고 지존을 맞이하여 접대하시고 명령을 받들어 역적을 토벌하시는데, 병사를 징발하고 장수를 모으십시오. 원씨(袁氏)가 그의 동쪽에서 압박하고 장군께서 그의 서쪽에서 압박하는 것이니 이렇게 하면 사로잡는 것은 성공합니다."

황보숭은 좇지 않고 마침내 징소하는 것을 따랐다.[137] 개훈은 거느리고 있는 무리가 약하여서 독립할 수 없었으므로 역시 경사로 돌아왔다. 동탁은 개훈을 월기교위로 삼았다.

하남윤 주준이 동탁을 위해 군사(軍事)에 대해 진술하니 동탁이 주준의 말을 꺾으며 말하였다.

"나는 백 번 싸워서 백 번 이겼으며, 마음에서 이를 결정한 것이니 경이 허망한 말을 하여서 장차 나의 칼을 더럽히지 마시오!"

개훈이 말하였다.

"예전에 무정(武丁)[138]이 총명하였지만 오히려 훈계하고 간하는 말을 구하였는데, 하물며 경과 같으신 분이 다른 사람들의 입을 막으려 하십니까?"

동탁이 이에 그에게 사과하였다.

7   동탁이 군대를 파견하여 양성(陽城, 하남성 등봉현)에 이르자, 마침 백성들이 사(社)[139] 아래에서 모임을 갖고 있었는데,[140] 그들의 머리를 모두 베고서 무거운 짐을 실은 수레를 끌고, 그들의 부녀자를 싣고, 벤 머리는 수레의 끌채에 매어 노래를 부르면서 낙양으로 돌아와 이르

---

137 호삼성이 평가하기를 '황보숭은 전에 조카 황보력의 말을 좇지 않았고, 이번에는 양연의 말을 좇지 않았는데, 이는 황보숭이 자기 능력을 살펴보고서 동탁을 제어할 수 없다는 것을 알고 있다.'는 의미이다.

138 은나라의 제20대 임금인 고종(高宗)으로 쇠퇴해 가던 은나라를 부흥시켰다. 현명한 신하였던 부열(傅說)을 얻어 정치를 했고, 조기(祖己)의 말을 받아들여 더욱더 덕을 닦는데 힘썼다.

139 토지의 신에게 제사지내는 곳을 말한다.

140 통감필법에 의하면 아직 2월이라는 글자가 나오지 아니하였으므로 이 사건은 정월에 일어난 것으로 보아야 하나 앞의 3번 기록에서 계유 앞에 2월이 빠진 것으로 보아서 2월에 벌어진 것으로 보인다.

기를 '적을 공격하여 큰 승리를 얻었다.'고 하였다. 동탁이 그 머리들을 불태우고 부녀자들을 갑병(甲兵)들에게 주어서 비첩으로 삼게 하였다.

8   정해일[141]에 거가[142]가 서쪽으로 옮겨갈 때 동탁이 여러 부유한 집의 집안사람들을 잡아다가 범죄와 악행을 저질렀다고 하며 그들을 죽이고 그들의 재물을 몰수하였는데 죽은 자를 헤아릴 수 없었다.

남은 백성 수백만 명을 모두 몰아 장안으로 옮기는데, 보병과 기병이 몰며 재촉하니 서로 밟고 깔아뭉개면서 굶주림과 노략질로 쌓인 시체가 길에 가득하였다.

동탁 자신은 필규원(畢圭苑)[143] 안에 머무르면서 궁궐, 종묘, 관아, 사람들이 살던 집을 다 태우니 2백 리 안에는 집들이 다 없어지고 다시는 닭 울음소리와 개 짖는 소리가 들리지 않았다.

또 여포에게 모든 황제의 능과 공경 이하 사람들의 무덤을 파내어 그곳의 진기한 보물을 거두게 하였다. 동탁이 산동 지역의 군사를 포획하면 돼지기름을 베 10여 필에 칠하여 그들의 몸에 감게 한 후 그것을 태우니 다리부터 먼저 타올라갔다.

9   3월 을사일(5일)에 거가가 장안(長安, 섬서성 서안시)으로 들어가

---

141 앞의 주석과 같이 2월 정해일로 보아야 하며 그렇다면, 이날은 2월 17일이다.

142 황제가 탄 수레를 말한다. 이는 바로 황제라는 말과 같다.

143 필규원은 낙양에 있는 원유(苑囿)이다. 이현의 주석을 보면 필규원으로 동쪽과 서쪽에 각기 하나씩 있어서 둘인데, 동필규원 속에는 어량대(魚梁臺)가 있는데, 크기는 동필규원의 둘레가 1500보이고, 서필규원은 3300보이며 모두 낙양의 선평문 밖에 있다. 이때에 동탁이 어느 곳에 있었는지는 알 수 없다.

서, 경조부(京兆府)의 관사에 거처하였으며 뒤에 점차 궁실이 지어지
자 그곳에서 살았다. 이때 동탁이 아직 도착하지 않았으므로 조정 정치
의 크고 작은 사무는 모두 왕윤에게 위임하였다.

왕윤은 밖으로는 미봉책을 써서 일을 잘 처리하였고 안으로는 왕실
을 위한 계책을 세웠는데, 대신의 풍도를 잘 갖추고 있어서 천자로부터
조정의 신하에 이르기까지 모두 왕윤에게 의지하였다. 왕윤은 뜻을 굽
혀 동탁을 따랐으므로 동탁 역시 잘 신뢰하고 있었다.

남부에서 독립한 손견

10　동탁은 원소 때문에 무오일(18일)에 태부 원외(袁隗)와 태복 원기(袁基), 그리고 그 집안의 갓난아이 이상 되는 사람 50여 명을 죽였다.[144]

11　애초에 형주(荊州, 호북성과 호남성) 자사 왕예(王叡)[145]가 장사(長沙, 호남성 장사시) 태수 손견(孫堅)과 더불어 영(零, 호남성 영릉현)과 계(桂, 호남성 침현)에 있는 도적을 함께 공격한 적이 있었는데, 손견이 무인(武人)이라고 말을 하면서 자못 그를 가볍게 취급하였다.

　주와 군들이 군사를 일으켜 동탁을 토벌하기에 이르자 왕예와 손견도 역시 모두 군사를 일으켰다. 왕예는 본래 무릉(武陵, 호남성 상덕시) 태수 조인(曹寅)과 더불어 잘 지내지 못하였으므로 드러내놓고 마땅히 조인을 먼저 죽여야 한다고 말하였다.

---

144 원소가 산동에서 군대를 일으킨 것을 말하며 원씨 성을 가진 사람을 도륙한 것이다.

145 배송지의 주석에 의하면 왕예는 후에 진(晉) 태보가 된 왕상(王祥)의 큰아버지라고 되어 있다.

조인이 두려워 안행사자(按行使者)[146]의 격문을 거짓으로 지어서 손견에게 보내어 왕예의 죄와 허물을 설명하고, 잡아다 형벌을 실행하고 마치면 정황을 보고하게 하였다. 손견이 격문을 받들어서 곧바로 군사를 이끌고 왕예를 습격하였다.

왕예는 군사가 이르렀다는 소식을 듣고서 누각에 올라가 이를 바라보고는 사람을 보내서 물었다.

"무엇을 하려고 그러는가?"

손견의 앞에 있는 부하가 대답하였다.

"병사가 오래 전투를 하여서 피곤하니 사군(使君)[147]께 와서 재물과 의복을 얻고자 할 뿐입니다."

왕예가 손견을 보고 놀라서 말하였다.

"병사들이 스스로 상을 요구하고 있는데 손 부군(孫 府君)[148]은 무엇 때문에 그 속에 있는 것이오?"

손견이 말하였다.

"사자의 격문을 받고 그대를 죽이려는 것이오."

왕예가 물었다.

"내가 무슨 죄를 지었는가?"

손견이 말하였다.

"알지 못하는 죄를 지었다."

---

146 중앙에서 지방을 순찰하기 위해 보내는 관리이다.

147 한나라 때 주의 장관인 자사를 높여 부르는 말이다.

148 부군은 한나라 때 군의 장관인 태수이며, 손은 손견의 성이므로 손견을 가리킨다.

왕예가 곤궁하고 다급해지자 금가루를 마시고 죽었다.[149]

손견이 전진하여서 남양(南陽, 하남성 남양시)에 이르자 무리가 이미 수만 명이나 되었다. 남양 태수 장자(張咨)가 기꺼이 군량을 지급하지 않자 손견이 그를 유인하여 목을 베었더니 군에 살고 있던 사람들이 놀라고 두려워하여서 요구하면 얻지 못하는 것이 없었다.

전진하여서 노양(魯陽, 남양의 속현)에 이르러 원술과 더불어 군대를 합쳤다. 원술은 이로 말미암아 남양을 점거할 수 있었으며, 표문을 올려서 손견을 행파로장군(行破虜將軍)과 예주(豫州, 하남성) 자사의 일을 관장하게 하였다.[150]

조서를 내려서 북군중후(北軍中候) 유표(劉表)를 형주 자사로 삼았다. 이때 노략질하는 도적이 종횡으로 날뛰어 도로가 막혔는데, 유표는 한 필의 말을 타고 의성(宜城, 호북성 의성현)으로 들어가 남군(南郡, 호북성 강릉현)의 명사들인 괴량(蒯良)과 괴월(蒯越)을 청하여 그들과 더불어 모의하며 말하였다.

"지금 강남에 있는 종적(宗賊)[151]이 매우 강성하여 각자 무리를 소유하면서 귀부하지 않고 있는데, 만약 원술이 이를 이용한다면 재앙이

---

149 금 자체에는 독성이 있어서 제련하지 않은 금을 먹을 경우에는 사람이 죽기도 한다.

150 행파로장군이라는 직책은 행직이다. 행직이란 정식 직함에 해당하는 업무를 임시 또는 대리하는 직책이므로 여기서는 파로장군의 직책을 대리하게 한 것이다. 겸직한 영예주자사도 영직(領職)으로 예주 자사의 업무를 관장하는 직책이다.

151 하나의 종족이 모두 도적이 된 것을 말한다. 당시에는 같은 성을 가진 종족이 모여 살았는데 이들이 집단적으로 도적이 된 경우이다.

반드시 닥쳐올 것입니다. 내가 병사를 징발하고자 하지만 모을 수 없을까봐 두려운데, 그 계책을 어떻게 내야 하겠습니까?"

괴량이 말하였다.

"무리가 귀부하지 않는 것은 어짊이 부족해서입니다. 귀부하였으나 다스려지지 않는 것은 의로움이 부족해서입니다. 진실로 어짊과 의로움의 도리가 시행되어지면 백성이 이를 따르는 것은 마치 물이 아래로 향하는 것과 같으니, 어찌 군사를 징발할 때 모이지 않을 것을 근심하십니까?"

괴월이 말하였다.

"원술은 교만하고 꾀가 없으며 종적(宗賊)의 우두머리는 대부분 탐욕스럽고 사나워서 아래 사람들의 근심거리가 되고 있으니, 만일 사람을 시켜서 그들에게 이로운 것을 보여주게 한다면 반드시 많은 사람을 데리고 올 것입니다.

사군(使君)[152]께서 그들 가운데 무도한 사람을 죽이고는 그들을 어루만져주고 채용하시면 한 주의 사람들이 모두 즐거운 마음을 갖게 될 것이고, 그대의 위엄과 덕망을 듣고서 반드시 어린아이를 안고, 어른을 업고 올 것입니다.

군사가 모이고 무리가 귀부하게 되면 남쪽으로 가서 강릉(江陵, 호북성 강릉현)을 점거하고 북쪽으로 양양(襄陽, 호북성 양번시)을 지킨다면 형주의 여덟 군[153]은 격문만을 전달하여도 평정할 수 있으니, 공로(公

---

152 자사를 높여 부르는 말이다.

153 남양(南陽), 남군(南郡), 강하(江夏), 영능(零陵), 계양(桂陽), 장사(長沙), 무릉(武陵), 장능(章陵)을 말한다.

路)[154]가 비록 온다고 해도 할 수 있는 것이 없을 것입니다."

유표가 말하였다.

"좋습니다."

이에 괴월에게 종적의 우두머리들을 유인하게 하니 온 자가 55명이었는데, 그들의 머리를 모두 베고서 그들의 무리를 거두었다. 드디어 치소를 양양으로 옮기고서[155] 군과 현을 진정시키고 어루만져주니 강남이 모두 평온해졌다.

---

154 공로는 원술의 자이다.

155 형주의 본래 치소는 무릉군의 한수현(漢壽縣)이었다.

서진을 못하는 원소

12 동탁이 낙양에 있었는데 원소 등이 거느린 여러 군대는 모두 그의 강성함을 두려워서 감히 앞으로 나아가지 못하였다. 조조가 말하였다.

"의병을 일으켜서 사납고 어지럽히는 사람을 제거하려고 대중이 이미 합쳤는데 여러분들은 무엇을 의심합니까? 가령 동탁이 왕실에 기대고 옛 수도를 점거하고서 동쪽을 향하여 천하에 군림한다면, 비록 도리에 어긋난 행동을 하여도 오히려 충분히 걱정거리가 됩니다.

이제 궁실을 불사르고 천자를 협박하여 천도하여서 나라 안의 사람들을 놀라게 하고 동요시켜서 돌아갈 곳을 알지 못하게 하였으니, 이는 하늘이 망하게 할 때인지라 한 번 싸움으로 천하가 평정될 것입니다."

마침내 군대를 이끌고 서쪽으로 가서 장차 성고(成皐, 하남성 영양현)를 점거하려고 하니, 장막(張邈)이 장수 위자(衛玆)를 보내고 군사를 나눠서 그를 따르게 하였다. 전진하여 형양(滎陽, 하남성 형양현)의 변수(汴水)에 이르러서 동탁의 장수인 현토(玄菟, 요녕성 심양시) 사람 서영(徐榮)을 만나서 그와 더불어 싸웠는데 조조의 군대는 패하였으며 떠도는 화살에 명중되고 타고 있던 말은 상처를 입었다.

사촌동생 조홍(曹洪)이 말을 조조에게 주자 조조는 받지 않았다. 조홍이 말하였다.

"천하에서 저 조홍이 없는 것은 괜찮겠지만 그대가 없을 수는 없습니다."

마침내 걸어서 조조를 따르며 밤을 틈타 달아났다.

서영은 조조가 거느린 병사가 적은 것을 보았지만, 힘껏 싸우며 하루 종일 보냈으므로 '산조(酸棗, 하남성 연진현)[156]는 공격하기 쉽지 않다.'고 생각하고는 역시 군대를 이끌고 돌아갔다.

조조가 산조에 이르렀을 때, 여러 부대의 10여만 명의 군사들이 날마다 주고회(酒高會)[157]를 벌이며 나아가 빼앗는 일을 도모하지 않으니, 조조가 이를 비난하며 꾸짖고 이 기회에 계책을 세워서 말하였다.

"여러분이 나의 계책을 들어서 발해(勃海)[158]에게 하내(河內, 하남성 무척현)의 무리를 이끌고 맹진(孟津, 하남성 맹진현)으로 다가가게 하고, 산조에 있는 제장들은 성고를 지키고 오창(敖倉, 하남성 영양현 서쪽의 오산)을 점거하며 환원(轘轅, 하남성 언사현 남쪽)과 태곡(太谷, 하남성 낙양시 남쪽)을 막아서 그 험난한 곳을 완전히 제압하게 하고, 원 장군[159]에게 남양(南陽, 하남성 남양시)의 군사를 거느리고 단(丹, 하남성 석천현 서쪽의 丹水)과 석(析, 하남성 내사현 북쪽 지역)에 진을 치고서 무관(武關, 섬서성 상현의 경계)으로 들어가게 하여 삼보(三輔, 대장안)를 놀라게 하고, 모두가 보루를 높이 쌓고 성벽의 해자를 깊이 파고서는 전투를 하

---

156 연합군의 본거지가 있는 곳이다.

157 커다란 연회를 말한다.

158 발해 태수 원소를 말한다.

159 원술을 말한다.

지 않으면서 더욱더 의병(疑兵)[160]을 만들어 천하에 우리의 형세를 보여주고 순리로 역적을 벤다면 곧바로 결정지을 수 있습니다.

지금 병사들이 의로움을 가지고서 일어났으나 의심을 가지고 나아가지 않아서 천하의 기대를 잃어버렸으니, 가만히 여러분의 입장에서 본다면 이를 부끄럽게 생각합니다."

장막 등은 채택할 수 없었다.

조조는 마침내 사마인 패국(沛國, 안휘성 수계현) 사람 하후돈(夏侯惇) 등과 더불어 양주(揚州, 안휘성과 강서성)로 가서 군사를 모집하여 천여 명을 얻어서 돌아와 하내에 주둔하였다.

얼마 후에 산조에 있는 여러 군대들의 식량이 떨어지자 무리들이 흩어졌다. 유대(劉岱)와 교모(橋瑁)는 서로 미워하다가, 유대가 교모를 살해하고 왕굉(王肱)에게 동군(東郡, 하남성 복양현) 태수의 일을 관장하게[161] 하였다.

청주(靑州, 산동반도) 자사 초화(焦和)도 역시 군사를 일으켜 동탁을 토벌하였는데, 힘써 제장들을 따라가려고 서쪽으로 갔지만 백성을 위한 보장책을 만들지 못하여서 군사가 황하를 건너자마자 황건적이 이미 그가 다스리던 경계로 들어왔다.

청주는 본래 재물이 풍부하고 갑병(甲兵)[162]이 매우 강성하였지만, 초화는 도적을 볼 때마다 북쪽으로 달아나 일찍이 전란을 접하거나 깃

---

160 적을 현혹시키기 위하여 군사가 있는 것처럼 보이게 만들어놓은 가짜 병사를 말한다.

161 영직이다. 관직명은 영동군태수로 동군 태수의 업무를 멀리서 관장하게 한 것이다.

162 갑옷으로 무장한 군사를 말한다.

발과 북을 엇갈려 본 적이 없었다.[163]

성품은 점보는 것을 좋아하고 귀신을 믿었으며 안으로 들어와 그의 사람됨을 보면 청아한 이야기가 구름을 침범하였고,[164] 밖으로 나가서 그의 정치를 보노라면 상주고 벌주는 것이 뒤섞이고 어지러워서, 그가 다스리는 주에서는 마침내 적막해지고 모두 빈터가 되었다. 얼마 후 초화가 병으로 죽자 원소는 광릉(廣陵, 강소성 양주시) 사람 장홍(臧洪)에게 청주의 일을 관장[165]하면서 그곳 사람들을 어루만지게 하였다.

13   여름, 4월에 유주목 유우를 태부로 삼았는데, 도로가 막혀서 신명(信命)[166]이 끝내 지나갈 수 없었다. 이보다 먼저 유주 지역은 황외(荒外)[167] 지역과 맞대어 있어서 재물과 비용이 매우 많이 들었고, 해마다 항상 청주와 기주의 부조(賦調)인 2억 전 남짓을 갈라서 충당하였었다.

이때 곳곳의 길이 끊겨서 수송을 위탁한 화물이 오지 않아 유우는 해진 옷을 입고 짚신을 신었으며 음식에는 고기반찬을 곁들이지 못했지만, 너그러운 정치에 힘쓰고 농업과 양잠을 권장하였으며 상곡(上谷, 하북성 회래현)에서 호시(胡市)[168]의 이로움을 열고, 어양(漁陽, 북경시

---

163 깃발과 북은 전투할 때에 사용하는 도구로 양쪽 군대가 서로 깃발과 북을 교차한다는 것은 바로 전투를 의미하는 것이므로 여기서는 전투를 한 일이 없다는 뜻이다.

164 구름보다 높을 정도로 말이 고매한 것을 말한다.

165 영직이다. 관직명은 영청주자사이며 청주자사의 업무를 관장하게 한 직책이다.

166 사자에게 가져가게 하는 명령을 말한다. 즉 명령서를 전달하는 신표이다.

167 나라 밖인데, 여기에서는 야만인을 말한다.

168 변방족과의 무역이다.

밀운현)에 있는 염철의 풍요로움을 유통하게 하니, 백성은 기뻐하고 해마다 풍년이 들어 곡식은 한 석(石)에 30전이었다.

청주와 서주(徐州, 강소성)의 선비와 평민이 난리를 피하여 유우에게 귀부한 자가 백여 만 명이었지만, 유우는 모두 거두어 살피고 따스하게 진휼하여 생업을 편안하게 이어나가게 하니 유민들이 모두 이사왔다는 사실을 잊게 되었다.

14 5월에 사공 순상(荀爽)이 죽었다. 6월 신축일[169]에 광록대부 충불(种拂)을 사공으로 삼았다. 충불은 충소(种邵)의 아버지이다.

15 동탁이 대홍려 한융(韓融)·소부(少府) 음수(陰脩)·집금오 호무반(胡毋班)·장작대장 오수(吳脩)·월기교위 왕괴(王瑰)를 파견하여 관동지역을 편안하게 해주고, 원소 등을 사물에 빗대어 깨우쳐주도록 하였다. 호무반·오수·왕괴가 하내에 이르자 원소는 왕광(王匡)을 시켜서 그들을 모두 잡아다가 쳐서 죽였다. 원술도 역시 음수를 죽였다. 한융만이 명성과 덕망 때문에 모면하였다.

16 동탁이 오수전(五銖錢)을 폐기하고, 고쳐서 소전(小錢)을 주조하게 하였는데, 낙양과 장안에 있는 동인(銅人)[170]·종거(鐘虡)[171]·비렴

---

169 6월 1일은 기사(己巳)일이므로 6월에는 신축일이 없다. 만약에 신축(辛丑)이 신사(辛巳)의 잘못이라면 이날은 13일이다.

170 동으로 만든 사람의 형상으로 궁궐과 대문 따위를 장식하는데 사용하였다.

171 맹수의 장식을 이용하여 만든 종(鐘)을 걸어놓는 기구이다.

(飛廉)¹⁷²·동마(銅馬)¹⁷³ 같은 따위를 모두 가져다가 이를 주조하였
고, 이로 말미암아서 화폐는 가치가 떨어지고 재물은 가격이 높아져서
곡식이 한 석(石)에 수만 전에 이르렀다.

17 겨울에 손견(孫堅)이 관리들과 더불어 노양(魯陽, 하남성 노산현)
성의 동쪽에 모여 술을 마시고 있었는데, 동탁의 보병과 기병 수만 명
이 갑자기 이르자 손견이 바야흐로 술을 돌리고 담소하면서 부곡을 정
돈하며 경거망동하지 않았다.

　뒤따라 기병이 점차로 늘어나자, 손견은 서서히 자리를 파하고 무리
를 이끌고서 성으로 들어가서는 마침내 말하였다.

　"조금 전에 나 손견이 곧바로 일어나지 않은 까닭은 오직 군사가 서
로 밟다가 여러분이 들어갈 수 없을까 두려워했기 때문이오."

　동탁의 군대는 그의 군대가 정돈되어 있는 것을 보고는 감히 공격하
지 못하고 돌아갔다.

18 왕광이 하양진(河陽津, 하남성 맹진현)에 주둔하니 동탁이 습격하
여 대파했다.

19 좌중랑장 채옹(蔡邕)이 제의하였다.

　"효화제(孝和帝) 이하의 묘호(廟號) 가운데 종(宗)을 칭하는 것은 모
두 없애서 선대의 법을 따르는 것이 좋겠습니다."¹⁷⁴

---

172 긴 털의 날개를 가진 괴수이다.

173 동으로 만든 말이다.

이를 따랐다.

20　중랑장 서영(徐榮)이 같은 군에 살고 있는 옛 기주(冀州, 하북성 중
부) 자사였던 공손도(公孫度)를 동탁에게 천거하니, 동탁이 요동(遼東,
요녕성 요양시) 태수로 삼았다.

공손도가 관아에 이르러 법을 가지고서 군 안에 살고 있는 이름난
호족과 대성(大姓) 100여 집안사람을 죽여 없애니 군 안에 살고 있는
사람들이 무서워서 몸을 떨었고 마침내 동쪽으로 가서 고구려를 치고
서쪽으로 오환(烏桓)을 공격하였는데, 가까이 지내는 관리인 유의(柳
毅)와 양의(陽儀) 등에게 말하였다.

"한 왕조의 운명이 장차 끊어지려고 하니 마땅히 여러 경들과 함께
올바른 것[175]을 도모할 따름이오."

이에 요동을 나누어서 요서(遼西)와 중요군(中遼郡)으로 만들어 각
기 태수를 두었으며, 바다를 건너 동래(東萊, 산동성 황현)에 속한 여러
현을 흡수하여 영주(營州)[176] 자사를 두었다.

---

174 화제(和帝)는 기원후 88년부터 105년까지 재위하였던 후한의 황제이다. 묘호
(廟號)를 붙이는 예법에 보면 조(祖)를 쓰는 경우에는 공로를 세운 것이 있는
경우이고, 종(宗)을 쓰는 경우에는 덕을 갖춘 것을 말한다고 되어 있다. 그래
서 광무제는 세조라 하고 명제를 현종이라고 하였는데, 화제 이후에는 화제를
목종이라 하고, 안제를 공종이라 하며, 순제를 경종이라 하고, 환제를 위종이
라고 하였지만 이들은 아무런 품덕을 갖추지 못하였으니 종(宗)이라는 글자
를 묘호에서 지워버리자는 것이다.

175 다른 판본에서는 정(正)을 왕(王)으로 기록하고 있는 것도 있다. 이를 왕으로
본다면 왕을 바로 잡는다고 해야 할 것이다.

176 위치를 알 수 없다.

　　자립하여 요동후(遼東侯)·평주(平州, 요녕성 요양시)목이 되었으며, 한나라의 두 조묘(祖廟)[177]를 세우고 승제(承制)[178]하며 교에서 천지에 제사를 지내고 적전(藉田)을 했으며,[179] 난로(鸞路)[180]를 탔고 모두(旄頭)[181]와 우기(羽騎)[182]를 설치하였다.*

---

177 전한을 세운 고조(高祖) 유방과 후한을 세운 세조(世祖)인 광무제 유수를 말한다.

178 제(制)는 황제의 명이므로 '황제의 명을 받들어 일을 처리하는 것'이다. 즉 황제의 권한을 행사한다는 말이다.

179 제왕이 밭가는 의식을 수행하는 것을 말하며 여기에서 나는 곡식은 제사를 지내는데 사용한다.

180 천자의 수레이다.

181 깃대의 끝에 소의 꼬리 또는 새의 깃털을 내려뜨려 장식한 깃발이며 의식용이다.

182 가까이에서 호위하는 기병을 말하며 우림기(羽林騎)이다.

한기52

조조의 등장

낙양으로 가서 새를 얻은 손견

효헌제 초평 2년(辛未, 191년)

1   봄, 정월 신축일(6일)에 천하에 사면령을 내렸다.

2   관동 지역의 제장들이 의논하였다. 조정[1]이 어린 까닭에 동탁에
게서 압박을 받는데, 멀리 관(關)과 새(塞)[2]로 막혀서 살아있는지 아닌
지를 모르므로 유주목 유우(劉虞)가 종실이자 현명하고 출중하니 함께
세워서 주군으로 삼으려고 하였다.

  조조(曹操)가 말하였다.

  "우리들이 군사를 일으켰는데 원근(遠近)에서 호응하지 않는 자가
없었던 까닭은 의로써 움직였기 때문입니다. 지금 어린 군주가 미약하
고 간신에게서 통제받는 것은 창읍(昌邑)과 같이 나라를 망친 과실[3]이

---

1 헌제(獻帝)를 말한다.

2 함곡관과 도림새(桃林塞)를 말한다. 헌제가 장안으로 옮겼으므로 함곡관 서
   쪽에 있었다.

있어서가 아니니 어느 날 아침에 바꾼다 하면 천하사람 가운데 그 누가 그것을 편안하게 여기겠습니까? 여러분이 북쪽으로 얼굴을 돌린다면 나는 스스로 서쪽을 향해 가겠습니다."[4]

한복(韓馥)과 원소(袁紹)가 원술(袁術)에게 편지를 보내어 말하였다.

"황제는 효령(孝靈)[5] 황제의 아들이 아니니, 강후(絳侯)와 관영(灌嬰)[6]이 어린 군주를 죽여서 폐위시키고 대왕(代王)을 맞아 추대하였던 고사[7]에 의거하여 대사마 유우를 받들어 황제로 삼으려고 합니다."

원술은 속으로 신하가 되고 싶지 않은 마음을 갖고 있었고, 국가에 장성한 군주가 있게 되면 이롭지 않다고 생각하여서 이에 겉으로는 공적인 대의를 들어 이를 거절하였다.

---

3 창읍이란 한 무제의 손자인 창읍애왕(昌邑哀王) 유박(劉髆)의 아들 유하(劉賀)를 말한다, 소제가 죽은 후 곽광이 유하를 옹립하였으나 지나치게 주색을 좋아한 탓에 즉위 27일 만에 폐출되었다.

4 북면(北面)이란 신하가 황제를 모시는 위치를 말한다. 유우를 황제로 모시자는 뜻을 실천한다는 의미의 말이며, 동시에 황제로 세우려는 유우(劉虞)가 북쪽에 있으므로 유주에 있는 유우를 황제로 맞아들이는 것을 의미한다. 이경우 조조가 서쪽으로 가겠다는 말은 서쪽에 있는 장안을 가리키며 장안에는 현 황제인 유협(劉協)이 있으므로 그를 맞이하겠다는 의미임과 동시에 동탁과 싸우겠다는 뜻을 지닌 말이다.

5 선제인 영제(靈帝), 즉 유굉(劉宏)을 말한다.

6 한나라 강후(絳侯)인 주발(周勃)과 관영(灌嬰)으로 모두 고조의 신하이다. 주발은 군공으로 강후에 책봉되었고, 여태후시대에는 태위, 문제 때는 우승상이었다. 관영은 일찍이 거기장군과 영음후(潁陰侯)로 책봉되었으며 문제 때에는 승상에 올랐다.

7 전한 초기의 대신인 주발과 관영이 어린 군주 유홍(劉弘)을 폐하고, 대왕(代王)인 문제(文帝)를 옹립했던 사건을 말한다.

원소가 다시 원술에게 편지를 보내어 말하였다.

"지금 서쪽에 명목상으로는 어린 군주가 있지만 혈통이 없는 족속인데, 공경 이하가 모두 동탁에게 아부하며 섬기니 어찌 다시 믿을 수 있겠습니까? 다만 군사로 하여금 관(關)과 요새에 주둔하도록 하면 모두 스스로 움츠리고 죽을 것입니다. 동쪽에서 성군을 세우면 태평을 바랄 수 있는데 어찌 의심을 갖겠습니까? 또 가족이 죽임을 당했는데 오자서(伍子胥)를 생각하지 않고 다시 북면할 수 있겠습니까?"[8]

원술이 대답하였다.

"성스러운 주군께서 총명하고 슬기로우며 주성(周成)[9]의 자질을 갖고 있으나, 적신(賊臣)인 동탁이 위태롭고 어지러운 사이를 틈타 백관을 위세로 복종시키니, 이것은 곧 한가(漢家)[10]가 작은 액운을 만난 것인데, 마침내 이르기를 현재의 황상이 '혈통 없는 족속'이라고 말하니, 어찌 모함이 아닙니까?

또 이르기를 '가족이 죽임을 당했는데 다시 북면할 수 있는가?'라고 말했는데, 이것은 동탁의 소행이지 어찌 국가가 한 짓이겠습니까? 겸

---

8 헌제 초평 원년(190년)에 원소가 관동에서 군사를 일으키자 동탁은 태부 원외(袁隗)를 비롯하여 그 가족도 모두 죽였다. 즉 현재의 한나라 치하에서 자기 가족이 모두 죽었으니 현재의 한나라를 인정할 수 있겠느냐는 뜻이다. 원소는 지금 이 문제를 갖고 원술을 설득하고 있다. 오자서는 춘추시대 오나라의 대부로서 일찍이 아버지와 형이 모두 초나라 평왕에게 살해되자, 오나라로 도피한 후 오왕 합려를 도와 초를 격파한 다음 아버지와 형의 원수를 갚았던 인물이다.

9 주나라 2대 성왕(成王)으로 어린 나이에 왕위에 올랐는데, 주공의 도움을 받은 것으로 알려졌다. 이름은 희송(姬誦)이다.

10 한실(漢室)을 말한다.

손하고 또 충성하는 일념으로 동탁을 없애는데 뜻을 두었으며 그 밖의 것은 알지 못합니다.”

한복과 원소가 끝내 옛 낙랑 태수 장기(張岐) 등을 파견하여 의론한 내용을 가지고서 유우에게 존호(尊號)[11]를 올렸다. 유우는 장기 등을 보더니 성난 얼굴로 그들을 질타하였다.

“지금 천하가 무너지고 어지러우며 주상이 몽진(蒙塵)하였고, 나는 두터운 은혜를 입었으나 아직 국가의 치욕을 깨끗하게 씻을 수 없었소. 여러분은 각기 주와 군을 점거하고 마땅히 왕실을 위하여 함께 힘을 합치고 마음을 다해야 하거늘, 오히려 역모하여 서로 더러운 때를 묻히려고 하시오!”

굳게 이를 거절하였다.

한복 등은 또 유우에게 영상서사(領尙書事)를 맡아 승제(承制)[12]하여서 책봉하고 벼슬을 주도록 청하였으나 다시 듣지 않고, 흉노로 달아나 스스로 관계를 끊으려고 하니 원소 등이 마침내 중지하였다.

3   2월 정축일(12일)에 동탁을 태사로 삼았는데, 지위는 여러 열후와 왕 위에 있게 하였다.

4   손견(孫堅)이 군영을 양(梁, 하남성 임여현)의 동쪽으로 옮겨 주둔하였으나 동탁의 장수 서영(徐榮)에게 패하자, 다시 흩어진 병사를 거

---

11 말 그대로는 높은 칭호라는 뜻이지만 는 황제의 칭호를 의미한다.

12 승제란 황제에게 직접 명령을 받을 수 없을 경우에 황제의 명(命)인 제(制)의 뜻을 이어받아서 관직을 임명하거나 일을 처리하는 것을 말한다. 보통 전쟁 중에 황제에게 즉각적으로 보고할 수 없는 경우에 사용하는 제도이다.

두어 양인(陽人, 하남성 임여현 서부)으로 나아가 주둔하였다.

동탁은 동군 태수 호진(胡軫)을 파견하여 보병과 기병 5천 명을 이끌고 그를 치도록 하며, 여포를 기독(騎督)[13]으로 삼았다. 호진과 여포는 서로 뜻이 맞지 않았으므로, 손견이 출격하여 그들을 대파하고 도독화웅(華雄)의 목을 효수(梟首)[14]하였다.

어떤 사람이 원술에게 말하였다.

"손견이 만약 낙양을 얻는다면 다시 제어할 수 없게 되니, 이는 이리를 없애고 호랑이를 얻는 격입니다."

원술은 그를 의심하여 군량을 운반해주지 않았다.

손견은 밤에 말을 달려 원술을 보고[15] 땅에 계교(計校)[16]를 그리며 말하였다.

"몸을 내어 돌보지 않는 이유는 위로는 국가를 위하여 역적을 토벌하고 아래로는 장군 가문의 사사로운 원수를 갚아 위로하려는 것입니다. 저 손견은 동탁과 뼛속에 사무친 원한을 갖고 있지 않은 데도[17] 장군께서는 모함하는 말을 듣고 도리어 서로 의심하고 있으니 왜 그렇습

---

13 기병대장에 해당하는 직위이다.

14 목을 베어 높은 장대 위에 매달아놓아 누구나 볼 수 있게 하는 것이다.

15 《오지(吳志)》〈손견전〉에 '양인(陽人)과 노양(魯陽)은 백여 리 정도 떨어졌는데 손견이 밤에 말을 달려 원술을 만났다'는 기록이 있다. 원술은 당시 노양에 있었던 듯하다.

16 서로 대보거나 비교하는 것을 말하는데, 논의하는 내용을 땅에 그리면서 말하는 것을 표현한 것이다.

17 사적인 원한이 없다는 말인데, 원술처럼 가족이 다 죽임을 당하는 원한을 갖지 않았다는 의미이기도 하다.

니까?"

원술은 불안해 하다가 즉시 군량을 조발(調發)[18]하였다.

손견이 군진으로 돌아왔는데, 동탁이 장군 이각(李傕)을 파견하여 손견에게 유세하여 함께 화친하고, 손견에게 자제들이 자사나 군의 태수를 맡을 수 있도록 상소하게 하고 이를 채용하는 표문을 올리도록 허락하였다.

손견이 말하였다.

"동탁이 하늘을 거스르고 무도(無道)하니 지금 네 삼족을 이멸하여 전국에 내걸어 보이지 않으면 내가 죽어도 눈을 감지 못할 것인데 어찌 더불어 화친하겠는가!"

다시 군대를 대곡(大谷)으로 나아가게 하니 낙양과의 거리가 90리였다.

동탁이 직접 나와 손견과 여러 능을 사이에 두고 싸웠는데 동탁이 패하여 물러나 민지(澠池, 하남성 민지현)에 주둔하고 섬(陝, 하남성 섬현)에서 군사를 모았다. 손견은 나아가 낙양에 이르러 여포를 쳐 다시 깨뜨려서 패주시켰다.

손견은 이에 종묘를 청소하고 태뢰(太牢)[19]로 제사지냈으며 성의 남쪽에 있는 견관(甄官)[20]의 우물 속에서 전국새(傳國璽)를 획득하였으며, 군사를 나누어 신안(新安, 하남성 신안현)과 민지 사이로 내보내 동탁을 붙잡고자 하였다.

---

18 일부를 조달하여 보냈다는 뜻이다.

19 소, 양, 돼지의 세 가지 희생을 갖춘 제수(祭需) 또는 요리를 말한다.

20 견관서(甄官署)인데, 한대에는 소부(少府) 소속으로 공예를 담당하는 부서였다.

동탁이 장사 유애(劉艾)에게 말하였다.

"관동 지역의 군대가 패한 것이 자주 일어나자 모두 고(孤)를 두려워하여 아무 것도 할 수 없게 되었소. 오직 손견만은 다소 우직하지만 자못 사람을 잘 채용하니, 당연히 제장들에게 말하여 그 사실을 알고 꺼리도록 하시오.

고는 옛날에 주신(周愼)[21]과 함께 서쪽으로 가서 금성(金城, 감숙성 난주시)에서 변장(邊章)과 한수(韓遂)를 정벌하였는데, 고가 장온(張溫)에게 말하길, 거느린 군사를 빼내어 주신을 위하여 뒤에 주둔하게 해달라고 요구했으나 장온은 듣지 않았었소.[22]

장온은 또 고에게 선령에 사는 강족의 반란을 토벌하도록 명하였는데, 고는 이길 수 없음을 알았으나 멈출 수 없어서 마침내 갔으며, 별부(別部)사마 유정(劉靖)을 남겨 보병과 기병 4천 명을 거느리고 안정(安定, 감숙성 진원현)에 주둔하여 성원(聲援)하는 세력으로 삼았소.

반란한 강족이 귀로를 차단하려고 하였지만 고는 소규모 공격을 하면서 번번이 길을 열었는데 이는 안정에 군사가 있음을 두려워하였기 때문이었소. 야만인은 안정에 수만 명이 있다고 생각하였고, 단지 유정뿐이라는 것을 알지 못하였소.

손견이 주신을 따라가면서 주신에게 말하길, 자신이 먼저 군사 1만 명을 이끌고 금성에 갈 터이니 주신은 2만 명을 거느리고 뒤에 주둔해 달라고 청하였었소. 변장과 한수는 주신의 대군이 두려워서 감히 경솔

---

21 이때 동탁은 파로장군, 주신은 탕구장군이었다.

22 당시 동탁과 주신은 모두 군총사령관인 거기장군 장온의 부하였다. 이 일은 《자치통감》 권58 영제 중평 2년조에 실려 있다.

하게 손견과 싸우지 못했고, 손견의 병사는 그들의 운송로를 차단하기에 충분하였소.

어린아이들[23]이 그 말을 들었더라면 양주도 혹 평정될 수 있었을 것이오. 장온은 이미 고를 기용할 수 없었고, 주신 또한 손견을 쓸 수 없어서 끝내 패주하였던 것이오.[24] 손견은 좌(佐)군사마[25]의 신분을 가지고도 소견이 대략 다른 사람과 같았으니[26] 진실로 쓸 만하나, 다만 이유 없이 여러 원씨 집안 아이들[27]을 따르니 끝내 역시 죽을 따름이오!"

마침내 동중랑장 동월(董越)을 민지에 주둔하게 하고, 중랑장 단외(段煨)를 화음(華陰, 섬서성 화음현)에 주둔하게 하며, 중랑장 우보(牛輔)를 안읍(安邑, 산서성 하현)에 주둔하도록 하였고, 그 나머지 제장들은 여러 현에 퍼져 있게 하여서 산동(山東, 효산의 동쪽) 지역의 군대를 방어하도록 하였다. 우보는 동탁의 사위이다. 동탁이 군대를 이끌고 장안으로 돌아갔다. 손견은 요새와 여러 능을 수리하고 군대를 인솔하여 노양(魯陽, 하남성 노산현)으로 돌아갔다.

---

23 주신과 장온을 어린아이들에 비유했다.

24 영제 중평(中平) 2년(185년)에 있었던 일로, 《자치통감》 권58에 기록되어 있다.

25 군사마의 보좌관에 해당하는 직위이다.

26 동탁인 자신과 같다는 말이다.

27 원소와 원술을 말한다.

원소와 공손찬의 갈등

5   여름, 4월에 동탁이 장안에 이르렀는데, 공경들이 모두 맞이하며 수레 아래에서 절하였다. 동탁이 손을 치면서 어사중승 황보숭(皇甫嵩)에게 말하였다.

"의진(義眞)![28] 두렵지 아니하시오?"

황보숭이 말하였다.

"밝으신 공께서 덕으로 조정을 보좌하여 크게 경사스러운 일이 바야흐로 이르고 있는데 무슨 두려움이 있겠습니까? 만약 부당한 형벌로 즐거워하면 장차 천하가 모두 두려워할 터인데 어찌 오직 저 황보숭뿐이겠습니까?"

동탁의 무리가 동탁을 높여 태공(太公)[29]과 비견하고 상부(尙父)로 칭하려고 하자, 동탁이 채옹(蔡邕)에게 물었고 채옹이 말하였다.

"밝으신 공의 위엄과 덕망은 참으로 위대하나 태공에 비견함은 저의 어리석은 생각으로는 아직 옳지 않다고 생각됩니다. 의당 관동이 평정

---

28 황보숭의 자이다.

29 주 왕조의 개국공신인 강태공을 말한다.

되고 거가가 옛 수도에 돌아올 때를 기다렸다가 그런 다음에 그 문제를 논의하십시오."

동탁이 이에 멈추었다.

동탁이 사예교위 유효(劉囂)에게 관리와 백성 가운데 자식이 되어 효도하지 않고, 신하가 되어 충성하지 않고, 관리가 되어 청렴하지 않고, 동생이 되어 순종하지 않는 사람을 장부에 적고서 육신은 모두 죽이고 재물은 관부에 몰수하도록 하였다. 이에 서로 무고하고 끌어들이니 원통하게 죽은 자가 1천 명을 헤아렸다. 백성은 시끄러웠지만 도로에서는 눈으로만 바라볼 뿐이었다.[30]

6   6월 병술일(23일)에 지진이 있었다.

7   가을, 7월에 사공 충불(种拂)이 면직되고, 광록대부인 제남(濟南) 사람 순우가(淳于嘉)를 사공으로 삼았다. 태위 조겸(趙謙)이 파직되고, 태상 마일제(馬日磾)를 태위로 삼았다.

8   애초에 하진(何進)이 운중(雲中, 내몽골자치구 탁극탁현) 사람 장양(張楊)을 파견하여 병주(幷州, 산서성)에 돌아가 군사를 모집하도록 하였지만, 마침 하진이 패하자 장양이 상당(上黨, 산서성 장치시)에 머물게 되었는데, 무리 수천 명을 데리고 있었다. 원소가 하내(河內, 하남성 무척현)에 있었는데, 장양이 그에게 가서 귀부하고 남선우 난제어부라(欒

---

30 원문이 '도로이목(道路以目)'인데, 위소(韋昭)는 '감히 말을 꺼내지 못하고, 눈으로 서로 바라보기만 할 뿐이다.'라고 해설하였다.

提於扶羅)[31]와 함께 장수(漳水)[32]에 주둔하였다.

한복은 호걸들 대부분이 원소에게 마음을 돌리고 있는 것을 시기하여 몰래 군량을 깎아서 무리들이 흩어지게 하려고 하였다. 마침 한복의 장수 국의(麴義)가 반란을 일으켰는데 한복이 맞서 싸웠으나 패하였으며, 원소는 이어서 국의와 서로 결합하였다.

원소의 빈객 봉기(逢紀)가 원소에게 말하였다.

"장군은 큰일을 일으켰으나 다른 사람이 물자를 공급해주기를 바라고 있으니 한 주를 점거하지 않으면 스스로 온전할 방법이 없습니다."

원소가 말하였다.

"기주(冀州, 하북성 북부)의 병사는 강하고 나의 군사는 배고프고 궁핍한데, 가령 그 일을 처리하지 못한다면 받아주어 설 곳조차 없을 것이오!"

봉기가 말하였다.

"한복은 재주가 용렬하니, 비밀스럽게 공손찬을 요구하여서 그에게 기주를 빼앗도록 하면 한복은 반드시 크게 놀라 두려워할 것이고, 이 틈을 이용하여 변사(辯士)[33]를 보내어 화복에 대해 설명한다면 한복은 갑작스런 상황에 쫓겨 반드시 겸손하게 양보할 것입니다."

원소가 그렇게 생각하고 즉시 편지를 공손찬에게 보냈다.

공손찬이 마침내 군사를 이끌고 왔는데, 밖으로는 동탁을 토벌할 것이라고 하였지만 속으로는 한복을 습격하려고 꾀하였더니 한복이 맞

---

31 남흉노의 41대 선우이다.

32 산서성에서 발원하여 하남성으로 들어가는 강을 말한다.

33 말솜씨가 좋은 사람을 말한다.

서 싸웠으나 승리하지 못하였다. 마침 동탁이 입관(入關)[34]하니 원소가 돌아와서 연진(延津, 하남성 연진현)에 진을 치고, 생질인 진류 사람 고간(高幹)과 한복이 가까이 하는 사람인 영천 출신의 신평(辛評), 순심(荀諶), 곽도(郭圖) 등으로 하여금 한복에게 유세하도록 하였다.

"공손찬이 연(燕)과 대(代) 지역의 군사를 거느리고 승리한 기세를 타고 남쪽으로 내려오면 여러 군이 호응할 것이니 그 예봉은 당해 낼 수 없습니다. 원 거기(袁 車騎)[35]가 군대를 이끌고 동쪽을 향하고 있는데[36] 그 뜻은 아직 헤아릴 수가 없으나 가만히 생각해보건대 장군에게는 위태롭겠습니다!"

한복이 두려워서 말하였다.

"그렇다면 이를 어떻게 해야 하겠는가?"

순심이 말하였다.

"그대가 스스로 헤아리건대, 너그럽고 인자하여 무리를 받아들여 천하 사람들이 귀부하는 것을 가지고서 보면 원씨(袁氏)[37]와 비교하여 어떠하십니까?"

한복이 말하였다.

"그만 못하오."

"위기를 맞아 기이한 책략을 만들어내고 지혜와 용기가 다른 사람보

---

34 장안으로 들어왔다는 뜻이다.

35 동탁을 토벌할 때 원소가 자칭 거기(車騎)장군이라고 했던 것에서 유래한 호칭이다.

36 하내에서 연진으로 이동하고 있기 때문에 동향(東向)으로 표현하였다.

37 원소이다.

다 뛰어남을 가지고서 또 원씨와 비교하여 어떠하십니까?"[38]

한복이 말하였다.

"그만 못하네."

"세상에 은덕을 베풀고 천하에 있는 집들이 은혜를 받는 것을 가지고서 원씨와 비교하여 어떠하십니까?"[39]

한복이 말하였다.

"그만 못하네."

순심이 말하였다.

"원씨는 한 시대의 영걸이며, 장군의 자질로는 세 가지가 그와 같지 못한 형세인데도 오랫동안 그의 위에 있었는데, 그는 반드시 장군의 아래에 있게 되지는 않을 것입니다. 무릇 기주는 천하의 중요한 밑바탕인데 그가 만약 공손찬과 함께 힘을 합하여 빼앗는다면 위태롭게 되어 멸망하는 것을 서서 기다리는 셈이 됩니다.

무릇 원씨는 장군의 옛 친구이고 또한 동맹[40]이니 현재의 계략으로는 만약 기주를 들어 원씨에게 양보한다면 그는 반드시 장군을 후덕하게 대하고 공손찬 역시 그와는 다툴 수 없을 것입니다. 이렇게 하면 장군은 양현(讓賢)[41]의 명예를 갖게 되고 몸은 태산보다 안전할 것입니다."

한복의 성품은 겁쟁이어서 이에 그 계략을 그럴 것이라고 생각하였다.

---

38 순심의 말이다. 보통은 앞에 '曰'이 있으나 여기에는 '曰'이 없다.

39 순심의 말이다. 보통은 앞에 '曰'이 있으나 여기에는 '曰'이 없다.

40 원소와 한복은 일찍이 동탁 토벌 동맹군이었으므로 '동맹 관계'로 표현하고 있다.

41 높은 자리에 있는 자가 어질고 능력 있는 자에게 그 자리를 양보하는 것이다.

한복의 장사 경무(耿武)·별가 민순(閔純)·치중 이력(李歷)이 듣고 간하였다.

"기주는 대갑(帶甲)[42]이 100만 명이며 곡식은 10년을 버팁니다. 원소는 외로운 나그네이고 궁핍한 군대여서 우리에게 의지하여 코로 숨을 쉬고 있는데,[43] 비유하자면 어린아이가 손바닥 위에 올라가 있는 것과 같아서 그에게 젖을 끊어 즉시 굶겨 죽일 수 있는데 어찌하여 그에게 주(州)를 주려고 하십니까?"

한복이 말하였다.

"나는 원씨 집안의 옛 관리이고, 또 재주도 본초(本初)[44]와 같지 못하며 덕을 헤아려 양보하는 일은 옛사람도 귀히 여기던 바인데 여러분들만은 어찌 근심하는가!"

이에 앞서 한복의 종사인 조부(趙浮)·정환(程渙)은 강뇌(强弩) 1만 장(張)[45]을 거느리고 맹진(孟津, 하남성 맹진현)에 주둔하고 있다가 이 소문을 듣고 군사를 인솔하고 말을 달려 돌아왔다. 이때 원소는 조가(朝歌, 하남성 기현)의 청수(淸水)[46]에 있었는데, 조부 등이 뒤따라 왔고 배는 수백 척이었으며, 무리가 1만여 명이고, 군사를 정렬하여 북을 두

---

42 갑옷을 걸친 병사를 말한다.

43 숨을 내쉬면 코가 따뜻해지고 들이마시면 차가워지듯이 완전히 우리 쪽의 공급에 의지하고 있음을 표현한 말이다.

44 원소의 자이다.

45 강뇌를 세는 단위이다.

46 《수경(水經)》에 '청수는 하내의 수무현을 나와 획가와 급현을 거치고, 조가에는 이르지 않는다. 조가를 경유하는 하천은 기수(淇水)뿐이다. 아마도 기수를 일반적으로 청수라고 호칭했던 것 같다.'고 한 것이 나온다.

드리며 밤에 원소의 진영을 지나가자 원소가 몹시 미워하였다.

조부 등이 도착하여 한복에게 말하였다.

"원본초(袁本初)의 군대에는 한 말의 양식도 없고 각자 이미 떨어지고 흩어졌으므로 비록 장양과 난제어부라가 새로 붙었으나 아직 기용하려고 하지 않으니 대적할 거리가 되기에도 충분하지 않습니다.

소종사(小從事) 등이 청하건대 현재의 군사로 막으면 열흘 사이에 반드시 붕괴하고 와해될 것입니다. 밝으신 장군께서는 다만 문을 활짝 열고 베개를 높이면 되는데 무엇을 근심하고 무엇을 두려워하십니까?"

한복은 또 듣지 않고 마침내 자리를 피하고 나가 중상시 조충(趙忠)의 옛집으로 가서 살면서, 아들을 파견하여 인수를 보내어 원소에게 넘겨주었다. 원소가 막 도착하려 할 즈음에 종사 열 명이 다투어 한복을 버리고 갔고, 오직 경무(耿武)와 민순(閔純)만이 칼을 잡고 그를 막았으나 금지할 수 없자 이에 멈추었다. 원소가 이들을 모두 죽였다.

원소는 마침내 기주목의 업무를 관장하게 되었고[47] 승제(承制)하여 한복을 분위(奮威)장군으로 삼았으나, 거느릴 것이 없었고 관속도 역시 없었다. 원소는 광평(光平, 하북성 계택현) 사람 저수(沮授)를 분무(奮武)장군으로 삼고 제장을 감독하고 보호하도록 하고 총애하여 대우하는 것이 아주 후하였다.

위군(魏郡, 하북성 임장현) 사람 심배(審配)와 거록(鉅鹿, 하북성 평향현) 사람 전풍(田豐)은 모두 정직하였기 때문에 한복에게 뜻을 얻지 못하였었는데, 원소는 전풍을 별가로 삼고, 심배를 치중으로 삼았으며, 남양(南陽, 하북성 남양시) 사람 허유(許攸)와 봉기·영천 사람 순심을 모

---

47 영직(領職)이다. 관직명은 영기주목이다

두 책사로 삼았다.

원소가 하내 사람 주한(朱漢)을 도관(都官)종사[48]로 삼았다. 주한은 이전에 한복에게서 무례한 일을 당한 바가 있었는데, 또 원소를 영접하려고 마음먹고 제멋대로 군사를 발동하여 한복의 집을 포위하고 지켰으며 칼을 빼들고 집에 올라갔고, 한복이 위층으로 도망하자 한복의 큰 아들을 잡아서 두 다리를 잘랐다. 원소는 즉시 주한을 잡아서 죽였다.

한복은 여전히 근심스럽고 두려워서, 원소에게서 떠나 장막(張邈)에게 가서 의지하였다.[49] 후에 원소가 사신을 보내어 장막에게 가서 계획하고 의논할 바가 있다며 장막과 함께 귓속말을 하자, 한복이 그 자리에 있다가 자기가 도모될 것으로 생각하고, 어찌할 바를 몰라 하다가 일어나 측간으로 가서 서도(書刀)[50]로 자살하였다.

포신(鮑信)[51]이 조조에게 말하였다.

"원소가 맹주가 되어 권력을 이용하여 이익을 독차지하며, 장차 스스로 난을 만들면 이는 하나의 동탁을 다시 갖는 것입니다. 만약 그를 누르려고 하여도 힘으로는 제압할 수 없으니 다만 화를 부를 것입니다. 역시 대하(大河)[52]의 남쪽을 살펴보면서 그 변화를 기다리는 것이 좋겠습니다."

---

48 규찰을 담당하는 직책이다.

49 장막은 당시 진류군(陳留郡, 하남성 진류현) 태수였다.

50 이 때에 이미 종이는 있었지만 전반적으로는 죽간(竹簡)에 글씨를 썼다. 그래서 대쪽에 글씨를 쓰거나 붓과 잘못 쓴 글씨를 깎아낼 때 사용하는 칼이 필요했고, 그래서 이 서도를 가지고 다녔다.

51 제북의 재상이다.

52 황하를 말한다.

조조는 그것을 좋게 여겼다.

마침 흑산(黑山)·우독(于毒)·백요(白繞)·수고(眭固) 등 십여 만의 무리가 동군(東郡, 하남성 복양현)을 침략하였는데[53] 왕굉(王肱)은 막을 수 없었다. 조조는 군사를 이끌고 동군으로 들어가 복양에서 백요를 쳐서 깨뜨렸다. 원소는 이에 조조를 동군 태수로 삼고, 동무양(東武陽, 산동성 신현)을 치소로 삼도록 표문을 올렸다.

9 　남선우가 장양(張楊)을 위협하여 원소를 배반하고 여양(黎陽, 하남성 능현)에 주둔하게 하였다. 동탁이 장양을 건의장군·하내 태수로 삼았다.

10 　태사가 천기를 바라보고 대신 중에 칼에 맞아 죽는 자가 있다고 말하였는데, 동탁은 사람을 시켜서 위위 장온이 원술과 연락하고 있다고 모함하게 하였고, 겨울, 10월 임술일(1일)에 장온을 저자에서 태살(笞殺)[54]하여 이와 맞아떨어지게 하였다.[55]

11 　청주(靑州, 산동반도)에 있던 황건적이 발해(渤海, 하북성 남피현)를 침략하였는데, 무리는 30만 명이고 흑산(黑山, 황건적 세력)과 합하려고

---

53 반란 집단들이다.[영제 중평 2년(185년)조 참조]

54 태형이라는 형벌로 죽였다는 뜻이다.

55 동탁은 태사가 관측한 천기에 부응하는 사건을 만들기 위하여 정적인 장온을 모함하여 죽였다. 장온과 동탁은 사이가 좋지 않았으며, 영제 중평 2년(185년)에 일어난 일로, 서정(西征)할 때 장온이 동탁을 죽이지 못한 것이 역으로 돌아온 것이다.

하였다. 공손찬[56]이 보병과 기병 2만 명을 인솔하여 동광(東光, 하북성 동광현)의 남쪽에서 맞아 싸워 대파하였는데 참수한 것이 3만여 급이었다.

도적들은 그들의 치중을 버리고 달아나 황하를 건너는데,[57] 공손찬이 그들이 반쯤 건넜을 때를 이용하여 압박하니, 도적은 다시 대파됐고, 죽은 자가 수만 명이고 흐르는 피가 물을 붉게 물들였으며, 산 사람 7만여 명을 붙잡았는데, 수레와 갑옷, 재물은 이루다 셀 수 없어 위세와 명성이 크게 진동하였다.

12   유우의 아들 유화(劉和)가 시중이 되었는데, 황제가 동쪽으로 돌아갈 것[58]을 생각하여 유화에게 거짓으로 동탁에게서 달아났다가 몰래 무관(武關, 섬서성 상현)을 나가 유우에게 가서 군사를 거느리고 와서 맞아들이도록 하였다. 유화가 남양에 이르자 원술은 유우를 이용하여 후원자로 삼는 것이 이롭다고 생각하여 유화를 그곳에 남겨놓고 보내지 않았으며, 군사가 도착하면 함께 서쪽으로 가겠다고 허락하고[59] 유화에게 편지를 써서 유우에게 보내도록 하였다.

유우가 편지를 받고 나서, 기병 수천 명을 파견하여 유화에게 가도록 하였다. 공손찬은 원술이 다른 마음을 갖고 있음을 알고 저지하였으나 유우는 듣지 않았다. 공손찬은 원술이 소식을 듣고 그를 원망할까

---

56 항호교위이다.

57 당시에는 황하가 동광을 경유하여 흘렀다.

58 현재 장안에 있는 헌제가 낙양으로 돌아가고 싶어 한다는 말이다.

59 동탁 정벌을 위하여 함께 장안으로 간다는 말이다.

봐 두려워하였으며, 또한 사촌동생 공손월(公孫越)을 보내어 기병 1천 명을 이끌고 원술에게 가도록 하였는데, 은밀히 원술에게 유화를 잡아 두고 그의 군사를 빼앗도록 하니 이로 말미암아 유우와 공손찬 사이에 틈이 생겼다. 유화가 원술에게서 도망하여 북쪽으로 갔으나 다시 원소에게 억류당하였다.

이때 관동 지역에 있는 주·군은 서로서로 겸병하여 스스로 강대하게 되려고 힘썼지만, 원소·원술 역시 스스로 둘로 떨어졌다. 원술이 손견을 파견하여 동탁을 공격하게 하였는데 아직 돌아오지 않았고, 원소는 회계(會稽, 강소성 소흥시) 사람 주앙(周昂)을 예주 자사로 삼고 손견의 양성(陽城, 하남성 등봉현)을 습격하여 빼앗았다.[60]

손견이 탄식하며 말하였다.

"함께 의병을 일으킨 것은 장차 사직을 구하려 함인데, 역적이 거의 패배하자 각각 이와 같이 하니, 나는 마땅히 누구와 함께 힘을 합쳐야 하는가!"

군사를 빼내어 주앙을 공격하여 패주시켰다.

원술은 공손월을 파견하여 손견을 도와서 주앙을 공격하게 하였으며, 공손월이 떠도는 화살에 맞아 죽었다. 공손찬이 화가 나서 말하였다.

"내 동생이 죽는 재앙은 원소에게서 시작되었다!"

마침내 군대를 내보내어 반하(磐河)[61]에 주둔하게 하고, 원소의 죄악

---

60 손견은 원술의 부하로서 예주 자사를 임명받고 양성을 치소로 삼고 있었다.

61 《수경(水經)》에 보면, 대하(大河)의 옛날 수로가 동북쪽으로 흘러 서평창현(西平昌縣)에 있는 옛날 성을 지나가면서 나뉘어 동쪽으로 반현(般縣)으로 들어가 반하가 되었다고 하였다. 그러나 호삼성은 《이아(爾雅)》에 나오는 구반하(鉤磐河)라고 생각하였는데 이는 마른 하천으로 지금의 창주(滄州) 낙릉현(樂

을 헤아려 편지를 써서 올렸으며 군사를 내보내어 원소를 공격하였다. 기주(冀州, 하북성 중부)에 있는 여러 성은 대부분 원소를 배반하고 공손찬을 따르니 원소는 두려워서 차고 있던 발해 태수의 인수를 공손찬의 사촌동생 공손범(公孫範)에게 주고, 그를 군(郡)으로 보내었으나 공손범은 마침내 원소를 등지고 발해의 군사를 관장하며 공손찬을 도왔다.

공손찬은 이에 스스로 서명하여 자기의 장수 엄강(嚴綱)을 기주 자사로 삼고, 전해(田楷)를 청주 자사로 삼았으며, 선경을 연주 자사로 삼고, 또 군의 태수와 현의 현령을 전부 다시 배치하였다.

애초 탁군(涿郡, 하북성 탁현) 사람 유비(劉備)는 중산정왕(中山靖王)[62]의 후예로 어려서 아버지를 잃어 가난하였고 어머니와 함께 신발 파는 것을 직업으로 삼았는데, 키가 7척5촌이고 손을 내리면 무릎까지 내려갔고 돌아보면 스스로 자기의 귀를 볼 수 있었다. 큰 뜻을 갖고 있었지만 말이 적었으며, 기쁨과 분노를 얼굴에 드러내지 않았다.

일찍이 공손찬과 함께 노식(盧植)을 스승으로 모셨으며, 이로 말미암아 공손찬에게 가서 의지하였다. 공손찬은 유비에게 전해(田楷)와 함께 청주를 순시하도록 하였는데, 공로가 있자 이로 인하여 평원의 재상으로 삼았다.

유비는 젊었을 때 하동(河東, 산서성 하현) 사람 관우(關羽)와 탁군(涿郡) 사람 장비(張飛)와 서로 벗하며 잘 사귀었는데, 관우와 장비를 별부

陵縣)의 동남쪽에 있다고 하였다. 또 위수(魏收)의 《지형지(地形志)》에 보면 안덕군(安德郡) 반현(般縣)에 옛날의 반하가 있다고 하는 등 여러 설이 있다.

62 《촉서(蜀書)》에 의하면 전한 경제인 유계의 아들 유승(劉勝)을 말한다. 유승은 중산왕이었으나 죽은 다음에 시호를 정왕이라 했다. 그러나 조부 이상의 세계(世系)는 상고할 수 없다.

(別部)사마로 삼아서 부곡(部曲)[63]을 나누어 다스리게 하였다. 유비는 두 사람과 함께 잘 때는 같은 침상을 썼고, 은정은 형제와 같았으며, 사람들이 조밀한 넓은 자리에서는 종일토록 곁에 섰으며, 유비를 두루 따라다니고 어렵고 험난한 것도 피하지 않았다.

상산(常山, 하북성 원씨현) 사람 조운(趙雲)이 본군[64]을 위하여 관리와 군사를 이끌고 공손찬에게 오자, 공손찬이 말하였다.

"듣건대 귀주(貴州)[65] 사람들은 모두 원씨를 원한다고 하던데, 그대는 어찌 홀로 미혹되어 반대로 하려는가?"

조운이 말하였다.

"천하가 소란스럽고 아직은 누가 옳은지를 알지 못하지만, 백성은 거꾸로 매달린 것 같은 재앙을 갖고 있는데, 비주(鄙州)[66]에서는 논의하기를 어진 정치가 있는 곳을 쫓기로 하였으니, 원공(袁公)을 소홀히 한 것이 아니라 밝으신 장군께 사사롭게 따르는 것입니다."

유비가 보고 그를 기이하게 여겼으며 더욱 깊이를 더하여 접견하고 맞아들이니, 조운은 마침내 유비를 쫓아 평원(平原)에 이르고, 유비를 위하여 기병을 주관하게 되었다.

---

63 부곡에는 군사나 대오(隊伍), 특수 행정 명칭 또는 관할 지역의 사람 등 여러 가지의 뜻이 있다. 여기에서는 맨 후자의 의미이다.

64 본군(本郡), 즉 자기가 소속된 군을 말하므로 상산군을 말한다.

65 귀하가 사는 주라는 뜻으로 상대방을 높이는 말이며 구체적으로는 상산군을 말한다.

66 자기가 살고 있는 주를 겸손하게 호칭한 것이며, 귀주(貴州)와는 반대되는 말이다.

난세 속의 기인들

13   애초 원술이 남양을 얻었는데, 호구 수가 백만이었으나 원술이 사치하고 음란하며 방자하게 욕심을 부려 징발하고 세금을 걷는 것에서 절도가 없자, 백성들이 이를 괴로워하여 점점 흩어져서 떠나버렸다. 이미 원소와 틈이 생기자 각기 패거리를 만들고 끌어당겨서 서로 도모하려고 하였다.

원술은 공손찬과 결합하였고, 원소는 유표(劉表)와 연계하였는데 호걸들은 대부분 원소에게 붙었다. 원술이 노하여 말하였다.

"이런 녀석들! 나를 좇지 않고 나의 집에 있던 종놈을 추종하는가?"[67]

또 공손찬에게 편지를 보내어 말하였다.

"원소는 원씨의 아들이 아니다."

원소가 듣고 크게 노하였다.

원술이 손견에게 유표를 치도록 하니 유표가 그의 장수 황조(黃祖)에게 번(樊)·등(鄧)[68]의 사이에서 맞아 싸우도록 하였는데, 손견이 그

---

67 원소는 사공 원봉(袁逢)의 서자로 큰 아버지 원성(袁成)의 뒤를 이었으므로 원술이 이렇게 말한 것이다.

를 격파하고 마침내 양양(襄陽)[69]을 포위하였다. 유표는 밤에 황조를 파견하여 몰래 나가 군사를 징발하도록 하여 황조가 군사를 이끌고 돌아오려고 하였는데 손견이 맞아 싸웠고 황조는 패주하여 현산(峴山)[70] 속에 숨었다.

손견이 이긴 기세를 타고 밤에 황조를 추격하자, 황조의 부곡의 병사가 대나무 사이에서 몰래 활로 쏴서 손견을 죽였다. 손견이 천거했던 효렴(孝廉)[71]인 장사(長沙) 사람 환계(桓階)가 유표에게 가서 손견의 장례를 지낼 것을 청하자 유표는 의롭다며 허락하였다. 손견의 조카 손분(孫賁)이 그의 병사들을 이끌고 원술에게 갔고, 원술은 다시 표문을 올려서 손분을 예주 자사로 삼았다. 원술은 이로부터는 유표를 이길 수 없었다.

14   애초 동탁이 입관(入關)[72]하면서 주준(朱儁)을 남겨두어 낙양을 지키도록 하였으나, 주준이 몰래 산동의 제장들과 연락하고 모의하였는데, 동탁에게 습격당할까봐 두려워서 나와서 형주로 달아났다. 동탁은

---

68 번성(樊城, 호북성 번성현)과 등현(鄧縣, 하남성 등현)을 말한다.

69 군 명칭으로 전한 건안 13년(208년)에 남군과 남양 두 군을 나눠 설치하였다. 치소는 양양(襄陽, 호북성 양번시)이며 이곳에 형주의 치소도 있었다. 원래의 영역은 지금의 호북성의 양양, 남창, 의성, 당양, 원안 등의 현에 해당하나 그 후 축소되었다.

70 양양(襄陽)의 남쪽에 있으며 동쪽으로 한수(漢水)와 접하고 있다.

71 전한시대 무제가 군과 봉국에서 효행이 있는 사람과 청렴한 사람을 매년 한 명씩 천거하도록 하였는데 효렴이란 바로 이런 명분으로 추천된 사람을 말한다.

72 하남성 신안현에 있는 함곡관으로 들어가는 것을 말한다.

홍농(弘農, 하남성 영보현) 사람 양의(楊懿)를 하남윤으로 삼았고, 주준은 다시 군사를 인솔하고 낙양으로 돌아와 양의를 쳐서 그를 패주시켰다.

주준은 하남이 깨지고 부서져 밑비탕이 될 것이 없어서 이에 동쪽으로 가서 중모(中牟, 하남성 중모현)에 주둔하고, 주와 군에 편지를 보내어 군대를 청하며 동탁을 토벌하자고 하였다.

서주 자사 도겸(陶謙)은 주준을 행거기장군(行車騎將軍)[73]으로 올려주고 날쌘 군사 3천 명을 보내어 그를 도왔으며 나머지 주와 군에서도 역시 보내온 것이 있었다. 도겸은 단양(丹陽, 안휘성 선성현) 사람이다. 조정에서는 황건적이 서주를 침략하고 어지럽히자 도겸을 기용하여 자사로 삼았다. 도겸이 도착하여 황건적을 쳐서 대파해 패주시키자 주의 경계 지역 안이 조용해졌다.

15   유언(劉焉)[74]이 익주(益州, 사천성과 운남성)에서 은밀히 다른 계책을 꾀하였다. 패(沛) 사람 장로(張魯)는 할아버지 장릉(張陵) 이래 대대로 오두미도(五斗米道)[75]를 신봉하였고, 고향을 떠나 촉에서 객으로서 거주하였다. 장로의 어머니가 귀신의 도를 가지고 항상 유언의 집을 왕래하였는데, 유언이 마침내 장로를 독의(督義)사마로 삼았고,[76] 장

---

73 행직 즉 임시직이다. 대리거기장군인 셈이다.

74 익주 자사이다.

75 일명 천사도(天師道)라고도 하며, 입도하여 신도가 될 때 미(米) 다섯 두를 바친다고 하여 오두미도 또는 오두미교라고 하였다.

76 유언은 촉에서 독의사마와 조의(助義), 포의(襃義)교위를 처음 만들었고, 유표는 형주에서 수민(綏民)교위를 만들었다. 한조가 쇠퇴하자 제후들이 황제의 명령을 농단하며 제멋대로 관직을 만들어낸 예이다.

수(張脩)를 별부사마로 삼았으며, 군사를 합하여 한중(漢中) 태수 소고 (蘇固)를 습격하여 죽이고 야곡각(斜谷閣)⁷⁷을 끊고 한나라의 사신을 살해하였다.

유언이 편지를 올려 말하였다.

"미적(米賊, 오두미도를 믿는 도적)이 길을 끊어 다시 왕래할 수 없습니 다."

또 다른 일로 주에 사는 호강(豪强)인 왕함(王咸)과 이권(李權) 등 십 여 명을 죽여 위엄과 형벌을 확립하였다.

건위(犍爲, 사천성 팽산현) 태수 임기(任岐)와 교위 가룡(賈龍)은 이로 말미암아 군사를 일으켜 유언을 공격하였지만, 유언이 임기와 가룡을 쳐서 죽였다. 유언의 뜻이 점차 강해졌으며 승여(乘輿)와 수레도구 천 여 승(乘)⁷⁸을 만드니, 유표가 '유언이 '자하(子夏)가 서하(西河)에서 성인을 의혹했던 것⁷⁹을 흉내 내고 있다.'는 논리를 올렸다.

이때 유언의 아들 유범(劉範)을 좌중랑장으로 삼고, 유탄(劉誕)을 치 서(治書)어사로 삼았으며 유장(劉璋)을 봉거(奉車)도위로 임명하여 모 두 황제를 따라 장안에 있었고, 오직 어린아이인 별부사마 유모(劉瑁)

---

77 도로 명칭으로 야곡통로이며 섬서성 미현 서남부에 있다.

78 고대에 수레를 세는 단위이다.

79 《예기》 단궁(檀弓)에 '증자가 자하를 질책하며 말하길, 나는 그대와 함께 수수 (洙水), 사수(泗水) 근방에서 선생님을 섬기다가 물러나 서하에서 노년을 보 냈는데, 서하의 주민들이 그대를 우리 선생님으로 의심케 하니 이것이 첫 번 째 죄이다.'에서 인용한 말이다. 유언이 촉에서 마치 천자처럼 분수에 지나친 행동을 하여 촉의 주민들이 유언을 천자로 의심하도록 만든다고 유표가 자 하의 예를 들어 유언의 잘못을 지적한 것이다.

만이 평소대로 유언을 따라가 있었는데, 황제는 유장으로 하여금 유언에게 효유(曉誘)[80]하게 하였으나 유언이 유장을 머무르게 하고 돌려보내지 않았다.

16   공손도(公孫度)[81]가 위엄을 해외까지 떨치니 중원에 사는 인사 가운데 난을 피해온 사람들이 많이 그에게 귀부하였는데, 북해(北海, 산동성 창낙현) 사람 관녕(管寧)·병원(邴原)·왕렬(王烈)도 모두 가서 의탁하였다.

관녕이 어린 시절 화흠(華歆)과 벗하였는데, 일찍이 화흠과 함께 채소밭을 김매다가 땅에 금이 있는 것을 발견하였는데도 관녕은 호미를 놀려 김맬 뿐 돌아보지 않으며 기와나 돌과 다름없게 생각하였지만 화흠은 그것을 주웠다가 던져버리니 사람들이 이것으로 그들의 우열을 알았다.

병원은 멀리 유학갔다가 8~9년 만에 돌아가게 되자, 스승과 친구들이 병원이 술을 마시지 않는 까닭에 쌀과 고기를 모아주면서 송별하였는데, 병원이 말하였다.

"본래 술을 마실 수 있었으나 단지 생각을 황폐하게 하고 할 일을 놓아버리게 될 것이므로 끊었을 뿐이오. 지금 멀리 헤어질 때를 맞았으니 한 번 마시고 잔치를 할 만합니다."

이에 함께 앉아 술을 마시는데 종일 마셔도 취하지 않았다.

관녕·병원 모두 절조 있는 행동과 고상한 품격이 있어서 칭찬을 받

---

80 알아듣도록 타이르는 것을 말한다.

81 자칭 요동후 겸 평주목이다.

앗으므로 공손도는 관(館)[82]을 비우고 그들을 기다렸다. 관녕이 이미 공손도를 보고나서 마침내 산 계곡에 초막을 만들었는데, 이때 난을 피하는 사람들은 대부분이 군의 남쪽에 거주하였으나, 관녕만은 홀로 북부에 거주하며 돌아갈 뜻이 없음을 보였고, 뒤에 사람들이 점차 와서 그를 좇으니 열흘에서 한 달 만에 읍(邑)을 이루었다.

관녕은 공손도를 볼 때마다 오직 경전만을 이야기했고 세상의 일은 언급하지 않았는데, 산으로 돌아와서는 오로지 《시(詩)》·《서(書)》를 강론하고 조두(俎豆)[83]를 익혔으며 학자가 아니면 만나지 않았다. 이로 말미암아 공손도는 그의 현명함에 안심하고 백성은 그의 덕으로 감화되었다. 병원은 성격이 굳고 곧아서 청의(淸議)로써 사물을 올바르게 하니[84] 공손도 밑에 있는 사람들은 마음이 편하지 못하였다.

관녕이 병원에게 말하였다.

"잠룡(潛龍)[85]은 드러나지 않음으로써 덕을 이루는 것이네. 말을 하

---

82 객관(客館)을 말한다.

83 도마와 접시로 제사지내는 그릇이다. 여기서는 제사지내는 의식을 말한다.

84 청의(淸議)란 높고 깨끗한 언론을 말한다. 원래 후한 말 환관이 깨끗해야 함을 주장하는 선비들의 논의가 있었다. 그 후 이 청렴 기준으로 인물을 평가하였는데 병원은 시사평론이나 인물품평 같은 비판을 잘 하였던 모양이다. 여기서 사물은 대체적으로 인물을 말한다.

85 잠룡이란 물속에 잠겨있는 용이다. 《주역》의 64건괘 중 첫 번째 괘로, 여섯 개의 양효(陽爻) 가운데 맨 아래의 양효를 가리키는 초구(初九 : 初는 맨 아래 효란 뜻이고, 九는 陽爻를 가리키는 말)의 효사(爻辭)를 보면 '잠룡은 쓰이지 못한다.'라는 말이 있다. 이에 대하여 공자는 '군자란 덕을 이루어서 행동하고, 이를 감추어서 말한다. 숨겨서 보이지 않고 가도 완성되지 아니하니 이리하여서 군자는 쓰이지 않는다.'고 하였다.

더라도 그때에 맞지 아니하면[86] 모두 화를 부르는 길일세.”

은밀히 병원을 보내어 달아나 돌아가도록 하였는데, 공손도가 소식을 듣고는 다시 쫓지 않았다.

왕렬(王烈)은 도량과 학업에서 보통 사람을 넘어섰으며, 젊은 시절의 명성과 평판이 병원·관녕보다 높았다. 교유(敎誘)[87]를 잘하였는데, 향리에 소를 훔친 자가 있어서 주인이 그를 잡자, 도둑이 죄를 받겠다고 청하며 말하였다.

“형벌을 받고 죽는 것은 달게 받겠사오나 왕언방(王彦方)[88]이 알지 못하게 해 주십시오!”

왕렬이 듣고 사람을 보내어 감사하며 포(布) 한 단(端)[89]을 보냈다.

어떤 사람이 그 이유를 물으니 왕렬이 말하였다.

“도둑이 내가 자기의 허물을 들을까 두려워하니, 이는 악한 것을 부끄러워하는 마음을 가진 것이며, 이미 악한 것을 부끄럽다고 알고 있으니 선한 마음이 곧 생길 것이고, 그러므로 포를 보내 선하게 되도록 권고한 것이다.”

후에 어떤 노인이 길에서 검을 잃었는데 길을 가던 한 사람이 보고 그것을 지키고 있었다. 저녁에 이르러 노인이 돌아와서 검을 찾고는 이상하게 여겨 이 일을 왕렬에게 알렸다. 왕렬이 그 사람을 찾도록 시켰

---

86 ‘말을 시의적절 하게 하지 않으면’이라는 뜻이다.

87 가르치고 어루만지며 달래는 것을 말한다.

88 왕렬의 자가 언방이다.

89 포백(布帛)은 6장(丈)을 한 단이라고 하지만 어떤 경우에는 8장(丈)을 한 단이라고 하였는데, 옛날에는 2장(丈)을 한 단이라고 하였다.

는데 바로 전에 소를 훔쳤던 사람이었다.

여러 가지 옳고 그름을 다툴 일이 있으면 바야흐로 그것을 왕렬에게 가서 물었는데, 어떤 사람은 길을 나서다가 돌아가고 혹은 초막만을 바라보고 돌아왔으며 모두가 곧음을 가지고 미루어 생각해 보고는 감히 왕렬이 듣도록 하지 않았다. 공손도가 장사(長史)로 삼으려고 하자 왕렬이 이를 사양하고 상인이 되어 스스로 더럽혀지게 하니 마침내 면직시켜 주었다.

조조를 찾아 간 순욱

효헌제 초평 3년(壬申, 192년)

1 봄, 정월 정축일[90]에 천하에 사면령을 내렸다.

2 동탁이 우보(牛輔)[91]를 파견하여 군사를 거느리고 섬현(陝縣)에 주둔하게 하니, 우보가 교위인 북지 사람 이각(李傕)·장액 사람 곽사(郭汜)·무위 사람 장제(張濟)를 나눠보내어 보병과 기병 수만 명을 이끌고 중모에서 주준을 격파하였으며, 이어서 진류(陳留, 하남성 진류현)와 영천에 있는 여러 현을 약탈하도록 하니, 그들이 지나간 곳에는 죽거나 포로로 잡혀 남은 것이 없었다.

애초에 순숙(荀淑)에게는 손자가 있었는데, 순욱(荀彧)이라고 불렀으며, 어려서 재능이 있다고 이름이 났었다. 하옹(何顒)이 그를 보고 특

---

90 정월 초하루가 경인일이므로 정월에는 정축일이 없다. 만약에 정축(丁丑)이 정사(丁巳)의 잘못이라면 이날은 정월 28일이다.

91 이때 중랑장이다.

이하게 여기며 말하였다.

"제왕(帝王)을 보좌할 인재로다!"

천하가 혼란하게 되자 순욱이 마을의 부로(父老)에게 말하였다.

"영천은 사전(四戰)의 땅[92]이니 의당 속히 이곳을 피해야 합니다."

고향 사람들은 대부분 토지에 집착하여 떠날 수 없었는데, 순욱만이 종족을 이끌고 다른 지역으로 가서 한복(韓馥)에게 의지하였다.

마침 원소가 이미 한복의 지위를 빼앗았고 순욱을 상빈의 예로 접대하였다. 순욱은 원소가 결국 대업을 완성시키지 못할 것임을 헤아렸는데, 조조가 웅대한 책략을 갖고 있다는 소식을 듣고는 원소를 떠나 조조를 따랐다.

조조가 그와 대화를 해보고 크게 기뻐하며 말하였다.

"나의 자방(子房)이다!"[93]

분무사마[94]로 삼았다. 그의 고향 사람들 가운데 마을에 남았던 자들은 대부분 이각·곽사 등의 군대에게 살해당하였다.

3   원소가 스스로 나아가서 공손찬의 군대를 막았는데, 공손찬과 맞서 계교(界橋)[95]의 남쪽 20리 떨어진 지점에서 싸웠다. 공손찬의 군사는 3만이고 그 칼날은 대단히 예리하였다. 원소는 국의(麴義)에게 정예

---

92 땅이 평평하여 사방에서 적의 침공을 받을 수 있는 곳을 말한다.

93 자방은 전한시대에 유방을 도와 모사를 하였던 장량의 호이다. 여기서는 순욱을 장량(張良)에게 비유한 말이다.

94 조조는 애초에 동탁 토벌을 위해 병사를 일으켰을 때 분무(奮武)장군을 겸했었다. 그래서 순욱을 분무사마로 삼은 것이다.

95 다리 명칭으로서 하북성 청하현에 있다.

의 군사 800명을 이끌고 먼저 올라가서, 강력한 쇠뇌 일천 장(張)으로 이들을 협승(夾承)[96]하도록 하였다.

공손찬은 그 병사의 수가 적은 것을 가벼이 보고는 기병을 풀어 오르게 하였다. 국의의 군사들은 방패 아래에 엎드려 움직이지 않다가 10여 걸음도 채 안 되는 지점에 이르는 순간에 일시에 함께 쇠뇌를 쏘고 환호성을 질러 땅을 움직이듯 하자 공손찬의 군사들이 대패하였다.

그가 임명한 기주 자사 엄강(嚴綱)의 목을 베고 갑병(甲兵)의 머리 1천여 급을 획득하였다. 쫓아가서 계교에 이르자 공손찬이 군사를 수습하여 돌아와 싸웠으나 국의가 다시 이들을 격파하고 마침내 공손찬의 진영에 이르러 그들의 아문(牙門)[97]을 뽑아버리니 나머지 무리는 모두 달아났다.

애초에 연주(兗州) 자사 유대(劉岱)는 원소, 공손찬과 화평하게 지내서 원소는 처자식을 유대의 집에 거주하도록 하였고, 공손찬 역시 종사 범방(范方)을 보내어 기병을 거느리고 유대를 돕게 하였었다.

공손찬이 원소의 군대를 격파하자 유대에게 원소의 처자를 보내라고 말하고 별도로 범방에게 지시하였다.

"만약 유대가 원소의 가족을 보내지 않으면 기병을 거느리고 돌아오리라! 내가 원소를 평정하고서 곧 군대로 유대에게 압박을 가하겠다."

유대는 관속과 함께 논의하였으나 며칠이 지나도 결정 나지 않자, 동군 사람 정욱(程昱)이 지모가 있다는 소문을 듣고 불러서 그에게 물

---

96 강노(強弩)군을 대열 사이에 끼워 아군을 돕는 진형을 표현한 것이다.

97 군문(軍門)의 표시로 세워진 깃발을 말한다. 깃대에 상아를 박았던 데서 유래하며 본부를 표시하는 깃발을 아기라 하고 아기가 있는 군문을 아문이라고 한다.

었다.

정욱이 말하였다.

"만약 원소가 가까이서 원조하는 것을 버리고, 공손찬이 먼 곳에서 와서 도와주기를 구한다면 이것은 월나라에서 사람을 빌려 물에 빠진 아이를 구하자는 얘기입니다.[98] 무릇 공손찬은 원소의 적수가 아닌데 지금 비록 원소의 군대를 무너뜨렸다 해도 끝내 원소에게 사로잡히게 될 것입니다."

유대는 그 말을 따랐다. 범방이 그의 기병을 거느리고 돌아갔는데 도착하기도 전에 공손찬이 패하였다.

4   조조가 돈구(頓丘, 하북성 청풍)에 진을 치니 우독(于毒)[99] 등이 동무양(東武陽, 산동성 신현)을 공격하였다. 조조는 군사를 인솔하고 서쪽으로 가서 산으로 들어가 우독 등의 본진을 공격하였다.[100] 제장들이 모두 무양을 구원하자고 청하였다.

조조가 말하였다.

"도적에게 우리가 서쪽으로 갔다가 돌아온다는 소식을 듣게 하면 무양은 자연히 풀어질 것이고, 돌아오지 않으면 내가 그들의 본진을 무너

---

98 상황에 맞지 않다는 뜻이다. 월(越) 지역에 사는 사람들이 수영을 잘하니 지금 물에 빠진 아이를 구하려는 대책으로는 그럴 듯하지만 월 사람이 물에 빠진 아이가 있는 곳까지 오기에는 너무 멀어 월 사람이 왔을 때에는 물에 빠진 아이는 이미 죽은 상태가 된다. 그러므로 현실에 맞지 않는 대책을 비유할 때 이 말을 사용하다.

99 반란 세력의 우두머리이다.

100 우독 등은 당시에 위군(魏郡)을 약탈하고서 서쪽 산에 주둔하고 있었다.

뜨릴 수 있을 것이니 야만인이 무양을 함락시킬 수 없음은 분명하다."

마침내 떠났다.

우독이 이 소문을 듣고 무양을 버리고 돌아갔다. 조조는 마침내 수고(眭固)[101]와 흉노의 난제어부라[102]를 내황(內黃, 하남성 내황)에서 공격하여 모두 그들을 대파했다.

---

101 반란 세력의 우두머리이다.

102 흉노의 41대 선우이다.

5 동탁이 아우 동민(董旻)을 좌장군으로 삼고, 형의 아들 동황(董
璜)을 중군교위로 삼으니, 모두 군사의 일을 관장하였고, 종족들이 안
팎으로 나란히 조정에 늘어서게 되었다. 동탁의 시첩이 품에 안고 있는
아들도 모두 제후로 봉하니 금인과 자색 인수[103]를 가지고 놀았다.

동탁의 수레와 의복은 분수에 지나쳐서 황제를 모방하였고, 삼대(三
臺)[104]를 불러서 부렸으며, 상서 이하는 모두 스스로 동탁이 있는 태사
부(太師府)에 가서 일을 보고하였다. 또 미(郿, 섬서성 미현)에 작은 보루
〈塢〉를 축조하였는데 높이와 두께가 모두 7장(丈)이고 30년간 먹을 만
큼 곡식을 쌓아 저장하고서 스스로 말하였다.

"일이 이루어지면 천하에 웅거할 것이고, 이루지 못하더라도 이것을
지킨다면 늙어 죽을 때까지 충분하다."

동탁은 주살하는 일에서 잔인하였는데, 제장 가운데 말을 하다가 차

---

103 금인(金印)과 자수(紫綬)를 말한다. 진대와 한대에는 상국·승상·태위·대사
    마·태부·열후에게 모두 금인과 자수를 수여하였다.

104 상서대(尙書臺), 어사대(御史臺), 부절대(符節臺)를 말한다. 상서대는 중대, 어
    사대는 헌대, 알자대는 외대라고도 하며 이것도 3대라고 한다.

질이 있는 사람은 즉시 앞에서 죽이니 사람들이 안심하고 살아가지 못하였다. 사도 왕윤(王允)과 사예교위 황완(黃琬)·복야 사손서(士孫瑞)·상서 양찬(楊瓚)이 동탁을 죽이기로 은밀히 모의하였다.

중랑장 여포(呂布)는 활쏘기와 말 타기에 익숙하였고, 근력이 남보다 뛰어났다. 동탁은 스스로 사람을 만나면 무례하게 대하였는데, 다니건 머물러 있건 항상 여포가 자기를 호위하도록 하며 그를 아주 총애하고 신뢰하였으며, 서약하여 부자(父子)가 되었다.

그러나 동탁의 성격이 강하고 편협하여, 일찍이 동탁의 의도하는 것을 조금 놓친 적이 있자 동탁이 수극(手戟)[105]을 빼어 여포에게 던졌는데 여포는 힘쓰는 것이 재빨라서 이를 피하였고 용모를 고치고 돌아와서 사죄하니 동탁의 마음도 역시 풀어졌다. 여포는 이로 말미암아 은근히 동탁에게 원한을 품었다.

동탁은 또 여포에게 중각(中閤)을 지키게 하였는데 부비(傅婢)[106]와 사통하니 더욱 스스로 불안하였다. 왕윤은 평소 여포를 잘 대해주었는데, 여포가 왕윤을 보고 동탁에게 거의 죽게 되었던 상황을 스스로 설명하자 왕윤은 이 기회를 틈타 동탁을 살해할 음모를 여포에게 알리고 그에게 내응하도록 만들었다.

---

105 극(戟)이란 끝이 좌우로 가닥 진 창이고 수극(手戟)은 손으로 잡고 던지기에 편리한 작은 창을 말한다.

106 의복을 챙기는 일을 하는 비녀이다. 부(傅)를 부(附)로 풀이하여 부비를 측근에서 총애를 받는 비녀로 해석하는 설도 있다. 《삼국지연의》에서는 이 여자를 초선(貂蟬)으로 그리는데 중국의 4대 미녀 가운데 하나라고 한다. 이 여자는 왕윤의 양녀로 왕윤이 여포에게 시집보내려 했는데, 나중에 동탁에게 바치고서 여포에게는 동탁이 억지로 차지했다고 하여 여포가 배반하도록 부추겼다는 것이다.

여포가 말하였다.

"부자 관계를 어찌해야 합니까?"

왕윤이 말하였다.

"그대 자신의 성이 여(呂)씨이니 본래 골육은 아니오. 지금 죽음을 걱정하기에도 겨를이 없는데 어찌 부자관계를 말하겠는가? 수극을 던질 때 어찌 부자의 정이 있었겠는가!"

여포가 마침내 허락하였다.

여름, 4월 정사일[107]에 황제가 병환을 얻었다가 새로이 쾌유하였으므로 미앙전(未央殿)에서 대연회가 열렸다. 동탁이 조복을 입고 수레를 탄 채 들어왔다. 길을 끼고 양 옆에 군사를 도열시키고 군영에서 궁에 이르는데 왼쪽에는 보병, 오른쪽에는 기병이 주위를 빙 둘러 호위하며 여포 등에게는 앞뒤를 막고 호위하도록 하였다.

왕윤이 사손서에게 조칙을 스스로 쓰게 하여[108] 여포에게 주자, 여포는 자신과 같은 군 출신인 기도위 이숙(李肅)과 용감한 병사 진의(秦誼)와 진위(陳衛) 등 10여 명을 위사의 복장을 거짓으로 입히고 북액문(北掖門) 안을 지키면서 동탁을 기다리게 하였다.

동탁이 문에 들어서자 이숙이 그를 창으로 찔렀다. 동탁은 속에 갑옷을 입고 있어서 들어가지 않고 팔을 다치고, 수레에서 떨어져 뒤를 돌아보면서 크게 부르며 말하였다.

"여포는 어디 있는가!"

---

107 4월 1일은 기미일이므로 4월에 정사일은 없다. 《후한서》에 이 사건이 일어난 날짜가 4월 신사(辛巳)로 되어 있으며, 4월 신사일은 23일이다.

108 당시 사손서는 상서복야였다. 기밀이 누설될까 두려워 왕윤이 사손서에게 조칙을 쓰게 했던 것이다.

여포가 말하였다.

"조서가 내려졌는데, 적신(賊臣)[109]을 토벌하라고 하였소."

동탁이 크게 욕하며 말하였다.

"용렬한 개야, 감히 이럴 수가 있는가!"

여포가 소리에 응답하듯 창을 잡고 동탁을 찌르고 병사를 재촉하여 목을 베었다. 주부 전의(田儀)와 동탁의 창두(倉頭)[110]가 앞으로 나아가 시체가 있는 곳에 이르자, 여포가 또 그들을 죽이니, 무릇 살해된 자가 3명이었다.

여포가 바로 품속에서 조판(詔版)[111]을 꺼내어 관리와 병사에게 명령하였다.

"조칙으로 동탁을 토벌했을 뿐이다. 나머지는 모두 불문에 부친다."

관리와 사병 모두들 똑바로 서서 부동자세로 크게 만세를 외쳤다.

백성들은 길에서 노래하고 춤을 췄으며, 장안성 안에 사는 사대부 가문의 부녀자 가운데 자신의 주옥과 의장품을 팔아 술과 고기를 사서 서로 축하하는 자가 거리와 점포를 메웠다. 동생 동민과 동황 등과 종족 가운데 노약자는 미현(郿縣)에 있었는데, 모두 그곳을 점령한 무리들에게 찍히고 사살 당하였다.

동탁의 시체를 저자에 드러내놓았는데 날씨가 덥기 시작하였고, 동탁이 평소 살이 찌고 비대하여 기름이 땅에 흘렀으므로 시신을 지키는

---

109 불충한 신하를 말한다.

110 심부름꾼이다. 옛날에 신분이 천한 자는 머리에 푸른 수건을 동여매서 창두라고 칭했다.

111 조서를 쓴 판을 말한다. 이때 조서는 나무판에 썼다.

관리가 큰 등불의 심지를 만들어 동탁의 배꼽 속에 넣고 이를 태우니 밝은 빛이 새벽까지 갔으며, 이와 같이하면서 여러 날을 보냈다. 여러 원씨 문생이 동씨의 시신을 모아서 태운 재를 길에 뿌렸다. 보루[112] 안에는 금 2~3만 근과 은 8~9만 근, 금기(錦綺)와 진기한 완구가 산처럼 쌓여 있었다.

왕윤을 녹상서사(錄尙書事)로 하고, 여포를 분위(奮威)장군[113]으로 삼아 부절을 주고 의비삼사(儀比三司)[114]로 삼았으며, 온후(溫侯)[115]에 책봉하였고 공동으로 조정의 정사를 관장하게 하였다.

동탁이 죽을 적에 좌중랑장인 고양후[116] 채옹(蔡邕)이 왕윤과 함께 있었는데, 소식을 듣고 놀라며 탄식하였다. 왕윤이 발끈하여 그를 질책하였다.

"동탁은 나라의 큰 역적이고 한나라 황실을 거의 망하게 했는데, 그대는 왕의 신하로서 함께 미워해야만 하거늘 사사로운 대우를 마음에 품고 도리어 애통해하니 어찌 함께 반역을 행한 것이 아니겠소!"

즉시 채옹을 체포하여 정위에게 보냈다.

채옹이 사과하며 말하였다.

"제 몸은 비록 충성스럽지 아니하나 예부터 오늘에 이르는 큰 의로

---

112 미오성(郿塢城)을 말한다.

113 한 원제(元帝) 때 처음 시작된 제도이다. 심약(沈約)은 여포의 직책을 분무장군으로 기록하고도 있다.

114 의동삼사(儀同三司)와 같다. 즉 대례상의 대우를 삼공과 같이 하는 것이다.

115 온현(溫縣)은 하내군(河內郡) 소속의 현이다.

116 고양현(高陽縣)은 전한시대는 탁군(涿郡), 후한시대는 하간국(河間國) 소속이었다.

움에 관해서는 귀에 싫증나게 들은 바이고, 입에 항상 읊조리는 바인데 어찌 나라를 등지고 동탁을 향하겠습니까! 바라건대 얼굴에 먹물을 들이고 발을 잘라내더라도[117] 한나라 왕조의 역사는 계속하여 이루고 싶습니다."[118]

사대부 대부분이 딱하게 여기고 구제해주려고 하였으나 할 수 없었다.

태위 마일제가 왕윤에게 말하였다.

"백개(伯喈)[119]는 세상에서 보기 드문 출중한 인재이며 한나라 왕조의 일을 많이 알고 있으니 마땅히 후에 역사책을 완성하도록 하여 한 세대의 큰 경전으로 삼게 해야 합니다. 연루된 것이 지극히 작은데, 그를 죽이면 마침내 인망(人望)을 잃는 일이 없겠습니까!"

왕윤이 말하였다.

"옛날 무제가 사마천을 죽이지 않아서 이 때문에 비방하는 글[120]이 후세에 흘러 다니게 되었다. 바야흐로 지금은 나라의 운명이 중도에 쇠퇴하고 야만인의 말이 교외에 있으니 아첨하는 신하가 어린 군주의 좌

---

117 얼굴에 문신을 새기는 경형(黥刑)과 발꿈치를 베는 월형(刖刑)을 말한다. 여기서는 죽음만 면하게 해달라는 뜻이다.

118 채옹은 삭방(朔方)으로 귀양을 갔는데 징역 도중에 편지를 올려 《한서(漢書)》의 여러 지(志)를 계속 쓸 수 있도록 해달라고 간청했다.

119 채옹의 자이다.

120 무릇 사관(史官)은 선악을 반드시 다 쓴다. 사마천은 무제의 악행만을 지적한 것이 아니고 한나라의 좋지 못한 것에 대해 모두 비방하였는데 고조가 가령(家令)을 잘한 말과 무제가 민전(緡錢)을 계산하고 술을 독점하여 판매한 것 같은 것도 기록하였다.

우에서 붓을 잡도록 하는 것은 옳지 않으며, 이미 성스러운 은덕을 베푸는 일[121]에 도움이 되지 않고 다시 우리들이 그의 비평을 받도록 하는 것이다."

마일제가 물러나와 사람들에게 알렸다.

"왕공은 후사가 없겠군! 선한 사람은 나라의 기강이고[122] 제작(制作)[123]은 나라의 경전인데, 기강을 없애고 경전을 폐하니 오래갈 수 있겠는가!"

채옹이 마침내 옥중에서 죽었다.

애초에, 황문시랑 순유(荀攸), 상서 정태(鄭泰), 시중 충집(种輯) 등이 모의하며 말하였다.

"동탁은 교만하고 잔인하며 친한 사람도 없으며, 비록 강한 군사를 밑천으로 삼으나 사실은 하나의 필부일 뿐이니 직접 찔러 죽일 만하다."

일이 곧바로 진행되다가 발각되어서, 순유는 잡혀서 옥에 구금되었고 정태는 도망하여 원술에게로 달아났다. 순유는 말하는 것과 음식 먹는 일에서 태연하였는데 마침 동탁이 죽자 벗어날 수 있었다.

---

121 천자의 덕망을 말한다.

122 《좌전》의 '善人 天地之起也 而絶之 不亡何待'에 근거한 말이다.

123 제도와 창작 또는 역사 서술을 말한다.

장안으로 들어온 동탁의 잔당들

6   청주(靑州, 산동반도)의 황건적이 연주(兗州, 산동성 서부)를 침략하자 유대(劉岱)가 이들을 치려고 하니, 제북(濟北, 산동성 장청현)의 재상 포신(鮑信)이 간하였다.

"지금 도적의 무리는 백만 명이고 백성들은 모두 두려움에 떨고 있으며 병사는 싸울 뜻이 없으니 대적할 수 없습니다. 그러나 적군에게 치중(輜重)은 없고 오직 약탈한 것만을 밑천으로 삼고 있으니, 지금은 병사들이 힘을 쌓고 우선 굳게 지키는 것만 못합니다. 저들이 싸우려고 하여도 싸울 수 없고 공격하여도 또 할 수 없게 되면 그 세력은 반드시 흩어질 것이고, 그런 연후에 정예의 군사를 뽑아 요해처(要害處)[124]를 점거하여 적을 치면 격파할 수 있습니다."

유대가 따르지 않고 마침내 맞서 싸웠으나 결과적으로 살해되었다.

조조의 부장인 동군(東郡, 산동성 조성현) 사람 진궁(陳宮)이 조조에게 말하였다.

"주에는 지금 주인이 없고 왕명은 끊겼는데, 저 진궁이 청하건대

---

124 요해지(要害地), 즉 지세가 험준하여 적을 방비하기 편리한 곳을 말한다.

주 내의 강기(綱紀)[125]에게 유세하시어 밝으신 부군(府君)[126]께서는 곧 찾아가서 그들을 다스리고,[127] 그것을 바탕으로 삼아 천하를 거두십시오. 이것이 패왕(霸王)이 될 사람이 해야 할 사업입니다."

진궁이 이어서 별가와 치중에게 가서 유세하였다.

"지금 천하는 분열되었고 주에는 주인이 없는데, 조 동군(曹 東郡)[128]은 세상에 명망이 높은 인재이니 만약 맞이하여 주를 다스리게 하면 반드시 살아있는 백성을 편안하게 할 것입니다."

포신 등도 역시 그러하다고 생각하여, 마침내 주의 관리인 만잠(萬潛) 등과 함께 동군에 가서 조조를 영접하여 연주 자사의 업무를 관장하게 하였다.[129]

조조가 마침내 군사를 진격시켜 황건적을 수장(壽張, 산동성 동평현)의 동부에서 쳤으나 불리하였다. 도적의 무리는 정예이며 사나웠고, 조조의 병사는 적고 약하였다. 하지만 조조는 어루만져 복종시키고 격려하며 상벌을 분명히 세우면서 사이를 틈타 속임수를 쓰며 주야로 싸웠는데, 싸우면 번번이 사로잡으니 적은 마침내 물러나 달아났다.

포신이 전사하자 조조는 현상금을 내걸고 그의 시신을 찾았으나 찾

---

125 주의 별가와 치중 및 여러 종사들을 말한다.

126 태수나 현령의 존칭이다. 당시 조조는 동군(東郡) 태수였다. 따라서 조조를 가리킨다.

127 원문은 목지(牧之)로 되어 있다. 목민관(牧民官)이 되라는 말이고, 이는 주목(州牧)이 되라는 의미이다. 구체적으로는 동군이 속한 연주목(兗州牧)이 되라는 말이다.

128 동군 태수 조조를 가리킨다.

129 영직이다. 관직명은 영연주자사이다.

지 못하자 마침내 나무를 깎아서 포신의 형상과 같이 만들어 제사지내고 곡을 하였다. 조서를 내려 경조(京兆, 섬서성 서안) 사람 금상(金尙)을 연주 자사로 삼았는데, 바야흐로 자기 부서로 가려고 할 즈음에 조조가 그를 맞아서 치니 금상은 원술에게로 달아났다.

7   5월에 정서장군 황보숭을 거기장군으로 삼았다.

8   애초에 여포가 왕윤에게 동탁의 부곡(部曲)들을 모두 죽이라고 권고하자 왕윤이 말하였다.

"이들은 죄가 없으니 할 수 없다."

여포가 동탁의 재물을 공경과 장교에게 나누어주려고 하자 왕윤이 또 따르지 않았다.

왕윤은 평소 여포를 검객으로 대우했지만 여포는 자신의 공로를 짊어지고 스스로 자만과 자랑을 많이 하였는데, 이미 속으로 바라던 것을 잃게 되어 점차 서로 평화롭게 지내지 못했다. 왕윤은 성격이 강하고 모질지만 악한 것을 싫어하였는데, 처음에는 동탁을 두려워하였기에 의지를 꺾고 낮추었었다.

동탁이 이미 섬멸되었으므로 스스로 다시 환난이 없으리라 생각하였고, 자못 스스로 교만하게 구니 이 때문에 여러 아래 사람들이 그를 아주 붙지는 않았다.

왕윤이 처음에 사손서와 의논하여 특별히 조서를 내려 동탁의 부곡(部曲) 사람들을 사면하기로 하고 나서 의심하며 말하였다.

"부곡의 사람들은 그 주인을 따랐을 뿐이다. 지금 만약 그들을 악한 역적의 무리라고 이름을 붙였다가 사면해주면 스스로 깊이 의혹하도록 만드는 것이니, 그들을 편안하게 하는 것이 아닐까 걱정이다."

이에 중지하였다.

또 그 군대를 전부 해산할 것을 논의하는데 어떤 사람이 왕윤에게 유세하였다.

"양주(涼州, 감숙성) 사람은 평소 원씨[130]를 꺼리고 관동[131] 지역의 군대를 두려워하는데, 지금 만약 하루아침에 군사를 해산하고 관문(關門)[132]을 열어놓게 되면 반드시 사람들마다 스스로 위태로워질 것이라고 생각합니다. 황보의진(皇甫義眞)[133]을 장군으로 삼아서 그 무리를 거느리고 이를 기회로 섬(陝, 하남성 섬현)에 머무르도록 하여 그들을 안무하는 것이 좋겠습니다."

왕윤이 말하였다.

"그렇지 않소. 관동에서 의병을 일으킨 자는 모두 우리 무리인데, 지금 만약 험준한 요새를 막고 섬(陝)에 주둔하게 되면 비록 양주(涼州) 사람들을 안심시키기는 하지만 관동 사람들의 마음을 의혹시킬 것이니 옳지 않소."

이때 백성들 사이에 양주사람들을 모두 죽여야만 한다는 말이 와전되자, 동탁에게 속했던 옛 장교들은 마침내 서로 두려워하며 움직여서 모두 병사를 끼고 스스로 지키면서 또 서로에게 말하였다.

"채백개(蔡伯喈)[134]는 단지 동공(董公)이 친하게 아꼈고 후대하였기

---

130 원소를 말한다.

131 함곡관의 동쪽을 뜻하며 구체적으로는 관동의 군사를 의미한다.

132 함곡관의 관문이다.

133 황보숭을 말한다.

때문에 오히려 연루되었던 것이오. 지금 우리들을 사면하지도 않고 군사를 해산시키려고 하는데, 오늘 병사를 해산시킨다면 내일은 다시금 어육(魚肉)[135]이 되어야 할 것이오."

여포가 이숙에게 섬에 가도록 하고, 조서를 내려서 우보(牛輔)를 죽이도록 명령하자, 우보 등이 이숙을 맞아 싸웠는데, 이숙이 패하여 홍농(弘農, 하남성 영보현)으로 달아났지만 여포가 그를 죽였다. 우보는 방어하지 못함을 두려워하였는데, 마침 군영 내에 아무런 이유 없이 놀랄 일이 벌어지자 우보가 달아나려고 하다가 좌우 사람들[136]에게 살해당하였다. 이각 등이 돌아왔으나[137] 우보가 이미 죽어서 의지할 곳이 없어지자 사자를 파견하여 장안에 가서 사면을 청구하도록 하였다.

왕윤이 말하였다.

"일 년에 사면령을 두 번 내릴 수 없다!"

허락하지 않았다.

이각 등은 더욱 두려워하여 어찌할 바를 모르고 각자 해산하여 샛길로 향리로 돌아가려고 하였는데, 토로(討虜)교위인 무위(武威, 감숙성 무위현) 사람 가후(賈詡)가 말하였다.

"제군들이 만약 군대를 버리고 혼자서 간다면 한 명의 정장(亭長)[138]

---

134 채옹을 말한다.

135 어육(魚肉), 즉 생선의 고기와 짐승의 고기를 뜻하나 참살 당함을 비유한 말이다.

136 측근에 있는 부하들을 말한다.

137 진류(陳留)와 영천(潁川)의 여러 군에서 돌아왔다는 말이다.

138 정(亭)의 장을 말한다.

이라도 그대를 잡을 수 있을 것이오. 서로 인솔하여 서쪽으로 가서 장안을 공격하고 동공을 위하여 복수하고 일이 이루어지면 국가를 받들어 천하를 바로잡는 것만 못하오. 만약 그것이 맞아떨어지지 않게 되면 [139] 그때 달아나도 늦지 않소."

이각 등은 그러하다고 생각하고 마침내 서로 맹약을 맺고 군사 수천 명을 인솔하여 새벽부터 밤늦게까지 서쪽으로 갔다. 왕윤은 호문재(胡文才)와 양정수(楊整脩)가 모두 양주(涼州)의 대인(大人)[140]이기 때문에 불러서 동쪽으로 오게 하여 이 내용을 해석해주도록 하였는데, 온화한 얼굴을 하지도 않으며 말하였다.

"관동의 쥐새끼들이 무엇을 하려고 하는가? 경이 가서 그들을 불러 오시오!"

이에 두 사람이 갔고 실제로 군사를 불러 돌아왔다.

이각이 길을 따라가면서 군사를 거두니 장안에 도착할 즈음에는 이미 10여만 명이 되었으며, 동탁의 옛 부곡인 번조(樊稠)·이몽(李蒙) 등과 연합하여 장안성을 포위하였으나 성이 높아 공격할 수 없자 이곳을 지키면서 8일 동안 있었다. 여포의 군대에 있는 수병(叟兵)[141]들이 안에서 반란을 일으켰고, 6월 무오일(1일)에 이각의 무리를 이끌고 입성하여 군사를 풀어 노략질하였다. 여포는 성 안에서 이들과 싸웠으나 이기지 못하자 수백 명의 기병을 거느리고 동탁의 머리를 말안장에 매고 밖으로 달아나 청쇄문(靑瑣門)[142] 밖에서 말을 세우고 왕윤을 불러 함

---

139 앞에서 말한 계책과 맞아 떨어지지 않는다는 뜻이다.

140 대인이란 장로(長老)의 칭호로 명망 있는 호족을 뜻한다.

141 촉병(蜀兵)을 말한다. 한대에는 촉을 수(叟)로 칭하였다.

께 떠났다.

왕윤이 말하였다.

"만약 사직의 영령들의 도움을 받는다면 위로 국가를 평안하게 하는 것이 나의 소원이오. 만약 그것을 성취하지 못하면 몸을 바쳐 죽겠습니다. 조정[143]이 어려서 나를 믿을 따름이니, 환난을 맞이하여 구차하게 벗어나는 것은 나는 차마 하지 못하겠습니다. 힘을 다하여 관동 지역의 여러 공들에게 사죄하고 삼가 국가를 염두에 두도록 하겠습니다!"

태상 충불(种拂)이 말하였다.

"나라의 대신이 되어 폭력을 금지시키고 모욕을 막지 못하여 번득이는 칼날이 궁궐로 향하도록 하였으니 달아난들 장차 어디로 가겠습니까!"

마침내 싸우다 죽었다.

이각·곽사는 남궁(南宮)의 액문(掖門)[144]에 주둔하고 태복 노규(魯馗)·대홍려 주환(周奐)·성문교위 최열(崔烈)·월기교위 왕기(王頎)를 죽였으며, 관리와 백성 가운데 죽은 자가 1만여 명으로 여기저기 어지럽게 흩어져 길을 메웠다.

왕윤이 황제를 붙들고 선평문(宣平門)[145]에 올라 군사들을 피하였고

---

142 청쇄란 문에 새겨 넣는 장식이며 청쇄문은 문 주변에 청색 무늬가 새겨져 있는 문을 말한다. 문 주변에 청색 장식을 새겨 넣는 것은 천자가 있는 황궁에서만 가능했다.

143 황제를 말로 표현할 때 직접 황제라는 말을 쓰지 않고, 보통 폐하라는 말을 쓰지만 조정 또는 국가 등의 용어로도 표현한다. 여기서 조정은 천자인 헌제를 가리키며 다음에 나오는 국가도 역시 헌제를 가리킨다.

144 궁전 정문의 양편에 있는 곁문이다.

이각 등이 성문 아래에서 땅에 엎드려 머리를 조아리니 황제가 이각 등에게 말하였다.

"경들은 군사를 풀어놓아 멋대로 돌아다니게 하였는데 무엇을 하려고 하는 것인가?"

이각 등이 말하였다.

"동탁이 폐하께 충성을 하였으나 이유 없이 여포에게 죽임을 당하였으니 신 등은 동탁을 위하여 복수를 하려는 것이지 감히 반역을 하는 것이 아닙니다. 청하옵건대 일이 끝나면 정위에게 가서 죄를 받게 해주시옵소서."

이각 등이 문루를 둘러싸고 함께 표문를 올려서 사도 왕윤을 내보내도록 청하니, 물었다.

"태사[146]가 무슨 죄를 지었는가?"

왕윤이 궁지에 몰려 절뚝거리며 마침내 내려가 그들을 만나보았다.

기미일(2일)에 천하에 사면령을 내리고 이각을 양무(揚武)장군으로 삼고, 곽사를 양렬(揚烈)장군[147]으로 삼았으며, 번조 등은 모두 중랑장으로 삼았다. 이각 등이 사예교위 황완(黃琬)을 체포하여 죽였다.

애초에 왕윤이 같은 군[148] 사람인 송익(宋翼)을 좌풍익(左馮翊)[149]

---

145 장안성 동쪽 성의 북방문을 말한다.

146 동탁을 말한다.

147 양무장군은 건무(建武) 초에 시작되었고 양렬장군은 아마도 이때부터 시작된 듯하다.

148 왕윤은 태원(太原) 출신이다.

149 좌풍익군(섬서성 고능현)의 군장을 말한다.

으로 삼고, 왕굉(王宏)을 우부풍(右扶風)[150]에 임명하였는데, 이각 등이 왕윤을 죽이려고 하였으나 두 군이 우환이 될까 두려워서 먼저 송익·왕굉을 불러들였다.

왕굉이 사자를 보내어 송익에게 말하였다.

"곽사·이각은 우리 두 사람이 밖에 있어서 아직 왕공(王公)[151]을 위태롭게 하지 못하고 있는데, 오늘 불렀다 하여 가면 내일은 함께 멸족당할 것이니 장차 계책을 어떻게 내어야겠습니까?"

송익이 말하였다.

"비록 화가 될지 복이 될지를 측량하기 어렵습니다만, 왕명이니 피할 수 없는 바입니다!"

왕굉이 말하였다.

"관동 지역의 의병이 솥에 물 끓듯 들끓으며 동탁을 죽이려고 하였는데, 지금 동탁이 이미 죽었으니 그 무리는 제압하기에 쉬울 뿐입니다. 만약 군사를 일으켜 함께 이각 등을 토벌하고 산동[152] 지역 사람들과 서로 호응하면 이는 전화위복이 되는 계책입니다."

송익이 따르지 않으니 왕굉이 홀로 세울 수 없어 마침내 함께 불려갔다.

갑자일(7일)에 이각은 왕윤과 송익·왕굉을 잡아서 함께 죽였고, 왕윤의 처자도 모두 죽었다. 왕굉은 처형될 때 욕하며 말하였다.

---

150 우부풍군(섬서성 흥평현)의 군장을 말한다.

151 왕윤을 말한다.

152 여기에서 산동(山東)이란 지금의 하남성 낙영현에 있는 효산(崤山)을 경계로 하여 그 동쪽 지방을 말한다.

"송익 같은 유생 녀석과 큰 계책을 논하기에 충분치 않군!"

이각은 왕윤의 시체를 거리에 매달아놓아 사람들이 보도록 하였는데, 감히 거두는 자가 없었지만 옛 부하관리였던 평릉(平陵) 현령인 경조(京兆, 섬서성 서안) 사람 조전(趙戩)이 관직을 버리고 그것을 거두어 이를 장사지냈다. 처음에 왕윤이 동탁을 토벌한 공로를 독차지하였고, 사손서는 공로를 돌리고 열후(列侯)를 받지 아니하였기 때문에 어려움에서 벗어날 수 있었다.

❖ 신 사마광이 말씀드립니다.

"《주역》에서는 '수고를 하고도 겸손한 군자는 끝맺음이 길하다.'[153]라고 하였습니다. 사손서는 공로를 세우고도 내세우지 않아서 자신의 몸을 보호하였으니 그를 '지혜롭다.'라고 말하지 않을 수 있겠습니까!"

---

153 《역경》〈계사전〉에 있는 말이다. 수고를 하고 자랑하지 않고 공로를 세우고 덕(德)이라 말하지 않는 것은 두터운 것의 지극한 경지이다. 여기에 대하여 정이(程頤)는 '수고를 하고 겸손할 수 있고 또 반드시 군자가 이를 시행하면 끝에 가서는 길(吉)할 것이다. 무릇 높이 올라가는 것을 좋아하고 승리하는 것을 좋아하는 것은 사람의 보통 마음이다. 평시에 겸손할 수 있다는 것은 진실로 드문 것인데 하물며 공로를 세우고 존귀하게 될 수 있는 경우에야 어떠하겠는가?'라고 하였다.

이각에게 줄을 대는 조조

9   이각 등이 가후(賈詡)를 좌풍익으로 삼고, 열후로 삼으려고 하니 가후가 말하였다.

"이것은 목숨을 구하는 계책이었지 무슨 공로가 있단 말입니까!"

강경히 사양하고 받지 않았다. 또 상서복야로 삼으니 가후가 말하였다.

"상서복야는 관직 가운데 사장(師長)자리여서 천하 사람들이 우러러보는 바이지만 저 가후의 이름이 평소 높지 않으니 다른 사람들을 감복시킬 수 없습니다."

이에 상서로 삼았다.

10   여포가 무관(武關, 섬서성 상현)에서 남양(南陽, 하남성 남양시)으로 달아나자 원술이 그를 아주 후하게 대우하였다. 여포가 원씨에게는 공로가 있다는 것을 믿고[154] 군사를 멋대로 행동하게 하여 약탈하였다.

---

154 동탁이 원씨 가문을 주살한 적이 있었는데, 여포는 자신이 동탁을 죽여 원씨 가문의 복수를 대신하여 주었다고 여기고 있다.

원술이 이를 걱정하자 여포는 스스로 편안하지 못하여 떠나서 하내(河內, 하남성 무척현)에서 장양(張楊)[155]을 좇았다. 이각 등이 현상금을 걸고 여포를 급히 찾으니 여포는 또 달아나 원소에게 귀부하였다.

11   병자일(19일)에 전(前)장군[156] 조겸(趙謙)을 사도로 삼았다.

12   가을, 7월 경자일(13일)에 태위 마일제를 태부 겸 녹상서사(錄尙書事)로 삼았고, 8월에는 거기장군 황보숭을 태위로 삼았다.

13   태부 마일제와 태복 조기(趙岐)에게 조서를 내려서 부절(符節)[157]에 의지하여 관동(山東, 함곡관의 동쪽) 지역을 진정시키고 안무하도록 하였다.

14   9월에 이각을 거기장군·영(領)사예교위[158]·가절(假節)로 하고, 곽사를 후장군으로 삼고, 번조를 우장군으로 삼고, 장제(張濟)를 표기장군으로 삼아서 모두 열후로 책봉하였다.[159] 이각·곽사·번조는 조정

---

155 이때 하내 태수였다.

156 과거의 장군이란 뜻이 아니고, 전·후·좌·우·중의 전장군이다. 이는 전방을 책임지는 장수이다.

157 목편(木片) 또는 죽편(竹片)에 글을 쓰고 증인을 찍은 후에 두 쪽으로 쪼개어 한 조각은 상대자에게 주고 다른 한 조각은 자기가 보관하였다가 후일에 서로 맞추어 증거로 삼는 것을 말한다.

158 영직(領職)이다. 직접 관부에 가지 않고 업무를 총괄하는 직책이다. 여기서는 사예교위라는 수도 지역의 치안 책임자의 업무를 관장하게 한 것이다.

의 정사를 관리하였고, 장제는 나아가 홍농(弘農, 하남성 영보현)에 주둔하였다.

15 사도 조겸이 파직되었다.

16 갑신일(29일)에 사공 순우가(淳于嘉)를 사도로 삼고, 광록대부 양표(楊彪)를 사공과 녹상서사로 삼았다.

17 애초에 동탁이 입관(入關)하여 한수(韓遂)와 마등(馬騰)에게 함께 산동 지역을 도모하자고 유세하자 한수·마등이 무리를 인솔하고 장안으로 왔다. 마침 동탁이 죽으니, 이각 등은 한수를 진서(鎭西)장군으로 삼고 금성(金城, 감숙성 난주시)으로 돌려보냈으며, 마등을 정서장군으로 삼아 미(郿, 섬서성 미현)로 보내어 주둔하게 하였다.

18 겨울, 10월에 형주 자사 유표가 사신을 보내어 공물을 바쳤다. 유표를 진남(鎭南)장군 겸 형주목으로 삼고 성무후(成武侯)에 책봉하였다.

19 12월, 태위 황보숭이 면직되었고, 광록대부 주충(周忠)을 태위 겸 참록상서사(參錄尙書事)[160]로 삼았다.

---

159 이각은 지후(池侯), 곽사는 미양후(美陽侯), 번조는 만년후(萬年侯), 장제는 평양후(平陽侯)이다.

160 녹상서사는 상서대의 업무를 총괄하는 직책이고, 참록상서사는 녹상서사의 업무에 참여하는 직책이다. 따라서 참록상서사는 상서대의 업무를 관장하는 사람이 두 명, 혹은 세 명일 경우에 주는 직함이다.

20   조조가 황건적을 뒤쫓아 제북(濟北, 산동성 장청현)에 이르자, 모두 그에게 항복하니 융졸(戎卒) 30여만 명과 남녀 1백여만 명을 얻게 되었는데, 그 가운데 정예한 자를 거두어 청주병(靑州兵)[161]이라고 불렀다.

조조는 진류(陳留, 하남성 진류현) 사람 모개(毛玠)를 벽소하여 치중종사(治中從事)로 삼았는데, 모개가 조조에게 말하였다.

"지금 천하는 나뉘어 붕괴되고, 승여[162]는 방랑을 하며, 산 백성들은 본업을 폐하여 기근 속에서 떠돌아다니고, 공가(公家)[163]에는 1년을 지낼 만한 저장된 양식이 없고, 백성은 편안히 한 장소에 붙어있을 뜻이 없으니 오래 지탱하기가 어렵습니다.

무릇 전쟁에서는 의로운 사람이 이기고, 자리를 지키는 것은 재물로 하는 것이니,[164] 의당 천자를 받들면서 신하 노릇 아니하려는 자들에게 명령하고, 밭 갈고 곡식 심는 일을 잘 해야 군수물자를 쌓을 수 있습니다.[165] 이와 같이 하면 패왕의 업을 이룰 수 있습니다."

---

161 항복한 자들이 청주 지역의 황건적이었으므로 청주병이라고 한 것이다.

162 천자의 수레를 말하는데 보통 천자를 부를 경우에 천자 또는 황제라는 말을 사용하지 않고 황제를 지칭하는 용어를 사용한다. 황제가 궁궐을 떠나 있을 경우에는 황제의 수레가 있는 곳에 황제가 있으므로 황제의 수레라는 뜻의 승여라고 하여 황제를 지칭한다.

163 개인 집을 사가라고 한다면 관부를 공가라고 부른다.

164 《주역》의 말을 원용한 것이다. 《주역》의 대전(大傳)에서 이르기를 '무엇으로 사람을 모을 것인가? 재물이다. 무엇으로 자리를 지킬 것인가? 어짊이다.'라고 하였다.

165 조조가 군웅을 없앨 수 있었던 까닭은 천자를 영접하여 허(許)에 도읍하고, 둔전(屯田)을 하여 곡식을 쌓아 두었던 것에 있는데, 이것은 모개의 꾀에서 나온 것이다.

조조는 그 말을 받아들이고 사자를 보내어 하내 태수 장양에게 가서 길을 빌려 서쪽으로 가서 장안에 이르도록 하였으나, 장양이 듣지 않았다.

정도(定陶, 산동성 정도현) 사람 동소(董昭)가 장양에게 유세하였다.

"원소·조조가 비록 한 집안이나 형세로 보아 오래 무리를 이루지 못합니다. 조조가 지금은 비록 약하지만 그러나 실은 천하의 영웅이니 당연히 일부러라도 그와 관계를 맺어야만 합니다. 하물며 지금 인연이 있으니 의당 그의 상사(上事)[166]를 통하게 하고 아울러 표문을 올려서 그를 추천해야 하는데, 만약 일이 이루어지면 영원히 깊은 교분을 만드는 것입니다."

장양은 이에 조조를 통하게 일을 올리게 하고 아울러 표문으로 조조를 추천하였다. 동소는 조조를 위하여 편지를 써서 이각·곽사 등에게 보냈는데 각각 경중에 따라서 공손함을 다하였다.

이각·곽사는 조조의 사자를 접견해 보고, 관동 지역에서 스스로 천자를 세우려고 하는데, 지금 조조가 비록 사자를 보냈으나 성실하지 않다고 생각하여 조조의 사자를 구류할 것을 논의하였다.

황문시랑 종요(鍾繇)가 이각·곽사에게 유세하였다.

"바야흐로 지금은 영웅들이 나란히 일어나고 각각 명령[167]을 고쳐가며 통치를 독점하는데, 오직 조 연주(曹 兗州)[168]만은 그 마음속에 왕실을 두고 있으니 그의 충성과 정성을 거스르는 것은 장래 희망에

---

166 사자를 통하여 상주문을 장안에 올리려는 조조의 일을 말한다.

167 황제의 명령을 말한다.

168 연주 자사인 조조를 말한다.

부응하는 것이 아닙니다."

이각과 곽사는 이에 후하게 보답을 더하였다.[169] 종요는 종호(鍾皓)
의 증손이다.[170]

21   서주(徐州, 강소성) 자사 도겸(陶謙)이 여러 태수들과 함께 글을
올려 주준(朱儁)을 태사로 삼도록 추천하고, 이어서 격문을 목백(牧
伯)[171]에게 보내어 이각 등을 함께 토벌하고 천자를 받들어 맞이하려
고 하였다. 마침 이각이 태위 주충(周忠)과 상서 가후의 대책을 채용하
여 주준을 징소하여 입조하도록 하였는데, 주준은 이에 도겸의 건의를
사절하고 징소에 응해 다시 태복이 되었다.

22   공손찬이 다시 군사를 보내 원소를 공격하고 용주(龍湊, 산동성 평
원현)에 이르렀는데, 원소가 이들을 격파하였다. 공손찬이 마침내 유주
(幽州, 하북성 북부)로 돌아가서 다시 감히 나오지 못하였다.

23   양주(揚州) 자사[172]인 여남(汝南, 하남성 여남현) 사람 진온(陳溫)

---

169 당시 동소는 하내에 있었고 종요는 장안에 있었기 때문에 조조가 이들을 부
    릴 수 있는 상황이 아니었다. 그럼에도 불구하고 이렇게 조조의 일에 협조한
    것은 아마 조조의 출중한 능력을 소문으로 듣고 각각 장래를 생각하고 그랬
    던 것 같다.

170 종호에 관해서는《자치통감》권53, 환제 건화 3년(149년)조에 실려 있다.

171 지방관을 통칭하는 말이다. 목은 주목(州牧) 즉 자사이고, 백은 군의 태수이
    다.

172 양주(揚州), 즉 현재의 안휘성과 강서성 일대를 다스리는 지방관을 말한다.

이 죽자, 원소는 원유(袁遺)에게 양주를 관장하도록 하였는데, 원술이 그를 격파하자 원유는 달아나 패(沛, 안휘성 회계현)에 이르렀다가 병사에게 죽임을 당하였다. 원술은 하비(下邳, 강소성 비현) 사람 진우(陳瑀)를 양주 자사로 삼았다.

효헌제 초평 4년(癸酉, 193년)

1   봄, 정월 초하루 갑인일에 일식이 있었다.

2   정묘일(14일)에 천하에 사면령을 내렸다.

3   조조가 견성(鄄城, 산동성 견성현)에 진을 쳤다. 원술이 유표에게서 압박을 받자 군사를 이끌고 봉구(封丘, 하남성 연진현)에 주둔하니, 흑산(黑山)의 별부[173]와 흉노의 난제어부라(欒提於扶羅)[174]가 모두 그에게 붙었다. 조조가 원술의 군대를 쳐서 깨뜨리고 마침내 봉구를 포위하였다. 원술이 양읍(襄邑, 하남성 수현 동부)으로 도망하였다가 다시 영릉(寧陵, 하남성 영릉현)으로 달아났다.

조조가 추격하여 이어서 그를 격파하였다. 원술은 구강(九江, 안휘성 수현)으로 달아났으나 양주 자사 진우가 원술을 막고 들여보내주지 않았다. 원술이 물러나 음릉(陰陵, 안휘성 정원현)을 지키고 회수(淮水)의

---

173 태행산(太行山) 일대의 반란 세력이다.

174 흉노의 41대 선우로 남쪽으로 도망 나와 있었던 남흉노이다.

북부에서 군사를 모아 다시 수춘(壽春, 안휘성 수현)[175]을 향하여 나아가니 진우는 두려워서 달아나 하비(下邳, 강소성 비현)로 돌아갔고, 원술은 마침내 그 주를 관장하고 아울러 서주백(徐州伯)이라 칭했다.

이각은 원술과 결합하여 지원 세력으로 삼고자 하여 원술을 좌장군으로 삼고 양적후(陽翟侯)에 책봉하고 가절(假節)을 주었다.

4   원소는 공손찬이 설치한 청주 자사 전해(田楷)와 계속하여 2년을 싸웠는데, 병사들이 지치고 아울러 양식도 다하여 서로 백성들에게서 약탈하니 들에는 푸른 풀이 없었다.

원소가 그의 아들 원담(袁譚)을 청주 자사로 삼으니, 전해가 그와 싸웠으나 이기지 못하였다. 마침 조기(趙岐)[176]가 와서 관동 지역을 화해시키자, 공손찬이 이에 원소와 화친하고 각각 군사를 인솔하고 물러났다.

5   3월에 원소가 박락진(薄落津, 하북성 광종현 동부)에 있었다. 위군(魏郡, 하북성 임장현)의 군사가 반란을 일으키고 흑산의 도적인 우독(于毒) 등이 수만 명과 함께 업성(鄴城, 하북성 임장현)을 전복시키고 태수를 죽였다. 원소가 돌아와 척구(斥丘, 하북성 성안현)에 주둔하였다.[177]

---

175 당시 양주의 치소가 있었던 곳이다.

176 태복(太僕)이다.

177 업성은 위군(魏郡)의 치소가 있던 곳이고 척구는 업성에서 15km 정도 떨어져 있다.

6   여름에 조조가 돌아와[178] 정도(定陶, 산동성 정도현)에 진을 쳤다.

7   서주(徐州, 강소성)의 치중인 동해(東海, 산동성 담성현) 사람 왕랑(王朗)과 별가인 낭야(琅邪, 산동성 제성현) 사람 조욱(趙昱)이 자사 도겸에게 유세하였다.

"제후의 작위를 얻는 데는 근왕(勤王)[179] 만한 것이 없는데, 지금 천자가 멀리 서경(西京)[180]에 있으니 의당 사신을 보내 공물을 바쳐야만 합니다."

도겸은 이에 조욱을 보내 상주문을 받들고 장안에 이르렀다.

조서를 내려 도겸에게 벼슬을 주어 주목으로 삼고 안동장군의 칭호를 덧붙여 주고 율양후(溧陽侯)로 책봉하였다. 조욱을 광릉 태수로 삼았고 왕랑을 회계 태수로 삼았다.

이때 서방(徐方)[181]에는 백성이 번창하고 곡식과 열매가 다소 풍성하여 유민이 많이 그곳으로 귀부하여 갔다. 그러나 도겸은 참사(讒邪)[182]하는 사람을 신용하고 충직한 신하를 멀리하여 형벌과 정치가 다스려지지 못하니 이로 말미암아 서주는 점점 혼란해졌다.

---

178 견성(鄄城)에서 돌아왔다는 뜻이다.

179 왕이나 천자를 위해 충성을 다하는 것을 말한다.

180 장안을 말한다. 후한의 도읍은 낙양이므로 장안을 서경이라고 부른 것이다.

181 서주를 말한다. 고어에는 주(州)를 방(方)으로 칭하는 경우가 많다. 그래서 천하를 8주(州)8백(伯)이라 하고 이를 방백(方伯)이라고 하였던 것이다.

182 참사란 남을 헐뜯거나 마음이 바르지 못한 경우나 또는 그런 사람을 의미한다.

허소(許劭)[183]가 그 땅을 피하여 광릉(廣陵, 강소성 양주시)으로 가니 도겸이 예를 갖춰 아주 후하게 대했는데, 허소는 그의 무리에게 알렸다.

"도공조(陶恭祖)[184]는 겉으로 명성(名聲)을 사모하지만[185] 안으로는 진실하고 올바르지 않으니, 나를 대우함이 비록 후하나 그 형세를 보면 필시 야박한 사람이다."

마침내 그곳을 떠났다. 후에 도겸이 과연 그곳에 기거하는 여러 인사를 체포하자, 사람들은 마침내 그의 앞선 식견에 탄복하였다.

8   6월에 부풍(扶風, 섬서성 흥평현)에 큰 우박이 내렸다.

9   화산(華山)이 무너지고 갈라졌다.

10   태위 주충이 면직되고 태복인 주준을 태위 겸 녹상서사로 삼았다.

11   하비(下邳) 사람 궐선(闕宣)이 무리 수천 명을 모아서 스스로 천자라 칭하니 도겸이 그를 쳐서 죽였다.

12   큰 비가 내리는데, 주야로 20여 일 계속되니 백성들의 집이 물에 쓸려갔다.

---

183 여남(汝南) 출신으로 '월단평'으로 유명한 사람이었다.

184 도겸의 자이다.

185 성명(聲名)은 좋은 평판을 말한다. '도겸이 현인과 재사를 존중한다는 좋은 평판을 우러러 받들고 본받는 것 같지만'이라는 뜻이다.

도겸과 조조, 공손찬과 유우의 갈등

13 　원소가 군대를 내어 조가(朝歌, 하남성 기현)의 녹장산(鹿腸山)에 들어가 우독을 토벌하였는데 포위하여 공격한 지 5일 만에 그들을 격파하고 우독과 그의 무리 1만여 급의 목을 베었다. 원소는 마침내 산을 뒤지며 북쪽으로 가서 여러 도적 집단인 좌자장팔(左髭丈八) 등에게 진격하여 이들의 목을 모두 베었다.

또 유석(劉石)·청우각(靑牛角)·황룡좌교(黃龍左校)·곽대현(郭大賢)·이대목(李大目)·우저근(于氐根) 등을 치고 다시 수만 급을 베었으며, 성벽에 주둔하고 있던 적을 모두 도륙하였다. 드디어 흑산적(黑山賊) 장연(張燕)과 네 영채(營寨)에 있던 흉노의 도각(屠各)[186]·안문(雁門, 산서성 대현)에 있던 오환(烏桓)과 상산(常山, 하북성 원씨현)에서 싸웠다.

장연은 날랜 병사 수만과 기마 수천 필을 갖고 있었다. 원소는 여포와 함께 장연을 쳤는데, 싸움을 십여 일 계속하자 장연의 병사 가운데

---

186 후한과 서진시대에 존재하던 흉노 부락 중의 하나이다. 서북 접경 지역의 여러 군에 섞여 있었다. 도각 중에는 병주도각이 가장 유명했는데, 전월(前越)을 세운 유연(劉淵)이 바로 이 부락 출신이었다.

사상자가 비록 많았으나 원소의 군대도 역시 지쳐서 마침내 함께 물러났다.

여포가 병사를 거느리면서 횡포를 많이 부려 원소가 그것을 걱정하니 여포는 이 때문에 낙양으로 돌아가게 해달라고 청하였다. 원소는 승제(承制)하여 여포를 사예교위의 업무를 관장[187]하도록 하고, 장사(壯士)[188]를 파견하여 여포를 전송하며 몰래 그를 도모하도록 하였다.

여포는 사람을 시켜서 장막 안에서 쟁(箏)[189]을 타게 하고 은밀히 달아났는데, 호송하는 자가 밤에 일어나 장막과 이불을 찢어서 다 부수어 버렸다. 다음날 아침 원소는 여포가 아직도 살아있다는 소식을 듣고 두려워하였으며 성문을 닫고 스스로 지켰다. 여포는 군사를 빼내어 다시 장양(張楊)[190]에게 돌아갔다.

14   전임 태위 조숭이 난을 피하여 낭야(琅邪, 산동성 교남현)에 있었는데, 그의 아들 조조가 태산(泰山, 산동성 태안현) 태수 응소(應劭)에게 그를 맞이하게 하였다. 조숭의 치중은 100여 대였다. 도겸의 별장(別將)이 음평(陰平, 강소성 술양현)을 지켰는데 병사들이 조숭의 재보[191]를 탐내 화현(華縣, 산동성 비현 동북)과 비현(費縣, 산동성 비현 서북) 사이에

---

187 영직(領職)이다. 직접 임지로 가지 않고 업무를 총괄하는 직책인데 여기서는 사예교위 즉 낙양 지역의 치안책임을 맡는 사예교위의 업무를 관장하는 영사예교위로 삼은 것이다.

188 용감하고 기개 있는 남자를 말한다.

189 거문고와 유사한 현악기를 말한다.

190 하내(河內, 하남성 무척현) 태수 장양을 말한다.

191 치중에 실려 있는 금, 은, 주옥 따위의 보배를 말한다.

서 조숭을 엄습하여 죽이고 아울러 어린 아들 조덕추(曹德秋)도 죽였
다.

조조는 군사를 빼내어 도겸을 쳐서 10여 개의 성을 공격하여 함락
시키고 팽성(彭性, 강소성 서주시)에 이르러 큰 전투를 치렀는데, 도겸의
군사가 패하여 달아나서 담(郯, 산동성 담성현)¹⁹²을 지켰다.

애초에 경(京)·낙(雒)¹⁹³은 동탁의 난을 만나서 백성들이 떠돌아다
니다가 동쪽으로 빠져나가 많은 사람이 서주 땅에 의지하였는데, 조조
가 부임하여 남녀 수십만 명을 사수(泗水)에서 파묻어 죽이니 물이 흐
르지 않았다.

조조가 담(郯, 산동성 담성현)을 공격하였으나 이길 수가 없자 마침내
떠났으며, 여(慮, 하남성 회안현)·수능(睢陵, 하남성 회양현)·하구(夏丘, 안
휘성 사현)¹⁹⁴를 공격하여 빼앗고 모두 도륙하였는데, 닭과 개 역시 다
없애니 텅 빈 읍에는 다니는 사람이 다시 없게 되었다.

15   겨울, 10월 신축일(22일)에 경사에 지진이 있었다.

16   천시(天市) 성좌에 패성(孛星)이 출현하였다.

17   사공 양표(楊彪)가 면직되었다. 병오일(27일)에 태상 조온(趙溫)
을 사공 겸 녹상서사로 삼았다.

---

192 당시 동해(東海)와 서주(徐州)의 치소가 있었던 곳이다.

193 경현(京縣, 하남 형양 동남쪽)과 낙양을 말한다.

194 세 현 모두 하비국(下邳國) 소속이다.

18   유우(劉虞)는 공손찬과 서로 받아들일 수 없는 앙금이 쌓였는데, 공손찬이 자주 원소와 서로 공격을 하자, 유우가 이것을 금지하게 하였으나 할 수 없자 조금씩 그의 급료와 대여를 줄여나갔다. 공손찬이 노하였고 자주 통제를 어겼으며 또다시 백성을 침범하였다.

유우가 통제할 수 없자 마침내 역사(驛使)[195]를 보내 장주문(章奏文)을 받들어 그의 난폭하고 노략질한 죄를 설명하니, 공손찬 역시 유우가 급료와 양곡을 원활하게 공급하지 않았음을 상주하였다. 두 개의 상주문이 교대하여 치닫고 서로 비방하고 헐뜯으니 조정에서는 의위(依違)[196]할 뿐이었다.

공손찬이 마침내 계성(薊城)[197]의 동남쪽에 작은 성을 쌓고 그곳에 머물렀으며, 유우가 수차례 만나길 청하였으나 공손찬은 번번이 병을 핑계로 응하지 않았다. 유우는 그가 끝내 난을 일으킬까 두려워서 마침내 거느리는 병사 도합 10만 명을 인솔하여 그를 토벌하였다. 이때 공손찬의 부곡들은 흩어져서 밖에 있었는데 허둥지둥 동쪽 성을 뚫고 달아나려고 하였다.

유우의 병사는 대오를 만들지 못하고 전투를 익히지 않았고, 또 백성의 가옥을 아껴서 불태우는 것을 허락하지 말도록 명령하고 군사(軍士)[198]에게 경계하여 말하였다.

---

195 사자를 역전(驛傳)제도를 통하여 보내는 것을 말한다.

196 한쪽에서 상주문을 올려서 상대방을 비난하고, 따른 쪽에서 다시 상주문을 올려서 상대를 비난하게 되면 이를 결연하게 시비를 가려야 할 것이나, 이를 제대로 하지 못하는 것을 말한다.

197 계(薊)란 지금의 북경을 말하며, 당시 유주의 치소가 있던 곳이다.

198 군대 장교를 말한다.

"나머지 사람은 해치지 마라. 백규(伯珪)[199] 한 사람만 죽일 뿐이다."

공격하고 포위하였으나 떨어뜨리지 못하였다.

공손찬이 마침내 날쌘 병사 수백 명을 가려 뽑아서 바람을 이용하여 불을 놓고 곧바로 그들에게 충격을 가하며 돌격하자 유우의 무리들이 크게 무너졌다. 유우와 관속은 북쪽 거용(居庸, 북경시 연경현)으로 달아났고 공손찬이 이들을 쫓아 공격하여 3일 만에 성을 함락시키고, 유우와 처자를 잡아 계(薊)로 돌아와서 주의 문서를 관리하도록 하였다.

마침 조서를 내려 사자 단훈(段訓)을 보내어 유우의 봉읍을 늘려주고 여섯 주의 일을 감독하도록 하고,[200] 공손찬에게 벼슬을 주어 전(前)장군으로 삼고 역후(易侯)[201]로 책봉하였다.

공손찬이 이에 유우가 전에 원소 등과 모의하고 존호(尊號)[202]를 칭하려 했다고 모함하고, 단훈을 협박하여 유우와 처자를 계(薊)의 저자에서 머리를 베게 하였다. 옛 상산(常山)[203]의 재상 손근(孫瑾)·연리인 장일(張逸)·장찬(張瓚) 등이 함께 유우에게 가서 온갖 말로 공손찬을 욕하였고 그런 다음에 함께 죽었다.

공손찬은 유우의 수급을 경사에 전하였는데, 옛 관리였던 미돈(尾敦)이 길에서 유우의 수급을 빼앗아 돌아와 장사지냈다. 유우는 인정

---

199 공손찬의 자이다.

200 관직명은 독육주사이다.

201 역현은 전한시대 탁군(涿郡) 소속의 현이었으며 후한대에는 감축되었다.

202 천자의 칭호를 말한다.

203 하북성 원씨현에 있던 상산국을 말한다.

있고 후덕하여 무리들의 마음을 얻었기에 북주(北州)[204]의 백성 가운데 유민이든 오래된 사람이든[205] 마음 아파하지 않는 사람이 없었다.

애초 유우가 사자를 파견하여 장주문을 받들고 장안에 가게 하려고 하였으나 그에 적당한 사람을 찾기 어려우니 무리가 모두 말하였다.

"우북평(右北平, 하북성 풍윤현) 사람 전주(田疇)는 나이 스물 둘인데, 나이는 비록 어리지만 특이한 재주를 갖고 있습니다."

유우가 이에 예의를 갖추어 청하여서 연리로 삼았다.

수레와 말을 갖추고 바야흐로 떠나가려고 할 때 전주가 말하였다.

"지금 도로는 막히거나 끊어지고 도적과 야만인이 종횡하니 관리라고 칭하면서 사자로 간다고 하면 무리에게 표적이 될 것입니다.[206] 바라건대 개인적으로 가서 도착할 수 있기를 기대할 뿐입니다."

유우는 이 의견을 따랐다.

전주는 마침내 가객(家客)[207] 20기(騎)를 스스로 뽑아, 함께 서관(西關, 거용관)으로 갔고, 요새를 나와 북산(北山, 음산)을 끼고 삭방(朔方, 내몽골자치구 이맹 서북부)으로 곧장 내달으며 샛길을 따라 장안에 이르러 명령을 전하였다.

조서를 내려 전주를 기도위로 삼았다. 전주는 천자께서 바야흐로 몽진(蒙塵)[208]하여 평안하지 않기 때문에 패를 차거나 영광스런 은총을

---

204 유주를 말한다.

205 여기서 유민은 다른 주에서 유우가 있는 유주로 흘러들어온 사람을 말하고, 옛날부터 있던 사람이란 원래 유주에 적을 두고 있던 사람을 말한다.

206 관리로 중앙에 사자로 가면 공물을 가지고 가기 때문에 도적들의 목표가 된다.

207 자신을 찾아와 기숙하고 있는 문객을 말한다.

머리에 이는 것[209]은 옳지 않다고 하고 강경하게 사양하고 받지 않았다. 회보[210]를 받아 말을 달려 돌아오는데, 거의 이르렀을 즈음에 유우가 이미 죽었다. 전주는 유우의 묘를 찾아가 제사지내고 장표(章表)를 펼쳐 보이고 눈물을 흘리며 곡을 하고 떠났다.

공손찬이 노하여 현상금을 걸어서 전주를 잡고는 말하였다.

"너는 장보(章報)[211]를 나에게 보내지 않았는데 왜 그런가?"

전주가 말하였다.

"한실은 쇠퇴하고 사람들은 다른 마음을 품었으나 오직 유공(劉公)만은 충절을 잃지 않았습니다. 장보에서 말한 것이 장군에게는 칭찬이 아니어서 아마도 즐겁게 들릴 바가 아닐까 두려웠고 그러므로 바치지 않았습니다. 또한 장군은 이미 죄 없는 주군(主君)[212]을 죽였고, 또 의리를 지키는 신하를 원수로 여기니 저 전주는 연·조에 사는 선비들이 모두 동해를 밟고 죽는다 해도 장군을 따르는 자가 없을까 두렵습니다."

공손찬은 이에 그를 풀어주었다.

---

208 먼지를 뒤집어쓴다는 말이지만, 제왕이 궁궐을 떠나서 피난하는 경우를 일컫는다.

209 관직을 받으면 인수(印綬)를 허리에 차고 관직에 따라서 관(冠)을 쓰게 되어 있다. 이 말은 관직을 받는다는 말이다.

210 신하의 상주문에 대한 황제의 회답문인 장보(章報)를 말한다.

211 장주문에 대한 황제의 회보를 적은 글이다. 앞의 장표도 당연히 장보여야 옳다.

212 자기가 모시는 주인이다. 유우가 공손찬을 거느렸으므로 공손찬의 주군은 유우이다.

전주는 북쪽 무종(無終, 하북성 계현)으로 돌아가 종족과 그 밖의 붙어서 따라다니는 사람 수백 명을 인솔하고 땅을 쓸면서 맹세하여 말하였다.

"주군의 원수가 보복되지 않고 나는 세상에 서 있을 수가 없다."

마침내 서무산(徐無山, 하북성 준화현) 속으로 들어가 깊고 험한 곳에 있는 평평한 땅에 머물 곳을 마련하여 살면서 몸소 경작하여 부모를 봉양하였는데 백성이 그에게 돌아오니 몇 년 사이에 5천여 호에 이르렀다.

전주가 부로(父老)[213]들에게 말하였다.

"지금 무리가 도읍을 이루었으나 서로 통일하지 못하고 또 법제로 이를 다스릴 방법이 없으니 장구하게 안녕할 수 있는 길이 아닐까봐 두렵습니다. 저 전주는 어리석은 계책을 갖고 있어서 바라건대 여러분과 함께 시행해 보고 싶은데 좋은지요?"

모두 말하였다.

"좋습니다!"

전주는 이에 약속을 만들었는데, 서로 살상하고 범법하여 도적질을 하며 소송하는 자는 경중에 따라 죄를 주기로 하고 무거운 것은 사형에 이르는 것도 있었는데 무릇 10여 조였다.

또 혼인하여 시집가고 장가드는 의례를 만들고, 학교에서 강의를 받게 하는 일을 더불어 군중들에게 각각 시행하니 무리들이 모두 그것을 편리하게 여겼으며, 길에 떨어진 것조차 줍지 않기에 이르렀다. 북쪽의 변경에서는 그의 위엄과 신의에 매우 탄복하였으니, 오환과 선비족은

---

213 한 마을에서 중심인물이 되는 노인을 말한다.

각각 사자를 보내 선물을 바쳤고, 전주는 모두 어루만지고 받아들여 침범하지 않도록 하였다.

19   12월 신축일(23일)에 지진이 있었다.

20   사공 조온이 면직되었다. 을사일(27일)에 위위(衛尉) 장희(張喜)를 사공으로 삼았다.＊

❖ 황제 계보도

후한

① 광무제 유수
(光武帝 劉秀)

② 효명제 유장
(孝明帝 劉莊)

③ 효장제 유달
(孝章帝 劉炟)

④ 효화제 유조 　　청하효왕 유경 　　천승정왕 유항 　　제북혜왕 유수
(孝和帝 劉肇) 　　(淸河孝王 劉慶) 　　(千乘貞王 劉伉) 　　(濟北惠王 劉壽)

⑤ 효상제 유륭 　　⑥ 효안제 유호 　　낙안이왕 유총 　　⑦ 소제 북향후 유의
(孝殤帝 劉隆) 　　(孝安帝 劉祜) 　　(樂安夷王 劉寵) 　　(少帝 北鄕侯 劉懿)

　　　　　　　　　⑧ 효순제 유보 　　발해효왕 유홍
　　　　　　　　　(孝順帝 劉保) 　　(渤海孝王 劉鴻)

　　　　　　　　　⑨ 효충제 유병 　　⑩ 효질제 유찬
　　　　　　　　　(孝沖帝 劉炳) 　　(孝質帝 劉纘)

하간효왕 유개
(河間孝王 劉開)

여오후 유익
(蠡吾侯 劉翼)

해독정후 유숙
(解瀆亭侯 劉淑)

⑪ 효환제 유지
(孝桓帝 劉志)

해독정후 유장
(解瀆亭侯 劉萇)

⑫ 효령제 유굉
(孝靈帝 劉宏)

⑬ 소제 홍농왕 유변
(少帝 弘農王 劉辯)

⑭ 효헌제 유협
(孝獻帝 劉協)

資治通鑑 卷055

【漢紀四十七】

起閼逢執徐(甲辰) 盡柔兆敦牂(丙午) 凡三年.

❖ 孝桓皇帝中 延熹 7年(甲辰, 164年)

1　　春 二月 丙戌 邟鄉忠侯黃瓊薨. 將葬 四方遠近名士會者六七千人.

初 瓊之教授於家 徐穉從之咨訪大義 及瓊貴 穉絕不復交. 至是 穉往弔之 進酹 哀哭而去 人莫知者. 諸名士推問喪宰 宰曰 "先時有一書生來 衣麤薄而哭之哀 不記姓字." 眾曰 "必徐孺子也." 於是選能言者陳留茅容輕騎追之 及於塗. 容爲沽酒市肉 穉爲飲食. 容問國家之事 穉不答. 更問稼穡之事 穉乃答之. 容還 以語諸人 或曰 "孔子云 '可與言而不與言 失人.' 然則孺子其失人乎?" 太原郭泰曰 "不然. 孺子之爲人 清潔高廉 飢不可得食 寒不可得衣 而爲季偉飲酒食肉 此爲已知季偉之賢故也. 所以不答國事者 是其智可及 其愚不可及也."

泰博學 善談論. 初游雒陽 時人莫識 陳留符融一見嗟異 因

以介於河南尹李膺. 膺與相見 曰"吾見士多矣 未有如郭林宗者也. 其聰識通朗 高雅密博 今之華夏 鮮見其儔." 遂與爲友 於是名震京師. 後歸鄕里 衣冠諸儒送至河上 車數千兩 膺唯與泰同舟而濟 衆賓望之 以爲神仙焉.

泰性明知人 好獎訓士類 周遊郡國. 茅容 年四十餘 耕於野 與等輩避雨樹下 衆皆夷踞相對 容獨危坐愈恭 泰見而異之 因請寓宿. 旦日 容殺雞爲饌 泰謂爲己設 容分半食母 餘半庋置 自以草蔬與客同飯. 泰曰"卿賢哉遠矣! 郭林宗猶減三牲之具 以供賓旅 而卿如此 乃我友也." 起 對之揖 勸令從學 卒爲盛德. 鉅鹿孟敏 客居太原 荷甑墮地 不顧而去. 泰見而問其意 對曰"甑已破矣 視之何益!" 泰以爲有分決 與之言 知其德性 因勸令游學 遂知名當世. 陳留申屠蟠 家貧 傭爲漆工 鄢陵庾乘 少給事縣廷爲門士 泰見而奇之 其後皆爲名士. 自餘或出於屠沽 · 卒伍 因泰獎進成名者甚衆.

陳國童子魏昭請於泰曰"經師易遇 人師難遭 願在左右 供給灑掃." 泰許之. 泰嘗不佳 命昭作粥 粥成 進泰 泰呵之曰"爲長者作粥 不加意敬 使不可食!" 以杯擲地. 昭更爲粥重進 泰復呵之. 如此者三 昭姿容無變. 泰乃曰"吾始見子之面 而今而後 知卿心耳!" 遂友而善之.

陳留左原 爲郡學生 犯法見斥 泰遇諸路 爲設酒肴以慰之. 謂曰"昔顏涿聚 梁甫之巨盜 段干木 晉國之大駔 卒爲齊之忠臣 魏之名賢 蘧瑗 · 顏回尙不能無過 況其餘乎! 愼勿恚恨 責躬而已!" 原納其言而去. 或有譏泰不絶惡人者 泰曰"人而不

仁 疾之已甚 亂也."原後忽更懷忿結客 欲報諸生. 其日 泰在學 原愧負前言 因遂罷去. 後事露 衆人咸謝服焉.

或問范滂曰"郭林宗何如人？"滂曰"隱不違親 貞不絕俗 天子不得臣 諸侯不得友 吾不知其他."

泰嘗舉有道 不就 同郡宋沖素服其德 以爲自漢元以來 未見其匹 嘗勸之仕. 泰曰"吾夜觀乾象 晝察人事 天之所廢 不可支也 吾將優游卒歲而已."然猶周旋京師 誨誘不息. 徐穉以書戒之曰"夫大木將顚 非一繩所維 何爲栖栖不遑寧處！"泰感寤曰"謹拜斯言 以爲師表."

濟陰黃允 以雋才知名 泰見而謂曰"卿高才絕人 足成偉器 年過四十 聲名著矣. 然至於此際 當深自匡持 不然 將失之矣！"後司徒袁隗欲爲從女求姻 見允 歎曰"得壻如是 足矣."允聞而黜遣其妻. 妻請大會宗親爲別 因於衆中攘袂數允隱慝十五事而去 允以此廢於時.

初 允與漢中晉文經並恃其才智 曜名遠近 徵辟不就. 託言療病京師 不通賓客 公卿大夫遣門生旦暮問疾 郎吏雜坐其門 猶不得見 三公所辟召者 輒以詢訪之 隨所臧否 以爲與奪. 符融謂李膺曰"二子行業無聞 以豪桀自置 遂使公卿問疾 王臣坐門 融恐其小道破義 空譽違實 特宜察焉."膺然之. 二人自是名論漸衰 賓徒稍省 旬日之間 慚歎逃去 後並以罪廢棄.

陳留仇香 至行純嘿 鄉黨無知者. 年四十 爲蒲亭長. 民有陳元 獨與母居 母詣香告元不孝. 香驚曰"吾近日過元舍 廬落整頓 耕耘以時 此非惡人 當是敎化未至耳. 母守寡養孤 苦身投

老 奈何以一旦之忿 棄歷年之勤乎！ 且母養人遺孤 不能成濟 若死者有知 百歲之後 當何以見亡者！”母涕泣而起 香乃親到元家 爲陳人倫孝行 譬以禍福之言 元感悟 卒爲孝子. 考城令河內王奐署香主簿 謂之曰“聞在蒲亭 陳元不罰而化之 得無少鷹鸇之志邪？”香曰“以爲鷹鸇不若鸞鳳 故不爲也.”奐曰“枳棘之林非鸞鳳所集 百里非大賢之路.”乃以一月奉資香使入太學. 郭泰·符融齎刺謁之 因留宿. 明旦 泰起 下牀拜之曰“君 泰之師 非泰之友也.”香學畢歸鄉里 雖在宴居 必正衣服 妻子事之若嚴君 妻子有過 免冠自責 妻子庭謝思過 香冠妻子乃敢升堂 終不見其喜怒聲色之異. 不應徵辟 卒於家.

2 三月 癸亥 隕石於鄠.

3 夏 五月 己丑 京師雨雹.

4 荊州刺史度尙募諸蠻夷擊艾縣賊 大破之 降者數萬人. 桂陽宿賊卜陽·潘鴻等逃入深山 尙窮追數百里 破其三屯 多獲珍寶. 陽·鴻黨衆猶盛 尙欲擊之 而士卒驕富 莫有鬭志. 尙計緩之則不戰 逼之必逃亡 乃宣言“卜陽·潘鴻作賊十年 習於攻守 今兵寡少 未易可進 當須諸郡所發悉至 乃幷力攻之.”申令軍中恣聽射獵 兵士喜悅 大小皆出. 尙乃密使所親客潛焚其營 珍積皆盡 獵者來還 莫不泣涕. 尙人人慰勞 深自咎責 因曰“卜陽等財寶足富數世 諸卿但不幷力耳 所亡少少 何足介

意！"衆咸憤踊. 尙敕令秣馬蓐食 明旦 徑赴賊屯 陽·鴻等自
以深固 不復設備 吏士乘銳 遂破平之. 尙出兵三年 臺寇悉定
封右鄉侯.

5　　冬 十月 壬寅 帝南巡 庚申 幸章陵 戊辰 幸雲夢 臨漢水
還 幸新野. 時公卿·貴戚車騎萬計 徵求費役 不可勝極. 護駕
從事桂陽胡騰上言 "天子無外 乘輿所幸 卽爲京師. 臣請以荊
州刺史比司隷校尉 臣自同都官從事." 帝從之. 自是肅然 莫敢
妄干擾郡縣. 帝在南陽 左右並通姦利 詔書多除人爲郎 太尉楊
秉上疏曰 "太微積星 名爲郎位 入奉宿衛 出牧百姓 宜割不忍
之恩 以斷求欲之路." 於是詔除乃止.

6　　護羌校尉段熲擊當煎羌 破之.

7　　十二月 辛丑 車駕還宮.

8　　中常侍汝陽侯唐衡·武原侯徐璜皆卒.

9　　初 侍中寇榮 恂之曾孫也 性矜潔 少所與 以此爲權寵所
疾. 榮從兄子尙帝妹益陽長公主 帝又納其從孫女於後宮. 左右
益忌之 遂共陷以罪 與宗族免歸故郡 吏承望風旨 持之浸急.
榮恐不免 詣闕自論. 未至 刺史張敬追劾榮以擅去邊 有詔捕
之. 榮逃竄數年 會赦 不得除 積窮困 乃自亡命中上書曰 "陛

下統天理物 作民父母 自生齒以上 咸蒙德澤 而臣兄弟獨以無辜 爲專權之臣所見批抵 靑蠅之人所共構會 令陛下忽慈母之仁 發投杼之怒. 殘諂之吏 張設機網 並驅爭先 若赴仇敵 罰及死沒 髡剔墳墓 欲使嚴朝必加濫罰 是以不敢觸突天威而自竄山林 以俟陛下發神聖之聽 啟獨睹之明 救可濟之人 援沒溺之命. 不意滯怒不爲春夏息 淹恚不爲歲時怠 遂馳使郵驛 布告遠近 嚴文魁剝 痛於霜雪 逐臣者窮人途 追臣者極車軌. 雖楚購伍員 漢求季布 無以過也. 臣遇罰以來 三赦再贖 無驗之罪 足以蠲除 而陛下疾臣愈深 有司咎臣甫力 止則見掃滅 行則爲亡虜 苟生則爲窮人 極死則爲冤鬼 天廣而無以自覆 地厚而無以自載 蹈陸土而有沉淪之憂 遠巖牆而有鎭壓之患. 如臣犯元惡大憝 足以陳原野 備刀鋸 陛下當班布臣之所坐 以解衆論之疑. 臣思入國門 坐於肺石之上 使三槐九棘平臣之罪 而閽闈九重 陷穽步設 擧趾觸罘罝 動行絓羅網 無緣至萬乘之前 永無見信之期. 悲夫 久生亦復何聊！蓋忠臣殺身以解君怒 孝子殞命以寧親怨 故大舜不避塗廩·浚井之難 申生不辭姬氏讒邪之謗 臣敢忘斯義 不自斃以解明朝之忿哉！ 乞以身塞責 願陛下勻兄弟死命 使臣一門頗有遺類 以崇陛下寬饒之惠. 先死陳情 臨章泣血！"帝省章愈怒 遂誅榮 寇氏由是衰廢.

❖ 孝桓皇帝中 延熹 8年（乙巳, 165年）

1　春 正月 帝遣中常侍左悺之苦縣祠老子.

2　勃海王悝 素行險僻 多僭傲不法. 北軍中候陳留史弼上封事曰"臣聞帝王之於親戚 愛雖隆必示之以威 體雖貴必禁之以度 如是 和睦之道興 骨肉之恩遂矣. 竊聞勃海王悝 外聚剽輕不逞之徒 內荒酒樂 出入無常 所與羣居 皆家之棄子 朝之斥臣 必有羊勝 · 伍被之變. 州司不敢彈糾 傅相不能匡輔 陛下隆於友于 不忍過絶 恐遂滋蔓 爲害彌大. 乞露臣奏 宣示百僚 平處其法. 法決罪定 乃下不忍之詔 臣下固執 然後少有所許. 如是 則聖朝無傷親之譏 勃海有享國之慶. 不然 懼大獄將興矣." 上不聽. 悝果謀爲不道 有司請廢之 詔貶爲癭陶王 食一縣.

3　丙申晦 日有食之. 詔公 · 卿 · 校尉舉賢良方正.

4　千秋萬歲殿火.

5　中常侍侯覽兄參爲益州刺史 殘暴貪婪 累贓億計. 太尉楊秉奏檻車徵參 參於道自殺 閱其車重三百餘兩 皆金銀錦帛. 秉因奏曰"臣案舊典 宦官本在給使省闈 司昏守夜 而今猥受過寵 執政操權 附會者因公褒舉 違忤者求事中傷 居法王公 富擬國家 飲食極肴膳 僕妾盈紈素. 中常侍侯覽弟參 貪殘元惡 自取禍滅. 覽顧知釁重 必有自疑之意 臣愚以爲不宜復見親近. 昔懿公刑邴鄭之父 奪閻職之妻 而使二人參乘 卒有竹中之

難. 覽宜急屏斥 投畀有虎 若斯之人 非恩所宥 請免官送歸本
郡." 書奏 尚書召對秉掾屬 詰之曰 "設官分職 各有司存. 三公
統外 御史察內. 今越奏近官 經典 · 漢制 何所依據 ? 其開公
具對!" 秉使對曰 《春秋傳》曰 '除君之惡 唯力是視.' 鄧通懈
慢 申屠嘉召通詰責 文帝從而請之. 漢世故事 三公之職 無所
不統." 尚書不能詰 帝不得已 竟免覽官. 司隸校尉韓績因奏左
悺罪惡 及其兄太僕南鄉侯稱請託州郡 聚斂為姦 賓客放縱 侵
犯吏民. 悺 · 稱皆自殺. 績又奏中常侍具瑗兄沛相恭臧罪 徵詣
廷尉. 瑗詣獄謝 上還東武侯印綬 詔貶為都鄉侯. 超及璜 · 衡
襲封者 並降為鄉侯 子弟分封者 悉奪爵土. 劉普等貶為關內侯
尹勳等亦皆奪爵.

6　帝多內寵 宮女至五六千人 及驅役從使復兼倍於此 而鄧
后恃尊驕忌 與帝所幸郭貴人更相譖訴. 癸亥 廢皇后鄧氏 送暴
室 以憂死. 河南尹鄧萬世 · 虎賁中郎將鄧會皆下獄誅.

7　護羌校尉段熲擊罕姐羌 破之.

8　三月 辛巳 赦天下.

9　宛陵大姓羊元羣罷北海郡 臧污狼籍 郡舍溷軒有奇巧 亦
載之以歸. 河南尹李膺表按其罪 元羣行賂宦官 膺竟反坐. 單
超弟遷為山陽太守 以罪繫獄 廷尉馮緄考致其死 中官相黨 共

飛章誣繩以罪. 中常侍蘇康 · 管霸 固天下良田美業 州郡不敢詰 大司農劉祐移書所在 依科品沒入之 帝大怒 與霸 · 繩俱輸作左校.

10　夏 四月 甲寅 安陵園寢火.

11　丁巳 詔壞郡國諸淫祀 特留雒陽王渙 · 密縣卓茂二祠.

12　五月 丙戌 太尉楊秉薨. 秉爲人 淸白寡欲 嘗稱"我有三不惑 酒 · 色 · 財也."

秉旣沒 所擧賢良廣陵劉瑜乃至京師上書言"中官不當比肩裂土 競立胤嗣 繼體傳爵. 又 嬖女充積 冗食空宮 傷生費國. 又 第舍增多 窮極奇巧 掘山攻石 促以嚴刑. 州郡官府 各自考事 姦情賕賂 皆爲吏餌. 民愁鬱結 起入賊黨 官輒興兵誅討其罪 貧困之民 或有賣其首級以要酬賞 父兄相代殘身 妻孥相視分裂. 又 陛下好微行近習之家 私幸宦者之舍 賓客市買 熏灼道路 因此暴縱 無所不容. 惟陛下開廣諫道 博觀前古 遠佞邪之人 放鄭 · 衛之聲 則政致和平 德感祥風矣." 詔特召瑜問災咎之徵. 執政者欲令瑜依違其辭 乃更策以他事 瑜復悉心對八千餘言 有切於前 拜爲議郎.

13　荊州兵朱蓋等叛 與桂陽賊胡蘭等復攻桂陽 太守任胤棄城走 賊衆遂至數萬. 轉攻零陵 太守下邳陳球固守拒之. 零陵下

溼 編木爲城 郡中惶恐. 掾史白球遣家避難 球怒曰"太守分國虎符 受任一邦 豈顧妻孥而沮國威乎！ 復言者斬！"乃弦大木爲弓 羽矛爲矢 引機發之 多所殺傷. 賊激流灌城 球輒於內因地勢 反決水淹賊 相拒十餘日不能下. 時度尙徵還京師 詔以尙爲中郎將 率步騎二萬餘人救球 發諸郡兵幷勢討擊 大破之 斬蘭等首三千餘級 復以尙爲荊州刺史. 蒼梧太守張敍爲賊所執 及任胤皆徵棄市. 胡蘭餘黨南走蒼梧 交趾刺史張磐擊破之 賊復還入荊州界. 度尙懼爲己負 乃僞上言蒼梧賊入荊州界 於是徵磐下廷尉. 辭狀未正 會赦見原 磐不肯出獄 方更牢持械節. 獄吏謂磐曰"天恩曠然 而君不出 何乎？"磐曰"磐備位方伯 爲尙所枉 受罪牢獄. 夫事有虛實 法有是非 磐實不辜 赦無所除 如忍以苟免 永受侵辱之恥 生爲惡吏 死爲敝鬼. 乞傳尙詣廷尉 面對曲直 足明眞僞. 尙不徵者 磐埋骨牢檻 終不虛出 望塵受枉！"廷尉以其狀上 詔書徵尙 到廷尉 辭窮 受罪 以先有功得原.

14　閏月 甲午 南宮朔平署火.

15　段熲擊破西羌 進兵窮追 展轉山谷間 自春及秋 無日不戰 虜遂敗散 凡斬首二萬三千級 獲生口數萬人 降者萬餘落. 封熲都鄉侯.

16　秋 七月 以太史大夫陳蕃爲太尉. 蕃讓於太常胡廣 · 議郎

王暢·弛刑徒李膺 帝不許.

　暢 龔之子也 嘗爲南陽太守 疾其多貴戚豪族 下車 奮厲威猛 大姓有犯 或使吏發屋伐樹 堙井夷竈. 功曹張敞奏記諫曰 “文翁·召父·卓茂之徒 皆以溫厚爲政 流聞後世. 發屋伐樹 將爲嚴烈 雖欲懲惡 難以聞遠. 郡爲舊都 侯甸之國 園廟出於章陵 三后生自新野 自中興以來 功臣將相 繼世而隆. 愚以爲懇懇用刑 不如行恩 孳孳求姦 未若禮賢. 舜擧皐陶 不仁者遠 化人在德 不在用刑.” 暢深納其言 更崇寬政 敎化大行.

17　八月 戊辰 初令郡國有田者畝斂稅錢.

18　九月 丁未 京師地震.

19　冬 十月 司空周景免 以太常劉茂爲司空 茂 愷之子也.

20　郎中竇武 融之玄孫也 有女爲貴人. 采女田聖有寵於帝 帝將立之爲后. 司隸校尉應奉上書曰 “母后之重 興廢所因 漢立飛燕 胤嗣泯絕. 宜思《關雎》之所求 遠五禁之所忌.” 太尉陳蕃亦以田氏卑微 竇族良家 爭之甚固. 帝不得已 辛巳 立竇貴人爲皇后 拜武爲特進·城門校尉 封槐里侯.

21　十一月 壬子 黃門北寺火.

22　陳蕃數言李膺 · 馮緄 · 劉祐之枉 請加原宥 升之爵任 言及反覆 誠辭懇切 以至流涕 帝不聽. 應奉上疏曰"夫忠賢武將 國之心膂. 竊見左校弛刑徒馮緄 · 劉祐 · 李膺等 誅舉邪臣 肆之以法 陛下旣不聽察 而猥受譖訴 遂令忠臣同怨元惡 自春迄冬 不蒙降恕 遐邇觀聽 爲之歎息. 夫立政之要 記功忘失 是以武帝捨安國於徒中 宣帝徵張敞於亡命. 緄前討蠻荊 均吉甫之功 祐數臨督司 有不吐茹之節 膺著威幽 · 幷 遺愛度遼. 今三垂蠢動 王旅未振 乞原膺等 以備不虞."書奏 乃悉免其刑. 久之 李膺復拜司隷校尉. 時小黃門張讓弟朔爲野王令 貪殘無道 畏膺威嚴 逃還京師 匿於兄家合柱中. 膺知其狀 率吏卒破柱取朔 付雒陽獄 受辭畢 卽殺之. 讓訴冤於帝 帝召膺 詰以不先請便加誅之意. 對曰"昔仲尼爲魯司寇 七日而誅少正卯. 今臣到官已積一旬 私懼以稽留爲愆 不意獲速疾之罪. 誠自知釁責 死不旋踵 特乞留五日 克殄元惡 退就鼎鑊 始生之願也."帝無復言 顧謂讓曰"此汝弟之罪 司隷何愆！"乃遣出. 自此諸黃門 · 常侍皆鞠躬屛氣 休沐不敢出宮省. 帝怪問其故 並叩頭泣曰"畏李校尉."時朝廷日亂 綱紀頹弛 而膺獨持風裁 以聲名自高 士有被其容接者 名爲登龍門云.

23　徵東海相劉寬爲尙書令. 寬 崎之子也 歷典三郡 溫仁多恕 雖在倉卒 未嘗疾言遽色. 吏民有過 但用蒲鞭罰之 示辱而已 終不加苦. 每見父老 慰以農里之言 少年 勉以孝悌之訓 人皆悅而化之.

1   春 正月 辛卯朔 日有食之. 詔公卿‧郡國舉至孝. 太常趙
典所舉荀爽對策曰 “昔者聖人建天地之中而謂之禮 衆禮之中
昏禮爲首. 陽性純而能施 陰體順而能化 以禮濟樂 節宣其氣
故能豐子孫之祥 致老壽之福. 及三代之季 淫而無節 陽竭於
上 陰隔於下 故周公之戒曰 ‘時亦罔或克壽.’《傳》曰 ‘截趾適
屨 孰云其愚 何與斯人 追欲喪軀.’ 誠可痛也. 臣竊聞後宮采女
五六千人 從官‧侍使復在其外 空賦不辜之民 以供無用之女
百姓窮困於外 陰陽隔塞于內 故感動和氣 災異屢臻. 臣愚以爲
諸未幸御者 一皆遣出 使成妃合 此誠國家之大福也.” 詔拜郎
中.

2   司隸‧豫州饑 死者什四五 至有滅戶者.

3   詔徵張奐爲大司農 復以皇甫規代爲度遼將軍. 規自以連
在大位 欲求退避 數上病 不見聽. 會友人喪至 規越界迎之 因
令客密告并州刺史胡芳 言規擅遠軍營 當急舉奏. 芳曰 “威
明欲避第仕塗 故激發我耳. 吾當爲朝廷愛才 何能申此子計
邪！” 遂無所問.

4   夏 四月 濟陰‧東郡‧濟北‧平原河水淸.

5   司徒許栩免 五月 以太常胡廣爲司徒.

6   庚午 上親祠老子於濯龍宮 以文罽爲壇飾 淳金釦器 設華蓋之坐 用郊天樂.

7   鮮卑聞張奐去 招結南匈奴及烏桓同叛. 六月 南匈奴·烏桓·鮮卑數道入塞 寇掠緣邊九郡. 秋 七月 鮮卑復入塞 誘引東羌與共盟詛. 於是上郡沈氐·安定先零諸種共寇武威·張掖 緣邊大被其毒. 詔復以張奐爲護匈奴中郎將 以九卿秩督幽·并·涼三州及度遼·烏桓二營 兼察刺史·二千石能否.

8   初 帝爲蠡吾侯 受學於甘陵周福 及卽位 擢福爲尙書. 時同郡河南尹房植有名當朝 鄕人爲之謠曰“天下規矩 房伯武 因師獲印 周仲進.”二家賓客 互相譏揣 遂各樹朋徒 漸成尤隙. 由是甘陵有南北部 黨人之議自此始矣.
   汝南太守宗資以范滂爲功曹 南陽太守成瑨以岑晊爲功曹 皆委心聽任 使之褒善糾違 肅清朝府. 滂尤剛勁 疾惡如仇. 滂甥李頌 素無行 中常侍唐衡以屬資 資用爲吏 滂寢而不召. 資遷怒 捶書佐朱零 零仰曰“范滂淸裁 今日寧受笞而死 滂不可違.”資乃止. 郡中中人以下 莫不怨之. 於是二郡爲謠曰“汝南太守范孟博 南陽宗資主畫諾 南陽太守岑公孝 弘農成瑨但坐嘯.”
   太學諸生三萬餘人 郭泰及潁川賈彪爲其冠 與李膺·陳蕃·

王暢更相襃重. 學中語曰"天下模楷 李元禮 不畏強禦 陳仲舉 天下俊秀 王叔茂." 於是中外承風 競以臧否相尚 自公卿以下 莫不畏其貶議 屣履到門.

宛有富賈張汎者 與後宮有親 又善雕鏤玩好之物 頗以賂遺中宮 以此得顯位 用勢縱橫. 岑晊與賊曹史張牧勸成瑨收捕汎等 旣而遇赦 瑨竟誅之 幷收其宗族賓客 殺二百餘人 後乃奏聞. 小黃門晉陽趙津 貪橫放恣 爲一縣巨患. 太原太守平原劉瓆使郡吏王允討捕 亦於赦後殺之. 於是中常侍侯覽使張汎妻上書訟冤 宦官因緣譖訴瑨·瓆. 帝大怒 徵瑨·瓆 皆下獄. 有司承旨 奏瑨·瓆罪當棄市.

山陽太守翟超以郡人張儉爲東部督郵. 侯覽家在防東 殘暴百姓 覽喪母還家 大起塋冢. 儉舉奏覽罪 而覽伺候遮截 章竟不上. 儉遂破覽冢宅 藉沒資財 具奏其狀 復不得御. 徐璜兄子宣爲下邳令 暴虐尤甚. 嘗求故汝南太守李暠女不能得 遂將吏卒至家 載其女歸 戲射殺之. 東海相汝南黃浮聞之 收宣家屬無少長 悉考之. 掾史以下固爭 浮曰"徐宣國賊 今日殺之 明日坐死 足以瞑目矣!" 卽案宣罪棄市 暴其尸. 於是宦官訴冤於帝 帝大怒 超·浮並坐髡鉗 輸作右校.

太尉陳蕃·司空劉茂共諫 請瑨·瓆·超·浮等罪 帝不悅. 有司劾奏之 茂不敢復言. 蕃乃獨上疏曰"今寇賊在外 四支之疾 內政不理 心腹之患. 臣寢不能寐 食不能飽 實憂左右日親 忠言日疏 內患漸積 外難方深. 陛下超從列侯 繼承天位 小家畜產百萬之資 子孫尙恥愧失其先業 況乃產兼天下 受之先帝

而欲懈怠以自輕忽乎！ 誠不愛己 不當念先帝得之勤苦邪！
前梁氏五侯 毒徧海內 天啟聖意 收而戮之. 天下之議 冀當小
平 明鑒未遠 覆車如昨 而近習之權 復相扇結. 小黃門趙津·
大猾張汎等 肆行貪虐 姦媚左右. 前太原太守劉瓆· 南陽太守
成瑨糾而戮之 雖言赦後不當誅殺 原其誠心 在乎去惡 至於陛
下 有何悁悁！而小人道長 熒惑聖聽 遂使天威爲之發怒 必加
刑譴 已爲過甚 況乃重罰令伏歐刀乎！又 前山陽太守翟超·
東海相黃浮 奉公不橈 疾惡如讎 超沒侯覽財物 浮誅徐宣之罪
並蒙刑坐 不逢赦恕. 覽之從橫 沒財已幸 宣犯釁過 死有餘辜.
昔丞相申屠嘉召責鄧通 雒陽令董宣折辱公主 而文帝從而請之
光武加以重賞 未聞二臣有專命之誅. 而今左右羣豎 惡傷黨類
妄相交構 致此刑譴 聞臣是言 當復嗁訴. 陛下深宜割塞近習與
政之源 引納尚書朝省之士 簡練清高 斥黜佞邪. 如是天和於上
地洽於下 休禎符瑞 豈遠乎哉！”帝不納. 宦官由此疾蕃彌甚
選舉奏議 輒以中詔譴卻 長史以下多至抵罪 猶以蕃名臣 不敢
加害.

平原襄楷詣闕上疏曰“臣聞皇天不言 以文象設敎. 臣竊見太
微· 天廷五帝之坐 而金· 火罰星揚光其中 於占 天子凶 又俱
入房· 心 法無繼嗣. 前年冬大寒 殺鳥獸 害魚鱉 城傍竹柏之
葉有傷枯者. 臣聞於師曰‘柏傷竹枯 不出二年 天子當之.’今
自春夏以來 連有霜雹及大雨雷電 臣作威作福 刑罰急刻之所
感也. 太原太守劉瓆 南陽太守成瑨 志除姦邪 其所誅翦 皆合
人望. 而陛下受閹豎之譖 乃遠加考逮. 三公上書乞哀瓆等 不

見採察而嚴被譴讓 憂國之臣 將遂杜口矣. 臣聞殺無罪 誅賢者
禍及三世. 自陛下卽位以來 頻行誅罰 梁·寇·孫·鄧並見族
滅 其從坐者又非其數. 李雲上書 明主所不當諱 杜衆乞死 諒
以感悟聖朝 曾無赦宥而幷被殘戮 天下之人咸知其冤 漢興以
來 未有拒諫誅賢 用刑太深如今者也. 昔文王一妻 誕致十子
今宮女數千 未聞慶育 宜脩德省刑以廣《螽斯》之祚. 按春秋以
來 及古帝王 未有河淸. 臣以爲河者 諸侯位也. 淸者 屬陽 濁
者 屬陰. 河當濁而反淸者 陰欲爲陽 諸侯欲爲帝也. 京房《易
傳》曰'河水淸 天下平.'今天垂異 地吐妖 人癘疫 三者並時而
有河淸 猶春秋麟不當見而見 孔子書之以爲異也. 願賜淸閒 極
盡所言."書奏 不省.

　十餘日 復上書曰"臣聞殷紂好色 妲己是出 葉公好龍 眞龍
游廷. 今黃門·常侍 天刑之人 陛下愛待 兼倍常寵 係嗣未兆
豈不爲此！又聞宮中立黃·老·浮屠之祠 此道淸虛 貴尚無爲
好生惡殺 省慾去奢. 今陛下耆欲不去 殺罰過理 旣乖其道 豈
獲其祚哉！浮屠不三宿桑下 不欲久生恩愛 精之至也 其守一
如此 乃能成道. 今陛下淫女艷婦 極天下之麗 甘肥飲美 單天
下之味 奈何欲如黃·老乎！"書上 卽召入 詔尚書問狀. 楷言
"古者本無宦臣 武帝末數游後宮 始置之耳."尚書承旨 奏"楷
不正辭理 而違背經藝 假借星宿 造合私意 誣上罔事 請下司
隷正楷罪法 收送雒陽獄."帝以楷言雖激切 然皆天文恆象之
數 故不誅 猶司寇論刑. 自永平以來 臣民雖有習浮屠術者 而
天子未之好 至帝 始篤好之 常躬自禱祠 由是其法浸盛 故楷

言及之.

符節令汝南蔡衍·議郎劉瑜表救成瑨·劉質 言甚切屬 亦坐免官. 瑨·質竟死獄中. 瑨·質素剛直 有經術 知名當時 故天下惜之. 岑晊·張牧逃竄獲免.

晊之亡也 親友競匿之 賈彪獨閉門不納 時人望之. 彪曰"傳言'相時而動 無累後人.'公孝以要君致釁 自遺其咎 吾已不能奮戈相待 反可容隱之乎！"於是咸服其裁正. 彪嘗爲新息長 小民困貧 多不養子 彪嚴爲其制 與殺人同罪. 城南有盜劫害人者 北有婦人殺子者. 彪出按驗 掾吏欲引南 彪怒曰"賊寇害人 此則常理 母子相殘 逆天違道！"遂驅車北行 按致其罪. 城南賊聞之 亦面縛自首. 數年間 人養子者以千數. 曰"此賈父所生也."皆名之爲賈.

9　河內張成 善風角 推占當赦 敎子殺人. 司隷李膺督促收捕 旣而逢宥獲免 膺愈懷憤疾 竟按殺之. 成素以方伎交通宦官 帝亦頗訊其占 宦官敎成弟子牢脩上書 告"膺等養太學游士 交結諸郡生徒 更相驅馳 共爲部黨 誹訕朝廷 疑亂風俗."於是天子震怒 班下郡國 逮捕黨人 佈告天下 使同忿疾. 案經三府 太尉陳蕃卻之曰"今所按者 皆海內人譽 憂國忠公之臣 此等猶將十世宥也 豈有罪名不章而致收掠者乎！"不肯平署. 帝愈怒 遂下膺等於黃門北寺獄 其辭所連及 太僕潁川杜密·御史中丞陳翔及陳寔·范滂之徒二百餘人. 或逃遁不獲 皆懸金購募 使者四出相望. 陳寔曰"吾不就獄 衆無所恃."乃自往請囚.

范滂至獄 獄吏謂曰"凡坐繫者 皆祭皋陶."滂曰"皋陶 古之直臣 知滂無罪 將理之於帝 如其有罪 祭之何益！"眾人由此亦止. 陳蕃復上書極諫 帝諱其言切 託以蕃辟召非其人 策免之.

時黨人獄所染逮者 皆天下名賢 度遼將軍皇甫規 自以西州豪桀 恥不得與 乃自上言"臣前薦故大司農張奐 是附黨也. 又臣昔論輸左校時 太學生張鳳等上書訟臣 是爲黨人所附也 臣宜坐之."朝廷知而不問.

杜密素與李膺名行相次 時人謂之李·杜 故同時被繫. 密嘗爲北海相 行春 到高密 見鄭玄爲鄉嗇夫 知其異器 卽召署郡職 遂遣就學 卒成大儒. 後密去官還家 每謁守令 多所陳託. 同郡劉勝 亦自蜀郡告歸鄉里 閉門掃軌 無所干及. 太守王昱謂密曰"劉季陵淸高士 公卿多舉之者."密知昱以激己 對曰"劉勝位爲大夫 見禮上賓 而知善不薦 聞惡無言 隱情惜己 自同寒蟬 此罪人也. 今志義力行之賢而密達之 違道失節之士而密糾之 使明府賞刑得中 令問休揚 不亦萬分之一乎！"昱慚服 待之彌厚.

10　九月 以光祿勳周景爲太尉.

11　司空劉茂免. 冬 十二月 以光祿勳汝南宣酆爲司空.

12　以越騎校尉竇武爲城門校尉. 武在位 多辟名士 淸身疾惡

禮賂不通 妻子衣食裁充足而已 得兩宮賞賜 悉散與太學諸生
及匂施貧民. 由是衆譽歸之.

13　匈奴烏桓聞張奐至 皆相率還降 凡二十萬口 奐但誅其首
惡 餘皆慰納之 唯鮮卑出塞去. 朝廷患檀石槐不能制 遣使持印
綬封爲王 欲與和親. 檀石槐不肯受 而寇抄滋甚 自分其地爲
三部 從右北平以東至遼東 接夫餘‧濊貊二十餘邑 爲東部 從
右北平以西 至上谷十餘邑 爲中部 從上谷以西至敦煌‧烏孫
二十餘邑 爲西部. 各置大人領之.＊

資治通鑑 卷056

【漢紀四十八】

起强圉協洽(丁未) 盡重光大淵獻(辛亥) 凡五年

❖ 孝桓皇帝下 永康 元年(丁未, 167年)

1　春 正月 東羌先零圍祋祤 掠雲陽 當煎諸種復反. 段熲擊
之於鸞鳥 大破之 西羌遂定.

2　夫餘王夫台寇玄菟 玄菟太守公孫域擊破之.

3　夏 四月 先零羌寇三輔 攻沒兩營 殺千餘人.

4　五月 壬子晦 日有食之.

5　陳蕃旣免 朝臣震栗 莫敢復爲黨人言者. 賈彪曰 "吾不西
行 大禍不解." 乃入雒陽 說城門校尉竇武·尙書魏郡霍諝等
使訟之. 武上疏曰 "陛下卽位以來 未聞善政 常侍·黃門 競行

譎詐 妄爵非人. 伏尋西京 佞臣執政 終喪天下. 今不慮前事之
失 復循覆車之軌. 臣恐二世之難 必將復及 趙高之變 不朝則
夕. 近者姦臣牢脩造設黨議 遂收前司隷校尉李膺等逮考 連及
數百人 曠年拘錄 事無效驗. 臣惟膺等建忠抗節 志經王室 此
誠陛下稷·禼·伊·呂之佐 而虛爲姦臣賊子之所誣枉 天下寒
心 海內失望. 惟陛下留神澄省 時見理出 以厭人鬼喁喁之心.
今臺閣近臣 尚書朱寓·荀緄·劉祐·魏朗·劉矩·尹勳等 皆
國之貞士 朝之良佐 尚書郎張陵·嬀皓·苑康·楊喬·邊韶·戴
恢等 文質彬彬 明達國典 內外之職 羣才並列. 而陛下委任近
習 專樹饕餮 外典州郡 內幹心膂 宜以次貶黜 案罪糾罰 信任
忠良 平決臧否 使邪正毀譽 各得其所 寶愛天官 唯善是授 如
此 咎徵可消 天應可待. 間者有嘉禾·芝草·黃龍之見. 夫瑞
生必於嘉士 福至實由善人 在德爲瑞 無德爲災. 陛下所行不合
天意 不宜稱慶."書奏 因以病上還城門校尉·槐里侯印綬. 霍
諝亦爲表請. 帝意稍解 因中常侍王甫就獄訊黨人范滂等 皆三
木囊頭 暴於階下 甫以次辨詰曰"卿等更相拔舉 迭爲脣齒 其
意如何?"滂曰"仲尼之言'見善如不及 見惡如探湯.'滂欲使
善善同其清 惡惡同其汙 謂王政之所願聞 不悟更以爲黨. 古之
脩善 自求多福. 今之脩善 身陷大戮. 身死之日 願埋滂於首陽
山側 上不負皇天 下不愧夷·齊."甫愍然爲之改容 乃得並解
桎梏. 李膺等又多引宦官子弟 宦官懼 請帝以天時宜赦. 六月
庚申 赦天下 改元 黨人二百餘人皆歸田里 書名三府 禁錮終
身.

范滂往候霍諝而不謝. 或讓之 滂曰"昔叔向不見祁奚 吾何謝焉!"滂南歸汝南 南陽士大夫迎之者 車數千兩 鄉人殷陶·黃穆侍衛於旁 應對賓客. 滂謂陶等曰"今子相隨 是重吾禍也!"遂遁還鄉里.

初 詔書下舉鉤黨 郡國所奏相連及者 多至百數 唯平原相史弼獨無所上. 詔書前後迫切 州郡髡笞掾史. 從事坐傳舍責曰"詔書疾惡黨人 旨意懇惻. 青州六郡 其五有黨 平原何治而得獨無?"弼曰"先王疆理天下 畫界分境 水土異齊 風俗不同. 他郡自有 平原自無 胡可相比!若承望上司 誣陷良善 淫刑濫罰 以逞非理 則平原之人 戶可爲黨. 相有死而已 所不能也!"從事大怒 卽收郡僚職送獄 遂舉奏弼. 會黨禁中解 弼以俸贖罪 所脫者甚衆.

竇武所薦 朱寓 沛人 苑康 勃海人 楊喬 會稽人 邊韶 陳留人. 喬容儀偉麗 數上言政事 帝愛其才貌 欲妻以公主 喬固辭不聽 遂閉口不食 七日而死.

6 秋 八月 巴部言黃龍見. 初 郡人欲就池浴 見池水濁 因戲相恐"此中有黃龍"語遂行民間 太守欲以爲美. 故上之. 郡吏傅堅諫曰"此走卒戲語耳."太守不聽.

7 六月大水 勃海溢.

8 冬 十月 先零羌寇三輔 張奐遣司馬尹端·董卓拒擊 大破

之 斬其酋豪 首虜餘人 三州淸定. 奐論功當封 以不事宦官故
不果封 唯賜錢二十萬 除家一人爲郞. 奐辭不受 請徙屬弘農.
舊制 邊人不得內徙 詔以奐有功 特許之. 拜董卓爲郞中. 卓 隴
西人 性粗猛有謀 羌胡畏之.

9　　十二月 壬申 復瘿陶王悝爲勃海王.

10　　丁丑 帝崩於德陽前殿. 戊寅 尊皇后曰皇太后. 太后臨朝.
初 竇后旣立 御見甚稀 唯采女田聖等有寵. 后素忌忍 帝梓宮
尙在前殿 遂殺田聖. 城門校尉竇武議立嗣 召侍御史河間劉儵
問以國中宗室之賢者 儵稱解瀆亭侯宏. 宏者 河間孝王之曾孫
也 祖淑 父萇 世封解瀆亭侯. 武乃入白太后 定策禁中 以儵守
光祿大夫 與中常侍曹節並持節將中黃門 · 虎賁 · 羽林千人 奉
迎宏 時年十二.

❖ 孝靈皇帝上之上 建寧 元年 (戊申, 168年)

1　　春 正月 壬午 以城門校尉竇武爲大將軍. 前太尉陳蕃爲
太傅 與武及司徒胡廣參錄尙書事.
　　時新遭大喪 國嗣未立 諸尙書畏懼 多託病不朝. 陳蕃移書責
之曰 "古人立節 事亡如存. 今帝祚未立 政事日蹙 諸君奈何委
荼蓼之苦 息偃在床 於義安乎!" 諸尙書惶怖 皆起視事.

2   己亥 解瀆亭侯至夏門亭 使竇武持節 以王靑蓋車迎入殿中 庚子 卽皇帝位 改元.

3   二月 辛酉 葬孝桓皇帝于宣陵 廟曰威宗.

4   辛未 赦天下.

5   初 護羌校尉段熲旣定西羌 而東羌先零等種猶未服 度遼將軍皇甫規·中郎將張奐招之連年 旣降又叛. 桓帝詔問熲曰 "先零東羌造惡反逆 而皇甫規·張奐各擁強衆 不時輯定 欲令熲移兵東討 未識其宜 可參思術略." 熲上言曰 "臣伏見先零·東羌雖數叛逆 而降於皇甫規者 已二萬許落 善惡旣分 餘寇無幾. 今張奐躊躇久不進者 當慮外離內合 兵往必驚. 且自冬踐春 屯結不散 人畜疲羸 有自亡之勢 欲更招降 坐制強敵耳. 臣以爲狼子野心 難以恩納 勢窮雖服 兵去復動 唯當長矛挾脅 白刃加頸耳！計東種所餘三萬餘落 近居塞內 路無險所 非有燕·齊·秦·趙從橫之勢 而久亂幷·涼 累侵三輔 西河·上郡 已各內徙 安定·北地 復至單危 自雲中·五原 西至漢陽 二千餘里 匈奴·諸羌 並擅其地 是爲癰疽伏疾 留滯脅下 如不加誅 轉就滋大. 若以騎五千·步萬人·車三千兩 三冬二夏足以破定 無慮用費爲錢五十四億 如此 則可令羣羌破盡 匈奴長服 內徙郡縣 得反本土. 伏計永初中 諸羌反叛 十有四年 用二百四十億 永和之末 復經七年 用八十餘億. 費耗若此 猶不

誅盡 餘孽復起 于茲作害. 今不暫疲民 則永寧無期. 臣庶竭
駑劣 伏待節度."帝許之 悉聽如所上. 潁於是將兵萬餘人 齎
十五日糧 從彭陽直指高平 與先零諸種戰於逢義山. 虜兵盛 潁
衆皆恐. 潁乃令軍中長鏃利刃 長矛三重 挾以強弩 列輕騎爲左
右翼 謂將士曰"今去家數千里 進則事成 走必盡死 努力共功
名！"因大呼 衆皆應聲騰赴 馳騎於傍 突而擊之 虜衆大潰 斬
首八千餘級. 太后賜詔書褒美曰"須東羌盡定 當幷錄功勤 今
且賜潁錢二十萬 以家一人爲郎中."敕中藏府調金錢·彩物增
助軍費 拜潁破羌將軍.

6　　閏月 甲午 追尊皇祖爲孝元皇 夫人夏氏爲孝元后 考爲孝
仁皇 尊帝母董氏爲愼園貴人.

7　　夏 四月 戊辰 太尉周景薨 司空宣酆免 以長樂衛尉王暢爲
司空.

8　　五月 丁未朔 日有食之.

9　　以太中大夫劉矩爲太尉.

10　　六月 京師大水.

11　　癸巳 錄定策功 封竇武爲聞喜侯 武子機爲渭陽侯 兄子紹

爲鄩侯 靖爲西鄕侯 中常侍曹節爲長安鄕侯 侯者凡十一人.

涿郡盧植上書說武曰"足下之於漢朝 猶旦 · 奭之在周室 建立聖主 四海有繫 論者以爲吾子之功 於斯爲重. 今同宗相後 披圖案牒 以次建之 何勳之有！豈可橫叨天功以爲己力乎！宜辭大賞 以全身名."武不能用. 植身長八尺二寸 音聲如鍾 性剛毅 有大節. 少事馬融 融性豪侈 多列女倡歌舞於前 植侍講積年 未嘗轉盼 融以是敬之.

太后以陳蕃舊德 特封高陽鄕侯. 蕃上疏讓曰"臣聞割地之封 功德是爲. 臣雖無素潔之行 竊慕君子'不以其道得之 不居也.'若受爵不讓 掩面就之 使皇天震怒 災流下民 於臣之身 亦何所寄！"太后不許. 蕃固讓 章前後十上 竟不受封.

12　段熲將輕兵追羌 出橋門 晨夜兼行 與戰於奢延澤 · 落川 · 令鮮水上 連破之 又戰於靈武谷 羌遂大敗. 秋 七月 熲至涇陽 餘寇四千落 悉散入漢陽山谷間.

護匈奴中郎將張奐上言"東羌雖破 餘種難盡 段熲性輕果 慮負敗難常 宜且以恩降 可無後悔."詔書下熲 熲復上言"臣本知東羌雖衆 而頓弱易制 所以比陳愚慮 思爲永寧之算 而中郎將張奐說虜強難破 宜用招降. 聖朝明監 信納譖言 故臣謀得行 奐計不用. 事勢相反 遂懷猜恨 信叛羌之訴 飾潤辭意 云臣兵'累見折衄'又言'羌一氣所生 不可誅盡 山谷廣大 不可空靜 血流污野 傷和致災.'臣伏念周 · 秦之際 戎狄爲害 中興以來 羌寇最盛 誅之不盡 雖降復叛. 今先零雜種 累以反覆 攻

沒縣邑 剽略人物 發冢露尸 禍及生死 上天震怒 假手行誅. 昔
邢爲無道 衛國伐之 師興而雨 臣動兵涉夏 連獲甘澍 歲時豐
稔 人無疪疫. 上占天心 不爲災傷 下察人事 衆和師克. 自橋門
以西‧落川以東 故宮縣邑 更相通屬 非爲深險絕域之地 車騎
安行 無應折衄. 案奐爲漢史 身當武職 駐軍二年 不能平寇 虛
欲修文戢戈 招降獷敵 誕辭空說 僭而無徵. 何以言之? 昔先零
作寇 趙充國徙令居內 煎當亂邊 馬援遷之三輔 始服終叛 至
今爲鯁 故遠識之士 以爲深憂. 今傍郡戶口單少 數爲羌所創毒
而欲令降徒與之雜居 是猶種枳棘於良田 養蛇虺於室內也. 故
臣奉大漢之威 建長久之策 欲絕其本根 不使能殖. 本規三歲之
費 用五十四億 今適期年 所耗未半 而餘寇殘燼 將向殄滅. 臣
每奉詔書 軍不內御 願卒斯言 一以任臣 臨時量宜 不失權便."

13　八月 司空王暢免 宗正劉寵爲司空.

14　初 竇太后之立也 陳蕃有力焉. 及臨朝 政無大小 皆委於
蕃. 蕃與竇武同心戮力 以獎王室 徵天下名賢李膺‧杜密‧尹
勳‧劉瑜等 皆列於朝廷 與共參政事. 於是天下之士 莫不延頸
想望太平. 而帝乳母趙嬈及諸女尙書 旦夕在太后側 中常侍曹
節‧王甫等共相朋結 諂事太后 太后信之 數出詔命 有所封拜.
蕃‧武疾之 嘗共會朝堂 蕃私謂武曰"曹節‧王甫等 自先帝
時操弄國權 濁亂海內 今不誅之 後必難圖." 武深然之. 蕃大
喜 以手推席而起. 武於是引同志尙書令尹勳等共定計策.

會有日食之變 蕃謂武曰"昔蕭望之困一石顯 況今石顯數十輩乎！蕃以八十之年欲爲將軍除害 今可因日食斥罷宦官 以塞天變."武乃白太后曰"故事 黃門・常侍但當給事省內典門戶 主近署財物耳 今乃使與政事 任重權 子弟布列 專爲貪暴. 天下匈匈 正以此故 宜悉誅廢以淸朝廷."太后曰"漢元以來故事 世有宦官 但當誅其有罪者 豈可盡廢邪！"時中常侍管霸 頗有才略 專制省內 武先白收霸及中常侍蘇康等 皆坐死. 武復數白誅曹節等 太后尤豫未忍 故事久不發. 蕃上疏曰"今京師囂囂 道路誼譁 言侯覽・曹節・公乘昕・王甫・鄭颯等 與趙夫人・諸尚書並亂天下 附從者升進 忤逆者中傷 一朝羣臣如河中木耳 汎汎東西 耽祿畏害. 陛下今不急誅此曹 必生變亂 傾危社稷 其禍難量. 願出臣章宣示左右 并令天下諸姦知臣疾之."太后不納.

是月 太白犯房之上將 入太微. 侍中劉瑜素善天官 惡之 上書皇太后曰"案《占書》宮門當閉 將相不利 姦人在主傍 願急防之."又與武・蕃書 以星辰錯繆不利 大臣宜速斷大計. 於是武・蕃以朱寓爲司隸校尉 劉祐爲河南尹・虞祁爲雒陽令. 武奏免黃門令魏彪 以所親小黃門山冰代之 使冰奏收長樂尙書鄭颯 送北寺獄. 蕃謂武曰"此曹子便當收殺 何復考爲！"武不從 令冰與尹勳・侍御史祝瑨雜考颯 辭連及曹節・王甫. 勳・冰卽奏收節等 使劉瑜內奏.

九月 辛亥 武出宿歸府. 典中書者先以告長樂五官史朱瑀 瑀盜發武奏 罵曰"中官放縱者 自可誅耳 我曹何罪 而當盡見

族滅！”因大呼曰“陳蕃‧竇武奏白太后廢帝 爲大逆！”乃
夜召素所親壯健者長樂從官史共普‧張亮等十七人 啑血共
盟 謀誅武等. 曹節白帝曰“外間切切 請出御德陽前殿.”令帝
拔劍踴躍 使乳母趙嬈等擁衛左右 取棨信 閉諸禁門 召尚書
官屬 脅以白刃 使作詔板 拜王甫爲黃門令 持節至北寺獄 收
尹勳‧山冰. 冰疑 不受詔 甫格殺之 幷殺勳 出鄭颯 還兵劫
太后 奪璽綬. 令中謁者守南宮 閉門絕複道. 使鄭颯等持節及
侍御史謁者捕收武等. 武不受詔 馳入步兵營 與其兄子步兵校
尉紹共射殺使者. 召會北軍五校士數千人屯都亭 下令軍士曰
“黃門‧常侍反 盡力者封侯重賞.”陳蕃聞難 將官屬諸生八十
餘人 並拔刃突入承明門 到尚書門 攘臂呼曰“大將軍忠以衛
國 黃門反逆 何云竇氏不道邪！”王甫時出與蕃相遇 適聞其
言 而讓蕃曰“先帝新棄天下 山陵未成 武有何功 兄弟父子並
封三侯！又設樂飲讌 多取掖廷宮人 旬日之間 貲財巨萬 大臣
若此 爲是道邪！公爲宰輔 苟相阿黨 復何求賊！”使劍士收
蕃 蕃拔劍叱甫 辭色逾厲. 遂執蕃 送北寺獄. 黃門從官騶蹋跳
蕃曰“死老魅！復能損我曹員數‧奪我曹稟假不！”卽日 殺
之. 時護匈奴中郎將張奐徵還京師 曹節等以奐新至 不知本謀
矯制以少府周靖行車騎將軍‧加節 與奐率五營士討武. 夜漏
盡 王甫將虎賁‧羽林等合千餘人 出屯朱雀掖門 與奐等合 已
而悉軍闕下 與武對陳. 甫兵漸盛 使其士大呼武軍曰“竇武反
汝皆禁兵 當宿衛宮省 何故隨反者乎！先降有賞！”營府兵素
畏服中官 於是武軍稍稍歸甫 自旦至食時 兵降略盡. 武‧紹走

諸軍追圍之 皆自殺 梟首雒陽都亭 收捕宗親賓客姻屬 悉誅之
及侍中劉瑜 · 屯騎校尉馮述 皆夷其族. 宦官又譖虎賁中郎將
河間劉淑 · 故尚書會稽魏朗 云與武等通謀 皆自殺. 遷皇太后
於南宮 徙武家屬於日南 自公卿以下嘗爲蕃 · 武所舉者及門生
故吏 皆免官禁錮. 議郎勃海巴肅 始與武等同謀 曹節等不知
但坐禁錮 後乃知而收之. 肅自載詣縣 縣令見肅 入閣 解印綬
欲與俱去. 肅曰“爲人臣者 有謀不敢隱 有罪不逃刑 既不隱其
謀矣 又敢逃其刑乎！”遂被誅.

曹節遷長樂衛尉 封育陽侯. 王甫遷中常侍 黃門令如故. 朱
瑀 · 共普 · 張亮等六人皆爲列侯 十一人爲關內侯. 於是羣小
得志 士大夫皆喪氣.

蕃友人陳留朱震收葬蕃尸 匿其子逸 事覺 繫獄 合門桎梏.
震受考掠 誓死不言 逸由是得免. 武府掾桂陽胡騰殯斂武尸 行
喪 坐以禁錮. 武孫輔 年二歲 騰詐以爲己子 與令史南陽張敞
共匿之於零陵界中 亦得免.

張奐遷大司農 以功封侯. 奐深病爲曹節等所賣 固辭不受.

15　以司徒胡廣爲太傅 錄尚書事 司空劉寵爲司徒 大鴻臚許
栩爲司空.

16　冬 十月 甲辰晦 日有食之.

17　十一月 太尉劉矩免 以太僕沛國聞人襲爲太尉.

18   十二月 鮮卑及濊貊寇幽·幷二州.

19   是歲 疏勒王季父和得殺其王自立.

20   烏桓大人上谷難樓有衆九千餘落 遼西丘力居有衆五千餘落 自稱王. 遼東蘇僕延有衆千餘落 自稱峭王. 右北平烏延有衆八百餘落 自稱汗魯王.

❖ 孝靈皇帝下 建寧 2年 (己酉, 169年)

1   春 正月 丁丑 赦天下.

2   帝迎董貴人於河間. 三月 乙巳 尊爲孝仁皇后 居永樂宮 拜其兄寵爲執金吾 兄子重爲五官中郎將.

3   夏 四月 壬辰 有靑蛇見於御坐上. 癸巳 大風 雨雹 霹靂 拔大木百餘. 詔公卿以下各上封事. 大司農張奐上疏曰 "昔周公葬不如禮 天乃動威. 今竇武·陳蕃忠貞 未被明宥 妖眚之來 皆爲此也 宜急爲收葬 徙還家屬 其從坐禁錮 一切蠲除. 又 皇太后雖居南宮 而恩禮不接 朝臣莫言 遠近失望. 宜思大義顧復之報." 上深嘉奐言 以問諸常侍 左右皆惡之 帝不得自從. 奐又與尙書劉猛等共薦王暢·李膺可參三公之選 曹節等彌疾其言 遂

下詔切責之. 奐等皆自囚廷尉 數日 乃得出 並以三月俸贖罪.

郎中東郡謝弼上封事曰"臣聞'惟虺惟蛇 女子之祥.'伏惟皇太后定策宮闈 援立聖明《書》曰'父子兄弟 罪不相及'竇氏之誅 豈宜咎延太后！ 幽隔空宮 愁感天心 如有霧露之疾 陛下當何面目以見天下！ 孝和皇帝不絕竇氏之恩 前世以爲美談. 禮'爲人後者爲之子'今以桓帝爲父 豈得不以太后爲母哉！ 願陛下仰慕有虞蒸蒸之化 凱《凱風》慰母之念. 臣又聞'開國承家 小人勿用.'今功臣久外 未蒙爵秩 阿母寵私 乃享大封 大風雨雹 亦由於茲. 又 故太傅陳蕃 勤身王室 而見陷羣邪 一旦誅滅 其爲酷濫 駭動天下 而門生故吏 並離徙錮. 蕃身已往 人百何贖！ 宜還其家屬 解除禁網 夫台宰重器 國命所繫 今之四公 唯司空劉寵斷斷守善 餘皆素餐致寇之人 必有折足覆餗之凶 可因災異 並加罷黜 徵故司空王暢・長樂少府李膺並居政事 庶災變可消 國祚惟永."左右惡其言 出爲廣陵府丞 去官歸家. 曹節從子紹爲東郡太守 以他罪收弼 掠死於獄.

帝以蛇妖問光祿勳楊賜 賜上封事曰"夫善不妄來 災不空發. 王者心有所想 雖未形顏色 而五星以之推移 陰陽爲其變度. 夫皇極不建 則有龍蛇之孽《詩》云'惟虺惟蛇 女子之祥.'惟陛下思乾剛之道 別內外之宜 抑皇甫之權 割豔妻之愛 則蛇變可消 禎祥立應."賜 秉之子也.

4　　五月 太尉聞人襲・司空許栩免 六月 以司徒劉寵爲太尉 太常汝南許訓爲司徒 太僕長沙劉囂爲司空. 囂素附諸常侍 故

致位公輔.

5　詔遣謁者馮禪說降漢陽散羌. 段熲以春農 百姓布野 羌雖暫降 而縣官無廩 必當復爲盜賊 不如乘虛放兵 勢必殄滅. 熲於是自進營 去羌所屯凡亭山四五十里 遣騎司馬田晏‧假司馬夏育將五千人先進 擊破之. 羌衆潰東奔 復聚射虎谷 分兵守谷上下門 熲規一舉滅之 不欲復令散走. 秋 七月 熲遣千人於西縣結木爲柵 廣二十步 長四十里遮之. 分遣晏‧育等將七千人 銜枚夜上西山 結營穿塹 去虜一里許 又遣司馬張愷等將三千人上東山 虜乃覺之. 熲因與愷等夾東‧西山 縱兵奮擊 破之追至谷上下門 窮山深谷之中 處處破之 斬其渠帥以下萬九千級. 馮禪等所招降四千人 分置安定‧漢陽‧隴西三郡. 於是東羌悉平. 熲凡百八十戰 斬三萬八千餘級 獲雜畜四十二萬七千餘頭 費用四十四億 軍士死者四百餘人 更封新豐縣侯 邑萬戶.

　❖ 臣光曰

　書稱“天地 萬物父母 惟人萬物之靈 亶聰明 作元后元后作民父母.”夫蠻夷戎狄 氣類雖殊 其就利避害 樂生惡死 亦與人同耳. 御之得其道則附順服從 失其道則離叛侵擾 固其宜也. 是以先王之政 叛則討之 服則懷之 處之四裔 不使亂禮義之邦而已. 若乃視之如草木禽獸 不分臧否 不辨去來 悉艾殺之 豈作民父母之意哉！且夫羌

之所以叛者 爲郡縣所侵冤故也 叛而不卽誅者 將帥非其
人故也. 苟使良將驅而出之塞外 擇良吏而牧之 則疆場
之臣也 豈得專以多殺爲快邪！夫御之不得其道 雖華夏
之民 亦將蠢起而爲寇 又可盡誅邪！然則段紀明之爲將
雖克捷有功 君子所不與也.

6　九月 江夏蠻反 州郡討平之.

7　丹楊山越圍太守陳夤 夤擊破之.

8　初 李膺等雖廢錮 天下士大夫皆高尙其道而汙穢朝廷 希
之者唯恐不及 更共相標榜 爲之稱號 以竇武・陳蕃・劉淑爲
三君 君者 言一世之所宗也 李膺・荀翌・杜密・王暢・劉
祐・魏朗・趙典・朱㝢爲八俊 俊者 言人之英也 郭泰・范
滂・尹勳・巴肅及南陽宗慈・陳留夏馥・汝南蔡衍・泰山羊陟
爲八顧 顧者 言能以德行引人者也 張儉・翟超・岑晊・苑康
及山陽劉表・汝南陳翔・魯國孔昱・山陽檀敷爲八及 及者 言
其能導人追宗者也 度尙及東平張邈・王孝・東郡劉儒・泰山
胡母班・陳留秦周・魯國蕃嚮・東萊王章爲八廚 廚者 言能以
財救人者也. 及陳・竇用事 復擧拔膺等 陳・竇誅 膺等復廢.
　宦官疾惡膺等 每下詔書 輒申黨人之禁. 侯覽怨張儉尤甚 覽
鄕人朱並素佞邪 爲儉所棄 承覽意指 上書告儉與同鄕二十四
人別相署號 共爲部黨 圖危社稷 而儉爲之魁. 詔刊章捕儉等.

冬 十月 大長秋曹節因此諷有司奏 "諸鉤黨者故司空虞放及李膺·杜密·朱寓·荀翌·翟超·劉儒·范滂等 請下州郡考治." 是時上年十四 問節等曰 "何以爲鉤黨?" 對曰 "鉤黨者卽黨人也." 上曰 "黨人何用爲惡而欲誅之邪?" 對曰 "皆相舉羣輩 欲爲不軌." 上曰 "不軌欲如何?" 對曰 "欲圖社稷." 上乃可其奏.

或謂李膺曰 "可去矣!" 對曰 "事不辭難 罪不逃刑 臣之節也. 吾年已六十 死生有命 去將安之!" 乃詣詔獄 考死 門生故吏並被禁錮. 侍御史蜀郡景毅子顧爲膺門徒 未有錄牒 不及於譴 毅慨然曰 "本謂膺賢 遣子師之 豈可以漏脫名籍 苟安而已!" 遂自表免歸.

汝南督郵吳導受詔捕范滂 至征羌 抱詔書閉傳舍 伏牀而泣 一縣不知所爲. 滂聞之曰 "必爲我也." 卽自詣獄. 縣令郭揖大驚 出 解印綬 引與俱亡 曰 "天下大矣 子何爲在此!" 滂曰 "滂死則禍塞 何敢以罪累君. 又令老母流離乎!" 其母就與之訣 滂白母曰 "仲博孝敬 足以供養. 滂從龍舒君歸黃泉 存亡各得其所. 惟大人割不可忍之恩 勿增感戚!" 仲博者 滂弟也. 龍舒君者 滂父龍舒侯相顯也. 母曰 "汝今得與李·杜齊名 死亦何恨! 既有令名 復求壽考 可兼得乎!" 滂跪受教 再拜而辭. 顧其子曰 "吾欲使汝爲惡 惡不可爲 使汝爲善 則我不爲惡." 行路聞之 莫不流涕.

凡黨人死者百餘人 妻子皆徙邊 天下豪桀及儒學有行義者宦官一切指爲黨人 有怨隙者 因相陷害 睚眥之忿 濫入黨中.

州郡承旨 或有未嘗交關 亦離禍毒 其死·徙·廢·禁者又六七百人.

郭泰聞黨人已死 私爲之慟曰 "《詩》云 '人之云亡 邦國殄瘁.' 漢室滅矣 但未知 '瞻烏爰止 於誰之屋' 耳!" 泰雖好臧否人倫 而不爲危言覈論 故能處濁世而怨禍不及焉.

張儉亡命困迫 望門投止 莫不重其名行 破家相容. 後流轉東萊 止李篤家. 外黃令毛欽操兵到門 篤引欽就席曰 "張儉負罪亡命 篤豈得藏之! 若審在此 此人名士 明廷寧宜執之乎!" 欽因起撫篤曰 "蘧伯玉恥獨爲君子 足下如何專取仁義!" 篤曰 "今欲分之 明廷載半去矣." 欽歎息而去. 篤導儉經北海戲子然家 遂入漁陽出塞. 其所經歷 伏重誅者以十數 連引收考者布徧天下 宗親並皆殄滅 郡縣爲之殘破. 儉與魯國孔褒有舊 亡抵褒 不遇 褒弟融 年十六 匿之. 後事泄 儉得亡走 國相收褒·融送獄 未知所坐. 融曰 "保納舍藏者 融也 當坐." 褒曰 "彼來求我 非弟之過." 吏問其母 母曰 "家事任長 妾當其辜." 一門爭死 郡縣疑不能決 乃上讞之 詔書竟坐褒. 及黨禁解 儉乃還鄉里 後爲衛尉 卒 年八十四. 夏馥聞張儉亡命 歎曰 "孽自己作 空汙良善 一人逃死 禍及萬家 何以生爲!" 乃自翦須變形 入林慮山中 隱姓名 爲冶家傭 親突煙炭 形貌毀瘁 積二三年 人無知者. 馥弟靜載縑帛追求餉之 馥不受曰 "弟奈何載禍相餉乎!" 黨禁未解而卒.

初 中常侍張讓父死 歸葬潁川 雖一郡畢至 而名士無往者 讓甚恥之 陳寔獨弔焉. 及誅黨人 讓以寔故 多所全宥. 南陽何顒

素與陳蕃・李膺善 亦被收捕 乃變名姓匿汝南間 與袁紹爲奔
走之交 常私入雒陽 從紹計議 爲諸名士罹黨事者求救援 設權
計 使得逃隱 所全免甚衆.

初 太尉袁湯三子 成・逢・隗. 成生紹 逢生術. 逢・隗皆有
名稱 少歷顯官. 時中常侍袁赦以逢・隗宰相家 與之同姓 推崇
以爲外援 故袁氏貴寵於世 富奢甚 不與他公族同. 紹壯健有威
容 愛士養名 賓客輻湊歸之 輜輧・柴轂 填接街陌. 術亦以俠
氣聞. 逢從兄子閎 少有操行 以耕學爲業 逢・隗數饋之 無所
受. 閎見時方險亂 而家門富盛 常對兄弟歎曰"吾先公福祚 後
世不能以德守之 而競爲驕奢 與亂世爭權 此卽晉之三郤矣."
及黨事起 閎欲投跡深林 以母老 不宜遠遁 乃築土室四周於庭
不爲戶 自牖納飲食. 母思閎時 往就視 母去 便自掩閉 兄弟妻
子莫得見也. 潛身十八年 卒於土室.

初 范滂等非訐朝政 自公卿以下皆折節下之 太學生爭慕其
風 以爲文學將興 處士復用. 申屠蟠獨歎曰"昔戰國之世 處士
橫議 列國之王至爲擁彗先驅 卒有坑儒燒書之禍 今之謂矣."
乃絕跡於梁・碭之間 因樹爲屋 自同傭人. 居二年 滂等果罹黨
錮之禍 唯蟠超然免於評論.

❖ 臣光曰

天下有道 君子揚於王庭 以正小人之罪 而莫敢不服.
天下無道 君子囊括不言 以避小人之禍 而猶或不免. 黨

人生昏亂之世 不在其位 四海橫流 而欲以口舌救之 臧否人物 激濁揚淸 撩虺蛇之頭 跳虎狼之尾 以至身被淫刑 禍及朋友 士類殲滅而國隨以亡 不亦悲乎！夫唯郭泰旣明且哲 以保其身 申屠蟠見幾而作 不俟終日 卓乎其不可及已！

9 庚子晦 日有食之.

10 十一月 太尉劉寵免 太僕扶溝郭禧爲太尉.

11 鮮卑寇并州.

12 長樂太僕曹節病困 詔拜車騎將軍. 有頃 疾瘳 上印綬 復爲中常侍 位特進
  秩中二千石.

13 高句驪王伯固寇遼東 玄菟太守耿臨討降之.

❖ 孝靈皇帝下 建寧 3年（庚戌, 170年）

1 春 三月 丙寅晦 日有食之.

2　徵段熲還京師 拜侍中. 熲在邊十餘年 未嘗一日蓐寢 與將士同甘苦 故皆樂爲死戰 所嚮有功.

3　夏 四月 太尉郭禧罷 以太中大夫聞人襲爲太尉.

4　秋 七月 司空劉囂罷 八月 以大鴻臚梁國橋玄爲司空.

5　九月 執金吾董寵坐矯永樂太后屬請 下獄死.

6　冬 鬱林太守谷永以恩信招降烏滸人十餘萬 皆內屬 受冠帶 開置七縣.

7　涼州刺史扶風孟佗遣從事任涉將敦煌兵五百人 與戊己司馬曹寬‧西域長史張晏將焉耆‧龜玆‧車師前‧後部 合三萬餘人討疏勒 攻楨中城 四十餘日 不能下 引去. 其後疏勒王連相殺害 朝廷亦不能復治.

初 中常侍張讓有監奴 典任家事 威形喧赫. 孟佗資產饒贍 與奴朋結 傾竭饋問 無所遺愛. 奴咸德之 問其所欲. 佗曰「吾望汝曹爲我一拜耳!」時賓客求謁讓者 車常數百千兩 佗詣讓後至 不得進 監奴乃率諸倉頭迎拜於路 遂共輿車入門 賓客咸驚 謂佗善於讓 皆爭以珍玩賂之. 佗分以遺讓 讓大喜 由是以佗爲涼州刺史.

1   春 正月 甲子 帝加元服 赦天下 唯黨人不赦.

2   二月 癸卯 地震.

3   三月 辛酉朔 日有食之.

4   太尉聞人襲免 以太僕汝南李咸爲太尉.

5   大疫. 司徒許訓免 以司空橋玄爲司徒 夏 四月 以太常南陽來豔爲司空.

6   秋 七月 司空來豔免.

7   癸丑 立貴人宋氏爲皇后 后 執金吾酆之女也.

8   司徒橋玄免 以太常南陽宗俱爲司空 前司空許栩爲司徒.

9   帝以竇太后有援立之功 冬 十月 戊子朔 率羣臣朝太后於南宮 親饋上壽. 黃門令董萌因此數爲太后訴冤 帝深納之 供養資奉 有加於前. 曹節 · 王甫疾之 誣萌以謗訕永樂宮 下獄死.

10   鮮卑寇幷州. *

資治通鑑 卷057

【漢紀四十九】

起玄黓困敦(壬子) 盡上章涒灘(庚申) 凡九年.

❖ **孝靈皇帝上之下 熹平 元年 (壬子, 172年)**

1 　春 正月 車駕上原陵. 司徒掾陳留蔡邕曰"吾聞古不墓祭.
朝廷有上陵之禮 始謂可損 今見威儀 察其本意 乃知孝明皇帝
至孝惻隱 不易奪也. 禮有煩而不可省者 此之謂也."

2 　三月 壬戌 太傅胡廣薨 年八十二. 廣周流四公 三十餘年
歷事六帝 禮任極優 罷免未嘗滿歲 輒復升進. 所辟多天下名士
與故吏陳蕃 · 李咸並爲三司. 練達故事 明解朝章 故京師諺曰
"萬事不理 問伯始 天下中庸 有胡公."然溫柔謹愨 常遜言恭
色以取媚於時 無忠直之風 天下以此薄之.

3 　五月 己巳 赦天下 改元.

4 　長樂太僕侯覽坐專權驕奢 策收印綬 自殺.

5 　六月 京師大水.

6 　竇太后母卒於比景 太后憂思感疾 癸巳 崩於雲臺. 宦者
積怨竇氏 以衣車載太后尸置城南市舍 數日 曹節·王甫欲用
貴人禮殯. 帝曰"太后親立朕躬 統承大業 豈宜以貴人終乎！"
於是發喪成禮.

　節等欲別葬太后 而以馮貴人配祔. 詔公卿大會朝堂 令中常
侍趙忠監議. 太尉李咸時病 扶輿而起 擣椒自隨 謂妻子曰"若
皇太后不得配食桓帝 吾不生還矣！"既議 坐者數百人 各瞻
望良久 莫肯先言. 趙忠曰"議當時定！"廷尉陳球曰"皇太后
以盛德良家 母臨天下 宜配先帝 是無所疑."忠笑而言曰"陳
廷尉宜便操筆."球卽下議曰"皇太后自在椒房 有聰明母儀之
德 遭時不造 援立聖明承繼宗廟 功烈至重. 先帝晏駕 因遇大
獄 遷居空宮 不幸早世 家雖獲罪 事非太后 今若別葬 誠失天
下之望. 且馮貴人冢嘗被發掘 骸骨暴露 與賊倂尸 魂靈汙染
且無功於國 何宜上配至尊！"忠省球議 作色俛仰 蚩球曰"陳
廷尉建此議甚健！"球曰"陳·竇旣冤 皇太后無故幽閉 臣常
痛心 天下憤歎！今日言之 退而受罪 宿昔之願也！"李咸曰
"臣本謂宜爾 誠與意合."於是公卿以下皆從球議. 曹節·王甫
猶爭 以爲"梁后家犯惡逆 別葬懿陵 武帝黜廢衛后 而以李夫
人配食 今竇氏罪深 豈得合葬先帝！"李咸復上疏曰"臣伏惟

章德竇后虐害恭懷 安思閻后家犯惡逆 而和帝無異葬之議 順朝無貶降之文. 至於衛后 孝武皇帝身所廢棄 不可以爲比. 今長樂太后尊號在身 親嘗稱制 且援立聖明 光隆皇祚. 太后以陛下爲子 陛下豈得不以太后爲母! 子無黜母 臣無貶君 宜合葬宣陵 一如舊制."帝省奏 從之.

秋 七月 甲寅 葬桓思皇后於宣陵.

7　有人書朱雀闕 言"天下大亂 曹節·王甫幽殺太后 公卿皆尸祿 無忠言者."詔司隸校尉劉猛逐捕 十日一會. 猛以誹書言直 不肯急捕. 月餘 主名不立 猛坐左轉諫議大夫 以御史中丞段熲代之. 熲乃四出逐捕 及太學游生繫者千餘人. 節等又使熲以他事奏猛 論輸左校.

初 司隸校尉王寓依倚宦官 求薦於太常張奐 奐拒之 寓遂陷奐以黨罪禁錮. 奐嘗與段熲爭擊羌 不相平 熲爲司隸 欲逐奐歸敦煌而害之 奐奏記哀請於熲 乃得免.

初 魏郡李暠爲司隸校尉 以舊怨殺扶風蘇謙 謙子不韋瘞而不葬 變姓名 結客報仇. 暠遷大司農 不韋匿於諭膾中 鑿地旁達暠之寢室 殺其妾幷小兒. 暠大懼 以板藉地 一夕九徙. 又掘暠父冢 斷取其頭 標之於市. 暠求捕不獲 憤恚 嘔血死. 不韋遇赦還家 乃葬父行喪. 張奐素睦於蘇氏 而段熲與暠善 熲辟不韋爲司隸從事 不韋懼 稱病不詣. 熲怒 使從事張賢就家殺之 先以鴆與賢父曰"若賢不得不韋 便可飲此!"賢遂收不韋 幷其一門六十餘人 盡誅之.

8   渤海王悝之貶瘿陶也 因中常侍王甫求復國 許謝錢五千萬
旣而桓帝遺詔復悝國 悝知非甫功 不肯還謝錢. 中常侍鄭颯·
中黃門董騰數與悝交通 甫密司察以告段潁. 冬 十月 收颯送北
寺獄 使尚書令廉忠誣奏“颯等謀迎立悝 大逆不道”遂詔冀州
刺史收悝考實 迫責悝 令自殺 妃妾十一人·子女七十人·伎
女二十四人皆死獄中 傅·相以下悉伏誅. 甫等十二人皆以功
封列侯.

9   十一月 會稽妖賊許生起句章 自稱陽明皇帝 衆以萬數 遣
揚州刺史臧旻·丹楊太守陳寅討之.

10   十二月 司徒許栩罷 以大鴻臚袁隗爲司徒.

11   鮮卑寇并州.

12   是歲 單于車兒死 子屠特若尸逐就單于立.

❖ 孝靈皇帝上之下 熹平 2年（癸丑, 173年）

1   春 正月 大疫.

2   丁丑 司空宗俱薨.

3   二月 壬午 赦天下.

4   以光祿勳楊賜爲司空.

5   三月 太尉李咸免.

6   夏 五月 以司隷校尉段熲爲太尉.

7   六月 北海地震.

8   秋 七月 司空楊賜免 以太常潁川唐珍爲司空. 珍 衡之弟也.

9   冬 十二月 太尉段熲罷.

10   鮮卑寇幽 · 幷二州.

11   癸酉晦 日有食之.

❖ 孝靈皇帝上之下 熹平 3年 (甲寅, 174年)

1   春 二月 己巳 赦天下.

2 以太常東海陳耽爲太尉.

3 三月 中山穆王暢薨 無子 國除.

4 夏 六月 封河間王利子康爲濟南王 奉孝仁皇祀.

5 吳郡司馬富春孫堅召募精勇 得千餘人 助州郡討許生. 冬十一月 臧旻 · 陳寅大破生於會稽 斬之.

6 任城王博薨 無子 國絶.

7 十二月 鮮卑入北地 太守夏育率屠各追擊 破之. 遷育爲護烏桓校尉. 鮮卑又寇并州.

8 司空唐珍罷 以永樂少府許訓爲司空.

❖ 孝靈皇帝上之下 熹平 4年（乙卯, 175年）

1 春 三月 詔諸儒正《五經》文字 命議郎蔡邕爲古文 · 篆 · 隷三體書之 刻石 立于太學門外. 使後儒晚學咸取正焉. 碑始立 其觀視及摹寫者車乘日千餘兩 塡塞街陌.

2   初 朝議以州郡相黨 人情比周 乃制昏姻之家及兩州人士不得對相監臨 至是復有三互法 禁忌轉密 選用艱難 幽‧冀二州久缺不補. 蔡邕上疏曰"伏見幽‧冀舊壤 鎧‧馬所出 比年兵饑 漸至空耗. 今者闕職經時 吏民延屬 而三府選舉 踰月不定. 臣怪問其故 云避三互. 十一月有禁 當取二州而已. 又 二州之士或復限以歲月 狐疑遲淹 兩州懸空 萬里蕭條 無所管繫. 愚以爲三互之禁 禁之薄者. 今但申以威靈 明其憲令 對相部主 尙畏懼不敢營私 況乃三互 何足爲嫌！昔韓安國起自徒中 朱買臣出於幽賤 並以才宜 還守本邦 豈復顧循三互 繫以末制乎！臣願陛下上則先帝 蠲除近禁 其諸州刺史器用可換者 無拘日月‧三互 以差厥中."朝廷不從.

❖ 臣光曰

叔向有言"國將亡 必多制."明王之政 謹擇忠賢而任之 凡中外之臣 有功則賞 有罪則誅 無所阿私 法制不煩而天下大治. 所以然者何哉？ 執其本故也. 及其衰也 百官之任不能擇人 而禁令益多 防閑益密 有功者以闕文不賞 爲姦者以巧法免誅 上下勞擾而天下大亂. 所以然者何哉？逐其末故也. 孝靈之時 刺史‧二千石貪如豺虎 暴殄烝民 而朝廷方守三互之禁. 以令視之 豈不適足爲笑而深可爲戒哉！

3   封河間王建孫佗爲任城王.

4   夏 四月 郡 · 國七大水.

5   五月 丁卯 赦天下.

6   延陵園災.

7   鮮卑寇幽州.

8   六月 弘農 · 三輔螟.

9   于寘王安國攻拘彌 大破之 殺其王. 戊己校尉 · 西域長史
各發兵輔立拘彌侍子定興爲王 人衆裁千口.

❖ 孝靈皇帝上之下 熹平 5年 (丙辰, 176年)

1   夏 四月 癸亥 赦天下.

2   益州郡夷反 太守李顒討平之.

3   大雩.

4   五月 太尉陳耽罷 以司空許訓爲太尉.

5   閏月 永昌太守曹鸞上書曰"夫黨人者 或耆年淵德 或衣
冠英賢 皆宜股肱王室 左右大猷者也 而久被禁錮 辱在塗泥.
謀反大逆尙蒙赦宥 黨人何罪 獨不開恕乎！所以災異屢見 水
旱荐臻 皆由於斯. 宜加沛然 以副天心."帝省奏 大怒 卽詔司
隷·益州檻車收鸞 送槐里獄 掠殺之. 於是詔州郡更考黨人門
生·故吏·父子·兄弟在位者 悉免官禁錮 爰及五屬.

6   六月 壬戌 以太常南陽劉逸爲司空.

7   秋 七月 太尉許訓罷. 以光祿勳劉寬爲太尉.

8   冬 十月 司徒袁隗罷 十一月 丙戌 以光祿大夫楊賜爲司徒.

9   是歲 鮮卑寇幽州.

❖ 孝靈皇帝上之下 熹平 6年（丁巳, 177年）

1   春 正月 辛丑 赦天下.

2   夏 四月 大旱 七州蝗.

令三公條奏長吏苛酷貪污者 罷免之. 平原相漁陽陽球坐嚴
酷 徵詣廷尉. 帝以球前爲九江太守討賊有功 特赦之 拜議郎.

3　　鮮卑寇三邊.

4　　市賈小民有相聚爲宣陵孝子者數十人 詔皆除太子舍人.

5　　秋 七月 司空劉逸免 以衛尉陳球爲司空.

6　　初 帝好文學 自造《皇羲篇》五十章 因引諸生能爲文賦者
並待制鴻都門下. 後諸爲尺牘及工書鳥篆者 皆加引召 遂至數
十人. 侍中祭酒樂松‧賈護多引無行趨勢之徒置其間 憙陳閭
里小事 帝甚悅之 待以不次之位 又久不親行郊廟之禮. 會詔
臺臣各陳政要 蔡邕上封事曰 "夫迎氣五郊 淸廟祭祀 養老辟
雍 皆帝者之大業 祖宗所祇奉也. 而有司數以蕃國疏喪‧宮內
產生及吏卒小汙 廢闕不行 忘禮敬之大 任禁忌之書 拘信小故
以虧大典. 自今齋制宜如故典 庶答風霆‧災妖之異. 又 古者
取士必使諸侯歲貢 孝武之世 郡舉孝廉 又有賢良‧文學之選
於是名臣輩出 文武並興. 漢之得人 數路而已. 夫書畫辭賦 才
之小者 匡國治政 未有其能. 陛下卽位之初 先涉經術 聽政餘
日 觀省篇章 聊以游意當代博奕 非以爲敎化取士之本. 而諸生
競利 作者鼎沸 其高者頗引經訓風喩之言 下則連偶俗語 有類
俳優 或竊成文 虛冒名氏. 臣每受詔於盛化門 差次錄第 其未

及者 亦復隨輩皆見拜擢. 既加之恩 難復收改 但守奉祿 於義
已弘 不可復使治民及在州郡. 昔孝宣會諸儒於石渠 章帝集學
士於白虎 通經釋義 其事優大 文武之道 所宜從之. 若乃不能
小善 雖有可觀 孔子以爲致遠則泥 君子固當志其大者. 又 前
一切以宣陵孝子爲太子舍人 臣聞孝文皇帝制喪服三十六日 雖
繼體之君 父子至親 公卿列臣受恩之重 皆屈情從制 不敢踰越.
今虛僞小人 本非骨肉 既無幸私之恩 又無祿仕之實 惻隱之心
義無所依. 至有姦軌之人通容其中 桓思皇后祖載之時 東郡有
盜人妻者 亡在孝中 本縣追捕 乃伏其辜. 虛僞雜穢 難得勝言.
太子官屬 宜搜選令德 豈有但取丘墓凶醜之人! 其爲不祥 莫
與大焉 宜遣歸田里 以明詐僞." 書奏 帝乃親迎氣北郊及行辟
雍之禮. 又詔宣陵孝子爲舍人者悉改爲丞 · 尉焉.

7　　護烏桓校尉夏育上言"鮮卑寇邊 自春以來三十餘發 請徵
幽州諸郡兵出塞擊之 一冬 · 二春 必能禽滅." 先是護羌校尉
田晏坐事論刑 被原 欲立功自效 乃請中常侍王甫求得爲將. 甫
因此議遣兵與育幷力討賊 帝乃拜晏爲破鮮卑中郎將 大臣多有
不同 乃召百官議於朝堂. 蔡邕議曰"征討殊類 所由尚矣. 然
而時有同異 勢有可否 故謀有得失 事有成敗 不可齊也. 夫以
世宗神武 將帥良猛 財賦充實 所括廣遠 數十年間 官民俱匱
猶有悔焉. 況今人財並乏 事劣昔時乎! 自匈奴遁逃 鮮卑強盛
據其故地 稱兵十萬 才力勁健 意智益生 加以關塞不嚴 禁網
多漏 精金良鐵 皆爲賊有 漢人逋逃爲之謀主 兵利馬疾 過於

匈奴. 昔段熲良將 習兵善戰 有事西羌 猶十餘年. 今育·晏才策未必過熲 鮮卑種衆不弱曩時 而虛計二載 自許有成 若禍結兵連 豈得中休 當復徵發衆人 轉運無已 是爲耗竭諸夏 幷力蠻夷. 夫邊垂之患 手足之疥搔 中國之困 胸背之癰疽 方今郡縣盜賊尙不能禁 況此醜虜而可伏乎! 昔高祖忍平城之恥 呂後棄慢書之詬 方之於今 何者爲甚? 天設山河 秦築長城 漢起塞垣 所以別內外 異殊俗也. 苟無蹙國內侮之患則可矣 豈與蟲螘之虜 校往來之數哉! 雖或破之 豈可殄盡 而方令本朝爲之旰食乎! 昔淮南王安諫伐越曰'如使越人蒙死以逆執事 廝輿之卒有一不備而歸者 雖得越王之首 猶爲大漢羞之.'而欲以齊民易丑虜 皇威辱外夷 就如其言 猶已危矣 況乎得失不可量邪!"帝不從. 八月 遣夏育出高柳 田晏出雲中 匈奴中郎將臧旻率南單于出鴈門 各將萬騎 三道出塞二千餘里. 檀石槐命三部大人各帥衆逆戰 育等大敗 喪其節傳輜重 各將數十騎奔還 死者什七八. 三將檻車徵下獄 贖爲庶人.

8   冬 十月 癸丑朔 日有食之.

9   太尉劉寬免.

10   辛丑 京師地震.

11   十一月 司空陳球免.

12 十二月 甲寅 以太常河南孟戫爲太尉.

13 庚辰 司徒楊賜免.

14 以太常陳耽爲司空.

15 遼西太守甘陵趙苞到官 遣使迎母及妻子 垂當到郡 道經柳城 値鮮卑萬餘人入塞寇鈔 苞母及妻子遂爲所劫質 載以擊郡. 苞率騎二萬與賊對陳 賊出母以示苞 苞悲號 謂母曰"爲子無狀 欲以微祿奉養朝夕 不圖爲母作禍 昔爲母子 今爲王臣 義不得顧私恩 毁忠節 唯當萬死 無以塞罪." 母遙謂曰"威豪人各有命 何得相顧以虧忠義 爾其勉之!" 苞卽時進戰 賊悉摧破 其母妻皆爲所害. 苞自上歸葬 帝遣使弔慰 封鄃侯. 苞葬訖 謂鄉人曰"食祿而避難 非忠也 殺母以全義 非孝也. 如是有何面目立於天下!" 遂歐血而死.

❖ 孝靈皇帝上之下 光和 元年（戊午, 178年）

1 春 正月 合浦·交趾烏滸蠻反 招引九眞·日南民攻沒郡縣.

2 太尉孟戫罷.

3   二月 辛亥朔 日有食之.

4   癸丑 以光祿勳陳國·袁滂爲司徒.

5   己未 地震.

6   置鴻都門學 其諸生皆敕州郡·三公擧用辟召 或出爲刺史·
太守 入爲尙書·侍中 有封侯·賜爵者 士君子皆恥與爲列焉.

7   三月 辛丑 赦天下 改元.

8   以太常常山張顥爲太尉. 顥 中常侍奉之弟也.

9   夏 四月 丙辰 地震.

10   侍中寺雌雞化爲雄.

11   司空陳耽免 以太常來豔爲司空.

12   六月 丁丑 有黑氣墮帝所御溫德殿東庭中 長十餘丈 似龍.

13   秋 七月 壬子 靑虹見玉堂後殿庭中. 詔召光祿大夫楊賜
等詣金商門 問以災異及消復之術. 賜對曰 "《春秋讖》曰 '天投

蜺 天下怨 海內亂.'加四百之期 亦復垂及. 今妾媵·閹尹之徒
共專國朝 欺罔日月 又 鴻都門下招會羣小 造作賦說 見寵於
時 更相薦說 旬月之間 並各拔擢. 樂松處常伯 任芝居納言 郤
儉·梁鵠各受豐爵不次之寵 而今搢紳之徒委伏畎畮 口誦堯·
舜之言 身蹈絕俗之行 棄捐溝壑 不見逮及. 冠履倒易 陵谷代
處 幸賴皇天垂象譴告.《周書》曰'天子見怪則修德 諸侯見怪
則修政 卿大夫見怪則修職 士庶人見怪則修身.'唯陛下斥遠佞
巧之臣 速徵鶴鳴之士 斷絕尺一 抑止槃游 冀上天還威 衆變可
弭!"

　議郎蔡邕對曰"臣伏思諸異 皆亡國之怪也. 天於大漢殷勤
不已 故屢出祅變以當譴責 欲令人君感悟 改危卽安. 今蜺墮·
雞化 皆婦人干政之所致也. 前者乳母趙嬈 貴重天下 讒諛驕溢
續以永樂門史霍玉 依阻城社 又爲姦邪. 今道路紛紛 復云有程
大人者 察其風聲 將爲國患 宜高爲隄防 明設禁令 深惟趙·
霍 以爲至戒. 今太尉張顥 爲玉所進 光祿勳偉璋 有名貪濁 又
長水校尉趙玹 屯騎校尉蓋升 並叨時幸 榮富優足 宜念小人
在位之咎 退思引身避賢之福. 伏見廷尉郭禧 純厚老成 光祿
大夫橋玄 聰達方直 故太尉劉寵 忠實守正 並宜爲謀主 數見
訪問. 夫宰相大臣 君之四體 委任責成 優劣已分 不宜聽納小
吏 雕琢大臣也. 又 尙方工技之作 鴻都篇賦之文 可且消息 以
示惟優. 宰府孝廉 士之高選 近者以辟召不愼 切責三公 而今
並以小文超取選舉 開請託之門 違明王之典 衆心不厭 莫之敢
言. 臣願陛下忍而絕之 思惟萬機 以答天望. 聖朝既自約厲 左

右近臣亦宜從化 人自抑損 以塞咎戒 則天道虧滿 鬼神福謙矣.
夫君臣不密 上有漏言之戒 下有失身之禍 願寢臣表 無使盡忠
之吏受怨姦仇."章奏 帝覽而歎息. 因起更衣 曹節於後竊視之
悉宣語左右 事遂漏露. 其爲邕所裁黜者 側目思報.

初 邕與大鴻臚劉郃素不相平 叔父衛尉質又與將作大匠陽球
有隙. 球卽中常侍程璜女夫也. 璜遂使人飛章言"邕·質數以
私事請託於郃 郃不聽. 邕含隱切 志欲相中."於是詔下尙書召
邕詰狀. 邕上書曰"臣實愚戇 不顧後害 陛下不念忠臣直言 宜
加掩蔽 誹謗卒至 便用疑怪. 臣年四十有六 孤特一身 得託名
忠臣 死有餘榮 恐陛下於此不復聞至言矣!"於是下邕·質於
雒陽獄 劾以"仇怨奉公 議害大臣 大不敬 棄市."事奏 中常侍
河南呂強愍邕無罪 力爲伸請. 帝亦更思其章 有詔"減死一等
與家屬髡鉗 徙朔鉗方 不得以赦令除."陽球使客追路刺邕 客
感其義 皆莫爲用. 球又賂其部主 使加毒害 所賂者反以其情戒
邕 由是得免.

14　八月 有星孛於天市.

15　九月 太尉張顥罷 以太常陳球爲太尉.

16　司空來豔薨. 冬 十月 以屯騎校尉袁逢爲司空.

17　宋皇后無寵 後宮幸姬衆共譖毀. 渤海王悝妃宋氏 卽後之

姑也 中常侍王甫恐后怨之 因譖后挾左道祝詛 帝信之 遂策收璽綬. 后自致暴室 以憂死. 父不其鄉侯酆及兄弟並被誅.

18 丙子晦 日有食之.
尚書盧植上言"凡諸黨錮多非其罪 可加赦宥 申宥回枉. 又宋后家屬並以無辜委骸橫尸 不得斂葬 宜敕收拾 以安遊魂. 又郡守‧刺史一月數遷 宜依黜陟以章能否 縱不九載 可滿三歲. 又 請謁希求 一宜禁塞 選舉之事 責成主者. 又 天子之體 理無私積 宜弘大務 蠲略細微."帝不省.

19 十一月 太尉陳球免. 十二月 丁巳 以光祿大夫橋玄爲太尉.

20 鮮卑寇酒泉 種衆日多 緣邊莫不被毒.

21 詔中尚方爲鴻都文學樂松‧江覽等三十二人圖象立贊 以勸學者. 尚書令陽球諫曰"臣案松‧覽等皆出於微蔑 斗筲小人 依憑世戚 附託權豪 俛眉承睫 徼進明時. 或獻賦一篇 或鳥篆盈簡 而位升郎中 形圖丹靑. 亦有筆不點牘 辭不辨心 假手請字 妖僞百品 莫不被蒙殊恩 蟬蛻濁濁. 是以有識掩口 天下嗟嘆. 臣聞圖象之設 以昭勸戒 欲令人君動鑒得失 未聞豎子小人詐作文頌 而可妄竊天官 垂象圖素者也. 今太學‧東觀足以宣明聖化 願罷鴻都之選 以銷天下之謗."書奏 不省.

22 是歲 初開西邸賣官 入錢各有差 二千石二千萬 四百石
四百萬 其以德次應選者半之 或三分之一 於西園立庫以貯之.
或詣闕上書占令長 隨縣好醜 豐約有賈. 富者則先入錢 貧者到
官然後倍輸. 又私令左右賣公卿 公千萬 卿五百萬. 初 帝爲侯
時常苦貧 及卽位 每歎桓帝不能作家居 曾無私錢 故賣官聚錢
以爲私藏.

帝嘗問侍中楊奇曰"朕何如桓帝？"對曰"陛下之於桓帝 亦
猶虞舜比德唐堯."帝不悅曰"卿強項 眞楊震子孫 死後必復致
大鳥矣."奇 震之曾孫也.

23 南匈奴屠特若尸逐就單于死 子呼徵立.

❖ 孝靈皇帝上之下 光和 2年（己未, 179年）

1 春 大疫.

2 三月 司徒袁滂免 以大鴻臚劉郃爲司徒.

3 乙丑 太尉橋玄罷 拜太中大夫 以太中大夫段熲爲太尉. 玄
幼子遊門次 爲人所劫 登樓求貨 玄不與. 司隷校尉 · 河南尹圍
守玄家 不敢迫. 玄瞋目呼曰"姦人無狀 玄豈以一子之命而縱
國賊乎！"促令攻之 玄子亦死. 玄因上言"天下凡有劫質 皆

幷殺之 不得贖以財寶 開張姦路."由是劫質遂絕.

4　京兆地震.

5　司空袁逢罷 以太常張濟爲司空.

6　夏 四月 甲戌朔 日有食之.

7　王甫·曹節等姦虐弄權 扇動內外 太尉段熲阿附之. 節·
甫父兄子弟爲卿·校·牧·守·令·長者佈滿天下 所在貪暴.
甫養子吉爲沛相 尤殘酷 凡殺人 皆磔尸車上 隨其罪目 宣示
屬縣 夏月腐爛 則以繩連其骨 周徧一郡乃止 見者駭懼. 視事
五年 凡殺萬餘人. 尚書令陽球常拊髀發憤曰"若陽球作司隸
此曹子安得容乎！"卽而球果遷司隸.
　甫使門生於京兆界辜榷官財物七千餘萬 京兆尹楊彪發其姦
言之司隸. 彪 賜之子也. 時甫休沐里舍 熲方以日食自劾. 球詣
闕謝恩 因奏甫·熲及中常侍淳于登·袁赦·封暘等罪惡 辛巳
悉收甫·熲等送洛陽獄 及甫子永樂少府萌·沛相吉. 球自臨
考甫等 五毒備極 萌先嘗爲司隸 乃謂球曰"父子旣當伏誅 亦
以先後之義 少以楚毒假借老父."球曰"爾罪惡無狀 死不滅責
乃欲論先後求假借邪！"萌乃罵曰"爾前奉事吾父子如奴 奴
敢反汝主乎！今日臨阨相擠 行自及也！"球使以土窒萌口 箠
撲交至 父子悉死於杖下 熲亦自殺. 乃僵磔甫尸於夏城門 大署

榜曰"賊臣王甫."盡沒入其財產 妻子皆徙比景.

球既誅甫 欲以次表曹節等 乃敕中都官從事曰"且先去權貴大猾 乃議其餘耳. 公卿豪右若袁氏兒輩 從事自辦之 何須校尉邪！"權門聞之 莫不屏氣. 曹節等皆不敢出沐. 會順帝虞貴人葬 百官會喪還 曹節見磔甫尸道次 慨然拉淚曰"我曹可自相食 何宜使犬舐其汁乎！"語諸常侍"今且俱入 勿過里舍也." 節直入省 白帝曰"陽球故酷暴吏 前三府奏當免官 以九江微功 復見擢用. 愆過之人 好為妄作 不宜使在司隸 以騁毒虐." 帝乃徙球為衛尉. 時球出謁陵 節敕尚書令召拜 不得稽留尺一. 球被召急 因求見帝 曰"臣無清高之行 橫蒙鷹犬之任 前雖誅王甫・段熲 蓋狐狸小醜 未足宣示天下. 願假臣一月 必令豺狼鴟梟各服其辜."叩頭流血. 殿上呵叱曰"衛尉扞詔邪！"至於再三 乃受拜.

於是曹節・朱瑀等權勢復盛. 節領尚書令. 郎中梁人審忠上書曰"陛下卽位之初 未能萬機 皇太后念在撫育 權時攝政 故中常侍蘇康・管霸應時誅殄. 太傅陳蕃・大將軍竇武考其黨與 志清朝政. 華容侯朱瑀知事覺露 禍及其身 遂興造逆謀 作亂王室 撞蹋省闥 執奪璽綬 迫脅陛下 聚會羣臣 離間骨肉母子之恩 遂誅蕃・武及尹勳等. 因共割裂城社 自相封賞 父子兄弟被蒙尊榮 素所親厚 布在州郡 或登九列 或據三司. 不惟祿重位尊之責 而苟營私門 多蓄財貨 繕修第舍 連里竟巷 盜取御水 以作漁釣 車馬服玩 擬於天家. 羣公卿士 杜口吞聲 莫敢有言 州牧郡守 承順風旨 辟召選舉 釋賢取愚. 故蟲蝗為之生 夷

寇爲之起 天意憤盈 積十餘年 故頻歲日食於上 地震於下 所
以譴戒人主 欲令覺悟 誅鉏無狀. 昔高宗以雉雊之變 故獲中興
之功 近者神祇啟悟陛下 發赫斯之怒 故王甫父子應時馘截 路
人士女莫不稱善 若除父母之讎. 誠怪陛下復忍孼臣之類 不悉
殄滅. 昔秦信趙高 以危其國 吳使刑人 身遭其禍. 今以不忍之
恩 赦夷族之罪 姦謀一成 悔亦何及！臣爲郎十五年 皆耳目聞
見 瑀之所爲 誠皇天所不復赦. 願陛下留漏刻之聽 裁省臣表
掃滅醜類 以答天怒. 與瑀考驗 有不如言 願受湯鑊之誅 妻子
並徙 以絕妄言之路.”章寢不報.

中常侍呂強淸忠奉公 帝以衆例封爲都鄕侯 強固辭不受 因
上疏陳事曰“臣聞高祖重約 非功臣不侯 所以重天爵·明勸戒
也. 中常侍曹節等 宦官祐薄 品卑人賤 讒諂媚主 佞邪徼寵 有
趙高之禍 未被輾裂之誅. 陛下不悟 妄授茅土 開國承家 小人
是用 又幷及家人 重金兼紫 交結邪黨 下比羣佞. 陰陽乖剌 稼
穡荒蕪 人用不康 罔不由茲. 臣誠知封事已行 言之無逮 所以
冒死干觸陳愚忠者 實願陛下損改旣謬 從此一止. 臣又聞後宮
采女數千餘人 衣食之費日數百金 比谷雖賤而戶有饑色 案法
當貴而今更賤者 由賦發繁數 以解縣官 寒不敢衣 飢不敢食
民有斯厄而莫之卹. 宮女無用 填積後庭 天下雖復盡力耕桑 猶
不能供. 又 前召議郎蔡邕對問於金商門 邕不敢懷道迷國 而切
言極對 毀刺貴臣 譏呵宦官. 陛下不密其言 至令宣露 羣邪項
領 膏脣拭舌 競欲咀嚼 造作飛條. 陛下回受誹謗 致邕刑罪 室
家徙放 老幼流離 豈不負忠臣哉！今羣臣皆以邕爲戒 上畏不

測之難 下懼劍客之害 臣知朝廷不復得聞忠言矣！故太尉段熲 武勇冠世 習於邊事 垂髮服戎 功成皓首 歷事二主 勳烈獨昭. 陛下既已式序 位登台司 而爲司隷校尉陽球所見誣脅 一身既 斃 而妻子遠播 天下惆悵 功臣失望. 宜徵邕更加授任 反熲家 屬 則忠貞路開 衆怨以弭矣."帝知其忠而不能用.

8　　丁酉 赦天下.

9　　上祿長和海上言"禮 從祖兄弟別居異財 恩義已輕 服屬 疏末. 而今黨人錮及五族 既乖典訓之文 有謬經常之法."帝覽 之而悟 於是黨錮自從祖以下皆得解釋.

10　　五月 以衛尉劉寬爲太尉.

11　　護匈奴中郎將張脩與南單于呼徵不相能 脩擅斬之 更立右 賢王羌渠爲單于. 秋
　　七月 脩坐不先請而擅誅殺 檻車徵詣廷尉 死.

12　　初 司徒劉郃兄侍中儵與竇武同謀 俱死 永樂少府陳球說 郃曰"公出自宗室 位登台鼎 天下瞻望 社稷鎭衛 豈得雷同 容 容無違而已. 今曹節等放縱爲害 而久在左右 又公兄侍中受 害節等 今可表徙衛尉陽球爲司隷校尉 以次收節等誅之 政出 聖主 天下太平 可翹足而待也！"郃曰"凶豎多耳目 恐事未

會 先受其禍." 尙書劉納曰 "爲國棟梁 傾危不持 焉用延彼相邪!" 郃許諾 亦與陽球結謀. 球小妻 程璜之女 由是節等頗得聞知 乃重賂璜 且脅之. 璜懼迫 以球謀告節 節因共白帝曰 "郃與劉納 · 陳球 · 陽球交通書疏 謀議不軌." 帝大怒. 冬 十月 甲申 劉郃 · 陳球 · 劉納 · 陽球皆下獄死.

13   巴郡板楯蠻反 遣御史中丞蕭瑗督益州刺史討之 不克.

14   十二月 以光祿勳楊賜爲司徒.

15   鮮卑寇幽 · 幷二州.

❖ 孝靈皇帝上之下 光和 3年（庚申, 180年）

1   春 正月 癸酉 赦天下.

2   夏 四月 江夏蠻反.

3   秋 酒泉地震.

4   冬 有星孛于狼 · 弧.

5 鮮卑寇幽·幷二州.

6 十二月 己巳 立貴人何氏爲皇后. 徵后兄潁川太守進爲侍
中. 后本南陽屠家 以選入掖庭 生皇子辯 故立之.

7 是歲作罼圭·靈昆苑. 司徒楊賜諫曰"先帝之制 左開鴻
池 右作上林 不奢不約 以合禮中. 今猥規郊城之地以爲苑囿
壞沃衍 廢田園 驅居民 畜禽獸 殆非所謂若保赤子之義. 今城
外之苑已有五六 可以逞情意 順四節也. 宜惟夏禹卑宮·太宗
露臺之意 以尉下民之勞."書奏 帝欲止 以問侍中任芝·樂松
對曰"昔文王之囿百里 人以爲小 齊宣五里 人以爲大. 今與百
姓共之 無害於政也."帝悅 遂爲之.

8 巴郡板楯蠻反.

9 蒼梧·桂陽賊攻郡縣 零陵太守楊琁制馬車數十乘 以排囊
盛石灰於車上 繫布索於馬尾 又爲兵車 專轂弓弩. 及戰 令馬
車居前 順風鼓灰 賊不得視 因以火燒布然 馬驚 奔突賊陣 因
使後車弓弩亂發 鉦鼓鳴震 羣盜波駭破散 追逐傷斬無數 梟其
渠帥 郡境以淸. 荊州刺史趙凱誣奏琁實非身破賊 而妄有其功
琁與相章奏. 凱有黨助 遂檻車徵琁 防禁嚴密 無由自訟 乃嚙
臂出血 書衣爲章 具陳破賊形勢 及言凱所誣狀 潛令親屬詣厥
通之. 詔書原琁 拜議郎 凱受誣人之罪. 琁 喬之弟也.*

資治通鑑 卷058

【漢紀五十】
起重光作噩(辛酉) 盡強圉單閼(丁卯) 凡七年.

❖ 孝靈皇帝中 光和 4年(辛酉, 181年)

1　春 正月 初置騄驥廏丞 領受郡國調馬. 豪右辜榷 馬一匹
至二百萬.

2　夏 四月 庚子 赦天下.

3　交趾烏滸蠻久爲亂 牧守不能禁 交趾人梁龍等復反 攻破
郡縣. 詔拜蘭陵令會稽朱儁爲交趾刺史 擊斬梁龍 降者數萬人
旬月盡定 以功封都亭侯 徵爲諫議大夫.

4　六月 庚辰 雨雹如雞子.

5　秋 九月 庚寅朔 日有食之.

6 太尉劉寬免 衛尉許馘爲太尉.

7 閏月 辛酉 北宮東掖庭永巷署災.

8 司徒楊賜罷 冬 十月 太常陳耽爲司徒.

9 鮮卑寇幽·幷二州. 檀石槐死 子和連代立. 和連才力不及
父而貪淫 後出攻北地 北地人射殺之. 其子騫曼尚幼 兄子魁頭
立. 後騫曼長大 與魁頭爭國 衆遂離散. 魁頭死 弟步度根立.

10 是歲 帝作列肆於後宮 使諸采女販賣 更相盜竊爭鬪 帝著
商賈服 從之飮宴爲樂. 又於西園弄狗 著進賢冠 帶綬. 又駕四
驢 帝躬自操轡 驅馳周旋 京師轉相仿效 驢價遂與馬齊.

帝好爲私稸 收天下之珍貨 每郡國貢獻 先輸中署 名爲"導
行費." 中常侍呂强上疏諫曰"天下之財 莫不生之陰陽 歸之陛
下 豈有公私！而今中尙方斂諸郡之寶 中御府積天下之繒 西
園引司農之藏 中廐聚太僕之馬 而所輸之府 輒有導行之財 調
廣民困 費多獻少 姦吏因其利 百姓受其敝. 又 阿媚之臣 好獻
其私 容謟姑息 自此而進. 舊典 選擧委任三府 尙書受奏御而
已 受試任用 責以成功 功無可察 然後付之尙書擧劾 請下廷
尉覆按虛實 行其罪罰.於是三公每有所選 參議掾屬 咨其行狀
度其器能 然猶有曠職廢官 荒穢不治. 今但任尙書 或有詔用
如是 三公得免選擧之負 尙書亦復不坐 責賞無歸 豈肯空自勞

苦乎!"書奏 不省.

11　何皇后性強忌 後宮王美人生皇子協 后鴆殺美人. 帝大怒
欲廢后 諸中官固請 得止.

12　大長秋華容侯曹節卒 中常侍趙忠代領大長秋.

❖ 孝靈皇帝中 光和 5年（壬戌, 182年）

1　春 正月 辛未 赦天下.

2　詔公卿以謠言舉刺史・二千石爲民蠹害者. 太尉許彧臧・
司空張濟承望內官 受取貨賂 其宦者子弟・賓客 雖貪汙穢濁
皆不敢問 而虛糾邊遠小郡清修有惠化者二十六人 吏民詣闕
陳訴. 司徒陳耽上言"公卿所舉 率黨其私 所謂放鴟梟而囚鸞
鳳."帝以讓彧・濟 由是諸坐謠言徵者 悉拜議郎.

3　二月 大疫.

4　三月 司徒陳耽免.

5　夏 四月 旱.

6   以太常袁隗爲司徒.

7   五月 庚申 永樂宮署災.

8   秋 七月 有星孛于太微.

9   板楯蠻寇亂巴郡 連年討之 不能尅. 帝欲大發兵 以問益州
計吏漢中程包 對曰"板楯七姓 自秦世立功 復其租賦. 其人勇
猛善戰. 昔永初中 羌入漢川 郡縣破壞 得板楯救之 羌死敗殆
盡 羌人號爲神兵 傳語種輩 勿復南行. 至建和二年 羌復大入
實賴板楯連摧破之. 前車騎將軍馮緄南征武陵 亦倚板楯以成
其功. 近益州郡亂 太守李顒亦以板楯討而平之. 忠功如此 本
無惡心. 長吏鄉亭更賦至重 僕役箠楚 過於奴虜. 亦有嫁妻賣
子 或乃至自剄割 雖陳冤州郡 而牧守不爲通理 闕庭悠遠 不
能自聞 含怨呼天 無所叩愬. 故邑落相聚以致叛戾 非有謀主僭
號以圖不軌. 今但選明能牧守 自然安集 不煩征伐也."帝從其
言 選用太守曹謙 遣宣詔赦之 卽時皆降.

10   八月 起四百尺觀於阿亭道.

11   冬 十月 太尉許馘罷 以太常楊賜爲太尉.

12   帝校獵上林苑 歷函谷關 遂狩于廣成苑. 十二月 還 幸太

學.

13　桓典爲侍御史 宦官畏之. 典常乘驄馬 京師爲之語曰 "行行且止 避驄馬御史！" 典 焉之孫也.

1　春 三月 辛未 赦天下.

2　夏 大旱.

3　爵號皇后母爲舞陽君.

4　秋 金城河水溢出二十餘里.

5　五原山岸崩.

6　初 巨鹿張角奉事黃 · 老 以妖術敎授 號 "太平道." 咒符水以療病 令病者跪拜首過 或時病愈 衆共神而信之. 角分遣弟子周行四方 轉相誑誘 十餘年間 徒衆數十萬 自靑 · 徐 · 幽 · 冀 · 荊 · 揚 · 兗 · 豫八州之人 莫不畢應. 或棄賣財產 · 流移奔赴 塡塞道路 未至病死者亦以萬數. 郡縣不解其意 反言角以

善道敎化 爲民所歸.

太尉楊賜時爲司徒 上書言 "角誑曜百姓 遭赦不悔 稍益滋蔓. 今若下州郡捕討 恐更騷擾 速成其患. 宜切勑刺史·二千石 簡別流民 各護歸本郡 以孤弱其黨 然後誅其渠帥 可不勞而定." 會賜去位 事遂留中. 司徒掾劉陶復上疏申賜前議 言 "角等陰謀益甚 四方私言 云角等竊入京師 覘視朝政. 鳥聲獸心 私共鳴呼. 州郡忌諱 不欲聞之 但更相告語 莫肯公文. 宜下明詔 重募角等 賞以國土 有敢回避 與之同罪." 帝殊不爲意 方詔陶次第春秋條例.

角遂置三十六方 方猶將軍也. 大方萬餘人 小方六七千 各立渠帥. 訛言 "蒼天已死 黃天當立 歲在甲子 天下大吉." 以白土書京城寺門及州郡官府 皆作 "甲子" 字. 大方馬元義等先收荊·揚數萬人 期會發於鄴. 元義數往來京師 以中常侍封諝·徐奉等爲內應 約以三月五日內外俱起.

❖ 孝靈皇帝中 中平 元年（甲子, 184年）

1　　春 角弟子·濟南唐周上書告之. 於是收馬元義 車裂於雒陽. 詔三公·司隷按驗宮省直衛及百姓有事角道者 誅殺千餘人 下冀州逐捕角等. 角等知事已露 晨夜馳勑諸方 一時俱起 皆著黃巾以爲標幟 故時人謂之 "黃巾賊." 二月 角自稱天公將軍 角弟寶稱地公將軍 寶弟梁稱人公將軍 所在燔燒官府 劫略聚邑

州郡失據 長吏多逃亡 旬月之間 天下響應 京師震動. 安平·
甘陵人各執其王應賊.

三月 戊申 以河南尹何進爲大將軍 封愼侯 率左右羽林五
營營士屯都亭 修理器械 以鎭京師 置函谷·太谷·廣成·伊
闕·轘轅·旋門·孟津·小平津八關都尉.

帝召羣臣會議. 北地太守皇甫嵩以爲宜解黨禁 益出中藏
錢·西園廄馬以班軍士. 嵩 規之兄子也. 上問計於中常侍呂強
對曰"黨錮久積 人情怨憤 若不赦宥 輕與張角合謀 爲變滋大
悔之無救. 今請先誅左右貪濁者 大赦黨人 料簡刺史·二千石
能否 則盜無不平矣."帝懼而從之. 壬子 赦天下黨人 還諸徙
者 唯張角不赦. 發天下精兵 遣北中郎將盧植討張角 左中郎將
皇甫嵩·右中郎將朱儁討潁川黃巾.

是時中常侍趙忠·張讓·夏惲·郭勝·段珪·宋典等皆封
侯貴寵 上常言"張常侍是我公 趙常侍是我母."由是宦官無所
憚畏 並起第宅 擬則宮室. 上嘗欲登永安候臺 宦官恐望見其居
處 乃使中大人尙但諫曰"天子不當登高 登高則百姓虛散."上
自是不敢復升臺榭. 及封諝·徐奉事發 上詰責諸常侍曰"汝
曹常言黨人欲爲不軌 皆令禁錮 或有伏誅者. 今黨人更爲國
用 汝曹反與張角通 爲可斬未?"皆叩頭曰"此王甫·侯覽所
爲也!"於是諸常侍人人求退 各自徵還宗親·子弟在州郡者.
趙忠·夏惲等遂共譖呂強 云與黨人共議朝廷 數讀霍光傳. 強
兄弟所在並皆貪穢. 帝使中黃門持兵召強. 強聞帝召 怒曰"吾
死 亂起矣! 丈夫欲盡忠國家 豈能對獄吏乎!"遂自殺. 忠·

憚復譖曰"強見召 未知所問而就外自屛 有姦明審." 遂收捕其宗親 沒入財產.

侍中河內向栩上便宜 譏刺左右. 張讓誣栩與張角同心 欲爲內應 收送黃門北寺獄 殺之. 郎中中山張鈞上書曰"竊惟張角所以能興兵作亂 萬民所以樂附之者 其源皆由十常侍多放父兄‧子弟‧婚親‧賓客典據州郡 辜榷財利 侵掠百姓 百姓之冤 無所告訴 故謀議不軌 聚爲盜賊. 宜斬十常侍 縣頭南郊 以謝百姓 遣使者佈告天下 可不須師旅而大寇自消." 帝以鈞章示諸常侍 皆免冠徒跣頓首 乞自致雒陽詔獄 並出家財以助軍費. 有詔 皆冠履視事如故. 帝怒鈞曰"此眞狂子也! 十常侍固常有一人善者不!"御史承旨 遂誣奏鈞學黃巾道 收掠 死獄中.

2   庚子 南陽黃巾張曼成攻殺太守褚貢.

3   帝問太尉楊賜以黃巾事 賜所對切直 帝不悅. 夏 四月 賜坐寇賊免. 以太僕弘農鄧盛爲太尉. 已而帝閱錄故事 得賜與劉陶所上張角奏 乃封賜爲臨晉侯 陶爲中陵鄉侯.

4   司空張濟罷 以大司農張溫爲司空.

5   皇甫嵩‧朱儁合將四萬餘人 共討潁川 嵩‧儁各統一軍. 儁與賊波才戰 敗 嵩

進保長社.

6 汝南黃巾敗太守趙謙於邵陵. 廣陽黃巾殺幽州刺史郭勳及
太守劉衛.

7 波才圍皇甫嵩於長社. 嵩兵少 軍中皆恐. 賊依草結營 會
大風 嵩約敕軍士皆束苣乘城 使銳士間出圍外 縱火大呼 城上
舉燎應之 嵩從城中鼓噪而出 奔擊賊陳 賊驚亂 奔走. 會騎都
尉沛國曹操將兵適至 五月 嵩‧操與朱儁合軍 更與賊戰 大破
之 斬首數萬級. 封嵩都鄉侯.

操父嵩 爲中常侍曹騰養子 不能審其生出本末 或云夏侯氏
子也. 操少機警 有權數 而任俠放蕩 不治行業. 世人未之奇也
唯太尉橋玄及南陽何顒異焉. 玄謂操曰 "天下將亂 非命世之
才 不能濟也. 能安之者 其在君乎!" 顒見操 歎曰 "漢家將亡
安天下者 必此人也." 玄謂操曰 "君未有名 可交許子將." 子將
者 訓之從子劭也 好人倫 多所賞識 與從兄靖俱有高名 好共
覈論鄉黨人物 每月輒更其品題 故汝南俗有月旦評焉. 嘗爲郡
功曹 府中聞之 莫不改操飾行. 曹操往造劭而問之曰 "我何如
人?" 劭鄙其爲人 不答. 操乃劫之 劭曰 "子 治世之能臣 亂世
之姦雄." 操大喜而去.

朱儁之擊黃巾也 其護軍司馬北地傅燮上疏曰 "臣聞天下之
禍不由於外 皆興於內. 是故虞舜先除四凶 然後用十六相 明
惡人不去 則善人無由進也. 今張角起於趙‧魏 黃巾亂於六州

此皆釁發蕭牆而禍延四海者也. 臣受戎任 奉辭伐罪 始到穎川戰無不克. 黃巾雖盛 不足爲廟堂憂也. 臣之所懼 在於治水不自其源 末流彌增其廣耳. 陛下仁德寬容 多所不忍 故閹豎弄權 忠臣不進. 誠使張角梟夷 黃巾變服 臣之所憂 甫益深耳. 何者? 夫邪正之人不宜共國 亦猶冰炭不可同器. 彼知正人之功顯而危亡之兆見 皆將巧辭飾說 共長虛僞. 夫孝子疑於屢至 市虎成於三夫 若不詳察眞僞 忠臣將復有杜郵之戮矣! 陛下宜思虞舜四罪之擧 速行讒佞之誅 則善人思進 姦凶自息." 趙忠見其疏而惡之. 燮擊黃巾 功多當封 忠譖訴之. 帝識燮言 得不加罪 竟亦不封.

8　　張曼成屯宛下百餘日. 六月 南陽太守秦頡擊曼成 斬之.

9　　交趾土多珍貨 前後刺史多無淸行 財計盈給 輒求遷代 故吏民怨叛 執刺史及合浦太守來達 自稱柱天將軍. 三府選京令東郡賈琮爲交趾刺史. 琮到部 訊其反狀 咸言"賦斂過重 百姓莫不空單. 京師遙遠 告冤無所 民不聊生 故聚爲盜賊." 琮卽移書告示 各使安其資業 招撫荒散 蠲復傜役 誅斬渠帥爲大害者 簡選良吏試守諸縣 歲間蕩定 百姓以安. 巷路爲之歌曰"賈父來晩 使我先反 今見淸平 吏不敢飯!"

10　　皇甫嵩 · 朱儁乘勝進討汝南 · 陳國黃巾 追波才於陽翟 擊彭脫於西華 並破之 餘賊降散 三郡悉平. 嵩乃上言其狀 以功

歸儁 於是進封儁西鄕侯 遷鎭賊中郞將. 詔嵩討東郡 儁討南
陽.

北中郞將盧植連戰破張角 斬獲萬餘人 角等走保廣宗. 植築
圍鑿塹 造作雲梯 垂當拔之. 帝遣小黃門左豐視軍 或勸植以賂
送豐 植不肯. 豐還 言於帝曰 "廣宗賊易破耳 盧中郞固壘息軍
以待天誅." 帝怒 檻車徵植 減死一等 遣東中郞將隴西董卓代
之.

11　巴郡張脩以妖術爲人療病 其法略與張角同 令病家出五
斗米 號 "五斗米師." 秋 七月 脩聚衆反 寇郡縣 時人謂之 "米
賊."

12　八月 皇甫嵩與黃巾戰於蒼亭 獲其帥卜已. 董卓攻張角無
功 抵罪. 己巳 詔嵩
　討角.

13　九月 安平王續坐不道 誅 國除.
　初 續爲黃巾所虜 國人贖之得還 朝廷議復其國. 議郎李燮曰
"續守藩不稱 損辱聖朝 不宜復國." 朝廷不從. 燮坐謗毀宗室
輸作左校 未滿歲 王坐誅 乃復拜議郎. 京師爲之語曰 "父不肯
立帝 子不肯立王."

14　冬 十月 皇甫嵩與張角弟梁戰於廣宗 梁衆精勇 嵩不能克.

明日 乃閉營休士以觀其變 知賊意稍懈 乃潛夜勒兵 雞鳴 馳
赴其陳 戰至晡時 大破之 斬梁 獲首三萬級 赴河死者五萬許
人. 角先已病死 剖棺戮屍 傳首京師. 十一月 嵩復攻角弟寶於
下曲陽 斬之 斬獲十餘萬人. 卽拜嵩爲左車騎將軍領冀州牧 封
槐里侯. 嵩能溫卹士卒 每軍行頓止 須營幔修立 然後就舍 軍
士皆食 爾乃嘗飯 故所嚮有功.

15　北地先零羌及枹罕‧河關羣盜反 共立湟中義從胡北宮伯
玉‧李文侯爲將軍 殺護羌校尉泠徵. 金城人邊章‧韓遂素著
名西州 羣盜誘而劫之 使專任軍政 殺金城太守陳懿 攻燒州郡.

　初 武威太守倚恃權貴 恣行貪暴 涼州從事武都蘇正和案致
其罪. 刺史梁鵠懼 欲殺正和以免其負 訪於漢陽長史敦煌蓋勳.
勳素與正和有仇 或勸勳因此報之 勳曰"謀事殺良 非忠也 乘
人之危 非仁也."乃諫鵠曰"夫縱食鷹隼 欲其鷙也. 鷙而亨之
將何用哉!"鵠乃止. 正和詣勳求謝 勳不見 曰"吾爲梁使君
謀 不爲蘇正和也."怨之如初.

　後刺史左昌盜軍穀數萬 勳諫之. 昌怒 使勳與從事辛曾‧孔
常別屯阿陽以拒賊 欲因軍事罪之 而勳數有戰功. 及北宮伯玉
之攻金城也 勳勸昌救之 昌不從. 陳懿旣死 邊章等進圍昌於
冀 昌召勳等自救 辛曾等疑不肯赴 勳怒曰"昔莊賈後期 穰苴
奮劍. 今之從事 豈重於古之監軍乎!"曾等懼而從之. 勳至冀
誚讓章等以背叛之罪 皆曰"左使君若早從君言 以兵臨我 庶
可自改 今罪已重 不得降也."乃解圍去.

叛羌圍校尉夏育於畜官 勳與州郡合兵救育 至狐槃 爲羌所敗. 勳餘衆不及百人 身被三創 堅坐不動 指木表曰"尸我於此!"句就種羌滇吾以兵扞衆曰"蓋長史賢人 汝曹殺之者爲負天." 勳仰罵曰"死反虜 汝何如 促來殺我!"衆相視而驚. 滇吾下馬與勳 勳不肯上 遂爲羌所執. 羌服其義勇 不敢加害 送還漢陽. 後刺史楊雍表勳領漢陽太守.

16　　張曼成餘黨更以趙弘爲帥 衆復盛 至十餘萬 據宛城. 朱儁與荊州刺史徐璆等合兵圍之 自六月至八月不拔. 有司奏徵儁 司空張溫上疏曰"昔秦用白起 燕任樂毅 皆曠年歷載 乃能克敵. 儁討穎川已有功效 引師南指 方略已設 臨軍易將 兵家所忌 宜假日月 責其成功."帝乃止. 儁擊弘 斬之.

賊帥韓忠復據宛拒儁 儁鳴鼓攻其西南 賊悉衆赴之 儁自將精卒掩其東北 乘城而入. 忠乃退保小城 惶懼乞降. 諸將皆欲聽之 儁曰"兵固有形同而勢異者. 昔秦‧項之際 民無定主 故賞附以勸來耳. 今海內一統 唯黃巾造逆. 納降無以勸善 討之足以懲惡. 今若受之 更開逆意 賊利則進戰 鈍則乞降 縱敵長寇 非良計也."因急攻 連戰不尅. 儁登土山望之 顧謂司馬張超曰"吾知之矣. 賊今外圍周固 內營逼急 乞降不受 欲出不得 所以死戰也. 萬人一心 猶不可當 況十萬乎! 不如徹圍 幷兵入城 忠見圍解 勢必自出. 自出則意散 破之道也."既而解圍 忠果出戰 儁因擊 大破之 斬首萬餘級.

南陽太守秦頡殺忠 餘衆復奉孫夏爲帥 還屯宛. 儁急攻之 司

馬孫堅率衆先登 癸巳 拔宛城. 孫夏走 儁追至西鄂精山 復破之 斬萬餘級. 於是黃巾破散 其餘州郡所誅 一郡數千人.

17 十二月 己巳 赦天下 改元.

18 豫州刺史太原王允破黃巾 得張讓賓客書 與黃巾交通 上之. 上責怒讓 讓叩頭陳謝 竟亦不能罪也. 讓由是以事中允 遂傳下獄 會赦 還爲刺史 旬日間 復以他罪被捕. 楊賜不欲使更楚辱 遣客謝之曰"君以張讓之事 故一月再徵 凶慝難量 幸爲深計!"諸從事好氣決者 共流涕奉藥而進之. 允厲聲曰"吾爲人臣 獲罪於君 當伏大辟以謝天下 豈有乳藥求死乎!"投杯而起 出就檻車. 旣至 大將軍進與楊賜·袁隗共上疏請之 得減死論.

❖ 孝靈皇帝中 中平 2年（乙丑, 185年）

1 春 正月 大疫.

2 二月 己酉 南宮雲臺災. 庚戌 樂城門災.
中常侍張讓·趙忠說帝斂天下田 畞十錢 以脩宮室·鑄銅人. 樂安太守陸康上疏諫曰"昔魯宣稅畞而蝝災自生. 哀公增賦而孔子非之 豈有聚奪民物以營無用之銅人 捐捨聖戒 自蹈

亡王之法哉！”內倖譖康援引亡國以譬聖明 大不敬 檻車徵詣
廷尉. 侍御史劉岱表陳解釋 得免歸田里. 康 續之孫也.

又詔發州郡材木文石 部送京師. 黃門常侍輒令譴呵不中者
因強折賤買 僅得本賈十分之一 因復貨之 宦官復不爲卽受 材
木遂至腐積 宮室連年不成. 刺史・太守復增私調 百姓呼嗟.
又令西園騶分道督趣 恐動州郡 多受賕賂. 刺史・二千石及茂
才・孝廉遷除 皆責助軍・脩宮錢 大郡至二三千萬 餘各有差.
當之官者 皆先至西園諧價 然後得去 其守清者乞不之官 皆迫
遣之. 時巨鹿太守河內司馬直新除 以有清名 減責三百萬. 直
被詔 悵然曰“爲民父母而反割剝百姓以稱時求 吾不忍也.”辭
疾 不聽. 行至孟津 上書極陳當世之失 卽吞藥自殺. 書奏 帝爲
暫絕脩宮錢.

3   以朱儁爲右車騎將軍.

4   自張角之亂 所在盜賊並起 博陵張牛角・常山褚飛燕及
黃龍・左校・于氐根・張白騎・劉石・左髭丈八・平漢大
計・司隸緣城・雷公・浮雲・白雀・楊鳳・于毒・五鹿・李
大目・白繞・眭固・苦蝤之徒 不可勝數 大者二三萬 小者
六七千人.

張牛角・褚飛燕合軍攻癭陶 牛角中流矢且死 令其衆奉飛燕
爲帥 改姓張. 飛燕名燕 輕勇趫捷 故軍中號曰“飛燕.”山谷
寇賊多附之 部衆浸廣 殆至百萬 號“黑山賊”河北諸郡縣並被

其害 朝廷不能討. 燕乃遣使至京師 奏書乞降 遂拜燕平難中郎
將 使領河北諸山谷事 歲得舉孝廉‧計吏.

5 　司徒袁隗免. 三月 以廷尉崔烈爲司徒. 烈 寔之從兄也.
　是時 三公往往因常侍‧阿保入錢西園而得之 段熲‧張溫等
雖有功勤名譽 然皆行輸貨財 乃登公位. 烈因傅母入錢五百萬
故得爲司徒. 及拜日 天子臨軒 百僚畢會 帝顧謂親幸者曰"悔
不小斳 可至千萬！"程夫人於傍應曰"崔公 冀州名士 豈肯買
官！賴我得是 反不知姝邪！"烈由是聲譽頓衰.

6 　北宮伯玉等寇三輔 詔左車騎將軍皇甫嵩鎮長安以討之.
　時涼州兵亂不止 徵發天下役賦無已 崔烈以爲宜棄涼州. 詔
會公卿百官議之 議郎傅燮厲言曰"斬司徒 天下乃安！"尙書
奏燮廷辱大臣. 帝以問燮 對曰"樊噲以冒頓悖逆 憤激思奮 未
失人臣之節 季布猶曰'噲可斬也.'今涼州天下要衝 國家藩衞.
高祖初興 使酈商別定隴石 世宗拓境 列置四郡 議者以爲斷匈
奴右臂. 今牧御失和 使一州叛逆 烈爲宰相 不念爲國思所以弭
之之策 乃欲割棄一方萬里之土 臣竊惑之！若使左衽之虜得居
此地 士勁甲堅 因以爲亂 此天下之至慮 社稷之深憂也. 若烈
不知 是極蔽也 知而故言 是不忠也."帝善而從之.

7 　夏 四月 庚戌 大雨雹.

8　五月 太尉鄧盛罷 以太僕河南張延爲太尉.

9　六月 以討張角功 封中常侍張讓等十二人爲列侯.

10　秋 七月 三輔螟.

11　皇甫嵩之討張角也 過鄴 見中常侍趙忠舍宅踰制 奏沒入
之. 又中常侍張讓私求錢五千萬 嵩不與. 二人由是奏嵩連戰無
功 功費者多 徵嵩還 收左軍騎將車印綬 削戶六千. 八月 以司
空張溫爲車騎將軍 執金吾袁滂爲副 以討北宮伯玉 拜中郎將
董卓爲破虜將軍 與蕩寇將軍周愼並統於溫.

12　九月 以特進楊賜爲司空. 冬 十月 庚寅 臨晉文烈侯楊賜
薨. 以光祿大夫許相爲司空. 相 訓之子也.

13　諫議大夫劉陶上言"天下前遇張角之亂 後遭邊章之寇 今
西羌逆類已攻河東 恐遂轉盛 豕突上京. 民有百走退死之心 而
無一前鬬生之計 西寇浸前 車騎孤危 假令失利 其敗不救. 臣
自知言數見厭 而言不自裁者 以爲國安則臣蒙其慶 國危則臣
亦先亡也. 謹復陳當今要急八事." 大較言天下大亂 皆由宦官.
宦官共譖陶曰"前張角事發 詔書示以威恩 自此以來 各各改
悔. 今者四方安靜 而陶疾害聖政 專言妖孼. 州郡不上 陶何緣
知？疑陶與賊通情." 於是收陶下黃門北寺獄 掠按日急. 陶謂

使者曰"臣恨不與伊 · 呂同疇 而以三仁爲輩. 今上殺忠謇之臣 下有憔悴之民 亦在不久 後悔何及！"遂閉氣而死. 前司徒陳耽爲人忠正 宦官怨之 亦誣陷 死獄中.

14 張溫將諸郡兵步騎十餘萬屯美陽 邊章 · 韓遂亦進兵美陽 溫與戰 輒不利. 十一月 董卓與右扶風鮑鴻等並兵攻章 · 遂 大破之 章 · 遂走楡中.

溫遣周愼將三萬人追之. 參軍事孫堅說愼曰"賊城中無穀 當外轉糧食 堅願得萬人斷其運道 將軍以大兵繼後 賊必困乏而不敢戰 走入羌中 並力討之 則涼州可定也！"愼不從 引軍圍楡中城 而章 · 遂分屯葵園峽 反斷愼運道 愼懼 棄車重而退.

溫又使董卓將兵三萬討先零羌 羌 · 胡圍卓於望垣北 糧食乏絕 乃於所渡水中立阝+焉以捕魚 而潛從阝+焉下過軍. 比賊追之 決水已深 不得渡 遂還屯扶風.

張溫以詔書召卓 卓良久乃詣溫 溫責讓卓 卓應對不順. 孫堅前耳語謂溫曰"卓不怖罪而鴟張大語 宜以召不時至 陳軍法斬之."溫曰"卓素著威名於河 · 隴之間 今日殺之 西行無依." 堅曰"明公親率王師 威震天下 何賴於卓！ 觀卓所言 不假明公 輕上無禮 一罪也 章 · 遂跋扈經年 當以時進討 而卓云未可 沮軍疑衆 二罪也 卓受任無功 應召稽留 而軒昂自高 三罪也. 古之名將仗鉞臨衆 未有不斷斬以成功者也. 今明公垂意於卓 不卽加誅 虧損威刑 於是在矣."溫不忍發 乃曰"君且還 卓將疑人."堅遂出.

15   是歲 帝造萬金堂於西園 引司農金錢 · 繒帛牣積堂中 復
藏寄小黃門 · 常侍家錢各數千萬 又於河間買田宅 起第觀.

❖ 孝靈皇帝中 中平 3年 (丙寅, 186年)

1   春 二月 江夏兵趙慈反 殺南陽太守秦頡.

2   庚戌 赦天下.

3   太尉張延罷. 遣使者持節就長安拜張溫爲太尉. 三公在外
始於溫.

4   以中常侍趙忠爲車騎將軍. 帝使忠論討黃巾之功 執金吾
甄舉謂忠曰 "傅南容前在東軍 有功不侯 天下失望. 今將軍親
當重任 宜進賢理屈 以副衆心." 忠納其言 遣弟城門校尉延致
殷勤於傅燮. 延謂燮曰 "南容少答我常侍 萬戶侯不足得也！"
燮正色拒之曰 "有功不論 命也. 傅燮豈求私賞哉！" 忠愈懷恨
然憚其名 不敢害 出爲漢陽太守.

5   帝使鉤盾令宋典脩南宮玉堂 又使掖庭令畢嵐鑄四銅人 又
鑄四鐘 皆受二千斛. 又鑄天祿 · 蝦蟆吐水於平門外橋東 轉水
入宮. 又作翻車 · 渴烏 施於橋西 用灑南北郊路 以爲可省百姓

灑道之費.

6   五月 壬辰晦 日有食之.

7   六月 荊州刺史王敏討趙慈 斬之.

8   車騎將軍趙忠罷.

9   冬 十月 武陵蠻反 郡兵討破之.

10   前太尉張廷爲宦官所譖 下獄死.

11   十二月 鮮卑寇幽 · 幷二州.

12   徵張溫還京師.

❖ 孝靈皇帝中 中平 4年 (丁卯, 187年)

1   春 正月 己卯 赦天下.

2   二月 滎陽賊殺中牟令. 三月 河南尹何苗討滎陽賊 破之
拜苗爲車騎將軍.

3 　韓遂殺邊章及北宮伯玉 · 李文侯 擁兵十餘萬 進圍隴西
太守李相如叛 與遂連和.

　涼州刺史耿鄙率六郡兵討遂. 鄙任治中程球 球通姦利 士民
怨之. 漢陽太守傅燮謂鄙曰"使君統政日淺 民未知教. 賊聞大
軍將至 必萬人一心 邊兵多勇 其鋒難當 而新合之衆 上下未
和 萬一內變 雖悔無及. 不若息軍養德 明賞必罰 賊得寬挺 必
謂我怯 羣惡爭勢 其離可必. 然後率已教之民 討成離之賊 其
功可坐而待也."鄙不從. 夏 四月 鄙行至狄道 州別駕反應賊
先殺程球 次害鄙 賊遂進圍漢陽. 城中兵少糧盡 燮猶固守.

　時北地胡騎數千隨賊攻郡 皆夙懷燮恩 共於城外叩頭 求送
燮歸鄉里. 燮子幹 年十三 言於燮曰"國家昏亂 遂令大人不容
於朝. 今兵不足以自守 宜聽羌 · 胡之請 還鄉里 徐俟有道而輔
之."言未終 燮慨然歎曰"汝知吾必死邪! 聖達節 次守節. 殷
紂暴虐 伯夷不食周粟而死. 再遭世亂 不能養浩然之志 食祿
又欲避其難乎! 吾行何之 必死於此! 汝有才智 勉之勉之! 主
簿楊會 吾之程嬰也."

　狄道人王國使故酒泉太守黃衍說燮曰"天下已非復漢有 府
君寧有意爲吾屬帥乎?"燮按劍叱衍曰"若剖符之臣 反爲賊
說邪!"遂麾左右進兵 臨陳戰歿. 耿鄙司馬扶風馬騰亦擁兵
反 與韓遂合 共推王國爲主 寇掠三輔.

4 　太尉張溫以寇賊未平 免 以司徒崔烈爲太尉. 五月 以司空
許相爲司徒 光祿勳沛國丁宮爲司空.

5 初 張溫發幽州烏桓突騎三千以討涼州 故中山相漁陽張純請將之 溫不聽 而使涿令遼西公孫瓚將之. 軍到薊中 烏桓以牢稟逋縣 多叛還本國. 張純忿不得將 乃與同郡故泰山太守張舉及烏桓大人丘力居等連盟 劫略薊中 殺護烏桓校尉公綦稠 · 右北平太守劉政 · 遼東太守陽終等 眾至十餘萬 屯肥如. 舉稱天子 純稱彌天將軍 · 安定王 移書州郡 云舉當代漢 告天子避位 敕公卿奉迎.

6 冬 十月 長沙賊區星自稱將軍 眾萬餘人 詔以議郎孫堅爲長沙太守 討擊平之 封堅烏程侯.

7 十一月 太尉崔烈罷 以大司農曹嵩爲太尉.

8 十二月 屠各胡反.

9 是歲 賣關內侯 直五百萬錢.

10 前大丘長陳寔卒 海內赴弔者三萬餘人. 寔在鄉閭 平心率物 其有爭訟 輒求判正 曉譬曲直 退無怨者 至乃歎曰 "寧爲刑罰所加 不爲陳君所短!" 楊賜 · 陳耽 每拜公卿 羣僚畢賀 輒歎寔大位未登 愧於先之. *

資治通鑑 卷059

【漢紀五十一】

起著雍執徐(戊辰) 盡上章敦牂(庚午) 凡三年.

❖ 孝靈皇帝下 中平 5年(戊辰, 188年)

1 春 正月 丁酉 赦天下.

2 二月 有星孛於紫宮.

3 黃巾餘賊郭大等起於河西白波谷 寇太原‧河東.

4 三月 屠各胡攻殺并州刺史張懿.

5 太常江夏劉焉見王室多故 建議以爲 "四方兵寇 由刺史威輕 旣不能禁 且用非其人 以致離叛. 宜改置牧伯 選清名重臣以居其任." 焉内欲求交趾牧. 侍中廣漢董扶私謂焉曰 "京師將亂 益州分野有天子氣." 焉乃更求益州. 會益州刺史郤儉賦斂

煩擾 謠言遠聞 而耿鄙·張懿皆爲盜所殺 朝廷遂從焉議 選列
卿·尙書爲州牧 各以本秩居任. 以焉爲益州牧 太僕黃琬爲豫
州牧 宗正東海劉虞爲幽州牧. 州任之重 自此而始. 焉 魯恭王
之後 虞 東海恭王之五世孫也. 虞嘗爲幽州刺史 民夷懷其恩信
故用之. 董扶及太倉令趙韙皆棄官 隨焉入蜀.

6   詔發南匈奴兵配劉虞討張純 單于羌渠遣左賢王將騎詣幽
州. 國人恐發兵無已 於是右部醢落反 與屠各胡合 凡十餘萬人
攻殺羌渠. 國人立其子右賢王於扶羅爲持至尸逐侯單于.

7   夏 四月 太尉曹嵩罷.

8   五月 以永樂少府南陽樊陵爲太尉 六月 罷.

9   益州賊馬相·趙祇等起兵綿竹 自號黃巾 殺刺史郤儉 進
擊巴郡·犍爲 旬月之間 破壞三郡 有衆數萬 自稱天子. 州從
事賈龍率吏民攻相等 數日破走 州界淸靜. 龍乃選吏卒迎劉焉.
焉徙治綿竹 撫納離叛 務行寬惠 以收人心.

10   郡國七大水.

11   故太傅陳蕃子逸與術士襄楷會於冀州刺史王芬坐 楷曰
"天文不利宦者 黃門·常侍眞族滅矣." 逸喜. 芬曰 "若然者 芬

願驅除！"因與豪傑轉相招合 上書言黑山賊攻劫郡縣 欲因以起兵. 會帝欲北巡河間舊宅 芬等謀以兵徼劫 誅諸常侍‧黃門 因廢帝 立合肥侯 以其謀告議郎曹操. 操曰"夫廢立之事 天下之至不祥也. 古人有權成敗‧計輕重而行之者 伊‧霍是也. 伊‧霍皆懷至忠之誠 據宰輔之勢 因秉政之重 同衆人之欲 故能計從事立. 今諸君徒見曩者之易 未睹當今之難 而造作非常 欲望必克 不亦危乎！"芬又呼平原華歆‧陶丘洪共定計. 洪欲行 歆止之曰"夫廢立大事 伊‧霍之所難. 芬性疏而不武 此必無成."洪乃止. 會北方夜半有赤氣 東西竟天 太史上言"北方有陰謀 不宜北行."帝乃止. 敕芬罷兵 俄而徵之. 芬懼 解印綬亡走 至平原 自殺.

12　秋 七月 以射聲校尉馬日磾爲太尉. 日磾 融之族孫也.

13　八月 初置西園八校尉 以小黃門蹇碩爲上軍校尉 虎賁中郎將袁紹爲中軍校尉 屯騎校尉鮑鴻爲下軍校尉 議郎曹操爲典軍校尉 趙融爲助軍左校尉 馮芳爲助軍右校尉 諫議大夫夏牟爲左校尉 淳于瓊爲右校尉 皆統於蹇碩. 帝自黃巾之起 留心戎事 碩壯健有武略 帝親任之 雖大將軍亦領屬焉.

14　九月 司徒許相罷 以司空丁宮爲司徒 光祿勳南陽劉弘爲司空.

15　以衛尉條侯董重爲票騎將軍. 重 永樂太后兄子也.

16　冬 十月 靑 · 徐黃巾復起 寇郡縣.

17　望氣者以爲京師當有大兵 兩宮流血. 帝欲厭之 乃大發
四方兵 講武於平樂觀下 起大壇 上建十二重華蓋 蓋高十丈.
壇東北爲小壇 復建九重華蓋 高九丈. 列步騎數萬人 結營爲
陳. 甲子 帝親出臨軍 駐大華蓋下 大將軍進駐小華蓋下. 帝
躬擐甲 · 介馬 稱"無上將軍"行陳三匝而還 以兵授進. 帝問
討虜校尉蓋勳曰"吾講武如是 何如?"對曰"臣聞先王曜德
不觀兵. 今寇在遠而設近陳 不足以昭果毅 祇黷武耳!"帝曰
"善! 恨見君晚 羣臣初無是言也."勳謂袁紹曰"上甚聰明 但
蔽於左右耳."與紹謀共誅嬖倖 蹇碩懼 出勳爲京兆尹.

18　十一月 王國圍陳倉. 詔復拜皇甫嵩爲左將軍 督前將軍董
卓 合兵四萬人以拒之.

19　張純與丘力居鈔略靑 · 徐 · 幽 · 冀四州 詔騎都尉公孫瓚
討之. 瓚與戰於屬國石門 純等大敗 棄妻子 踰塞走 悉得所略
男女. 瓚深入無繼 反爲丘力居等所圍於遼西管子城 二百餘日
糧盡衆潰 士卒死者什五六.

20　董卓謂皇甫嵩曰"陳倉危急 請速救之."嵩曰"不然. 百

戰百勝 不如不戰而屈人兵. 陳倉雖小 城守固備 未易可拔. 王國雖强 攻陳倉不下 其衆必疲 疲而擊之 全勝之道也 將何救焉！"國攻陳倉八十餘日 不拔.

❖ 孝靈皇帝下 中平 6年 (己巳, 189年)

1　春 二月 國衆疲敝 解圍去 皇甫嵩進兵擊之. 董卓曰 "不可. 兵法 窮寇勿迫 歸衆勿追." 嵩曰 "不然. 前吾不擊 避其銳也 今而擊之 待其衰也 所擊疲師 非歸衆也 國衆且走 莫有鬪志 以整擊亂 非窮寇也." 遂獨進擊之 使卓爲後拒 連戰 大破之 斬首萬餘級. 卓大慙恨 由是與嵩有隙.

韓遂等共廢王國 而劫故信都令漢陽閻忠使督統諸部. 忠病死 遂等稍爭權利 更相殺害 由是寖衰.

2　幽州牧劉虞到部 遣使至鮮卑中 告以利害 責使送張舉·張純首 厚加購賞. 丘力居等聞虞至 喜 各遣譯自歸. 舉·純走出塞 餘皆降散. 虞上罷諸屯兵 但留降虜校尉公孫瓚 將步騎萬人屯右北平. 三月 張純客王政殺純 送首詣虞. 公孫瓚志欲掃滅烏桓 而虞欲以恩信招降 由是與瓚有隙.

3　夏 四月 丙子朔 日有食之.

4　太尉馬日磾免 遣使卽拜幽州牧劉虞爲太尉 封容丘侯.

5　蹇碩忌大將軍進 與諸常侍共說帝遣進西擊韓遂 帝從之. 進陰知其謀 奏遣袁紹收徐·兗二州兵 須紹還而西 以稽行期.

6　初 帝數失皇子 何皇后生子辯 養於道人史子眇家 號曰"史侯." 王美人生子協 董太后自養之 號曰"董侯." 羣臣請立太子. 帝以辯輕佻無威儀 欲立協 猶豫未決. 會疾篤 屬協於蹇碩. 丙辰 帝崩于嘉德殿. 碩時在內 欲先誅何進而立協 使人迎進 欲與計事 進卽駕往. 碩司馬潘隱與進早舊 迎而目之. 進驚 馳從儳道歸營 引兵入屯百郡邸 因稱疾不入.

戊午 皇子辯卽皇帝位 年十四. 尊皇后曰皇太后. 太后臨朝. 赦天下 改元爲光熹. 封皇弟協爲渤海王. 協年九歲. 以後將軍袁隗爲太傅 與大將軍何進參錄尙書事.

進旣秉朝政 忿蹇碩圖己 陰規誅之. 袁紹因進親客張津 勸進悉誅諸宦官. 進以袁氏累世貴寵 而紹與從弟虎賁中郎將術皆爲豪桀所歸 信而用之. 復博徵智謀之士何顒·荀攸及河南鄭泰等二十餘人 以顒爲北軍中候 攸爲黃門侍郎 泰爲尙書 與同腹心. 攸 爽之從孫也.

蹇碩疑不自安 與中常侍趙忠·宋典等書曰"大將軍兄弟秉國專朝 今與天下黨人謀誅先帝左右 掃滅我曹 但以碩典禁兵 故且沈吟. 今宜共閉上閤 急捕誅之." 中常侍郭勝 進同郡人也 太后及進之貴幸 勝有力焉 故親信何氏 與趙忠等議 不從碩計

而以其書示進. 庚午 進使黃門令收碩 誅之 因悉領其屯兵.

票騎將軍董重 與何進權勢相害 中官挾重以爲黨助. 董太后每欲參干政事 何太后輒相禁塞 董后忿恚詈曰"汝今輈張 怙汝兄耶! 吾敕票騎斷何進頭 如反手耳!"何太后聞之 以告進. 五月 進與三公共奏"孝仁皇后使故中常侍夏惲等交通州郡 辜較財利 悉入西省. 故事 藩后不得留京師 請遷宮本國."奏可. 辛巳 進舉兵圍票騎府 收董重 免官 自殺. 六月 辛亥 董太后憂怖 暴崩. 民間由是不附何氏.

7 辛酉 葬孝靈皇帝于文陵. 何進懲蹇碩之謀 稱疾 不入陪喪又不送山陵.

8 大水.

9 秋 七月 徙渤海王協爲陳留王.

10 司徒丁宮罷.

11 袁紹復說何進曰"前竇武欲誅內寵而反爲所害者 但坐言語漏泄 五營兵士皆畏服中人 而竇氏反用之 自取禍滅. 今將軍兄弟並領勁兵 部曲將吏皆英俊名士 樂盡力命 事在掌握 此天贊之時也. 將軍宜一爲天下除患 以垂名後世 不可失也!"進乃白太后 請盡罷中常侍以下 以三署郎補其處. 太后不聽 曰

"中官統領禁省 自古及今 漢家故事 不可廢也. 且先帝新棄天下 我奈何楚楚與士人共對事乎！"進難違太后意 且欲誅其放縱者. 紹以爲中官親近至尊 出納號令 今不悉廢 後必爲患. 而太后母舞陽君及何苗數受諸宦官賂遺 知進欲誅之. 數白太后爲其障蔽 又言"大將軍專殺左右 擅權以弱社稷." 太后疑以爲然. 進新貴 素敬憚中官 雖外慕大名而內不能斷 故事久不決.

紹等又爲畫策 多召四方猛將及諸豪傑 使並引兵向京城 以脅太后 進然之 主簿廣陵陳琳諫曰"諺稱'掩目捕雀'夫微物尚不可欺以得志 況國之大事 其要以詐立乎！ 今將軍總皇威握兵要 龍驤虎步 高下在心 此猶鼓洪爐燎毛髮耳. 但當速發雷霆 行權立斷 則天人順之. 而反委釋利器 更徵外助 大兵聚會強者爲雄 所謂倒持干戈 授人以柄 功必不成 祗爲亂階耳！"進不聽. 典軍校尉曹操聞而笑曰"宦者之官 古今宜有 但世主不當假之權寵 使至於此. 既治其罪 當誅元惡 一獄吏足矣 何至紛紛召外兵乎！欲盡誅之 事必宣露 吾見其敗也."

初 靈帝徵董卓爲少府 卓上書言"所將湟中義從及秦‧胡兵皆詣臣言'牢直不畢 稟賜斷絕 妻子飢凍.'牽挽臣車 使不得行. 羌‧胡憋腸狗態 臣不能禁止 輒將順安慰. 增異復上."朝廷不能制. 及帝寢疾 璽書拜卓并州牧 今以兵屬皇甫嵩. 卓復上書言"臣誤蒙天恩 掌戎十年 士卒大小 相狃彌久 戀臣畜養之恩 爲臣奮一旦之命 乞將之北州 效力邊垂."嵩從子酈說嵩曰"天下兵柄 在大人與董卓耳. 今怨隙已結 勢不俱存 卓被詔委兵而上書自請 此逆命也. 彼度京師政亂 故敢躊躇不進 此懷

姦也. 二者 刑所不赦. 且其凶戾無親 將士不附. 大人今爲元帥 杖國威以討之 上顯忠義 下除凶害 無不濟也.” 嵩曰 “違命雖罪 專誅亦有責也. 不如顯奏其事 使朝廷裁之.” 乃上書以聞. 帝以讓卓. 卓亦不奉詔 駐兵河東以觀時變.

何進召卓使將兵詣京師. 侍御史鄭泰諫曰 “董卓強忍寡義 志欲無厭 若借之朝政 授以大事 將恣凶欲 必危朝廷. 明公以親德之重 據阿衡之權 秉意獨斷 誅除有罪 誠不宜假卓以爲資援也! 且事留變生 殷鑒不遠 宜在速決.” 尙書盧植亦言不宜召卓 進皆不從. 泰乃棄官去 謂荀攸曰 “何公未易輔也.”

進府掾王匡 騎都尉鮑信 皆泰山人 進使還鄉里募兵 幷召工郡太守橋瑁屯成臯 使武猛都尉丁原將數千人寇河內 燒孟津 火照城中 皆以誅宦官爲言.

董卓聞召 卽時就道 幷上書曰 “中常侍張讓等 竊幸承寵 濁亂海內. 臣聞揚湯止沸 莫若去薪 潰癰雖痛 勝於內食. 昔趙鞅興晉陽之甲以逐君側之惡 今臣輒鳴鍾鼓如雒陽 請收讓等以淸姦穢!” 太后猶不從. 何苗謂進曰 “始共從南陽來 俱以貪賤依省內以致富貴 國家之事 亦何容易. 覆水不收 宜深思之 且與省內和也.” 卓至澠池 而進更狐疑 使諫議大夫种邵宣詔止之. 卓不受詔 遂前至河南 邵迎勞之 因譬令還軍. 卓疑有變 使其軍士以兵脅邵. 邵怒 稱詔叱之 軍士皆披 遂前質責卓 卓辭屈 乃還軍夕陽亭. 劭 暠之孫也.

袁紹懼進變計 因脅之曰 “交構已成 形勢已露 將軍復欲何待而不早決之乎? 事久變生 復爲竇氏矣!” 進於是以紹爲司

隷校尉 假節 專命擊斷 從事中郎王允爲河南尹. 紹使雒陽方略
武吏司察宦者 而促董卓等使馳驛上奏 欲進兵平樂觀. 太后乃
恐 悉罷中常侍·小黃門使還里舍 唯留進素所私人以守省中.
諸常侍·小黃門皆詣進謝罪 唯所措置. 進謂曰"天下匈匈 正
患諸君耳. 今董卓垂至 諸君何不早各就國！" 袁紹勸進便於
此決之 至於再三 進不許. 紹又爲書告諸州郡 詐宣進意 使捕
案中官親屬.

進謀積日 頗泄 中官懼而思變. 張讓子婦 太后之妹也 讓向
子婦叩頭曰"老臣得罪 當與新婦俱歸私門. 唯受恩累世 今當
遠離宮殿 情懷戀戀 願復一入直 得暫奉望太后陛下顔色 然後
退就溝壑 死不恨矣！" 子婦言於舞陽君 入白太后 乃詔諸常
侍皆復入直.

八月 戊辰 進入長樂宮 白太后 請盡誅諸常侍. 中常侍張
讓·段珪相謂曰"大將軍稱疾 不臨喪 不送葬 今欻入省 此意
何爲？竇氏事竟復起邪？"使潛聽 具聞其語. 乃率其黨數十
人持兵竊自側闥入 伏省戶下 進出 因詐以太后詔召進 入坐省
閣. 讓等詰進曰"天下憒憒 亦非獨我曹罪也. 先帝嘗與太后不
快 幾至成敗 我曹涕泣救解 各出家財千萬爲禮 和悅上意 但
欲託卿門戶耳. 今乃欲滅我曹種族 不亦太甚乎！"於是尙方
監渠穆拔劍斬進於嘉德殿前. 讓·珪等爲詔 以故太尉樊陵爲
司隷校尉 少府許相爲河南尹. 尙書得詔版 疑之 曰"請大將軍
出共議."中黃門以進頭擲與尙書曰"何進謀反 已伏誅矣！"

進部曲將吳匡·張璋在外 聞進被害 欲引兵入宮 宮門閉. 虎

賁中郎將袁術與匡共斫攻之 中黃門持兵守閤. 會日暮 術因燒
南宮靑瑣門 欲以脅出讓等. 讓等入白太后 言大將軍兵反 燒宮
攻尚書闥 因將太后‧少帝及陳留王劫省內官屬 從複道走北
宮. 尚書盧植執戈於閣道窗下 仰數段珪 珪懼 乃釋太后 太后
投閣 乃免. 袁紹與叔父隗矯詔召樊陵‧許相 斬之. 紹及何苗
引兵屯朱雀闕下 捕得趙忠等 斬之. 吳匡等素怨苗不與進同心
而又疑其與宦官通謀 乃令軍中曰"殺大將軍 卽車騎也 吏士
能爲報讎乎？"皆流涕曰"願致死！"匡遂引兵與董卓弟奉車
都尉旻攻殺苗 棄其尸於苑中. 紹遂閉北宮門 勒兵捕諸宦者 無
少長皆殺之 凡二千餘人 或有無須而誤死者. 紹因進兵排宮 或
上端門屋 以攻省內.

庚午 張讓‧段珪等困迫 遂將帝與陳留王數十人步出穀門
夜 至小平津 六璽不自隨 公卿無得從者 唯尚書盧植‧河南中
部掾閔貢夜至河上. 貢厲聲質責讓等 且曰"今不速死 吾將殺
汝！"因手劍斬數人. 讓等惶怖 又手再拜 叩頭向帝辭曰"臣
等死 陛下自愛！"遂投河而死.

貢扶帝與陳留王夜步逐螢光南行 欲還宮 行數里 得民家露
車 共乘之 至雒舍止. 辛未 帝獨乘一馬 陳留王與貢共乘一馬
從雒舍南行 公卿稍有至者. 董卓至顯陽苑 遠見火起 知有變
引兵急進 未明 到城西 聞帝在北 因與公卿往奉迎於北芒阪下.
帝見卓將兵卒至 恐怖涕泣. 羣公謂卓曰"有詔卻兵."卓曰"公
諸人爲國大臣 不能匡正王室 至使國家播蕩 何卻兵之有！"
卓與帝語 語不可了 乃更與陳留王語 問禍亂由起 王答 自初

至終 無所遺失. 卓大喜 以王爲賢 且爲董太后所養 卓自以與
太后同族 遂有廢立之意.

是日 帝還宮 赦天下 改光熹爲昭寧. 失傳國璽 餘璽皆得之.
以丁原爲執金吾. 騎都尉鮑信自泰山募兵適至 說袁紹曰"董
卓擁強兵 將有異志 今不早圖 必爲所制 及其新至疲勞 襲之
可禽也!"紹畏卓 不敢發. 信乃引兵還泰山.

董卓之入也 步騎不過三千 自嫌兵少 恐不爲遠近所服 率
四五日輒夜潛出軍近營 明旦 乃大陳旌鼓而還 以爲西兵復至
雒中無知者. 俄而進及弟苗部曲皆歸於卓 卓又陰使丁原部曲
司馬五原呂布殺原而幷其衆 卓兵於是大盛. 乃諷朝廷 以久雨
策免司空劉弘而代之.

初 蔡邕徙朔方 會赦得還. 五原太守王智 甫之弟也 奏蔡邕
謗訕朝廷 邕遂亡命江海 積十二年 董卓聞其名而辟之 稱疾不
就. 卓怒 詈曰"我能族人!"邕懼而應命 到 署祭酒 甚見敬重
擧高第 三日之間 周歷三臺 遷爲侍中.

12　董卓謂袁紹曰"天下之主 宜得賢明 每念靈帝 令人憤
毒! 董侯似可 今欲立之 爲能勝史侯否? 人有小智大癡 亦知
復何如爲當 且爾 劉氏種不足復遺!"紹曰"漢家君天下四百
許年 恩澤深渥 兆民戴之. 今上富於春秋 未有不善宣於天下.
公欲廢嫡立庶 恐衆不從公議也."卓按劍叱紹曰"豎子敢然!
天下之事 豈不在我! 我欲爲之 誰敢不從! 爾謂董卓刀爲不
利乎!"紹勃然曰"天下健者 豈惟董公!"引佩刀 橫揖 徑出

卓以新至 見紹大家 故不敢害. 紹縣節於上東門 逃奔冀州.

九月 癸酉 卓大會百寮 奮首而言曰"皇帝闇弱 不可以奉宗廟 爲天下主. 今欲依伊尹·霍光故事 更立陳留王 何如？"公卿以下皆惶恐 莫敢對. 卓又抗言曰"昔霍光定策 延年按劍. 有敢沮大議 皆以軍法從事！"坐者震動. 尚書盧植獨曰"昔太甲旣立不明 昌邑罪過千餘 故有廢立之事. 今上富於春秋 行無失德 非前事之比也."卓大怒 罷坐. 將殺植 蔡邕爲之請 議郎彭伯亦諫卓曰"盧尚書海內大儒 人之望也. 今先害之 天下震怖."卓乃止 但免植官 植遂逃隱於上谷. 卓以廢立議示太傅袁隗 隗報如議.

甲戌 卓復會羣僚於崇德前殿 遂脅太后策廢少帝 曰"皇帝在喪 無人子之心 威儀不類人君 今廢爲弘農王 立陳留王協爲帝."袁隗解帝璽綬 以奉陳留王 扶弘農王下殿 北面稱臣. 太后鯁涕 羣臣含悲 莫敢言者.

卓又議"太后踧迫永樂宮 至令憂死 逆婦姑之禮."乃遷太后於永安宮. 赦天下 改昭寧爲永漢. 丙子 卓酖殺何太后 公卿以下不布服 會葬 素衣而已. 卓又發何苗棺 出其尸 支解節斷 棄於道邊 殺苗母舞陽君 棄尸於苑枳落中.

13 詔除公卿以下子弟爲郎 以補宦官之職 侍於殿上.

14 乙酉 以太尉劉虞爲大司馬 封襄賁侯. 董卓自爲太尉 領前將軍事 加節傳·斧鉞·虎賁 更封郿侯.

15 丙戌 以太中大夫楊彪爲司空.

16 甲午 以豫州牧黃琬爲司徒.

17 董卓率諸公上書 追理陳蕃·竇武及諸黨人 悉復其爵位
遣使弔祠 擢用其子孫.

18 自六月雨至於是月.

19 冬 十月 乙巳 葬靈思皇后.

20 白波賊寇河東 董卓遣其將牛輔擊之.
　初 南單于於扶羅旣立 國人殺其父者遂叛 共立須卜骨都侯
爲單于. 於扶羅指闕自訟. 會靈帝崩 天下大亂 於扶羅將數千
騎與白波賊合兵寇郡縣. 時民皆保聚 鈔掠無利 而兵遂挫傷.
復欲歸國 國人不受 乃止河東平陽. 須卜骨都侯爲單于一年而
死 南庭遂虛其位 以老王行國事.

21 十一月 以董卓爲相國 贊拜不名 入朝不趨 劍履上殿.

22 十二月 戊戌 以司徒黃琬爲太尉 司空楊彪爲司徒 光祿勳
荀爽爲司空.
　初 尙書武威周毖·城門校尉汝南伍瓊 說董卓矯桓·靈之政

擢用天下名士以收衆望 卓從之 命毖 · 瓊與尙書鄭泰 · 長史
何顒等沙汰穢惡 顯拔幽滯. 於是徵處士荀爽 · 陳紀 · 韓融 ·
申屠蟠. 復就拜爽平原相 行至宛陵 遷光祿勳 視事三日 進拜
司空. 自被徵命及登台司 凡九十三日. 又以紀爲五官中郎將
融爲大鴻臚. 紀 寔之子 融 韶之子也. 爽等皆畏卓之暴 無敢
不至. 獨申屠蟠得徵書 人勸之行 蟠笑而不答 卓終不能屈 年
七十餘 以壽終. 卓又以尙書韓馥爲冀州牧 侍中劉岱爲兗州刺
史 陳留孔伷爲豫州刺史 東平張邈爲陳留太守 穎川張咨爲南
陽太守. 卓所親愛 並不處顯職 但將校而已.

23　詔除光熹 · 昭寧 · 永漢三號.

24　董卓性殘忍 一旦專政 據有國家甲兵 · 珍寶 威震天下 所
願無極 語賓客曰 "我相 貴無上也！" 侍御史擾龍宗詣卓白事
不解劍 立檛殺之. 是時 雒中貴戚 室第相望 金帛財産 家家充
積 卓縱放兵士 突其廬舍 剽虜資物 妻略婦女 不避貴戚. 人情
崩恐 不保朝夕.
　卓購求袁紹急 周毖 · 伍瓊說卓曰 "夫廢立大事 非常人所及.
袁紹不達大體 恐懼出奔 非有他志. 今急購之 勢必爲變. 袁氏
樹恩四世 門生故吏徧於天下 若收豪傑以聚徒衆 英雄因之而
起 則山東非公之有也. 不如赦之 拜一郡守 紹喜於免罪 必無
患矣." 卓以爲然 乃卽拜紹勃海太守 封邟鄕侯. 又以袁術爲後
將軍 曹操爲驍騎校尉.

術畏卓 出奔南陽. 操變易姓名 間行東歸 過中牟 爲亭長所
疑 執詣縣. 時縣已被卓書 唯功曹心知是操 以世方亂 不宜拘
天下雄雋 因白令釋之. 操至陳留 散家財 合兵得五千人.

是時 豪傑多欲起兵討卓者 袁紹在勃海 冀州牧韓馥遣數部
從事守之 不得動搖. 東郡太守橋瑁 詐作京師三公移書與州郡
陳卓罪惡 云"見逼迫 無以自救 企望義兵 解國患難." 馥得移
請諸從事問曰"今當助袁氏邪 助董氏邪?" 治中從事劉子惠
曰"今興兵爲國 何謂袁・董!" 馥有慙色. 子惠復言"兵者凶
事 不可爲首 今宜往視他州 有發動者 然後和之. 冀州於他州
不爲弱也 他人功未有在冀州之右者也." 馥然之. 馥乃作書與
紹 道卓之惡 聽其舉兵.

❖ 孝獻皇帝甲 初平 元年 (庚午, 190年)

1　　春 正月 關東州郡皆起兵以討董卓 推渤海太守袁紹爲盟
主. 紹自號車騎將軍 諸將皆板授官號. 紹與河內太守王匡屯河
內 冀州牧韓馥留鄴 給其軍糧 豫州刺史孔伷屯潁川 兗州刺史
劉岱・陳留太守張邈・邈弟廣陵太守超・東郡太守橋瑁・山
陽太守袁遺・濟北相鮑信與曹操俱屯酸棗 後將軍袁術屯魯陽
衆名數萬. 豪傑多歸心袁紹者 鮑信獨謂曹操曰"夫略不世出
能撥亂反正者 君也. 苟非其人 雖強必斃. 君殆天之所啟乎!"

2　辛亥 赦天下.

3　癸酉 董卓使郎中令李儒酖殺弘農王辯.

4　卓議大發兵以討山東. 尙書鄭泰曰"夫政在德 不在衆也."
卓不悅曰"如卿此言 兵爲無用邪！"泰曰"非謂其然也 以爲
山東不足加大兵耳. 明公出自西州 少爲將帥 閑習軍事. 袁本
初公卿子弟 生處京師 張孟卓東平長者 坐不闚堂 孔公緒淸談
高論 噓枯吹生. 並無軍旅之才 臨鋒決敵 非公之儔也. 況王爵
不加 尊卑無序 若恃衆怙力 將各棋峙以觀成敗 不肯同心共膽
與齊進退也. 且山東承平日久 民不習戰 關西頃遭羌寇 婦女皆
能挾弓而鬪 天下所畏者 無若幷·涼之人與羌·胡義從 而明
公擁之以爲爪牙 譬猶驅虎兕以赴犬羊 鼓烈風以掃枯葉 誰敢
御之！無事徵兵以驚天下 使患役之民相聚爲非 棄德恃衆 自
虧威重也."卓乃悅.

5　董卓以山東兵盛 欲遷都以避之 公卿皆不欲而莫敢言. 卓
表河南尹朱儁爲太僕以爲己副 使者召拜 儁辭 不肯受 因曰
"國家西遷 必孤天下之望 以成山東之釁 臣不知其可也."使者
曰"召君受拜而君拒之 不問徙事而君陳之 何也？"儁曰"副
相國 非臣所堪也 遷都非計 事所急也. 辭所不堪 言其所急 臣
之宜也."由是止不爲副.
　卓大會公卿議 曰"高祖都關中 十有一世 光武宮雒陽 於今

亦十一世矣. 案《石包讖》宜徙都長安 以應天人之意.”百官皆
默然. 司徒楊彪曰“移都改制 天下大事 故盤庚遷亳 殷民胥
怨. 昔關中遭王莽殘破 故光武更都雒邑 歷年已久 百姓安樂.
今無故捐宗廟 棄園陵 恐百姓驚動 必有糜沸之亂.《石包讖》
妖邪之書 豈可信用！”卓曰“關中肥饒 故秦得幷吞六國. 且
隴右材木自出 杜陵有武帝陶竈 幷功營之 可使一朝而辦. 百
姓何足與議！若有前卻 我以大兵驅之 可令詣滄海.”彪曰“天
下動之至易 安之甚難 惟明公慮焉！”卓作色曰“公欲沮國
計邪！”太尉黃琬曰“此國之大事 楊公之言得無可思？”卓
不答. 司空荀爽見卓意壯 恐害彪等 因從容言曰“相國豈樂此
邪！山東兵起 非一日可禁 故當遷以圖之 此秦·漢之勢也.”
卓意小解. 琬退 又爲駁議. 二月 乙亥 卓以災異奏免琬·彪等
以光祿勳趙謙爲太尉 太僕王允爲司徒. 城門校尉伍瓊·督軍
校尉周毖固諫遷都 卓大怒曰“卓初入朝 二君勸用善士 故卓
相從 而諸君到官 舉兵相圖 此二君賣卓 卓何用相負！”庚辰
收瓊·毖 斬之. 楊彪·黃琬恐懼 詣卓謝 卓亦悔殺瓊·毖 乃
復表彪·琬爲光祿大夫.

6　　卓徵京兆尹蓋勳爲議郎 時左將軍皇甫嵩將兵三萬屯扶風.
勳密與嵩謀討卓. 會卓亦徵嵩爲城門校尉 嵩長史梁衍說嵩曰
“董卓寇掠京邑 廢立從意 今徵將軍 大則危禍 小則困辱. 今及
卓在雒陽 天子來西 以將軍之眾迎接至尊 奉令討逆 徵兵羣帥
袁氏逼其東 將軍迫其西 此成禽也！”嵩不從 遂就徵. 勳以眾

弱不能獨立 亦還京師. 卓以勳爲直騎校尉. 河南尹朱儁爲卓陳
軍事 卓折儁曰"我百戰百勝 決之於心 卿勿妄說 且汙我刀！"
蓋勳曰"昔武丁之明 猶求箴諫 況如卿者 而欲杜人之口乎！"
卓乃謝之.

7　　卓遣軍至陽城 值民會於社下 悉就斬之 駕其車重 載其婦
女 以頭繫車轅 歌呼還雒 云攻賊大獲. 卓焚燒其頭 以婦女與
甲兵爲婢妾.

8　　丁亥 車駕西遷. 董卓收諸富室 以罪惡誅之 沒入其財物
死者不可勝計. 悉驅徙其餘民數百萬口於長安. 步騎驅蹙 更
相蹈藉 飢餓寇掠 積尸盈路. 卓自留屯畢圭苑中 悉燒宮廟 官
府·居家 二百里內 室屋蕩盡 無復雞犬. 又使呂布發諸帝陵及
公卿以下冢墓 收其珍寶. 卓獲山東兵 以豬膏塗布十餘匹 用纏
其身 然後燒之 先從足起.

9　　三月 乙巳 車駕入長安 居京兆府舍 後乃稍葺宮室而居之.
時董卓未至 朝政大小皆委之王允. 允外相彌縫 內謀王室 甚有
大臣之度 自天子及朝中皆倚允. 允屈意承卓 卓亦雅信焉.

10　　董卓以袁紹之故 戊午 殺太傅袁隗·太僕袁基 及其家尺
口以上五十餘人.

11   初 荆州刺史王叡 與長沙太守孫堅共擊零·桂賊 以堅武官 言頗輕之. 及州郡舉兵討董卓 叡與堅亦皆起兵. 叡素與武陵太守曹寅不相能 揚言當先殺寅. 寅懼 詐作按行使者檄移堅 說叡罪過 令收 行刑訖 以狀上. 堅承檄 卽勒兵襲叡. 叡聞兵至 登樓望之 遣問“欲何爲？”堅前部答曰“兵久戰勞苦 欲詣使君求資直耳.”叡見堅驚曰“兵自求賞 孫府君何以在其中？”堅曰“被使者檄誅君！”叡曰“我何罪？”堅曰“坐無所知！”叡窮迫 刮金飮之而死. 堅前至南陽 衆已數萬人. 南陽太守張咨不肯給軍糧 堅誘而斬之 郡中震栗 無求不獲. 前到魯陽 與袁術合兵. 術由是得據南陽. 表堅行破虜將軍 領預州刺史.

詔以北軍中候劉表爲荆州刺史. 時寇賊縱橫 道路梗塞 表單馬入宜城 請南郡名士蒯良·蒯越與之謀曰“今江南宗賊甚盛 各擁衆不附 若袁術因之 禍必至矣. 吾欲徵兵 恐不能集 其策焉出？”蒯良曰“衆不附者 仁不足也 附而不治者 義不足也. 苟仁義之道行 百姓歸之如水之趣下 何患徵兵之不集乎？”蒯越曰“袁術驕而無謀 宗賊帥多貪暴 爲下所患 若使人示之以利 必以衆來. 使君誅其無道 撫而用之 一州之人有樂存之心 聞君威德 必襁負而至矣. 兵集衆附 南據江陵 北守襄陽 荆州八郡可傳檄而定. 公路雖至 無能爲也.”表曰“善！”乃使越誘宗賊帥 至者五十五人 皆斬之而取其衆. 遂徙治襄陽 鎭撫郡縣江南悉平.

12   董卓在雒陽 袁紹等諸軍皆畏其強 莫敢先進. 曹操曰“舉

義兵以誅暴亂 大衆已合 諸君何疑！向使董卓倚王室 據舊京 東向以臨天下 雖以無道行之 猶足爲患. 今焚燒宮室 劫遷天子 海內震動 不知所歸 此天亡之時也 一戰而天下定矣." 遂引兵 西 將據成皋 張邈遣將衛茲分兵隨之. 進至滎陽汴水 遇卓將玄 菟徐榮 與戰 操兵敗 爲流矢所中 所乘馬被創. 從弟洪以馬與 操 操不受. 洪曰"天下可無洪 不可無君！" 遂步從操 夜遁去. 榮見操所將兵少 力戰盡日 謂酸棗未易攻也 亦引兵還.

操到酸棗 諸軍十餘萬 日置酒高會 不圖進取 操責讓之 因 爲謀曰"諸君能聽吾計 使渤海引河內之衆臨孟津 酸棗諸將守 成皋 據敖倉 塞轘轅·太谷 全制其險 使袁將軍率南陽之軍軍 丹·析 入武關 以震三輔 皆高壘深壁 勿與戰 益爲疑兵 示天 下形勢 以順誅逆 可立定也. 今兵以義動 持疑不進 失天下望 竊爲諸君恥之！" 邈等不能用. 操乃與司馬沛國夏侯惇等詣揚 州募兵 得千餘人 還屯河內.

頃之 酸棗諸軍食盡 衆散. 劉岱與橋瑁相惡 岱殺瑁 以王肱 領東郡太守. 靑州刺史焦和亦起兵討董卓 務及諸將西行 不爲 民人保障 兵始濟河 黃巾已入其境. 靑州素殷實 甲兵甚盛 和 每望寇奔北 未嘗接風塵·交旗鼓也. 性好卜筮 信鬼神. 入見 其人 淸談干雲 出觀其政 賞罰淆亂 州遂蕭條 悉爲丘墟. 頃之 和病卒 袁紹使廣陵臧洪領靑州以撫之.

13　夏 四月 以幽州牧劉虞爲太傅 道路壅塞 信命竟不得通. 先是 幽部應接荒外 資費甚廣 歲常割靑·冀賦調二億有餘以

足之. 時處處斷絕 委輸不至 而虞敝衣繩屨 食無兼肉 務存寬
政 勸督農桑 開上谷胡市之利 通漁陽鹽鐵之饒 民悅年登 穀
石三十 青·徐士庶避難歸虞者百餘萬口 虞皆收視溫卹 爲安
立生業 流民皆忘其遷徙焉.

14　五月 司空荀爽薨. 六月 辛丑 以光祿大夫种拂爲司空. 拂
邵之父也.

15　董卓遣大鴻臚韓融·少府陰脩·執金吾胡母班·將作大
匠吳修·越騎校尉王瑰安集關東 解譬袁紹等. 胡母班·吳
脩·王瑰至河內 袁紹使王匡悉收擊殺之. 袁術亦殺陰脩 惟韓
融以名德免.

16　董卓壞五銖錢 更鑄小錢 悉取雒陽及長安銅人·鍾虡·飛
廉·銅馬之屬以鑄之 由是貨賤物貴 穀石至數萬錢.

17　冬 孫堅與官屬會飲於魯陽城東 董卓步騎數萬猝至 堅方
行酒 談笑 整頓部曲 無得妄動. 後騎漸益 堅徐罷坐 導引入城
乃曰“向堅所以不卽起者走 恐兵相蹈藉 諸君不得入耳.”卓兵
見其整 不敢攻而還.

18　王匡屯河陽津 董卓襲擊 大破之.

19 左中郞將蔡邕議"孝和以下廟號稱宗者 皆宜省去 以遵先典."從之.

20 中郞將徐榮薦同郡故冀州刺史公孫度於董卓 卓以爲遼東太守. 度到官 以法誅滅郡中名豪大姓百餘家 郡中震慄 乃東伐高句驪 西擊烏桓 語所親吏柳毅・陽儀等曰"漢祚將絶 當與諸卿圖正耳."於是分遼東爲遼西・中遼郡 各置太守 越海收東萊諸縣 置營州刺史. 自立爲遼東侯・平州牧 立漢二祖廟 承製 郊祀天地 藉田 乘鸞路 設旄頭・羽騎.＊

資治通鑑　卷060

【漢紀五十二】

起重光協洽(辛未) 盡昭陽作噩(癸酉) 凡三年.

❖ 孝獻皇帝乙 初平 2年 (辛未, 191年)

1　　春 正月 辛丑 赦天下.

2　　關東諸將議 以朝廷幼沖 逼於董卓 遠隔關塞 不知存否 幽
州牧劉虞 宗室賢儁 欲共立爲主. 曹操曰 "吾等所以舉兵而遠
近莫不響應者 以義故也. 今幼主微弱 制於姦臣 非有昌邑亡
國之釁 而一旦改易 天下其孰安之！ 諸君北面 我自西向." 韓
馥 · 袁紹以書與袁術曰 "帝非孝靈子 欲依絳 · 灌誅廢少主 ·
迎立代王故事 奉大司馬虞爲帝." 術陰有不臣之心 不利國家
有長君 乃外託公義以拒之. 紹復與術書曰 "今西名有幼君 無
血脈之屬 公卿以下皆媚事卓 安可覆信！但當使兵往屯關要
皆自蹙死. 東立聖君 太平可冀 如何有疑？ 又室家見戮 不念子
胥 可復北面乎？" 術答曰 "聖主聰叡 有周成之質. 賊卓因危

亂之際 威服百寮 此乃漢家小厄之會 乃云今上 '無血脈之屬'
豈不誣乎！又曰 '室家見戮 可復北面' 此卓所爲 豈國家哉！
慺慺赤心 志在滅卓 不識其他！" 馥 · 紹竟遣故樂浪太守張岐
等齎議上虞尊號. 虞見岐等 厲色叱之曰 "今天下崩亂 主上蒙
塵 吾被重恩 未能淸雪國恥. 諸君各據州郡 宜共戮力盡心王室
而反造逆謀以相垢汙邪！" 固拒之. 馥等又請虞領尙書事 承
制封拜 復不聽 欲奔匈奴以自絶 紹等乃止.

3　二月 丁丑 以董卓爲太師 位在諸侯王上.

4　孫堅移屯梁東 爲卓將徐榮所敗 復收散卒進屯陽人. 卓遣
東郡太守胡軫督步騎五千擊之 以呂布爲騎督. 軫與布不相得
堅出擊 大破之 梟其都督華雄.

　或謂袁術曰 "堅若得雒 不可復制 此爲除狼而得虎也." 術疑
之 不運軍糧. 堅夜馳見術 畫地計校曰 "所以出身不顧者 上爲
國家討賊 下慰將軍家門之私讎. 堅與卓非有骨肉之怨也 而將
軍受浸潤之言 還相嫌疑 何也？" 術踧踖 卽調發軍糧.

　堅還屯 卓遣將軍李傕說堅 欲與和親 令堅疏子弟任刺史 ·
郡守者 許表用之. 堅曰 "卓逆天無道 今不夷汝三族 縣示四海
則吾死不瞑目 豈將與乃和親邪！" 復進軍大谷 距雒九十里.
卓自出 與堅戰於諸陵間. 卓敗走 卻屯澠池 聚兵於陝. 堅進至
雒陽 擊呂布 復破走. 堅乃掃除宗廟 祠以太牢 得傳國璽於城
南甄宮井中 分兵出新安 · 澠池間以要卓.

卓謂長史劉艾曰"關東軍敗數矣 皆畏孤 無能爲也. 惟孫堅小戇 頗能用人 當語諸將 使知忌之. 孤昔與周愼西征邊‧韓於金城 孤語張溫 求引所將兵爲愼作後駐 溫不聽. 溫又使孤討先零叛羌 孤知其不克而不得止 遂行 留別部司馬劉靖將步騎四千屯安定以爲聲勢. 叛羌欲截歸道 孤小擊輒開 畏安定有兵故也. 虜謂安定當數萬人 不知但靖也. 而孫堅隨周愼行 謂愼求先將萬兵造金城 使愼以二萬作後駐. 邊‧韓畏愼大兵 不敢輕與堅戰 而堅兵足以斷其運道. 兒曹用其言 涼州或能定也. 溫旣不能用孤 愼又不能用堅 卒用敗走. 堅以佐軍司馬 所見略與人同 固自爲可 但無故從諸袁兒 終亦死耳!"乃使東中郎將董越屯澠池 中郎將段煨屯華陰 中郎將牛輔屯安邑 其餘諸將布在諸縣 以禦山東. 輔 卓之壻也. 卓引還長安. 孫堅脩塞諸陵 引軍還魯陽.

5　　夏 四月 董卓至長安 公卿皆迎拜車下. 卓抵手謂御史中丞皇甫嵩曰"義眞 怖未乎?"嵩曰"明公以德輔朝廷 大慶方至何怖之有! 若淫刑以逞 將天下皆懼 豈獨嵩乎!"卓黨欲尊卓比太公 稱尙父. 卓以問蔡邕 邕曰"明公威德 誠爲巍巍 然比之太公 愚意以爲未可 宜須關東平定 車駕還反舊京 然後議之."卓乃止.

卓使司隸校尉劉器籍吏民有爲子不孝‧爲臣不忠‧爲吏不淸‧爲弟不順者 皆身誅 財物沒官. 於是更相誣引 冤死者以千數. 百姓囂囂 道路以目.

6　六月 丙戌 地震.

7　秋 七月 司空种拂免 以光祿大夫濟南淳于嘉爲司空 太尉
趙謙罷 以太常馬日磾爲太尉.

8　初 何進遣雲中張楊還并州募兵 會進敗 楊留上黨 有衆數
千人. 袁紹在河內 楊往歸之 與南單于於扶羅屯漳水. 韓馥以
豪傑多歸心袁紹 忌之 陰貶節其軍糧 欲使其衆離散. 會馥將麴
義叛 馥與戰而敗 紹因與義相結.

紹客逢紀謂紹曰“將軍舉大事而仰人資給 不據一州 無以
自全.”紹曰“冀州兵強 吾士飢乏 設不能辦 無所容立.”紀
曰“韓馥庸才 可密要公孫瓚使取冀州 馥必駭懼 因遣辯士爲
陳禍福 馥迫於倉卒 必肯遜讓.”紹然之 卽以書與瓚. 瓚遂引
兵而至 外託討董卓而陰謀襲馥 馥與戰不利. 會董卓入關 紹
還軍延津 使外甥陳留高幹及馥所親穎川辛評・荀諶・郭圖等
說馥曰“公孫瓚將燕・代之卒乘勝來南 而諸郡應之 其鋒不
可當. 袁車騎引軍東向 其意未可量也. 竊爲將軍危之!”馥
懼 曰“然則爲之奈何?”諶曰“君自料寬仁容衆爲天下所附
孰與袁氏?”馥曰“不如也.”“臨危吐決 智勇過人 又孰與袁
氏?”馥曰“不如也.”“世布恩德 天下家受其惠 又孰與袁氏?”
馥曰“不如也.”諶曰“袁氏一時之傑 將軍資三不如之勢 久處
其上 彼必不爲將軍下也. 夫冀州 天下之重資也 彼若與公孫瓚
幷力取之 危亡可立而待也. 夫袁氏 將軍之舊 且爲同盟 當今

之計 若擧冀州以讓袁氏 彼必厚德將軍 瓚亦不能與之爭矣. 是
將軍有讓賢之名 而身安於泰山也."馥性恇怯 因然其計. 馥長
史耿武・別駕閔純・治中李歷聞而諫曰"冀州帶甲百萬 穀支
十年. 袁紹孤客窮軍 仰我鼻息 譬如嬰兒在股掌之上 絶其哺乳
立可餓殺 奈何欲以州與之！"馥曰"吾袁氏故吏 且才不如本
初 度德而讓 古人所貴 諸君獨何病焉！"先是 馥從事趙浮・
程渙將強弩萬張屯孟津 聞之 率兵馳還. 時紹在朝歌淸水 浮等
從後來 船數百艘 衆萬餘人 整兵鼓 夜過紹營 紹甚惡之. 浮等
到 謂馥曰"袁本初軍無斗糧 各已離散 雖有張楊・於扶羅新
附 未肯爲用 不足敵也. 小從事等請以見兵拒之 旬日之間 必
土崩瓦解. 明將軍但當開閤高枕 何憂何懼！"馥又不聽 乃避
位 出居中常侍趙忠故舍 遣子送印綬以讓紹. 紹將至 從事十人
爭棄馥去 獨耿武・閔純杖刀拒之 不能禁 乃止 紹皆殺之. 紹
遂領冀州牧 承制以馥爲奮威將軍 而無所將御 亦無官屬. 紹以
廣平沮授爲奮武將軍 使監護諸將 寵遇甚厚. 魏郡審配・鉅鹿
田豐並以正直不得志於韓馥 紹以豐爲別駕 配爲治中 及南陽
許攸・逢紀・潁川荀諶皆爲謀主.

紹以河內朱漢爲都官從事. 漢先爲韓馥所不禮 且欲徼迎紹
意 擅發兵圍守馥第 拔刃登屋 馥走上樓 收得馥大兒 槌折兩
腳 紹立收漢 殺之. 馥猶憂怖 從紹索去 往依張邈. 後紹遣使詣
邈 有所計議 與邈耳語 馥在坐上 謂爲見圖 無何 起至溷 以書
刀自殺.

鮑信謂曹操曰"袁紹爲盟主 因權專利 將自生亂 是復有一

卓也. 若抑之 則力不能制 祇以遘難. 且可規大河之南以待其
變." 操善之. 會黑山 · 于毒 · 白繞 · 眭固等十餘萬衆人略東
郡 王肱不能禦. 曹操引兵入東郡 擊白繞於濮陽 破之. 袁紹因
表操爲東郡太守 治東武陽.

9　　南單于劫張楊以叛袁紹 屯於黎陽. 董卓以楊爲建義將
軍 · 河內太守.

10　　太史望氣 言當有大臣戮死者. 董卓使人誣衛尉張溫與袁
術交通 冬 十月 壬戌 笞殺溫於市以應之.

11　　靑州黃巾寇勃海 衆三十萬 欲與黑山合. 公孫瓚率步騎二
萬人逆擊於東光南 大破之 斬首三萬餘級. 賊棄其輜重 奔走渡
河. 瓚因其半濟薄之 賊復大破 死者數萬 流血丹水 收得生口
七萬餘人 車甲財物不可勝算 威名大震.

12　　劉虞子和爲侍中 帝思東歸 使和僞逃董卓 潛出武關詣虞
令將兵來迎. 和至南陽 袁術利虞爲援 留和不遣 許兵至俱西
令和爲書與虞. 虞得書 遣數千騎詣和. 公孫瓚知術有異志 止
之 虞不聽. 瓚恐術聞而怨之 亦遣其從弟越將千騎詣術 而陰敎
術執和 奪其兵 由是虞 · 瓚有隙. 和逃術來北 復爲袁紹所留.
　是時關東州 · 郡務相兼幷以自强大 袁紹 · 袁術亦自離貳.
術遣孫堅擊董卓未返 紹以會稽周昂爲豫州刺史 襲奪堅陽城.

堅歎曰"同擧義兵 將救社稷 逆賊垂破而各若此 吾當誰與戮力乎!"引兵擊昂 走之. 袁術遣公孫越助堅攻昂 越爲流矢所中死. 公孫瓚怒曰"余弟死 禍起於紹." 遂出軍屯磐河 上書數紹罪惡 進兵攻紹. 冀州諸城多畔紹從瓚. 紹懼 以所佩勃海太守印綬授瓚從弟範 遣之郡 而範遂背紹 領勃海兵以助瓚. 瓚乃自署其將帥嚴綱爲冀州刺史 田楷爲靑州刺史 單經爲兗州刺史. 又悉改置郡・縣守・令.

初 涿郡劉備 中山靖王之後也. 少孤貧 與母以販履爲業 長七尺五寸 垂手下都 顧自見其耳 有大志 少語言 喜怒不形於色. 嘗與公孫瓚同師事盧植 由是往依瓚. 瓚使備與田楷徇靑州有功 因以爲平原相. 備少與河東關羽・涿郡張飛相友善 以羽・飛爲別部司馬 分統部曲. 備與二人寢則同牀 恩若兄弟 而稠人廣坐 侍立終日 隨備周旋 不避艱險. 常山趙雲爲本郡將吏兵詣公孫瓚 瓚曰"聞貴州人皆願袁氏 君何獨迷而能反乎?" 雲曰"天下訩訩 未知孰是 民有倒縣之厄 鄙州論議 從仁政所在 不爲忽袁公 私明將軍也." 劉備見而奇之 深加接納 雲遂從備至平原 爲備主騎兵.

13 初 袁術之得南陽 戶口數百萬 而術奢淫肆欲 徵斂無度 百姓苦之 稍稍離散. 旣與袁紹有隙 各立黨援以相圖謀. 術結公孫瓚而紹連劉表 豪桀多附於紹. 術怒曰"羣豎不吾從而從吾家奴乎!"又與公孫瓚書曰"紹非袁氏子." 紹聞大怒.

術使孫堅擊劉表 表遣其將黃祖逆戰於樊・鄧之間 堅擊破之

遂圍襄陽. 表夜遣黃祖潛出發兵 祖將兵欲還 堅逆與戰 祖敗走
竄峴山中. 堅乘勝 夜追祖 祖部曲兵從竹木間暗射堅 殺之. 堅
所舉孝廉長沙桓階詣表堅喪 表義而許之. 堅兄子賁率其士衆
就袁術 術復表賁爲豫州刺史. 術由是不能勝表.

14　初 董卓入關 留朱儁守雒陽 而儁潛與山東諸將通謀 懼爲
卓所襲 出奔荊州. 卓以弘農楊懿爲河南尹 儁復引兵還雒 擊懿
走之. 儁以河南殘破無所資 乃東屯中牟 移書州郡 請師討卓.
徐州刺史陶謙上儁行車騎將軍 遣精兵三千助之 餘州郡亦有所
給. 謙 丹楊人. 朝廷以黃巾寇亂徐州 用謙爲刺史. 謙至 擊黃
巾 大破走之 州境晏然.

15　劉焉在益州陰圖異計. 沛人張魯 自祖父陵以來世爲五斗
米道 客居于蜀. 魯母以鬼道常往來焉家 焉乃以魯爲督義司馬
以張脩爲別部司馬 與合兵掩殺漢中太守蘇固 斷絕斜谷閣 殺
害漢使. 焉上書言 "米賊斷道 不得復通." 又託他事殺州中豪
強王咸・李權等十餘人 以立威刑. 犍爲太守任岐及校尉賈龍
由此起兵攻焉 焉擊殺岐・龍. 焉意漸盛 作乘輿車具千餘乘 劉
表上 "焉有似子夏在西河疑聖人" 之論. 時焉子範爲左中郎將
誕爲治書御史 璋爲奉車都尉 皆從帝在長安 惟小子別部車馬
瑁素隨焉 帝使璋曉喻焉 焉留璋不遣.

16　公孫度威行海外 中國人士避亂者多歸之 北海管寧・邴

原・王烈皆往依焉. 寧少時與華歆爲友 嘗與歆共鋤菜 見地有金 寧揮鋤不顧 與瓦石無異 歆捉而擲之 人以是知其優劣. 邴原遠行遊學 八九年而歸 師友以原不飲酒 會米肉送之 原曰 "本能飲酒 但以荒思廢業 故斷之耳. 今當遠別 可一飲燕." 於是共坐飲酒 終日不醉. 寧・原俱以操尚稱 度虛館以候之. 寧既見度 乃廬於山谷. 時避難者多居郡南 而寧獨居北 示無還志 後漸來從之 旬月而成邑. 寧每見度 語唯經典 不及世事 還山專講《詩》・《書》習俎豆 非學者無見也. 由是度安其賢 民化其德. 邴原性剛直 淸議以格物 度以下心不安之. 寧謂原曰 "潛龍以不見成德. 言非其時 皆招禍之道也." 密遣原逃歸 度聞之 亦不復追也. 王烈器業過人 少時名聞在原・寧之右. 善於敎誘 鄕里有盜牛者 主得之 盜請罪 曰 "刑戮是甘 乞不使王彦方知也!" 烈聞而使人謝之 遺布一端. 或問其故 烈曰 "盜懼吾聞其過 是有恥惡之心 旣知恥惡 則善心將生 故與布以勸爲善也." 後有老父遺劍於路 行道一人見而守之. 至暮 老父還 尋得劍 怪之 以事告烈 烈使推求 乃先盜牛者也. 諸有爭訟曲直將質之於烈 或至塗而反 或望廬而還 皆相推以直 不敢使烈聞之. 度欲以爲長史 烈辭之 爲商賈以自穢 乃免.

❖ 孝獻皇帝乙 初平 3年 (壬申, 193年)

1　春 正月 丁丑 赦天下.

2　董卓遣牛輔將兵屯陝　輔分遣校尉北地李傕・張掖郭汜・武威張濟將步騎數萬擊破朱儁於中牟　因掠陳留・潁川諸縣　所過殺虜無遺.

初　荀淑有孫曰彧　少有才名　何顒見而異之　曰"王佐才也！"及天下亂　彧謂父老曰"潁川四戰之地　宜亟避之."鄉人多懷土不能去　彧獨率宗族去依韓馥. 會袁紹已奪馥位　待彧以上賓之禮. 彧度紹終不能定大業　聞曹操有雄略　乃去紹從操. 操與語大悅　曰"吾子房也！"以爲奮武司馬. 其鄉人留者　多爲傕・汜等所殺.

3　袁紹自出拒公孫瓚　與瓚戰於界橋南二十里. 瓚兵三萬　其鋒甚銳. 紹令麴義領精兵八百先登　強弩千張夾承之. 瓚輕其兵少　縱騎騰之. 義兵伏楯下不動　未至十數步　一時同發　歡呼動地　瓚軍大敗. 斬其所置冀州刺史嚴綱　獲甲首千餘級. 追至界橋　瓚斂兵還戰　義復破之　遂到瓚營　拔其牙門　餘眾皆走.

初　兗州刺史劉岱與紹・瓚連和　紹令妻子居岱所　瓚亦遣從事范方將騎助岱. 及瓚擊破紹軍　語岱令遣紹妻子　別敕范方"若岱不遣紹家　將騎還！吾定紹　將加兵於岱."岱與官屬議　連日不決　聞東郡程昱有智謀　召而問之　昱曰"若棄紹近援而求瓚遠助　此假人於越以救溺子之說也. 夫公孫瓚非袁紹之敵也　今雖壞紹軍　然終爲紹所禽."岱從之. 范方將其騎歸　未至而瓚敗.

4　曹操軍頓丘　于毒等攻東武陽. 操引兵西入山　攻毒等本屯.

諸將皆請救武陽. 操曰"使賊聞我西而還 武陽自解也 不還 我能敗其本屯 虜不能拔武陽必矣." 遂行. 毒聞之 棄武陽還. 操遂擊睢固及匈奴於夫羅於內黃 皆大破之.

5　董卓以其弟旻爲左將軍 兄子璜爲中軍校尉 皆典兵事 宗族內外並列朝廷. 卓侍妾懷抱中子皆封侯 弄以金紫. 卓車服僭擬天子 召呼三臺 尙書以下皆自詣卓府啟事. 又築塢於郿 高厚皆七丈 積穀爲三十年儲 自云"事成 雄據天下 不成 守此足以畢老."

卓忍於誅殺 諸將言語有蹉跌者 便戮於前 人不聊生. 司徒王允與司隷校尉黃琬·僕射士孫瑞·尙書楊瓚密謀誅卓. 中郎將呂布 便弓馬 膂力過人 卓自以遇人無禮 行止常以布自衛 甚愛信之 誓爲父子. 然卓性剛褊 嘗小失卓意 卓拔手戟擲布 布拳捷避之 而改容顧謝 卓意亦解. 布由是陰怨於卓. 卓又使布守中閣 而私於傅婢 益不自安. 王允素善待布 布見允 自陳卓幾見殺之狀 允因以誅卓之謀告布 使爲內應. 布曰"如父子何?" 曰"君自姓呂 本非骨肉. 今憂死不暇 何謂父子? 擲戟之時 豈有父子情邪!" 布遂許之.

夏 四月 丁巳 帝有疾新愈 大會未央殿. 卓朝服乘車而入 陳兵夾道 自營至宮 左步右騎 屯衛周帀 令呂布等扞衛前後. 王允使士孫瑞自書詔以授布 布令同郡騎都尉李肅與勇士秦誼·陳衛等十餘人僞著衛士服 守北掖門內以待卓. 卓入門 肅以戟刺之 卓衷甲 不入 傷臂 墮車 顧大呼曰"呂布何在?" 布曰

“有詔討賊臣！”卓大罵曰“庸狗 敢如是邪！”布應聲持矛刺卓 趣兵斬之. 主簿田儀及卓倉頭前赴其尸 布又殺之 凡所殺三人. 布卽出懷中詔版以令吏士曰“詔討卓耳 餘皆不問.”吏士皆正立不動 大稱萬歲. 百姓歌舞於道 長安中士女賣其珠玉衣裝市酒肉相慶者 填滿街肆. 弟旻・璜等及宗族老弱在郿 皆爲其羣下所矻射死. 暴卓尸於市. 天時始熱 卓素充肥 脂流於地 守尸吏爲大炷 置卓臍中然之 光明達曙 如是積日. 諸袁門生聚董氏之尸 焚灰揚之於路. 塢中有金二三萬斤 銀八九萬斤 錦綺奇玩積如丘山. 以王允錄尙書事 呂布爲奮威將軍・假節・儀比三司 封溫侯 共秉朝政.

卓之死也 左中郎將高陽侯蔡邕在王允坐 聞之驚歎. 允勃然叱之曰“董卓 國之大賊！幾亡漢室. 君爲王臣 所宜同疾 而懷其私遇 反相傷痛 豈不共爲逆哉！”卽收付廷尉. 邕謝曰“身雖不忠 古今大義 耳所厭聞 口所常玩 豈當背國而向卓也！願黥首刖足 繼成漢史.”士大夫多矜救之 不能得. 太尉馬日磾謂允曰“伯喈曠世逸才 多識漢事 當續成後史 爲一代大典 而所坐至微. 誅之 無乃失人望乎！”允曰“昔武帝不殺司馬遷 使作謗書流於後世. 方今國祚中衰 戎馬在郊 不可令佞臣執筆在幼主左右 旣無益聖德 復使吾黨蒙其訕議.”日磾退而告人曰“王公其無後乎！善人 國之紀也 制作 國之典也 滅紀廢典 其能久乎！”邕遂死獄中.

初 黃門侍郎荀攸與尙書鄭泰・侍中种輯等謀曰“董卓驕忍無親 雖資強兵 實一匹夫耳 可直刺殺也.”事垂就而覺 收攸繫

獄 泰逃奔袁術. 攸言語飮食自若 會卓死. 得免.

6　　青州黃巾寇兗州 劉岱欲擊之 濟北相鮑信諫曰 "今賊衆百
萬 百姓皆震恐 士卒無鬭志 不可敵也. 然賊軍無輜重 唯以鈔
略爲資. 今不若畜士衆之力 先爲固守. 彼欲戰不得 攻又不能
其勢必離散. 然後選精銳 據要害擊之 可破也." 岱不從 遂與
戰 果爲所殺.

　　曹操部將東郡陳宮謂操曰 "州今無主 而王命斷絕 宮請說州
中綱紀 明府尋往牧之 資之以收天下 此霸王之業也." 宮因往
說別駕·治中曰 "今天下分裂而州無主 曹東郡 命世之才也
若迎以牧州 必寧生民." 鮑信等亦以爲然 乃與州吏萬潛等至
東郡 迎操領兗州刺史. 操遂進兵擊黃巾於壽張東. 不利. 賊衆
精悍 操兵寡弱 操撫循激勵 明設賞罰 承間設奇 晝夜會戰 戰
輒禽獲 賊遂退走. 鮑信戰死 操購求其喪不得 乃刻木如信狀
祭而哭焉. 詔以京兆金尙爲兗州刺史 將之部 操逆擊之 尙奔袁
術.

7　　五月 以征西將軍皇甫嵩爲車騎將軍.

8　　初 呂布勸王允盡殺董卓部曲 允曰 "此輩無罪 不可." 布
欲以卓財物班賜公卿·將校 允又不從. 允素以劍客遇布 布負
其功勞 多自誇伐 旣失意望 漸不相平. 允性剛稜疾惡 初懼董
卓 故折節下之. 卓旣殲滅 自謂無復患難 頗自驕傲 以是羣下

不甚附之.

允始與士孫瑞議 特下詔赦卓部曲 既而疑曰 "部曲從其主耳. 今若名之惡逆而赦之 恐適使深自疑 非所以安之也." 乃止. 又 議悉罷其軍 或說允曰 "涼州人素憚袁氏而畏關東 今若一旦解 兵開關 必人人自危. 可以皇甫義眞爲將軍 就領其衆 因使留陝 以安撫之." 允曰 "不然. 關東舉義兵者 皆吾徒也. 今若距險屯 陝 雖安涼州 而疑關東之心 不可也."

時百姓訛言當悉誅涼州人 卓故將校遂轉相恐動 皆擁兵自守 更相謂曰 "蔡伯喈但以董公親厚 尙從坐 今既不赦我曹而欲 使解兵 今日解兵 明日當復爲魚肉矣!" 呂布使李肅至陝 以 詔命誅牛輔 輔等逆與肅戰 肅敗 走弘農 布誅殺之. 輔恇怯失 守 會營中無故自驚 輔欲走 爲左右所殺. 李傕等還 輔已死 傕 等無所依 遣使詣長安求赦. 王允曰 "一歲不可再赦." 不許. 傕 等益懼 不知所爲 欲各解散 間行歸鄉里 討虜校尉武威賈詡曰 "諸君若棄軍單行 則一亭長能束君矣. 不如相率而西 以攻長 安 爲董公報仇. 事濟 奉國家以正天下 若其不合 走未晚也." 傕等然之 乃相與結盟 率軍數千 晨夜西行. 王允以胡文才·楊 整脩皆涼州大人 召使東 解釋之 不假借以溫顔 謂曰 "關東鼠 子 欲何爲邪? 卿往呼之!" 於是二人往 實召兵而還.

傕隨道收兵 比至長安 已十餘萬 與卓故部曲樊稠·李蒙等 合圍長安城 城峻不可攻 守之八日. 呂布軍有叟兵內反 六月 戊午 引傕衆入城 放兵虜掠. 布與戰城中 不勝 將數百騎以卓 頭繫馬鞍出走 駐馬靑瑣門外 招王允同去. 允曰 "若蒙社稷

之靈 上安國家 吾之願也 如其不獲 則奉身以死之. 朝廷幼少
恃我而已 臨難苟免 吾不忍也. 努力謝關東諸公 勤以國家爲
念！"太常种拂曰"爲國大臣 不能禁暴禦侮 使白刃向宮 去將
安之！"遂戰而死.

催‧汜屯南宮掖門 殺太僕魯馗‧大鴻臚周奐‧城門校尉崔
烈‧越騎校尉王頎. 吏民死者萬餘人 狼藉滿道. 王允扶帝上宣
平門避兵 催等於城門下伏地叩頭 帝謂催等曰"卿等放兵縱橫
欲何爲乎？"催等曰"董卓忠於陛下 而無故爲呂布所殺 臣等
爲卓報讎 非敢爲逆也. 請事畢詣廷尉受罪."催等圍門樓 共表
請司徒王允出 問"太師何罪？"允窮蹙 乃下見之. 己未 赦天
下 以李催爲揚武將軍 郭汜爲揚烈將軍 樊稠等皆爲中郎將. 催
等收司隸校尉黃琬 下獄. 殺之.

初 王允以同郡宋翼爲左馮翊 王宏爲右扶風 催等欲殺允 恐
二郡爲患 乃先徵翼‧宏. 宏遣使謂翼曰"郭汜‧李催以我二
人在外 故未危王公. 今日就徵 明日俱族 計將安出？"翼曰
"雖禍福難量 然王命 所不得避也！"宏曰"關東義兵鼎沸 欲
誅董卓 今卓已死 其黨與易制耳. 若舉兵共討催等 與山東相應
此轉禍爲福之計也."翼不從 宏不能獨立 遂俱就徵. 甲子 催
收允及翼‧宏 幷殺之 允妻子皆死. 宏臨命詬曰"宋翼豎儒 不
足議大計！"催尸王允於市 莫敢收者 故吏平陵令京兆趙戩棄
官收而葬之. 始 允自專討卓之勞 士孫瑞歸功不侯 故得免於
難.

❖ 臣光曰

《易》稱 "勞謙君子有終吉" 士孫瑞有功不伐 以保其身
可不謂之智乎！

9　　傕等以賈詡爲左馮翊 欲侯之. 詡曰 "此救命之計 何功之
有！" 固辭不受. 又以爲尙書僕射 詡曰 "尙書僕射 官之師長
天下所望 詡名不素重 非所以服人也." 乃以爲尙書.

10　　呂布自武關奔南陽 袁術待之甚厚. 布自恃有功於袁氏 恣
兵鈔掠. 術患之 布不自安 去從張楊於河內. 李傕等購求布急
布又逃歸袁紹.

11　　丙子 以前將軍趙謙爲司徒.

12　　秋 七月 庚子 以太尉馬日磾爲太傅 錄尙書事 八月 以車
騎將軍皇甫嵩爲太尉.

13　　詔太傅馬日磾・太僕趙岐杖節鎮撫關東.

14　　九月 以李傕爲車騎將軍・領司隸校尉・假節 郭汜爲後將
軍 樊稠爲右將軍 張濟爲驃騎將軍 皆封侯. 傕・汜・稠筦朝政
濟出屯弘農.

15   司徒趙謙罷.

16   甲申 以司空淳于嘉爲司徒 光祿大夫楊彪爲司空 錄尚書
事.

17   初 董卓入關 說韓遂‧馬騰與共圖山東 遂‧騰率衆詣長
安 會卓死 李傕等以遂爲鎮西將軍 遣還金城 騰爲征西將軍
遣屯郿.

18   冬 十月 荊州刺史劉表遣使貢獻. 以表爲鎮南將軍‧荊州
牧 封成武侯.

19   十二月 太尉皇甫嵩免 以光祿大夫周忠爲太尉 參錄尚書
事.

20   曹操追黃巾至濟北 悉降之 得戎卒三十餘萬 男女百餘萬
口 收其精銳者 號青州兵.
    操辟陳留毛玠爲治中從事 玠言於操曰“今天下分崩 乘輿播
蕩 生民廢業 饑饉流亡 公家無經歲之儲 百姓無安固之志 難
以持久. 夫兵義者勝 守位以財 宜奉天子以令不臣 脩耕植以畜
軍資 如此 則霸王之業可成也.”操納其言 遣使詣河內太守張
楊 欲假塗西至長安 楊不聽.
    定陶董昭說楊曰“袁‧曹雖爲一家 勢不久羣. 曹今雖弱 然

實天下之英雄也 當故結之. 況今有緣 宜通其上事 幷表薦之
若事有成 永爲深分."楊是通操上事 仍表薦操. 昭爲操作書與
李傕·郭汜等 各隨輕重致殷勤.

催·汜見操使 以爲關東欲自立天子 今曹操雖有使命 非其
誠實 議留操使. 黃門侍郎鍾繇說傕·汜曰"方今英雄並起 各
矯命專制 唯曹兗州乃心王室 而逆其忠款 非所以副將來之望
也?"催·汜乃厚加報答. 繇 皓之曾孫也.

21　徐州刺史陶謙與諸守相共奏記 推朱儁爲太師 因移檄牧伯
欲以同討李傕等奉迎天子. 會李傕用太尉周忠·尙書賈詡策
徵儁入朝 儁乃辭謙議而就徵 復爲太僕.

22　公孫瓚復遣兵擊袁紹 至龍湊 紹擊破之. 瓚遂還幽州 不敢
復出.

23　揚州刺史汝南陳溫卒 袁紹使袁遺領揚州 袁術擊破之. 遺
走至沛 爲兵所殺. 術以下邳陳瑀爲揚州刺史.

❖ 孝獻皇帝乙 初平 4年（癸酉, 193年）

1　春 正月 甲寅朔 日有食之.

2　丁卯 赦天下.

3　曹操軍鄄城. 袁術爲劉表所逼 引軍屯封丘 黑山別部及匈奴於扶羅皆附之. 曹操擊破術軍 遂圍封丘. 術走襄邑 又走寧陵. 操追擊. 連破之. 術走九江 揚州刺史陳瑀拒術不納. 術退保陰陵 集兵於淮北 復進向壽春. 瑀懼 走歸下邳 術遂領其州 兼稱徐州伯. 李傕欲結術爲援 以術爲左將軍 封陽翟侯 假節.

4　袁紹與公孫瓚所置靑州刺史田楷連戰二年 士卒疲困 糧食並盡 互掠百姓 野無靑草. 紹以其子譚爲靑州刺史 楷與戰 不勝. 會趙岐來和解關東 瓚乃與紹和親 各引兵去.

5　三月 袁紹在薄落津. 魏郡兵反 與黑山賊于毒等數萬人共覆鄴城 殺其太守. 紹還屯斥丘.

6　夏 曹操還軍定陶.

7　徐州治中東海王朗及別駕琅邪趙昱說刺史陶謙曰 "求諸侯莫如勤王 今天子越在西京 宜遣使奉貢." 謙乃遣昱奉章至長安. 詔拜謙徐州牧 加安東將軍 封溧陽侯. 以昱爲廣陵太守 朗爲會稽太守.
　是時 徐方百姓殷盛 穀實差豐 流民多歸之. 而謙信用讒邪 疏遠忠直 刑政不治 由是徐州漸亂. 許劭避地廣陵 謙禮之甚厚

劭告其徒曰"陶恭祖外慕聲名 內非眞正 待吾雖厚 其勢必薄."
遂去之. 後謙果捕諸寓士 人乃服其先識.

8　六月 扶風大雨雹.

9　華山崩裂.

10　太尉周忠免 以太僕朱儁爲太尉 錄尙書事.

11　下邳闕宣聚衆數千人 自稱天子 陶謙擊殺之.

12　大雨 晝夜二十餘日 漂沒民居.

13　袁紹出軍入朝歌鹿腸山 討于毒 圍攻五日 破之 斬毒及其
衆萬餘級. 紹遂尋山北行 進擊諸賊左髭丈八等 皆斬之. 又擊
劉石·靑牛角·黃龍左校·郭大賢·李大目·于氐根等 復斬
數萬級 皆屠其屯壁. 遂與黑山賊張燕及四營屠各·鴈門烏桓
戰於常山. 燕精兵數萬 騎數千匹. 紹與呂布共擊燕 連戰十餘
日 燕兵死傷雖多 紹軍亦疲 遂俱退.
　呂布將士多暴橫 紹患之 布因求還雒陽. 紹承制以布領司隸
校尉 遣壯士送布 而陰圖之. 布使人鼓箏於帳中 密亡去 送者
夜起 斫帳被皆壞. 明旦 紹聞布尙在 懼 閉城自守. 布引軍復歸
張楊.

14 前太尉曹嵩避難在琅邪 其子操令泰山太守應邵迎之. 嵩
輜重百餘兩 陶謙別將守陰平 士卒利嵩財寶 掩襲嵩於華 · 費
間 殺之 幷少子德秋. 操引兵擊謙 攻拔十餘城 至彭城 大戰
謙兵敗 走保郯.

初 京 · 雒遭董卓之亂 民流移東出 多依徐土 遇操至 坑殺男
女數十萬口於泗水 水爲不流.

操攻郯不能克 乃去 攻取慮 · 睢陵 · 夏丘 皆屠之 雞犬亦盡
墟邑無復行人.

15 冬 十月 辛丑 京師地震.

16 有星孛于天市.

17 司空楊彪免. 丙午 以太常趙溫爲司空 錄尙書事.

18 劉虞與公孫瓚積不相能 瓚數與袁紹相攻 虞禁之 不可 而
稍節其稟假. 瓚怒 屢違節度 又復侵犯百姓. 虞不能制 乃遣驛
使奉章陳其暴掠之罪 瓚亦上虞稟糧不周. 二奏交馳 互相非毀
朝廷依違而已. 瓚乃築小城於薊城東南以居之. 虞數請會 瓚輒
稱病不應 虞恐其終爲亂 乃率所部兵合十萬人以討之. 時瓚部
曲放散在外 倉卒掘東城欲走 虞兵無部伍 不習戰 又愛民廬舍
敕不聽焚燒 戒軍士曰 "無傷餘人 殺一伯珪而已." 攻圍不下.
瓚乃簡募銳士數百人 因風縱火 直衝突之 虞衆大潰. 虞與官屬

北奔居庸 瓚追攻之 三日 城陷 執虞並妻子還薊 猶使領州文
書. 會詔遣使者段訓增虞封邑 督六州事 拜瓚前將軍 封易侯.
瓚乃誣虞前與袁紹等謀稱尊號 脅訓斬虞及妻子於薊市. 故常
山相孫瑾‧掾張逸‧張瓚等相與就虞 罵瓚極口 然後同死 瓚
傳虞首於京師 故吏尾敦於路劫虞首 歸葬之. 虞以恩厚得衆心
北州百姓流舊莫不痛惜.

　初 虞欲遣使奉章詣長安 而難其人 衆咸曰 “右北平田疇 年
二十二 年雖少 然有奇材.” 虞乃備禮 請以爲掾. 具車騎將行
疇曰 “今道路阻絕 寇虜縱橫 稱官奉使 爲衆所指. 願以私行
期於得達而已.” 虞從之. 疇乃自選家客二十騎 俱上西關 出塞
傍北山 直趣朔方 循間道至長安致命.

　詔拜疇爲騎都尉. 疇以天子方蒙塵未安 不可以荷佩榮寵 固
辭不受. 得報 馳還 比至 虞已死 疇謁祭虞墓 陳發章表 哭泣
而去. 公孫瓚怒 購求獲疇 謂曰 “汝不送章報我 何也？” 疇曰
“漢室衰積 人懷異心 唯劉公不失忠節. 章報所言 於將軍未美
恐非所樂聞 故不進也. 且將軍旣滅無罪之君 又讎守義之臣 疇
恐燕‧趙之士皆將蹈東海而死 莫有從將軍者也.” 瓚乃釋之.

　疇北歸無終 率宗族及他附從者數百人 掃地而盟曰 “君仇不
報 吾不可立於世！” 遂入徐無山中 營深險平敞地而居 躬耕
以養父母 百姓歸之 數年間至五千餘家. 疇謂其父老曰 “今衆
成都邑 而莫相統一 又無法制以治之 恐非久安之道. 疇有愚計
願與諸君共施之 可乎？” 皆曰 “可！” 疇乃爲約束 相殺傷‧
犯盜‧爭訟者 隨輕重抵罪 重者至死 凡一十餘條. 又制爲婚姻

嫁娶之禮 與學校講授之業 班行於衆 衆皆便之 至道不拾遺.
北邊翕然服其威信 烏桓·鮮卑各遣使致饋 疇悉撫納 令不爲
寇.

19   十二月 辛丑 地震.

20   司空趙溫免. 乙巳 以衛尉張喜爲司空. ＊